本书系江苏省"十四五"重点学科"教育学"资助

徐白仑
与视障儿童融合教育

Xu Bailun and Inclusive Education for Visually Impaired Children

吕雯慧◎著

南京大学出版社

图书在版编目(CIP)数据

徐白仑与视障儿童融合教育 / 吕雯慧著. --南京：南京大学出版社，2024.3
ISBN 978-7-305-26790-1

Ⅰ.①徐… Ⅱ.①吕… Ⅲ.①视觉障碍－儿童教育－特殊教育－研究 Ⅳ.①G761

中国国家版本馆 CIP 数据核字(2023)第 038131 号

出版发行	南京大学出版社		
社　　址	南京市汉口路 22 号	邮　编	210093

书　　名　**徐白仑与视障儿童融合教育**
　　　　　　XUBAILUN YU SHIZHANG ERTONG RONGHE JIAOYU
著　　者　吕雯慧
责任编辑　丁　群　　　　　　　　编辑热线　025-83687482
照　　排　南京开卷文化传媒有限公司
印　　刷　苏州市古得堡数码印刷有限公司
开　　本　787 mm×1092 mm　1/16　印张 16　字数 366 千
版　　次　2024 年 3 月第 1 版　2024 年 3 月第 1 次印刷
ISBN 978-7-305-26790-1
定　　价　60.00 元

网　　址：http://www.njupco.com
官方微博：http://weibo.com/njupco
微信服务号：NJUpress
销售咨询热线：(025)83594756

* 版权所有，侵权必究
* 凡购买南大版图书，如有印装质量问题，请与所购
　图书销售部门联系调换

目　录

绪　论 ………………………………………………………………………… 1

第一章　天命之年的徐白仑走向视障教育 ………………………………… 7
第一节　徐白仑与《中国盲童文学》………………………………………… 7
第二节　盲文扫盲教材 ……………………………………………………… 11

第二章　金钥匙盲童教育计划 ……………………………………………… 15
第一节　金钥匙盲童教育计划的历史条件 ………………………………… 15
第二节　金钥匙盲童教育计划的实施 ……………………………………… 19
第三节　金钥匙视障教育研究中心的设立 ………………………………… 25
第四节　金钥匙盲童教育计划试点经验的推广与波折 …………………… 31
第五节　金钥匙盲童教育计划试点的效果及经验 ………………………… 42
第六节　金钥匙盲童教育计划面临的难题 ………………………………… 60
第七节　金钥匙盲童教育计划的意义 ……………………………………… 65

第三章　低视力儿童随班就读项目 ………………………………………… 70
第一节　低视力儿童随班就读项目的实施与推广 ………………………… 70
第二节　低视力儿童随班就读项目的效果及运作经验 …………………… 72

第四章　金钥匙工程概况 …………………………………………………… 79
第一节　金钥匙工程背景 …………………………………………………… 79
第二节　广西金钥匙工程 …………………………………………………… 86
第三节　内蒙古金钥匙工程 ………………………………………………… 92
第四节　金钥匙工程示范区项目 …………………………………………… 99
第五节　金钥匙行动和金钥匙中心后续活动 ……………………………… 106

第五章　金钥匙工程的经验及特色 ………………………………………… 113
第一节　视障儿童随班就读的质量保障 …………………………………… 113

第二节　视障儿童特殊教育体系的完善 ··· 137
　　第三节　视障儿童平等受教育权利的社会倡导 ······································· 144
　　第四节　金钥匙工程的特色 ·· 148

第六章　金钥匙视障儿童融合教育项目的内部运作 ··· 159
　　第一节　金钥匙视障儿童融合教育项目的管理 ······································· 159
　　第二节　金钥匙中心组织建设中遇到的困难 ··· 164
　　第三节　金钥匙中心的组织特色 ··· 166

第七章　金钥匙融合教育项目的社会支持网络 ··· 171
　　第一节　联合国教科文组织及相关机构 ·· 171
　　第二节　非政府组织 ··· 175
　　第三节　政府部门 ··· 180
　　第四节　相关学校及科研机构 ·· 189
　　第五节　其他相关的组织 ·· 191
　　第六节　社会支持网络特点和资源动员 ·· 194

第八章　对视力障碍儿童的爱 ·· 199
　　第一节　爱的升华 ··· 199
　　第二节　爱的链接 ··· 207
　　第三节　对视障儿童的爱心培育 ··· 218

附　录 ·· 223
　　附录1　徐白仑的主要经历 ··· 223
　　附录2　徐白仑所获荣誉 ·· 225
　　附录3　崔永元《不过如此》节选 ··· 226
　　附录4　襄垣县人民政府关于开展盲童教育的决定 ······························· 228
　　附录5　保定地区行署教委关于盲童随班就读教育的管理意见 ··········· 230
　　附录6　北京市教育局印发《"低视力儿童随班就读"项目实施计划》的通知
　　　　　　 ·· 233
　　附录7　关于在广西壮族自治区实施视障儿童教育"金钥匙工程"的通知 ······ 237
　　附录8　黑龙江金钥匙工程齐齐哈尔示范县项目合作协议书 ··············· 241
　　附录9　希望是心灵的眼睛 ··· 243

参考文献 ··· 244

后　记 ·· 249

绪 论

近年来我国加大了特殊教育领域推行融合教育的力度,《特殊教育提升计划(2014—2016年)》《第二期特殊教育提升计划(2017—2020年)》《残疾人教育条例(2017年修订)》《中国教育现代化2035》《"十四五"特殊教育发展提升行动计划》等一系列文件均明确强调全面推行"融合教育"。盲人徐白仑是中国融合教育的先行者。1987—2010年间,他一直致力于与地方政府合作推行视障儿童融合教育项目,通过"金钥匙盲童教育计划""低视力儿童随班就读项目""金钥匙工程""金钥匙行动"探索视障儿童融合教育高质量可持续发展的路径,使数千名视障儿童获得了就近进入普通学校接受有质量教育的机会,并形成了本土化的融合教育理论——金钥匙模式,为我国贫困地区普及视障教育提供了一条可资借鉴的道路,并赢得了国内外的广泛认可。徐白仑也因在中国视障儿童教育方面的卓越贡献被评为"北京市优秀共产党员",被授予全国"五一劳动奖章""北京市劳动奖章""宋庆龄樟树奖""后藤育儿奖";被国务院妇女儿童工作委员会授予"有杰出贡献儿童工作者"称号和"热爱儿童奖",并领取政府特殊津贴。1996年在日内瓦召开的世界教育大会上,联合国教科文组织授予徐白仑"夸美纽斯奖",徐白仑成为我国获此殊荣的第一人[①];2012年徐白仑荣获国际视障教育协会颁发的"国际卓越成就奖"。2010年10月,徐白仑因为年事已高,把自己一手创办的金钥匙视障教育研究中心(下文简称金钥匙中心)交给中国残联,在交接仪式上,联合国教科文组织协会亚太地区主席、教育家陶西平指出:"徐白仑的金钥匙工程,是从理论与实践相结合的层面对视障儿童随班就读进行了探索,并取得了令人瞩目的成果,徐白仑的努力使每位盲童拿到了一把金钥匙,他们用这把钥匙打开了知识的宝库,开拓了无比丰饶的精神沃野,成为有志有为的建设者和接班人。徐白仑就是铸造这把金钥匙的伟大先行者,他在中国特殊教育史上写下了光辉的一页。"[②]梳理徐白仑领导金钥匙中心从事视障儿童融合教育的历史可以为我国融合教育高质量发展提供有益的参考,并为教育工作者创造性地开展教育工作提供精神榜样。

一、研究意义

首先,徐白仑与地方政府合作开展的视障儿童融合教育在中国随班就读的发展历史上占有重要地位。中国教育科学研究院研究员陈云英把"金钥匙盲童教育计划"作为

---

① 苏婷.徐白仑:白黑人生的多彩印迹[N].中国教育报,2010-10-14(008).
② 陶西平.联合国教科文组织协会亚太地区主席陶西平先生致辞[Z]//金钥匙视障教育研究中心.庆祝第27届国际盲人节暨金钥匙视障教育研究中心交接仪式材料,2010.

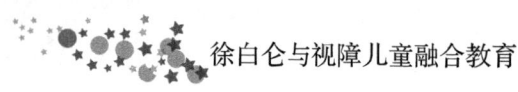

推动中国随班就读起源的因素之一①。有研究者指出,从1987年开始,我国盲教育社会活动家徐白仑开始在山西和江苏的部分县推行的金钥匙盲童教育计划,是我国最早的有意识、有组织的随班就读实验②。北京联合大学特殊教育学院教授钟经华指出"我国视力残疾儿童随班就读工作中,'金钥匙视障教育研究中心'功不可没"③。24年中,虽然金钥匙视障儿童融合教育开展的地区有变动,但其探索有内在的连续性和时代的典型性,从侧面反映了1987—2010年中国随班就读从民间试点试验到政府调研、政府试点试验、政策出台、大面积推广、支持保障体系建设的发展过程和历史经验。

其次,徐白仑与地方政府合作开展的视障儿童融合教育提炼并检验了本土化视障儿童融合教育理论——金钥匙模式,促进了我国融合教育理论的发展,并能为当今视障儿童融合教育的发展提供本土化的操作流程和操作工具。

再次,徐白仑开展的视障儿童融合教育的独特性还在于它是非政府组织与地方教育行政部门合作推进区域视障儿童随班就读的实践,它依托于地方的教育行政及其公立学校系统进行创造性工作,形成了非政府组织和政府合作推动区域视障儿童随班就读发展的运作机制。2002年,中国残联主席邓朴方在《中国盲童文学》创刊百期纪念会上讲道:"视障教育研究中心的成功实践证明,依靠非政府组织、非营利组织(NGO、NPO)举办社会公益事业是一条可行的路子。应当认真总结这个机构独立运行的经验,社会化的经验,使为残疾人服务的组织更加前沿化,多样化。"④未来随着公民社会组织的发展,将会有越来越多的非政府组织参与特殊儿童融合教育工作,社会公益性组织将会成为政府主导的义务教育系统中的有益补充,总结金钥匙中心长达20多年同政府合作推进融合教育的运作经验,可以为多种社会力量参与教育领域的公益事业提供启示。

最后,金钥匙视障儿童融合教育也是一部徐白仑和合作者精神成长的历史,能为特殊教育教师职业精神的发展提供启发,促进特殊教育教师提升思政水平,促进社会主义精神文明建设。特殊教育从业者需要有仁爱之心、坚韧的毅力才能做好这份工作,金钥匙视障儿童融合教育连接了各界仁爱之士,彰显了优秀的特殊教育实践者的精神特质,能为特殊教育教师提供精神成长的养料。

二、概念界定

(一)融合教育、随班就读

融合教育、随班就读是两个密切联系的词汇,为了方便理清本书的思路,需要梳理一下本研究对融合教育、随班就读的认识。

2017年,国务院修订的《残疾人教育条例》,把融合教育界定为"融合教育是指将对

---

① 陈云英.智力落后心理、教育、康复[M].北京:高等教育出版社,2007:185.
② 邹平川.残疾儿童随班就读问题与对策研究——以安徽省为个案[D].北京:中央民族大学,2005.
③ 钟经华.视力残疾儿童的心理与教育[M].天津:天津教育出版社,2007:78.
④ 邓朴方.努力创造条件,为盲人做更多实事[A]//邓朴方.人道主义的呼唤 第三辑 2001—2005.北京:华夏出版社,2006:128.

残疾学生的教育最大程度地融入普通教育"①。这是我国关于融合教育最权威的定义,当前我国政策文本中往往融合教育和随班就读并用。中国融合教育的发展受到众多国际教育思潮的影响,其中联合国教科文组织20世纪80年代倡导的一体化思想、20世纪90年代倡导的全民教育思想和全纳教育思想对中国融合教育的发展产生了重要影响。

随班就读是指特殊儿童到普通学校的普通班和普通儿童一起接受教育的一种特殊儿童教育安置形式②。1988年,在特殊教育不够发达的情况下,我国政府为了保障残疾儿童的受教育权,尽快提升残疾儿童的入学率,在第一次全国特殊教育会议上明确提出了随班就读政策,要求"要在办好特殊教育学校的同时,有计划地在一部分普通小学附设特殊教育班或吸收能够跟班学习的残疾儿童随班就读","逐步形成以一定数量的特殊教育学校为骨干,以大量特教班和随班就读为主体的残疾少年儿童教育的格局"③。1989年国家教委、国家计委、民政部等8部门印发的《关于发展特殊教育的若干意见》也强调"各地要充分利用现有普通小学,积极招收虽有一定残疾,但可以在普通班学习的残疾儿童入学"④。2017年教育部等七部门印发的《第二期特殊教育提升计划(2017—2020年)》又强调了"优先采用普通学校随班就读的方式,就近安排适龄残疾儿童少年接受义务教育"⑤,这符合融合教育概念中"将对残疾学生的教育最大程度地融入普通教育"的要求。

从融合教育、随班就读概念的内涵来看,二者都来源于特殊教育领域,都强调了普特融合,但融合教育并没有限定具体的融合形式。从二者概念的外延来看,融合教育就融合形式而言可以理解为一个从不融合到融合的连续体,随班就读可以看作融合教育的一种形式,融合教育的外延比随班就读更大一些,目前随班就读是我国融合教育的主要形式。

(二)全纳教育

1994年,为突破全民教育的瓶颈问题,联合国教科文组织发表了《萨拉曼卡宣言》和《特殊需要教育行动纲领》,正式倡导全纳教育。全纳教育是通过增加学习、文化和社区参与,减少教育系统内外的排斥,应对所有学习者的多样化需求,并对其做出反应的过程;以覆盖所有适龄儿童为共识,以常规体制负责教育所有儿童为信念,全纳教育涉及教育内容、教育途径、教育结构和教育战略的变革和调整⑥。

---

① 中华人民共和国国务院.残疾人教育条例[EB/OL].(2020-12-26)[2022-12-15].https://www.gov.cn/zhengce/2020-12/26/content_5575055.htm.
② 陈云英指出"随班就读"一词专指在普通学校的普通班中吸收残疾儿童与普通儿童一起接受教育的形式。本定义在此定义的基础上进行了适当的调整。参见陈云英.智力落后心理、教育、康复[M].北京:高等教育出版社,2007:179.
③ 何东昌.国家教育委员会副主任何东昌在全国特殊教育工作会议上的讲话//国家教育委员会初等教育司.特殊教育文件、经验选编[G].北京:人民教育出版社,1989:36.
④ 第一次全国特殊教育会议是1988年召开的,会议的文件《关于发展特殊教育的若干意见》是1989年下发的,但这个文件的精神在国家教育委员会副主任何东昌在全国特殊教育工作会议上的讲话中已经有所体现。参见国家教委、国家计委、民政部、财政部、人事部、劳动部、卫生部、中国残疾人联合会.关于发展特殊教育的若干意见//国家教育委员会初等教育司.特殊教育文件、经验选编[G].北京:人民教育出版社,1989:6-7.
⑤ 教育部、国家发展改革委、民政部等.七部门关于印发《第二期特殊教育提升计划(2017—2020年)》的通知[EB/OL].(2017-07-28)[2022-12-15].https://www.gov.cn/xinwen/2017-07/28/content_5214071.htm.
⑥ 此定义是周满生根据联合国教科文组织的相关文件整理出来的,具体参见周满生.全纳教育:概念及主要议题[J].教育研究,2008(07):16-20.

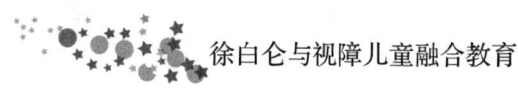

目前,我国融合教育和全纳教育的英文都常常翻译为 Inclusive Education,但从中文语义上看,融合教育和全纳教育还是有很大差异的,本书保留了全纳教育这个词汇。全纳教育思想的内涵和外延都远远大于当前我国界定的融合教育。全纳教育强调普通学校变革以满足全民教育发展的需要,指向的是整个教育领域;当前我国融合教育强调的是普特融合,专指特殊教育领域。但二者也是有一定联系的,全纳教育在更高的层面为融合教育的发展指明了方向,融合教育的普特融合中要以普通学校的变革为核心来满足特殊儿童的教育需要,并进而促进普通学校成为能应对所有学习者多样化需求的全纳学校。

（三）金钥匙视障儿童融合教育与同班就读

本书的金钥匙视障儿童融合教育是指徐白仑联合国内外的力量,协助中国地方政府开展视障儿童就近在普通中小学普通班级里学习的一种政府部门和非政府组织合作推进区域视障教育发展的探索。金钥匙视障儿童融合教育是一个逐渐发展和完善的过程,包括金钥匙盲童教育计划(1987—1990)、低视力儿童随班就读项目(1994—1995)、金钥匙工程(1996—2009)、金钥匙行动(2009—2010)等项目。为了切合表达的具体情境,金钥匙视障儿童融合教育在本书中有时也称为金钥匙视障儿童随班就读。金钥匙视障儿童融合教育的指导思想随着时代的发展不断进步,1987 年金钥匙盲童教育计划开始实施后,徐白仑接触到一体化思想(Integration)[①],积极学习了国外一体化教育的思想和经验;1996 年后,金钥匙工程及金钥匙行动均是以联合国教科文组织提出的 2015 年全民教育目标和全纳教育思想为指导。

徐白仑还基于全纳教育思想提出了同班就读的概念来取代随班就读。在 2013 年,邓猛、景时撰文指出西方特殊教育经历了从 20 世纪 60—70 年代的回归主流[②]到当今的全纳教育的深刻变化,我国随班就读的发展并没有类似的范式变迁,其理论与实践并未脱离回归主流(Mainstreaming)的范畴[③]。徐白仑也认为随班就读这个词汇主次关系体现得很清楚,要求残障儿童去适应主流学校的教学环境、课程设置和教学方法。针对随班就读这个词汇的局限性,20 世纪 90 年代,徐白仑基于全纳教育理念提出了同班就读的概念,该概念指特殊儿童以平等的地位和权利在普通学校学习,普通学校形成满足学生多样性教育需要的教学环境、课程设置和教学方法,金钥匙工程阶段的融合教育可以称为同班就读。但是同班就读这个概念并没有得到广泛的传播和应用,为了符合阅读和表达的习惯,本书在介绍金钥匙工程时还会用到随班就读这个词汇。

---

① 英国等欧洲国家特殊教育界常用的一种术语,含义与"回归主流"相似,为很多国家的学者使用;主张把残疾学生放在普通学生中进行教育,形式有多种,始于 20 世纪 60—70 年代;中国的随班就读和普小特教班如同于此。参见朴永馨.特殊教育辞典[M].北京:华夏出版社,2006:47.

② 我国有研究者指出北美以美国为首的回归主流运动、欧洲的一体化运动只是在称谓上存在差异,都是在北欧的正常化思潮影响下兴起的将特殊儿童纳入普通教育机构实施教育。参见朴永馨.特殊教育辞典[M].北京:华夏出版社,2006:47.李拉."全纳教育"与"融合教育"关系辨析[J].上海教育科研,2011(05):14-17.盛永进.特殊教育学基础[M].北京:教育科学出版社,2011:47.

③ 除了这个观点外,论文还从瀑布式特殊教育服务体系通过环境限制的分级以及建立相应的分级标准,儿童必须证明自己具备某项预备能力方才被允许到某个环境中去的局限性指出,随班就读与回归主流模式有着本质的类似。参见邓猛,景时.从随班就读到同班就读:关于全纳教育本土化理论的思考[J].中国特殊教育,2013(08):3-9.

(四)视障儿童

视障儿童是视力障碍儿童的简称,是"指由各种原因导致的双眼视力低下并且不能矫正或视野缩小以至影响其日常生活和社会参与"[1]的0—18岁儿童。视障儿童也称为视力残疾儿童。徐白仑作为一个盲人,他更倾向于在自己的实践中使用视力障碍这个词汇,这个概念不强调个体生理的残缺,而是强调个体与环境互动过程中视力及其功能带来的限制。

根据第二次全国残疾人抽样调查中视力残疾的分类标准,视障儿童视力残疾程度可以分为盲和低视力两类,每一类中又细分为2个级别。具体参见表0-1视障儿童视力残疾的分级。

表0-1 视障儿童视力残疾的分级[2]

类别	级别	最佳矫正视力
盲	一级	无光感～<0.02;或视野半径<5度
盲	二级	0.02～<0.05;或视野半径<10度
低视力	三级	0.05～<0.1
低视力	四级	0.1～<0.3

(五)非政府组织

世界银行编写的《非政府组织法的立法原则》一书中认为"非政府组织指在一特定法律系统下,不被政府部门视为一部分的协会、社团、基金会、慈善信托、非营利公司或其他法人,且其不以营利为目的,如有赚取任何利润,也不可将此利润分配"[3]。我国有学者把非政府组织界定为不以营利为目的,主要开展公益性或互益性活动,独立于党政体系之外的正式社会组织[4]。非政府组织有不同的称谓,在我国常称为"民间组织""社会组织",也可称为"非营利组织"(NPO)、"第三部门"、"志愿组织"、"公民社会组织"等。我国的基金会、社会团体、民办非企业单位均为非政府组织。美国著名学者莱斯特·M.萨拉蒙(Lester M.Salamon)主持的约翰·霍普金斯非营利部门比较研究项目指出这类组织是具备组织性、私立性、非利润分配性、自治性、志愿性等五大特征的实体[5]。1974年美国经济学家韦斯布罗德(Burton Weisbrod)指出市场和政府在提供公共物品上都存在局限,非政府组织是社会公共物品的供给主体之一,和政府在提供公共产品上是互补关系[6]。

---

[1] 第二次全国残疾人抽样调查办公室.第二次全国残疾人抽样调查残疾标准[G]//第二次全国残疾人抽样调查办公室.第二次全国残疾人抽样调查主要数据手册.北京:华夏出版社,2007:118.
[2] 第二次全国残疾人抽样调查办公室.第二次全国残疾人抽样调查残疾标准[G]//第二次全国残疾人抽样调查办公室.第二次全国残疾人抽样调查主要数据手册.北京:华夏出版社,2007:118.
[3] 世界银行.非政府组织法的立法原则[M].台北:喜马拉雅研究基金会印行,2000.
[4] 王名,刘培峰.民间组织通论[M].北京:时事出版社,2004:4.
[5] 萨拉蒙,等.全球公民社会 非营利部门国际指数[M].陈一梅,译.北京:北京大学出版社,2007:12-13.
[6] 文军,王世军.非营利组织与中国社会发展[M].贵阳:贵州人民出版社,2004:52.

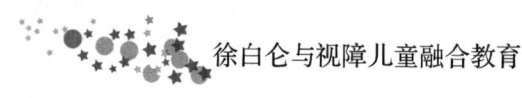

三、研究方法与本书结构

本书运用历史研究法,系统收集了金钥匙中心的内部资料(政府文件、学生档案、教师档案、筛查资料、师资培训资料、评估资料、经验交流资料、各类工作实例、各类工作报告、数据统计资料等)和相关的已公开出版的文献资料,并对部分历史当事人(徐白仑夫妇、参与金钥匙融合教育项目的教育行政官员和基层学校的辅导教师、金钥匙融合教育项目的受益学生、金钥匙中心的志愿者以及部分员工)进行了访谈,通过三类资料的互相印证来深入地梳理1987—2010年间徐白仑从事视障儿童融合教育的过程、效果、经验、特色和意义,展示徐白仑和金钥匙视障儿童融合教育项目参与者的丰富的精神世界。为了更加深入地感受徐白仑的人格魅力和金钥匙中心的工作风格,研究者曾经于2010年10—12月在金钥匙中心当了三个月的志愿者,亲历了金钥匙中心交接给中国残疾人联合会(下文简称中国残联)前后的工作,获得了对金钥匙中心工作情况的感性认识,并积累了有价值的观察记录。

本书系统梳理了1987—2010年间徐白仑与地方政府合作开展视障儿童融合教育的过程、效果、经验、特色和意义,分析了徐白仑依托自己创办的金钥匙中心创造性开展视障儿童融合教育的工作方法及外部的社会支持网络,力图揭示金钥匙视障儿童融合教育经验及徐白仑和相关特殊教育实践者的精神世界,分析他们能够在艰苦的工作条件下克服重重困难开展视障儿童融合教育的精神动力,并从侧面反映了1987—2010年间中国随班就读从民间试点实验到政府调研、政府试点实验、政策出台、大面积推广、支持保障体系建设的历史。

全书共分为八章,第一章为金钥匙视障儿童融合教育的序曲,写"天命之年的徐白仑走向视障教育",揭示中年徐白仑在遭受个人一列痛苦后走向了为盲童办实事,创办中国盲童文学的过程,从个人精神的苦海中上岸,初步实现了精神的康复和升华。

第二章到第五章按照时间的线索,纵向梳理了徐白仑联合社会各界开展的金钥匙盲童教育计划(1987—1990)、低视力儿童随班就读项目(1994—1995)、金钥匙工程(1996—2009)等视障儿童融合教育项目,分析了项目的实施条件、过程、效果、经验、特色和意义,并通过丰富的历史细节展现了徐白仑和相关特殊教育实践者为了视障儿童的幸福,无私奉献的精神世界。

第六章到第七章从组织内部运作和外部的社会支持网络的角度系统梳理了金钥匙融合教育项目的运作方法和经验,展示了非政府组织开展融合教育项目的工作方法和面临的内外困境,揭示了非政府组织所秉持并传递的精神信念,展现了一大批组织和个人对于视障儿童教育的热情与支持,揭示了为什么徐白仑和金钥匙中心能够获得这些支持。

第八章为最后一章,系统梳理徐白仑从事视障儿童融合教育的精神成长过程,展现徐白仑和相关特殊教育实践者、支持者的精神世界,为特殊教育教师职业精神的成长提供启发。

第一章
天命之年的徐白仑走向视障教育

第一节　徐白仑与《中国盲童文学》

徐白仑出生于1930年，祖籍江苏宜兴，是著名报人徐铸成的长子。1955年从南京工学院建筑系[①]毕业分配到北京市建筑设计研究院（下文简称北京建院）工作。1971年，徐白仑41岁时，因工作中用眼过度，造成视网膜脱落，后因医疗事故，双目濒于失明。经过多次手术和治疗，徐白仑的右眼完全失明，左眼勉强保住了0.02的视力。

失明后，徐白仑万分痛苦，领导、同事、朋友、亲戚看望他时说的最多的话——"你好好歇着吧"，让他的心一次次滴血。他明白他再也没有办法当一名建筑师了，他感到社会再也不需要他了，他再也没有责任可负了，活着就像个行尸走肉，他已经没有了未来，这种滋味几乎将他逼疯，他想结束这没用的生命。

徐白仑失明后的痛苦，第一任妻子朱益陶看在眼里，急在心里，她想尽各种办法帮助徐白仑适应盲人的生活，重新找到生命的价值。在妻子的呵护下，为了追求自身的价值，失明后的徐白仑重新学习写字，练习写作。徐白仑的写作不是出于对文学的爱好，也不是出于对创作的冲动，更不是为了消磨时间，而是为了可以发表，为了证明自己还是对社会有用的人，不是一具行尸走肉，但是这也是一条充满荆棘和困难的寻梦之旅。十年磨一剑，失明10年后，1982年12月，徐白仑在《儿童文学》上发表了第一篇短篇小说[②]。后来徐白仑的作品陆续被收入《现代童话选》《近代寓言选》，并发表了两篇科幻中篇小说——《午夜怪兽》《嗜血的河流》，一条通往儿童文学家的道路在徐白仑面前逐渐打开。

朱益陶是一位美丽、坚毅的女知识分子。徐白仑和她相识于少年，后来重逢于南京大学校园里。益陶读的是生物系，毕业后被分配在中国科学院动物研究所。1956年两人喜结连理，1966年，儿子徐霆出生。益陶爱孩子、爱丈夫，丈夫失明后她不仅默默承担了全部的家务重担，还为丈夫创作科幻小说提供科学依据并一起构思，为排遣丈夫写作道路上的苦闷，帮丈夫发展养金鱼、种仙人球的爱好。益陶也爱自己的科学研究工

[①] 1952年全国院系调整，以南京大学工学院为基础，合并金陵大学理学院电机、化工两系，成立南京工学院。参见南京大学.院系调整中的分合[EB/OL].[2023-02-06].https://historymuseum.nju.edu.cn/jypx/ndxs/ndxs/njdx1949/dqzcjggmdyxdz19491952/wyxdzzdfh/index.html.

[②] 徐白仑.霜叶舞秋风 盲人徐白仑八十自述[M].北京：中国盲文出版社，2009：174.

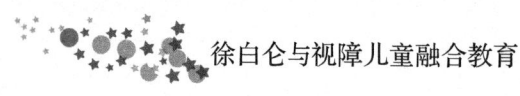

作,成为中国科学院"文革"后第一批晋升的副研究员后,她更加忙碌了。每天晚上丈夫和孩子睡下后,她还要抱着大本大本的科研文献细心研读到深夜;为准备赴德国做访问学者,她每天晚饭端着饭碗和儿子边吃边学英语;她还开展细胞生物学方面的科学研究,准备相关的国际会议的论文,给来研究所实习的大学生辅导毕业论文……繁重的家务和工作,透支着益陶的生命能量,她生病了,可是没有时间看病。她的脖子越来越疼,难以安眠,半夜她常常叫醒徐白仑,趴在徐白仑的膝盖上,徐白仑用双手捧着她的脸,她才能勉强睡上一会,第二天还是照常上班,照常照料父子俩的生活。益陶日益消瘦,嘴唇青紫,终日疲倦不堪,每当徐白仑劝她歇上两天的时候,她总是说:"已经耽误了10年,怎能再歇?"益陶以对事业和家庭的无限忠诚顽强地坚持着,直到因胸水满溢而休克。

不幸又一次降临这个三口之家,1983年,益陶被诊断为淋巴癌并扩散成肺癌,1984年2月在病痛中离世。妻子的病逝改变了徐白仑的人生轨迹。

徐白仑懊悔自己自私地生活在妻子的呵护之下,没有对妻子多几分体贴,为妻子多一些分担。苦难唯有升华,方能超越。徐白仑在《夜夜泣血盼魂归》中写道:"你中有我,我中有你,你就是我,我就是你,我追求的正是你的理想,我身体里也蕴藏着你的力量,我们从来就在一起,没有任何力量能使我们分离。我将不再孤独,不再忧伤,和你一起以双倍的真诚奉献至爱,用双倍的辛勤去耕耘人生,心心永相印。"未来的日子,徐白仑不仅仅是为自己活,还要为了益陶,以双倍的力量和辛勤奉献对世界的爱。

益陶去世后,徐白仑去北京建院找党委书记王玉玺,希望能上班,在单位做些力所能及的事情。王玉玺建议徐白仑:"你在儿童文学创作方面已有一定造诣,又深刻地感受了盲人的痛苦和需要,是不是可以为盲孩子写些文学作品?"这个建议为徐白仑打开了一个新的世界。

1984年9月徐白仑回到位于上海的父母家中休养,老同学纷纷来看望他。在亲情、同窗情谊的滋养下,徐白仑的脸上也开始展露出一些笑容。父母给徐白仑提供了一个宽松的生活环境,从不安慰他,也不问他未来的打算。徐白仑的父亲已经是78岁的老人,但是坚持每天起床后伏案工作3个多小时,撰写回忆性文章,留后世借鉴;坚持讲学、带研究生,诲人不倦;还和原香港《大公报》老报人刘季伯等人一起支持厦门大学创办"新闻传播系"。父亲的身教给予了徐白仑巨大的精神鼓励,他不能消沉。徐白仑想为盲孩子们写些文学作品,他需要先学会盲文。

在父亲朋友的帮助下,上海市盲童学校(下文简称上海盲校)派陈洪芬老师上门教盲文。徐白仑和陈洪芬渐渐成了朋友,陈洪芬建议他为盲童编一本刊物,这比写文学作品更切合盲孩子们当前的需要。陈洪芬带徐白仑到上海盲校参观。在上海盲校,徐白仑第一次重新感受到了久违的平等相待。杨美英校长放下手头繁忙的工作,诚挚地向徐白仑讲述盲生们当前的需要,认真地讨论徐白仑为盲孩子编一本刊物的想法,表示将尽力支持他实现这个愿望。已经退休的原上海盲校校长李牧子听说为盲童办刊物的事情后,亲自找上门来与徐白仑恳切交谈,他十分珍惜徐白仑的这份心愿,认为健全儿童的刊物丰富多彩，可以各有特色、各有所长，而作为盲童的唯一刊物，不能只停留于提高文学修养和写作水平，更不是用以消闲解闷，而要成为鼓舞盲童积极向上的精神食粮。

徐白仑失明以后，虽然许多亲朋好友看望他、安慰他，但是徐白仑内心感受到的大部分仍然是同情和怜悯。作为盲人，与上海盲校的交流让徐白仑强烈感受到失明以后从未经历过的平等，而这种真正的平等正是徐白仑心灵中最需要的东西，它拨开了徐白仑心灵上厚厚的灰烬，重新燃起了生的价值和希望。心灵的复苏，也让徐白仑更加深刻地感受到妻子益陶给予自己的精神支持。在益陶逝世一周年的忌日，徐白仑决定告别彷徨，走上新的征程。下面是当时徐白仑对着益陶的照片说的话：

> 亲爱的陶陶，你是为我而死的。自从我失明以后，为了支持我重新获得生活的信心和勇气，为了支持我残而不废有尊严地活在人间，你付出了多少心血，你付出了多少辛劳。如今你走了，我怎能因而将你的爱付诸东流？在你周年的忌日，我在你的灵前，我将告别彷徨，走上新的征程。①

跨越生死的唯有"爱"，在益陶逝世一周年之后，徐白仑依然能够强烈地感受到益陶对自己的至爱，这种爱让徐白仑更加珍惜自己生命的价值，从此，徐白仑把益陶逝世的伤痛升华为全身心投入视障儿童教育的精神力量。

1985年3月下旬，李牧子、杨美英、陈洪芬一齐来到徐白仑家，共商了盲童刊物的出版大计。确定这份刊物是文学杂志，暂时定名为《盲童文学》，宗旨是"陶冶心灵，丰富生活，在潜移默化中给盲童以温暖、欢乐、希望和自信"。

1985年五一劳动节前，徐白仑迫不及待地回到北京，在没有资金、没有人员的情况下以常人难以想象的勇气和毅力克服重重困难来筹备盲童文学。他依靠左眼0.02的视力四处奔走，到处求人，最后在康克清、叶圣陶、费孝通、吴全衡、黄乃、崔乃夫、邓朴方、曹国辉、藤伟民、郑渊洁、侯永庚等社会各界人士的帮助下，《中国盲童文学》于1985年12月正式创刊。《中国盲童文学》的创刊，也为徐白仑打开了一个了解视障儿童的窗口。为了鼓舞盲童，1986年，徐白仑联合社会力量，以"祖国处处有亲人"为主题，在北京举办了"全国盲童夏令营"，产生了良好的社会反响。

徐白仑创办《中国盲童文学》以及后续倡导的视力障碍儿童融合教育活动得到了广泛的社会支持，这和我国20世纪80年代残疾人事业的良好发展局面密不可分。

在20世纪80年代，我国残疾人的组织逐步完善。1984年3月，中国残疾人福利基金会成立，这是我国为适应社会发展建立的新型残疾人组织。该基金会秉持"弘扬人道，奉献爱心，全心全意为残疾人服务"的宗旨②，在20世纪80年代参与开展了红领巾助残活动、全国首次残疾人抽样调查（1987年）等众多的工作，并为残疾人教育、康复事业提供了资金支持。1986年7月，联合国"残疾人十年"（1983—1992）中

---

① 徐白仑.霜叶舞秋风 盲人徐白仑八十自述[M].北京：中国盲文出版社，2009：132.
② 中国残疾人福利基金会.关于我们[DB/OL].[2022-12-16].https://www.cfdp.org/jjhjj.html.

国组织委员会成立。1988年3月,在中国盲人聋哑人协会和中国残疾人福利基金会的基础上组建了中国残疾人联合会,随后,各省、市、区县陆续建立了残联组织,形成了统一的残疾人组织体系来维护残疾人的合法权益。1988年9月,国务院批准颁布实施《中国残疾人事业五年工作纲要》,从此我国残疾人事业的发展统一纳入了国家的发展规划中。

在20世纪80年代,我国政府开展了一系列活动推动残疾人事业的发展。从1984年开始举办全国残疾人运动会,每四年一次,展现残疾人的风采。1986年11月15日,国家教委、共青团中央、全国妇联、中国残疾人福利基金会发布联合文件,要求对全体少年儿童进行社会主义人道主义教育,培养理解、尊重、关心、帮助残疾人的良好道德风尚[1]。1987年开展了全国首次残疾人抽样调查,揭示了残疾人的现状。各级政府在表彰先进中,也积极推荐残疾人,社会涌现了张海迪,史铁生等一批优秀残疾青年。

在20世纪80年代,社会出现了关心残疾人的良好风气。随着国家政治、经济实力增强,城乡人民的收入大幅提高,生活质量得到改善,社会民众从社会名流到普通百姓也纷纷对残疾人表爱心。以1986年徐白仑依托《中国盲童文学》编辑部倡导的"第一届全国盲童夏令营"为例,全国各地的5000多个健全儿童为"盲童夏令营"捐助20000余元;孩子们敬爱的康克清奶奶、巴金爷爷、冰心奶奶专门为夏令营写来了贺信;叶至善、吴全衡、李进民、陈海燕、林太、王鲁光、封明等同志出席开营式,邓朴方同志参加了闭营式;北京义利食品公司以六五折供应盒饭并赠送一份糖果点心;矿泉水厂在夏令营期间免费供应矿泉水;北京十三陵管理处用接待国家元首的规格接待了第一届全国盲童夏令营的营员;中央人民广播电台的崔永元、郭林雄、张浩和《中国日报》的郭建设等新闻媒体的记者还进行了跟踪采访[2],第一届全国盲童夏令营使盲童感受到了温暖和欢乐,充分展现了社会各界对盲童的关爱。[3] 盲童夏令营活动本身也是一种残疾儿童权利的宣传活动,为残疾儿童事业的发展扩大了社会基础。徐白仑对那个时代有深刻的感受,他回忆说:"大家爱心没有疲劳,那时特别好开展工作。搞夏令营哪个都不要钱。到妇联,对呀,盲童多可怜。到哪里去,不要钱。盒饭打折,孩子点心都没有见过,免费的。到十三陵贵宾待遇,清场。[4]"崔永元的著作《不过如此》中有第一届全国盲童夏令营精彩片段的描写,具体参见附录3。

---

[1] 徐白仑.金钥匙盲童教育计划——我国普及盲童教育的补充办法[Z].金钥匙视障教育研究中心内部资料,1988.
[2] 崔永元.不过如此[M].北京:华艺出版社,2001:176.
[3] "第一届全国盲童夏令营"情况根据《霜叶舞秋风 盲人徐白仑八十自述》第167-196页内容整理。具体参见徐白仑.霜叶舞秋风 盲人徐白仑八十自述[M].北京:中国盲文出版社,2009:167-196.
[4] 2010年9月28号对徐白仑的访谈记录。

图1-1 1986年以"祖国处处有亲人"为主题的第一届全国盲童夏令营

第二节 盲文扫盲教材

国内残疾人组织的建立，关爱残疾人的社会氛围等为特殊教育的发展打下了良好的基础，但不可否认在20世纪80年代我国残疾儿童的教育尤其是盲童的教育还处在相当落后的状态，已经不能适应社会发展的需要。据统计，1987年全国有小学80.7万多所，教学点17万多个，在校生1.28亿多人；7至11周岁学龄儿童入学率达到97.1%，在校学生年巩固率达到97.2%，应届毕业班学生毕业率达到95.1%；经省级人民政府检查验收，已经普及初等教育的县为1 240个，占全国总县数的60%左右[1]。但这些统计指标没有包括盲、聋哑儿童的入学情况，统计数据主要反映的是普通儿童的入学情况[2]。1987年第一次全国残疾人抽样调查推算我国0至14岁残疾儿童总数817.35万人，占儿童总数2.66%，入户调查9 365名6岁以上残疾儿童中没有上学的有4 191人，占44.75%[3]。特殊教育已经成为初等教育中的薄弱环节。

特殊教育的落后尤其体现在盲童教育中，20世纪80年代中期我国盲童的入学率极低，大量盲童没有上学。1986年我国盲校和聋盲校仅有61所，在校生仅有2 321人，

---

[1] 《中国教育年鉴》编辑部.中国教育年鉴1988[M].北京：人民教育出版社，1988：77.
[2] 教育部《关于普及初等教育基本要求的暂行规定》要求计算初等教育入学率时盲、聋哑儿童的入学情况另作统计；弱智儿童目前多在普通小学就学，故除智力严重障碍和其他失去学习能力者外，在计算入学率时仍应包括这一部分儿童。具体参见：教育部.教育部关于普及初等教育基本要求的暂行规定[DB/OL].(1983-08-16)[2022-02-03]. http://www.fsou.com/html/text/chl/17/1727.html.
[3] 中国残疾人联合会.1987年全国残疾人抽样调查研究资料——全国残疾儿童基本数据[EB/OL].(2008-04-07)[2011-12-06]. http://www.cdpf.org.cn/sytj/content/2008-04-07/content_30316031.htm.

许多地方盲教育还是一片空白,盲童的入学率极低,大量盲童没有上学。具体情况见表1-1。

表1-1 全国盲校数、盲生数统计表(1953—1987)[①]

	1953	1965	1973	1980	1981	1982	1983	1984	1985	1986	1987
盲校	13	25	9	9	9	13	11	11	15	15	18
聋盲校	9	65	56	41	42	44	41	40	44	46	43
在校盲生数	1 361	2 609	—	1 701	1 611	1 940	1 641	1 948	2 089	2 321	2 677

注:相关资料中没有1973年在校盲生数。

"1987年全国残疾人抽样调查入户调查显示6～14岁视力残疾儿童共189人,其中已经上学的81人,占42.85%;没上学108人,占57.15%。上学人员中,在普通学校学习的占97.50%,在特殊学校学习的占2.50%。在普通学校上学的均为一、二级低视力者。全国6～14岁视力残疾儿童人数推算约12.62万人,其中一级盲、二级盲的盲童推算约为7.81万人,1987年初统计在盲校学习的盲童为2 677人,盲童入学率为3.43%,调查显示应该上学而未上学的视力残疾儿童中大量是盲童。[②]"这与1987年普通儿童初等教育的入学率形成了鲜明的对比。提高盲童的入学率,给予盲童受教育的基本权利是20世纪80年代盲童教育中要解决的核心问题。

作为《中国盲童文学》的主编,徐白仑更深刻地感受到了这种情况。在盲童、盲童家人、教师写给《中国盲童文学》编辑部的信中,徐白仑痛心地了解到还有大量盲童没有上学。下面是山东聊城中学高一(3)班的一位女生给编辑部的来信:

> 我有一位弟弟自幼双目失明,十分向往能够上学,总要背着妈妈特地为他缝制的小书包,独自摸向校园,在校门外徘徊,倾听里面传出的欢声笑语和朗朗的读书声。有一天再也没有回来,当人们从附近的池塘里找到他的时候,他手里还紧紧地拽着自己的小书包,那时他只有八岁。如果他能知道,今天有这么多人在关心着盲童,一定会含笑九泉。[③]

一封封血泪斑斑的来信,像重锤似的敲击着徐白仑的心灵。徐白仑认为当时"盲孩子最需要的不是文学艺术,不是唱歌跳舞,而是上学"[④]。徐白仑作为一个盲人,在创办盲童文学的过程中深刻地感受到自己对盲孩子的责任,在为盲孩子服务的过程中感受死而复生的喜悦,他决定今后的人生"不再追求自身存在的价值,决定尽毕生之力使每

---

① 根据《中国教育年鉴1988》《中国教育年鉴1985—1986》《中国教育年鉴1982—1984》《中国教育年鉴1948—1981》的相关统计数据整理,此外参考了国家教委基教司特教处赵勇平的《进一步解放思想 把盲童随班就读引向深入》。(国家教委基教司特教处)赵勇平.进一步解放思想 把盲童随班就读引向深入[M]//曹国辉.金钥匙视障教育文摘.北京:华夏出版社,1993:44.
② 中国残疾人联合会.1987年全国残疾人抽样调查研究资料——视力残疾人基本情况[EB/OL].(2008-04-07)[2011-12-06].http://www.cdpf.org.cn/sytj/content/2008-04/07/content_30316017.htm.
③ 徐白仑.燃情复追梦 盲人徐白仑八十自述之二[M].北京:求真出版社,2010:3.
④ 徐白仑.燃情复追梦 盲人徐白仑八十自述之二[M].北京:求真出版社,2010:145.

一名失明儿童都能生活得有价值"①,盲童的需要就是无声的命令,徐白仑首先以《中国盲童文学》编辑部为依托,以《中国盲童文学》主编的身份走向了为视障儿童的教育呼吁和实践的道路。

徐白仑随即通过多种途径呼吁政府有关部门重视盲童的教育。1986年,徐白仑让朋友撰写反映盲童教育现状的文章载入中央领导阅读的《内部参考资料》,以期引起决策者的注意。徐白仑还到以教师为主要发展对象的民主促进会,呼吁教育界对盲童教育给予更多的关注②。1986年全国政协六届四次会议新闻出版组徐盈、刘尊琪,社会福利组吾全衡、黄乃等在徐白仑、滕伟民、朴永馨等人呼吁下提交了《请提高盲童入学率》的正规提案给秘书处,提案建议"一、将普及盲童教育列入全国普及教育法;二、在第七个五年计划中,要求每年提高盲童入学率5%,到1990年,全国23%的盲童得到入学的机会;三、在全国普及教育法通过以后,由国家教育委员会制定普及盲童教育的法令,具体落实经费、师资等工作"③。但这些呼吁对盲童的教育没有起到立竿见影的效果。

徐白仑认为"盲孩子们一天天在长大,每延误一年,就会有一大批盲孩子失去受教育的机会,使他们坎坷的命运变得更为坎坷"④,徐白仑无法再等待,他决定为盲孩子编一套在明眼人辅导下自学盲文的教材。他认为在盲孩子无法接受教育的情况下,如果能尽快扫盲,"学会盲文,从而打开学习文化科学的大门,让智慧之光照亮"⑤盲孩子的前程,就会为盲孩子将来自立于社会打下基础。在国家教委、中国盲人聋哑人协会、中国残疾人福利基金会的资助下,1986年8月到1987年初,盲文扫盲教材的编委会进行了教材的编写工作,该套教材包括:两本基本教材《送你一把金钥匙》《愿你越学越有趣》、一套《摸图识字》卡片、一本配套《教学指南》和一盒《自学辅导》的录音带。

1987年初,康克清亲自为这套丛书题词——"送你一把金钥匙",编委会把这套扫盲教材正式定名为《送你一把金钥匙盲文扫盲系列读物》。为了表达对康克清知遇之恩的感谢,徐白仑日后从事的一切工作,都以"金钥匙"命名,二十年来始终不渝。

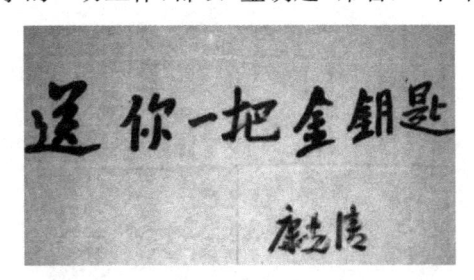

图1-2　1987年康克清题词"送你一把金钥匙"

---

① 徐白仑.霜叶舞秋风 盲人徐白仑八十自述[M].北京:中国盲文出版社,2009:150,151.
② 徐白仑.燃情复追梦 盲人徐白仑八十自述之二[M].北京:求真出版社,2010:145.
③ 徐白仑,滕伟民,朴永馨.给全国政协委员的呼吁信及《请提高盲童入学率》提案草稿[Z].北京:金钥匙视障研究中心内部资料,1986.
④ 徐白仑.燃情复追梦 盲人徐白仑八十自述之二[M].北京:求真出版社,2010:4.
⑤ 徐白仑.送你一把金钥匙(请念给失明的小朋友听)[Z].金钥匙视障教育研究中心内部资料,1987.

虽然这套书的编撰、出版进行得很顺利，但是在这一过程中，遇到了如何把《送你一把金钥匙盲文扫盲系列读物》送到盲孩子手中，依靠谁为盲孩子扫除盲文障碍的问题。1987年春节前夕，在北京召开的编委会上南京盲校教师余寿祥提出依托于各地的教育系统为盲童扫盲，盲童学会盲文以后，就继续留在学校学文化[①]。而徐白仑感觉可以依靠部队的文化教员和民兵去教盲童盲文。1986年，徐白仑在第一届全国盲童夏令营活动中，对解放军的印象特别好，所以产生了依靠部队教盲童盲文的想法。这次编委会最终并没有定下依靠谁为盲孩子扫除盲文障碍，但是指明了两条基本的方向，哪一条更加理性？哪一条更加可行呢？后来的实践中徐白仑理性地选择了余寿祥的建议。

---

① 徐白仑.燃情复追梦 盲人徐白仑八十自述之二[M].北京：求真出版社，2010：9.

第二章
金钥匙盲童教育计划

"金钥匙盲童教育计划"是指 1987 年开始的徐白仑与地方政府部门合作,让学龄期盲童[①]和普通儿童一块接受教育的盲童融合教育实验。该实验本着"盲生一律走读""教师就地选拔""动员社会力量""充分发挥组织优势"的原则[②],以县为试点单位,发布政府文件,县级相关部门配合筛查出适龄盲童,就近在本村小学为盲童安排对应的辅导教师,对辅导教师进行盲文和盲童教育的培训,使其在掌握盲文的基础上对盲童进行盲文教学,让盲童就近到普通小学和普通儿童一块学习。1987 年开始的金钥匙盲童教育计划是我国最先成功开展的特殊儿童随班就读教育实验,"金钥匙盲童教育计划"在地方政府层面的积极运作与当时特定历史条件密切相关。

第一节 金钥匙盲童教育计划的历史条件

一、中国初步形成了有利于特殊教育发展的政策环境

20 世纪 80 年代中国初步形成了有利于特殊教育发展的政策环境。

首先,中央在政策上明确了地方发展基础教育的责任。1985 年 5 月 27 日中共中央颁布的《关于教育体制改革的决定》,把发展基础教育的责任交给地方,为地方发展包括特殊教育在内的基础教育提供了体制上的保证,指出地方"在实行九年制义务教育的同时,还要努力发展幼儿教育,发展盲、聋、哑、残人和弱智儿童的教育"[③]。同年 5 月 19 日,邓小平同志在全国教育工作会议上的讲话除了肯定《教育体制改革的决定》草案的同时,还指出了"我国城乡和社会各界,蕴藏着极大的办学热情"[④],这就为地方政府积极发动各种社会力量发展特殊教育预留了政策空间。

其次,国家逐渐把特殊儿童的教育纳入义务教育的轨道,为发展特殊教育提供了法制保障。1983 年,《教育部关于普及初等教育基本要求的暂行规定》指出"要加强在盲、

[①] 主要是指 7~15 周岁义务教育阶段儿童,在金钥匙盲童教育计划中,也有个别超过 15 周岁的失学盲童通过金钥匙盲童教育计划获得了学习的机会。

[②] 徐白仑.金钥匙盲童教育计划——我国普及盲童教育的补充办法[Z].金钥匙视障教育研究中心内部资料,1988.

[③] 中国残疾人联合会教育就业部,国家教育委员会基础教育司.特殊教育文件选编[G].内部资料,1995:2.

[④] 邓小平.各级党委和政府要把教育工作认真抓起来[G]//国家教育委员会办公厅.中国教育改革和发展文献选编.北京:人民教育出版社,1993:5.

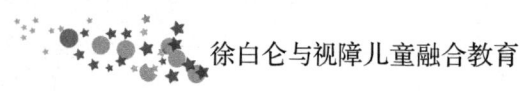

聋哑和弱智儿童中的普及教育工作"①。1986年4月颁布的《中华人民共和国义务教育法》规定了"地方各级人民政府为盲、聋哑和弱智儿童、少年举办特殊学校（班）"的义务。1986年9月国家教育委员会等部门颁布的《关于实施〈义务教育法〉若干问题的意见》中对地方发展特殊教育做了更加具体的规定，指出"各级人民政府在实施义务教育的过程中，应当重视盲、聋哑、弱智等残疾儿童的义务教育，有计划、有步骤地解决残疾儿童入学问题"，并对各地特殊儿童的入学年龄、教学要求、办学形式、师资队伍建设做出了纲领性的规定，强调特殊教育"办学形式要灵活多样，除设特殊教育学校外，还可在普通小学或初中附设特殊教学班。应该把那些虽有残疾，但不妨碍正常学习的儿童吸收到普通中小学上学"②。在这种政策背景下，发展特殊教育，满足特殊儿童义务教育的需求已经是各级政府不可推卸的责任。

第三，20世纪80年代，地方各级政府在中央政策的推动下，开始积极发展特殊教育。《中华人民共和国义务教育法》和《关于实施〈义务教育法〉若干问题的意见》中关于特殊教育的规定，极大地推动了地方发展特殊教育的积极性，一些省市为了实施九年义务教育，制定了本省发展特殊教育的配套规划。

以山西省为例，在1986年，山西省教育厅和财政厅就联合下发了《关于发展特殊教育若干问题的意见》，把全省县区划分为经济文化发达地区、中等地区、经济困难地区三类，规定了到1990年各类特殊儿童教育的发展要求。其中中等地区盲、聋哑、弱智儿童的入学率达到30%。经济文化比较发达的城区、矿区、县到1990年基本满足盲、聋哑儿童的入学需求，弱智儿童的入学率达到50%；并具体规定了建校计划。③山西省各市也积极发展特殊教育。山西省长治市1985年以来，在大力推动普通教育的改革和发展的同时，努力拓宽普及初等教育工作面，认真抓了特殊教育工作。从人力、物力、财力等方面进一步充实和加强市聋哑学校，扩大了办学规模，增加了招生名额，强化了职业技术教育。先后在城区、长治、长子三个县（区）举办了弱智儿童辅读班，招收了40余名弱智儿童进校学习。为解决盲童入学问题，曾于1986年初制订了在市内办一所双轨六个班规模的盲童学校的规划和方案，但因财力问题到1988年尚未能实现。④

河北省1984年建立了省特殊教育研究会，举办了特殊教育师资培训班。为了实施九年义务教育，河北省教委在调查研究的基础上，制定了《发展特殊教育的规划意见》，计划在没有特殊教育学校的8个地（市），分别建立1~2所盲聋哑学校；省会石家庄筹建弱智儿童学校，有条件的在普通学校开设弱智班，为残疾、弱智儿童提供上学

---

① 教育部.教育部关于普及初等教育基本要求的暂行规定[DB/OL].(1983-08-16)[2022-11-12]. http://www.fsou.com/html/text/chl/17/1727.html.
② 国家教育委员会等.关于实施《义务教育法》若干问题的意见[G]//《经济理论与经济管理》编辑部.第三产业政策法律全书.北京：中国统计出版社，1993：1070.
③ 《中国教育年鉴》编辑部.中国教育年鉴(1985—1986)[M].长沙：湖南教育出版社，1988：160，161.
④ 山西省长治市教育局.实施"金钥匙"盲童教育计划探索农村盲童教育新途径[Z].金钥匙视障教育研究中心内部资料，1988.

的机会①。

辽宁省人民政府1986年11月颁布了《关于发展特殊教育的决定》,该文件确定辽宁省"'七五'期间特殊教育发展规划的目标是:积极发展城乡盲、聋哑教育,使入学率提高到70%左右(城镇90%左右,农村60%以上),基本满足盲、聋哑儿童入学要求;在城镇和弱智儿童集中的乡(镇)积极试办和发展弱智儿童教育"②。

与这种地方积极发展特殊教育的形势矛盾的是各地落后的特殊教育状况。特殊教育已经成为制约当地普及初等教育的瓶颈。辽宁省"1985年全省聋童、盲童入学率仅分别为20.4%和14.8%,弱智儿童教育城区试点尚未铺开,还有1市和25个县(市)没有开展特殊教育"③。河北省的特殊教育也处在非常落后的局面。金钥匙盲童教育计划启动前,1987年全国残疾人抽样调查入户调查中河北省发现6~14岁视力残疾、听力语言残疾、智力残疾、综合残疾儿童共261人,已经上学的114人,占43.68%;没上学147人,占56.32%;其中视力残疾儿童共10人,有4人接受教育,这4人全部在普通学校上学④。1987年全国残疾人抽样调查入户调查资料显示在普通学校上学的主要为一、二级低视力,基于上面的信息可以推断,河北省的盲童还普遍处在失学的状态。地方发展特殊教育的需求和落后的特殊教育现实极大地激活了各地发展特殊教育的热情。因此徐白仑在20世纪80年代末期到地方推动视障儿童教育时,受到了普遍的欢迎和支持。以河北为例,1987年12月徐白仑和原北京盲文出版社社长曹国辉⑤到河北推广金钥匙盲童教育计划,贾全庆当时先后任河北省教育厅办公室主任、基教处处长,他后来回忆说:"当时徐老到河北有上面介绍,河北老乡引路。这个起了一定的作用,我们没把这些看得很重,关键这个事是咱们需要的,当时我们正需要发展特殊教育,开展盲童一体化教育,正好是雪中送炭,一拍即合,不需要不感兴趣再说也不成,适应当时社会教育发展的需要这才行。⑥"

良好的政策环境和地方发展特殊教育的现实需要为金钥匙盲童教育计划的实施,以及后来国家倡导的三类特殊儿童随班就读的试点实验创造了有利的历史条件。

二、国际融合教育的兴起与一体化教育思想在我国的传播

20世纪五六十年代发端于北欧的正常化思潮对国际融合教育的发展起到了推动作用,其核心理念是帮助所有人拥有正常的生活,认为隔离的养护机构使许多残疾者终

---

① 《中国教育年鉴》编辑部.中国教育年鉴(1985—1986)[M].长沙:湖南教育出版社,1988:146.
② 辽宁省人民政府.关于发展特殊教育的决定(辽政发[1986]117号)[EB/OL].(1986-11-1).http://baike.baidu.com/view/3361092.htm.
③ 辽宁省人民政府.关于发展特殊教育的决定(辽政发[1986]117号)[EB/OL].(1986-11-1).http://baike.baidu.com/view/3361092.htm.
④ 全国残疾人抽样调查办公室.中国1987年残疾人抽样调查资料[G].北京:全国残疾人抽样调查办公室,1989:1434-1439.
⑤ 曹国辉,河北人,1978年到1984年任北京盲文出版社社长。1984年7月,经文化部批准,北京盲文出版社改名为中国盲文出版社,于永湛任社长。曹国辉离休后,积极支持和参与徐白仑早期开展的视障儿童教育工作,曾任金钥匙中心副主任,协助徐白仑开展山西、河北金钥匙盲童教育计划,编撰了《金钥匙视障教育文摘》。《金钥匙视障教育文摘》的具体信息参见曹国辉.金钥匙视障教育文摘[M].北京:华夏出版社,1993.
⑥ 2010年10月30号对贾全庆的访谈记录。

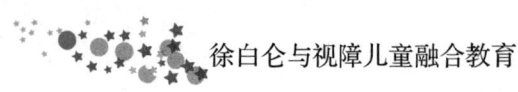

生远离主流生活,因此应让他们从被隔离的机构、学校回到社区,回归到正常的主流社会生活中来①。在正常化思潮的传播和影响下,欧洲和北美的国家开始反思传统的隔离式特殊教育,并力图将正常化思想落实到特殊教育改革之中,这种融合教育改革在以美国为代表的北美洲通常被称为"回归主流(Mainstreaming)"运动,而在以英国为代表的欧洲国家则被称为"一体化(Integration)"运动。回归主流运动提倡让特殊儿童在最少受限制的环境中接受教育,从而使特殊教育的"支流"回归到普通教育与社会的"主流"之中。美国回归主流运动的兴起和发展,以1970年美国学者伊夫林·迪诺(Evelyn Deno)提出的特殊儿童选择性连续安置模式(Continuum of Alternative Placements)②和1975年《所有残障儿童教育法案》(PL94—142,1975)的出台为标志;一体化运动是在欧洲兴起的一种将特殊教育学校与普通学校进行重组合并,从而使特殊教育与普通教育合并为一轨,使儿童有更多机会进入普通学校和主流社会的教育改革运动③。英国1978年发布的《沃诺克报告》肯定了一体化思想,认为绝大多数残疾儿童可以而且应该进入普通学校学习,要求普通学校提供有效的特殊教育④。回归主流运动、一体化运动只是称谓上存在差异,其兴起时间、核心理念、实施模式都是趋同的,都是20世纪60—70年代兴起的将特殊儿童融入普通教育机构实施教育,其倡导的"最少受限制环境""个别教学计划"等理念极大地推动了融合教育的发展⑤。

联合国教科文组织于1981年正式倡导一体化(integration)的概念。1981年11月2—7日联合国教科文组织在西班牙拉加省的托雷莫利诺斯举行关于残疾人的教育、伤残预防和参与的行动和战略问题世界会议,会议通过的《桑德堡宣言》,指出残疾人的教育、培训、文化、信息等方面的方案要尽早和日常的工作和生活环境一体化。这次会议中国派出以教育部负责人杨伯箴为团长的代表团出席了会议⑥。会后我国把《桑德堡宣言》中的"Integration"译为"一体化",在国内也进行了宣传⑦。

1982年联合国大会通过了《关于残疾人的世界行动纲领》,在教育和培训方面,该纲领强调"残疾人的教育应尽可能纳入普通学校系统",指出"教育当局应负起残疾人教育的职责,有关义务教育的法规应适用有各种残疾包括最严重残疾的儿童","把残疾儿童纳入普通教育系统的工作,需要所有有关方面共同进行规划","如果由于某些原因,普通学校系统的设施不适合某些残疾儿童,这些儿童则应于一段适当时间在特殊学校

---

① 盛永进.特殊教育学基础[M].北京:教育科学出版社,2011:47.
② 选择性连续安置模式又称瀑布式特殊教育服务体系(Cascade of Special Education Services),根据特殊儿童的障碍程度,将特殊儿童安置到"最少受限制环境"(Least Restrictive Environment)之中,即残疾儿童的教育要尽可能地安排在与健全学生在一起的环境中进行。参见盛永进.特殊教育学基础[M].北京:教育科学出版社,2011:48.
③ 盛永进.特殊教育学基础[M]. 北京:教育科学出版社,2011:48.
④ Warnock H M. Special education needs: Report of the committee of enquiry into the education of handicapped children and young people[EB/OL].[2022-12-11]. https://education-uk.org/documents/warnock/index.html.
⑤ 李拉."全纳教育"与"融合教育"关系辨析[J].上海教育科研,2011(05):14-17.
⑥ 苏延林,仓理新,华晓晨.中国社会保障辞典[M]. 北京:首都师范大学出版社,1994:434.
⑦ 刘全礼.特殊教育导论教学资料选[G].天津:天津教育出版社,2007:8.

就读。特殊学校的教育质量应与普通学校系统质量相等,并应与其紧密挂钩"①。我国作为《关于残疾人的世界行动纲领》的签署国,在国内也对它进行了宣传。

在 20 世纪 80 年代,一些学者和教育高层管理人员对一体化思想已经有所了解。1983 年,江苏省教委副主任徐航带领南京特殊教育考察团赴日本、英国、挪威考察特殊教育,了解了一体化教育实践及其思想,坚定了一体化教育的主张②。1987 年初徐白仑到江苏进行"金钥匙盲童教育计划"试点的时候,其主张与"一体化"思想不谋而合,得到了江苏省教委徐航、程益基等同志的大力支持③。1988 年 3 月国家教委副主任柳斌接见徐白仑的时候,把徐白仑在 1987 年开始进行的盲生扫盲后跟普通学生一起上课的实验称为"一体化教育"。一体化教育思想在中国的初步传播为徐白仑和地方合作开展视障儿童教育改革提供了有利的外部环境。

第二节 金钥匙盲童教育计划的实施

徐白仑投身视障儿童教育改革的最根本的目的是探索有效的途径使视障儿童获得平等的受教育机会,胸怀的是全国的视障儿童,为了使金钥匙盲童教育计划所进行的盲童一体化教育实验有代表性,徐白仑先后在山西、江苏、河北、北京等地选取试点县进行试点。徐白仑于 1987 年在山西和江苏的五个区县率先开始了金钥匙盲童教育计划的试点工作,1988 年又把试点扩大到河北和北京。1988 年 11 月"第一次全国特殊教育工作会议"正式明确了随班就读政策后,徐白仑没有再以"金钥匙盲童教育计划"的名称在其他省建立试点了,但是为了尽快在全国普及盲童教育,金钥匙中心协助地方政府开展盲童随班就读工作。这一阶段徐白仑按照金钥匙盲童教育计划的经验,指导黑龙江、湖北进行了盲童随班就读实验,其中对黑龙江盲童随班就读工作投入了大量的精力。

一、山西省金钥匙盲童教育计划

1987 年徐白仑首先在山西发起了金钥匙盲童教育计划的试点工作。1987 年春节过后不久,徐白仑到山西太原拜访山西省人民代表大会常务委员会副主任冯素陶④,联系盲童的盲文扫盲和上学。冯素陶非常关心盲童,对于徐白仑在山西所开展的盲童教育工作鼎力相助。

---

① 张国忠.世纪宣言[G].北京:华夏出版社,1998:980.
② 唐庚炎.一心扑在特教事业上——记原江苏省教育厅副厅长徐航[A]// 江苏省特殊教育研究会.残疾儿童少年随班就读经验论文选编.内部资料,1994:90.
③ 参见徐白仑.燃情复追梦 盲人徐白仑八十自述之二[M].北京:求真出版社,2010:33.
④ 冯素陶(1906—2010)是中国民主同盟老一辈代表人之一,曾任山西省人大常委会副主任、山西省政协副主席、民盟山西省委主委、全国政协常委、民盟中央顾问。1979 年 11 月,冯素陶当选为山西省人大常委会副主任,分管教育、科学、文化、卫生工作。徐白仑到山西开展工作期间冯素陶为山西省人大常委会副主任,为金钥匙盲童教育计划顺利开展提供了大力支持。参见冯素陶同志生平[N].山西日报,2010-04-11(A2).

1987年2月在山西省人大常委会副主任冯素陶、省委宣传部部长张维庆、山西省少先队工作委员会副主任田桂英等人的大力支持下,在刘胡兰的故乡文水县建立了盲童教育试点,2月15日县政府就以"盲童教育领导小组"的名义,发布了题为《关于开展盲童教育的决定》的红头文件,这是中国特殊儿童随班就读的第一份地方政府文件。但由于徐白仑的"思想还没有完全摆脱当初'盲文扫盲'的束缚,文件过于偏重盲童思想品德的培养"[1]。由于文水县只筛查出3名盲童,5月山西省又增加了长治市的襄垣县、长治县两个试点,6月襄垣、长治两县人民政府分别做出了《关于开展盲童教育试验的决定》。经过调查摸底,襄垣县找到了6名学龄盲童,长治县找到了3名学龄盲童。1987年7月下旬,太原盲校教师张德辉在襄垣县对辅导教师进行了为期7天的盲文教学培训。1987年10月至1988年8月,辅导教师通过送教上门与盲童到校教师单独辅导相结合的形式,集中对盲童进行了盲文的教学。到1988年9月开学时,盲童已全部就近插入所在村庄的小学读书。有2个掌握盲文比较快的盲童于1988年春学期插入班级学习,其中襄垣县的15岁盲女崔小英,14岁时因眼疾中途休学,1988年春插入"四年级下学期随班上课,由学校领导安排语文、数学两名教师学会盲文后,加以辅导";长治县的郭爱翠1988年春插入一年级学习[2]。

作为一种在中国前所未有的普及盲童教育的新形式,金钥匙盲童教育计划在实践中不断提出新问题,山西的行政管理干部和教师在实践中形成了许多有益的经验,1987年12月长治市召开了实施"金钥匙盲童教育计划"的阶段总结会,1988年9月山西省长治市教育局形成了题为《实施金钥匙盲童教育计划 探索农村盲童教育新途径》的报告,被国家教委作为"参考文件",在第一次全国特殊教育工作会议上分发[3]。1993年山西省长治市的襄垣县被评为全国特殊教育先进县[4]。

但是由于山西省教育部门对金钥匙盲童教育计划并不是很积极,金钥匙盲童教育计划在山西长治市的襄垣县、长治县试点成功以后并没有得到有效推广,到1992年山西省随班就读的视障儿童只有42人。

二、江苏省金钥匙盲童教育计划

在1987年2月山西省启动金钥匙盲童教育计划试点工作后,为了使试点的经验更具有代表性,取得的经验适应范围大一些,更能令人信服,徐白仑特别想在自己的故乡——江苏开展金钥匙盲童教育计划,为此,他请全国政协副主席康克清写了推荐信。

1987年3月,徐白仑拿着康克清写的亲笔信到达南京,在江苏省省长顾秀莲的支持下,江苏省召开了教委主任、民政厅长、共青团省委书记参加的会议,讨论盲童教育问

---

[1] 徐白仑.燃情复追梦 盲人徐白仑八十自述之二[M].北京:求真出版社,2010:13.
[2] 徐白仑.金钥匙盲童教育试点工作简报第2期(山西专辑)[Z].金钥匙视障教育研究中心内部资料,1988. 山西省长治市教育局.实施"金钥匙"盲童教育计划探索农村盲童教育新途径[Z].金钥匙视障教育研究中心内部资料,1988.
[3] 徐白仑. 燃情复追梦 盲人徐白仑八十自述之二[M].北京:求真出版社,2010:24,25.
[4] 中国残疾人联合会. 中国残疾人事业年鉴 1949—1993[M]. 北京:华夏出版社,1996:415.

题,决定在淮安、宜兴建立盲童一体化教育试点。1987 年 3 月 20 日淮安县人民政府发布《关于盲童教育的决定》(淮政发〔1987〕38 号文件),3 月 27 日宜兴①颁布《关于开展盲童教育的意见》(宜政〔1987〕第 39 号的文件),江苏两个县的试点工作正式启动。以金钥匙中心档案资料来看,宜兴市当时登记的盲童有 9 人,其中 1 人左眼有 0.2 的视力,不属于盲童,应该为低视力,这 9 名儿童都配备了辅导教师;江苏淮阴市淮安县登记的盲童有 15 名,入学时间分布在 1987 年 9 月到 1988 年 4 月间。

江苏金钥匙盲童教育试点建立不久,江苏省就从一体化教育发展的高度准备进一步扩大试点。省特教研究会于 1988 年 3 月 17 日专门开会对全省特殊教育推行一体化教育进行探讨,江苏省教委连续两年将金钥匙盲童教育计划作为本年度计划中的重要工作。1988 年无锡市、扬州市开始推广金钥匙盲童教育计划。1990 年 5 月,江苏省已有 54 名盲童就近入学,全省有 4 个县基本普及了盲童教育②。1990 年国家教委在江苏省无锡市召开我国第一次盲童随班就读现场会,推广了江苏省和山西省盲童随班就读经验。1991 年江苏省教委还颁布了《关于加快发展盲童教育的意见》,指出"1987 年,淮安、宜兴等县(市)率先开展了盲童随班就读试点工作。五年来的实践表明,在我省全面推广盲童随班就读教育实验,加快普及盲童初等义务教育的条件已基本具备",要求"已开展盲童随班就读实验的县(市),要全面推广盲童随班就读教育,尚未开展这项实验的县(市),要积极创造条件,选择一至两个经济、教育基础较好的乡镇,开展这项实验,1993 年以后全面推广"③。1991 年江苏有 19 个县开展了盲童随班就读实验工作,167 名盲童进入普通小学接受初等义务教育,加上读特殊学校的盲童,盲童的入学率为 17%④。1992 年发展到 203 名视障儿童随班就读⑤。1993 年江苏省无锡县、江阴市、江都县等 10 个县(市)被国家评为"全国特殊教育先进县(市)"⑥;宜兴市也受到国家教委和民政部的表彰,同时被评为省特教先进市⑦。这些成绩的取得与江苏省实施金钥匙盲童教育计划并大力推广盲童随班就读有一定的关系。

三、河北省金钥匙盲童教育计划

1987 年 12 月在徐白仑和曹国辉的推动下河北省教委决定在石家庄地区的平山县和晋县开展金钥匙盲童教育计划的试点,1988 年 1 月 20 日,晋县人民政府颁布了《晋县人民政府关于开展盲童教育工作的意见》的文件,标志河北省金钥匙盲童教育计划正式启动。晋县筛查出 7~15 岁的视障儿童共有 18 名。而平山县只找到了一名盲童,

---

① 1988 年 1 月,撤销宜兴县,设宜兴市(县级市)。
② 江苏省教育委员会.采取残疾儿童随班就读的形式 加快我省特殊教育事业的发展(全国盲童随班就读现场会交流材料)[Z].金钥匙视障教育研究中心内部资料,1990.
③ 江苏省教育委员会.关于加快发展盲童教育的意见(苏教普初〔1991〕20 号)[Z].北京:金钥匙视障教育研究中心内部资料,1991.
④ 江苏省教育委员会.关于加快发展盲童教育的意见(苏教普初〔1991〕20 号)[Z].金钥匙视障教育研究中心内部资料,1991.
⑤ 国家教委基教司特教处(王洙执笔).回顾与展望[M]//曹国辉.金钥匙视障教育文摘.北京:华夏出版社,1993:27.
⑥ 中国残疾人联合会.中国残疾人事业年鉴 1949—1993[M].北京:华夏出版社,1996:415.
⑦ 无锡市地方志编纂委员会办公室.无锡年鉴 1994[M].上海社会科学院出版社,1994:320.

"试点工作不了了之"[①]。1988年4月在北京盲校的支持下晋县举行了教师培训班，1988年秋学期晋县全体学龄盲童进入普通小学学习。

在晋县金钥匙盲童教育计划取得了明显效果和经验以后，河北省教委开始推广盲童一体化教育，不断扩大试点的范围。到1989年下半年扩展到10个县51名盲童随班就读[②]，到1990年扩大到81名盲童随班就读，从点到面，1992—1993年试点更多了，1992年河北有254名[③]盲童入学[④]。在这些试点县中河北省尚义县开展得尤为出色，徐白仑还专门做了参观指导，并从香港扶轮社为尚义县的11名盲童争取到了助学金。

为配合推广金钥匙盲童教育计划，1990—1993年，河北省教委连续4年举办了大规模的培训班，"对各地的特教管理干部、各试点县的总辅导教师和盲聋哑学校的教师，进行深入培训"；除了1991年在河北石家庄召开的全国盲童第二次现场会向全国推广河北的经验外，河北省内部还先后召开了三次现场会，1989年借办暑期培训班的时候在尚义召开了第一次现场会，1991年全国盲童第二次现场会在河北石家庄召开之前在晋县召开了河北省第二次盲童一体化教育的现场会，后来1993年又在河北保定地区的高碑店召开河北省第三次现场会，在省内推广盲童一体化做法[⑤]。

河北省教育部门的这些积极措施，极大地促进了当地盲童一体化教育的发展，徐白仑在传记中评价道："河北的实验建立在一个'义'上，见义勇为，义不容辞，他们十分重视作为一名教育行政官员对残疾儿童的责任，一旦找到了合适的途径，就会坚决地走下去，不仅走得快，而且向深度和广度拓展[⑥]。"到1993年河北省已有80多个县推广了盲童随班就读，5 000名残疾儿童入学，各类残疾儿童入学率达20%[⑦]。1993年，宁晋县、迁西县、晋州市、高碑店市被评为全国特殊教育先进县(市)；其中高碑店市1993年全市聋哑儿童入学率达86.7%，弱智儿童入学率达83.1%，盲童入学率为100%[⑧]。但是在1994年前后，河北的盲童随班就读试点的发展速度变慢了。贾全庆剖析原因的时候谈道："当时河北能够动员的盲童大部分都入学了。国家教委要求30万人口以上的县都

---

① 徐白仑.燃情复追梦 盲人徐白仑八十自述之二[M].北京：求真出版社，2010：54.但是从金钥匙中心的档案看平山县这个盲童有统一的金钥匙盲童教育计划盲生登记表、盲童辅导教师登记表(平山县教育局盖了章)、平山县学龄盲童调查登记表。该辅导教师1988年4月参加了教师培训，金钥匙中心为盲童提供了盲文扫盲教材，并且在1988—1989给这个盲童寄送了《中国盲童文学》。这说明金钥匙盲童教育计划对每一个发现的盲童都很重视，都给予人道主义关怀。从平山县学龄盲童调查登记表来看，这名盲童(王红霞)家里特别困难：祖父80多岁，半身不遂；父亲40岁，体弱；妈妈40多岁，多病；哥哥16岁，先天盲人；大妹8岁，小妹4岁。家里以农业为主，家里只有半个劳力，生活艰难，是村里最典型的困难户。辅导教师的工作情况记录有以下信息：教师曾和盲童谈过几次学习情况，盲童红霞特别愿意上学，并跟家长谈了几次话，家长欢迎，上学迫切；在五年级中找了几个优秀学生分组领盲童到教师家中辅导功课，辅导教师用中午和下午放学后的时间她学习；订盲童扫盲计划，老师起主导作用，分两制教学；辅导教师假日送课上门。

② 河北省教育委员会.努力开展盲童随班就读实验 积极发展盲童教育(全国盲童随班就读现场会交流材料)[Z].金钥匙视障教育研究中心内部资料，1990.

③ 国家教委基教司特教处(王洙执笔).回顾与展望[M]//曹涂辉.金钥匙视障教育文摘.北京：华夏出版社，1993：27.

④ 2010年10月30号对贾全庆先生的访谈记录。

⑤ 2010年10月30号对贾全庆先生的访谈记录。

⑥ 徐白仑.燃情复追梦 盲人徐白仑八十自述之二[M].北京：求真出版社，2010：87.

⑦ 河北年鉴编纂委员会.河北年鉴1994[M].河北年鉴社，1994：397.

⑧ 中国残疾人联合会.中国残疾人事业年鉴1949—1993[M].北京：华夏出版社，1996：415.

要建立特教学校,省里精力主要放在建特殊教育学校上了,放在随班就读的少一些。特殊儿童也不光是盲童,大量的是弱智,聋也比盲多,建特教学校下的功夫特别大。徐白仑先生去黑龙江开展盲童随班就读工作后,来河北就少了。由于这几方面因素的影响,1993年、1994年后盲童随班就读慢慢地冷下来了,管得少了,就慢慢冷下来了。①"

四、北京市金钥匙盲童教育计划

1988年,在北京市教育局副局长汤世雄、小教处处长李慧聆的支持下,北京市以房山县为试点开始了金钥匙盲童教育计划,当时房山县筛选出2名盲童随班就读。在汤世雄的推荐下,1989年北京市教育局局长陶西平计划将房山的经验向全市推广,但是苦于各地教育部门筛查不出失学的学龄盲童,学龄盲童均已进入盲校读书,盲童随班就读在北京市没有推广开来。

五、安徽省金钥匙盲童教育计划的流产

最初,安徽省选定了肥东、肥西两县作为金钥匙盲童教育计划的试点县。1988年初,肥东、肥西的教育局完成了筛查工作,共有30名盲童。后由于安徽的盲聋哑协会改组,省教委相关处长的人事变动,安徽金钥匙盲童教育计划也就没有了下文。在金钥匙中心至今有安徽省肥东、肥西两县教育部门寄来的筛查结果,在金钥匙盲童教育计划各实验县盲生名单中,其他各县都有盲生辅导教师的信息,唯独安徽的这两个县辅导教师信息一栏写着"未登记"。安徽省盲童随班就读的工作就这样被人为耽搁下来,到1993年国家开展的表彰特殊教育先进县(市、区)的活动中,安徽省几个县(市、区)就因盲童入学率过低甚至为零而遭淘汰②。

六、协助政府推广盲童随班就读

在金钥匙盲童教育计划试点取得初步成果后,徐白仑一直在不遗余力地宣传和推广盲童一体化教育改革的经验,这种新的特殊儿童安置形式逐渐得到了中国残联和国家教委的认可。1988年在第一次全国特殊教育工作会议上,国家教育委员会副主任何东昌在讲话中指出要"逐步形成以一定数量的特殊教育学校为骨干、以大量特教班和随班就读为主体的残疾少年儿童教育的格局",并指出盲童教育要"吸收已经掌握盲文的盲童在普通小学随班就读"③。第一次全国特殊教育工作会议的精神也体现在1989年国务院办公厅转发的国家教委等部门《关于发展特殊教育的若干意见》的文件中,在此不再赘述。从此徐白仑没有再以"金钥匙盲童教育计划"的名称建立新的试点,但是为了尽快在全国普及盲童教育,金钥匙中心仍然不遗余力协助黑龙江、湖北进行了盲童随班就读实验。

---

① 2010年10月30号对贾全庆先生的访谈记录。
② 邹平川.大力开展盲童随班就读工作[J].安徽教育,1994(12):14.
③ 何东昌.国家教育委员会副主任何东昌在全国特殊教育工作会议上的讲话(1988年11月18日)//国家教育委员会初等教育司.特殊教育文件、经验选编[G].北京:人民教育出版社,1989:36.

1989年初黑龙江启动盲童随班就读实验,这早于1989年8月,国家教委基础教育司委托北京、江苏、浙江、山东、辽宁、黑龙江、河北、甘肃等8个省、市进行盲童和弱智儿童随班就读的实验①。

黑龙江1988年盲童入学率只有8%②,迫切需要发展盲童教育。在1988年11月召开的第一次全国特殊教育工作会议上,黑龙江省教委主任陈龙俊了解到金钥匙盲童教育计划。1989年在徐白仑的指导下黑龙江省开始了盲童随班就读的实验。黑龙江最初选定离省城不远的阿城、双城两县建立试点,1989年初就下发文件,要求两县做好准备工作,选定负责实验项目的教育局局长和特教管理干部,徐白仑还进行了前期考察。但到1989年7月黑龙江盲童随班就读实验正式开始实施的时候,黑龙江确定10个市县进行试点③。1989年12月徐白仑为黑龙江争取到德国克里斯多夫防盲基金会(Christoffel-Blindenmission,简称CBM)提供的赴泰国考察特殊教育的机会。为了支持黑龙江提高师资培训的质量,1991年8月在徐白仑的申请下,德国克里斯多夫防盲基金会东亚办公室派盲童一体化教育专家强维旺来黑龙江进行了为期两周的教学骨干培训。到1991年初,黑龙江全省已有28个市、县(区)开展盲童随班就读实验,63名盲童入学接受小学教育。

1991年后黑龙江政府加快了盲童随班就读试点的推广工作,1991年3月黑龙江教委颁布了《关于加快普及盲童初等教育的几点意见》,要求"到1993年底,全省基本普及适龄盲童初等义务教育,入学率由现在的22%提高到90%以上",并计划1991年黑龙江全省分3片培训:哈尔滨市负责培训松花江、绥化地区,齐齐哈尔市负责培训大庆、大兴安岭、黑河地区,佳木斯市负责培训鸡西、双鸭山、鹤岗、七台河、伊春、牡丹江④。为了加强对盲童随班就读的管理,1991年6月颁布了《关于加强盲童随班就读教育管理工作的若干意见》,具体规定了盲童随班就读的培养目标、学制、班额、入学年龄和条件、课程设置、教学要求和师资培训等内容⑤。1991年7月黑龙江召开了首次全省盲童随班就读现场会,当时黑龙江已经有50个市县区开展了盲童随班就读实验⑥。到1992年,黑龙江有402名视障儿童随班就读⑦。为了表彰黑龙江在盲童随班就读实验取得的巨大成绩,1992年9月国家教委在黑龙江佳木斯市召开第三次全国盲童随班就读现场经验交流会,在会上黑龙江教育委员会所作的《积极发展特教事业,把普及全省残疾

---

① 赵永平,王洙,李仲汉.发展特殊教育事业[M]//《中国教育年鉴》编辑部.北京:人民教育出版社,1990:113.
② 苏林.积极开展和推广盲童随班就读实验,加快盲童义务教育的步伐[M]//苏林.盲童随班就读教育指南.哈尔滨:黑龙江教育出版社,1992:399.
③ 谢军.在全省盲童随班就读现场会上的总结讲话[M]//苏林.盲童随班就读教育指南.哈尔滨:黑龙江教育出版社,1992:402.
④ 黑龙江省教委.关于加快普及盲童初等教育的几点意见(黑教委初字〔1991〕57号)[M]//苏林.盲童随班就读教育指南.哈尔滨:黑龙江教育出版社,1992:441.
⑤ 黑龙江省教委.关于加强盲童随班就读教育管理工作的若干意见(黑教委初字〔1991〕174号)[M]//苏林.盲童随班就读教育指南.哈尔滨:黑龙江教育出版社,1992:441.
⑥ 谢军.在全省盲童随班就读现场会上的总结讲话[M]//苏林.盲童随班就读教育指南.哈尔滨:黑龙江教育出版社,1992:402.
⑦ 数据来自徐白仑."金钥匙盲童教育计划"的回顾与展望[M]//曹国辉.金钥匙视障教育文摘.北京:华夏出版社,1993:53.因为当时没有开展低视力儿童随班就读,402名视障儿童主要是指盲童.

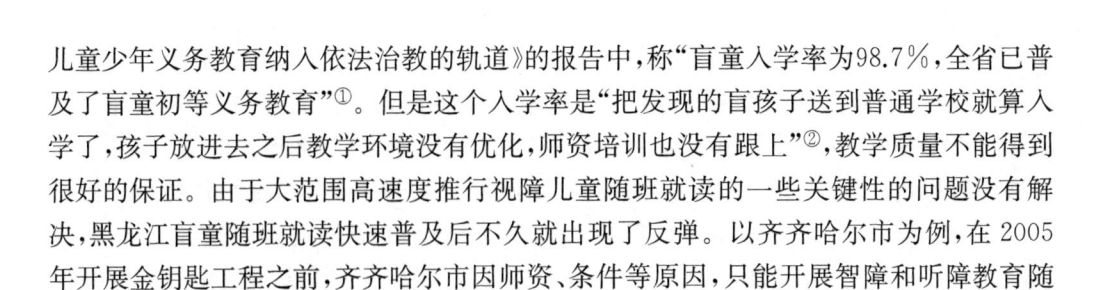

儿童少年义务教育纳入依法治教的轨道》的报告中，称"盲童入学率为98.7%，全省已普及了盲童初等义务教育"①。但是这个入学率是"把发现的盲孩子送到普通学校就算入学了，孩子放进去之后教学环境没有优化，师资培训也没有跟上"②，教学质量不能得到很好的保证。由于大范围高速度推行视障儿童随班就读的一些关键性的问题没有解决，黑龙江盲童随班就读快速普及后不久就出现了反弹。以齐齐哈尔市为例，在2005年开展金钥匙工程之前，齐齐哈尔市因师资、条件等原因，只能开展智障和听障教育随班就读工作，并没有开展视力障碍儿童的随班就读工作③。那么早在1992年实现的盲童教育的普及已烟消云散。

1990年，金钥匙中心还帮助湖北仙桃、麻城市和宜昌县开展了盲童随班就读试点工作，1990年秋学期共有12名盲童入学，1990年省教委委托武汉盲校举办了一期盲童随班就读师资培训班，培训学员12名④。到1992年，湖北省共有15名盲童随班就读⑤。

第三节　金钥匙视障教育研究中心的设立

金钥匙视障教育研究中心是徐白仑于20世纪80年代后期创建的主要致力于中国视障儿童教育的普及与提高的小型社会服务机构，属于公益慈善类的非政府组织，下文简称为金钥匙中心。

一、金钥匙中心的建立

金钥匙中心前身是1985年12月创刊的《中国盲童文学》编辑部，徐白仑开展盲童教育计划后，为了便于开展视障儿童教育工作，于1988年以民间团体的性质在海淀区民政局注册了"金钥匙盲童教育研究中心"，《中国盲童文学》编辑部纳入了金钥匙盲童教育研究中心。1989年后，中央开始加强对民间组织的管理，对全国社团进行清理整顿和复查登记。由于金钥匙盲童教育研究中心正在酝酿一项国际合作项目，没有一个正式机构，是难以和外方代表继续讨论的。徐白仑于1989年在海淀区工商局注册了"金钥匙视障教育研究中心"⑥。作为民办非企业单位负责人，徐白仑自然希望名正言顺地在民政部门登记，并为此进行了努力，但是苦于一直找不到业务主管单位，只好作

---

① 苏林.积极发展特教事业,把普及全省残疾儿童少年义务教育纳入依法治教的轨道[M]//苏林.视力残疾儿童随班就读工作手册.北京:华夏出版社,1993:200.
② 2010年12月28日对徐白仑先的访谈记录.
③ 齐齐哈尔市教育局. 实施"金钥匙工程"建设公平教育(黑龙江省金钥匙工程齐齐哈尔示范区总结会议齐齐哈尔市发言)[Z]. 北京:金钥匙视障教育研究中心内部资料,2010.
④ 《中国教育年鉴》编辑部.中国教育年鉴1991[M].北京:人民教育出版社,1991:662. 湖北省教育委员会.湖北省盲童随班就读实验工作情况的汇报[Z].金钥匙视障教育研究中心内部资料,1990.
⑤ 徐白仑."金钥匙盲童教育计划"的回顾与展望[M]//曹国辉.金钥匙视障教育文摘.北京,华夏出版社,1993:53.
⑥ 徐白仑. 燃情复追梦 盲人徐白仑八十自述之二[M].北京:求真出版社,2010:123.

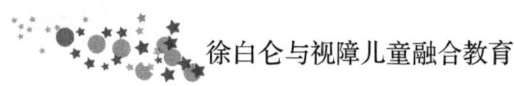

罢，维持在工商企业登记的现状①。

《中国盲童文学》编辑部和金钥匙中心最初设立的时候并没有专门的办公地点，徐白仑位于中关村的45平方的住所为金钥匙中心的办公地点。原北京盲文出版社②社长曹国辉和北京盲校校长海玉森兼任中心的副主任③，他们有空的时候就会跑到徐白仑的家中办公。1992年德国克里斯多夫防盲基金会和德国基督教援助发展中心（Evangelischer Entwicklungsdienst e.V.，简称EED）正式批准了金钥匙中心购置办公用房的申请，资助15万马克购房资金。徐白仑于1993年购置了北京市海淀区恩济里小区的一个97平方米的普通住宅单元，并经北京市城市建设委员会特批为办公用房，1994年5月，金钥匙中心举办了新办公室的启用仪式④。

图2-1 徐白仑的办公室

设在北京市海淀区恩济里小区33号楼的金钥匙中心是典型的三室一厅的格局，中间为客厅，是金钥匙中心会客兼开会的地方，是暗厅，需要补充光源。南边两间房间为办公室，其中一间徐白仑和纪玉琴专用，阳台也改造为一间办公室。北边为一间办公室和卫生间。客厅的东侧靠近北面办公室的地方有间小房间，这里原本设计的是厨房，金钥匙中心把它作为茶房使用。和金钥匙中心庞大的视障儿童教育事业相比，办公室的空间是很狭小的。办公室的每一处都赋予了多功能的应用，室内众多的东西，传达出关于这个组织的丰富信息，但没有拥挤之感。图2-1为徐白仑的办公室，他经常长时间坐在这把椅子上工作，通过窗户给阳台办公室里的工作人员传递资料和安排工作任务。

金钥匙中心地处首都北京，这里是我国的政治、文化和国际交流中心。这方便了金钥匙中心和中央政府的相关部门以及国内知名人士的联系，也方便与一些驻华大使馆、联合国教科文组织以及国际视障教育专业人士联系。这种地域上的优势使金钥匙中心相对于其他地方的非政府组织更容易获得自身发展所需要的人脉、资金和专业的资源。

---

① 2010年10月徐白仑把金钥匙中心转交给中国残疾人联合会之后，金钥匙中心于2013年在民政部注册了民办非企业单位"金钥匙视障教育研究中心"。2016年中共中央办公厅、国务院办公厅印发的《关于改革社会组织管理制度促进社会组织健康有序发展的意见》明确规定：提供扶贫、济困、扶老、救孤、恤病、助残、救灾、助医、助学服务的公益慈善类社会组织，直接向民政部门依法申请登记，取消了对业务主管单位的要求。参见中共中央办公厅、国务院办公厅.中共中央办公厅 国务院办公厅印发《关于改革社会组织管理制度促进社会组织健康有序发展的意见》[EB/OL].(2016-08-21)[2022-12-08].http://www.gov.cn/gongbao/content/2016/content_5106178.htm.

② 北京盲文出版社是中国盲文出版社的前身，1984年7月，经文化部批准，北京盲文出版社改名为中国盲文出版社。

③ 徐白仑.霜叶舞秋风 盲人徐白仑八十自述[M].北京：中国盲文出版社，2009：166.

④ 徐白仑.燃情复追梦 盲人徐白仑八十自述之二[M].北京：求真出版社，2010：269，270，282.

二、金钥匙中心的性质与组织文化

金钥匙中心是社会服务机构,也可称为民办非企业单位,属于公益慈善类的非政府组织。《金钥匙视障教育研究中心章程》第一条界定该中心为"民办非企业单位,各项活动资金募集于社会,服务于社会,不从事营利活动",该中心"致力于发展我国视障人士的教育、康复和文化事业,以普及贫困地区视障儿童基础教育为重点"。民办非企业单位是指企业事业单位、社会团体和其他社会力量以及公民个人利用非国有资产举办的,从事非营利性社会服务活动的社会组织[①]。2016年颁布的《中华人民共和国慈善法》将"民办非企业单位"的名称改为"社会服务机构",是与基金会、社会团体并立的慈善组织形式。

金钥匙中心在徐白仑的带领下形成了组织的核心理念——维护视障儿童的生命价值,满足视障儿童教育需要。金钥匙中心以维护视障儿童的生命价值为自己的组织使命,帮助视障儿童接受有质量的教育,平等地回归主流社会。金钥匙简报的刊头用"珍惜生命,珍惜每一名失明儿童"来诠释组织的核心理念。

金钥匙中心的徽记是由北京建筑设计院的工艺美术师朱红根据徐白仑的创意设计,两只合抱的手呵护着一个幼童,代表着您和我,呵护着处于困境的视障孩子;图案上方是两个对放的盲符"一、三、五"和"二、四、六",从左到右是"我爱",从右到左是"爱我",体现"我们要彼此相爱"的平等观念[②]。这个徽记原是为第一届全国盲童夏令营而设计的营徽,后来用在了《中国盲童文学》,并成为金钥匙中心的标志,具体参见图2-2。

图2-2 金钥匙视障教育研究中心徽记

三、金钥匙中心的组织结构

徐白仑是金钥匙中心的创立者,是金钥匙中心的核心人物,一直担任金钥匙中心的主任。在机构上,金钥匙中心最初成立的时候并没有设立董事会,只是设立中心正副主任,并配置少量专兼职工作人员。

1998年前后金钥匙中心面临着一些外部发展的压力,为了获得广泛的社会支持,于1999年成立了金钥匙中心董事会[③]。董事会作为中心的最高决策机构,指导中心工作方向,监督资金使用。董事会由热心公益事业、关心视障教育的各界知名人士组成,设董事长一名,副董事长若干名,由董事会选举产生。董事会每年召开一次,必要时可以由董事长临时召开董事会和董事长会[④]。1999年1月20日举行的首次董事会议上推选陶西平担任董事长,段天顺、王志东、汤世雄、徐白仑担任副董事长[⑤]。后来由于中

---

① 中华人民共和国国务院.民办非企业单位登记管理暂行条例[EB/OL].(1998-10-25)[2022-09-16]. https://flk.npc.gov.cn/detail2.html?ZmY4MDgwODE2ZjNjYmIzYzAxNmY0MGYwM2RiZDBjOGM.
② 徐白仑.霜叶舞秋风 盲人徐白仑八十自述[M].北京:求真出版社,2009:176.
③ 具体参见徐白仑.燃情复追梦 盲人徐白仑八十自述之二[M].北京:求真出版社,2010:136.
④ 金钥匙视障教育研究中心.金钥匙视障教育研究中心章程[Z].金钥匙视障教育研究中心内部资料,1999.
⑤ 金钥匙视障教育研究中心.董事会成立[Z].金钥匙简报第9901号,1999-01-21.

央决定,现职党政领导不得兼任其他机构的董事长、理事长、会长等职,2000年9月4日举行的金钥匙中心董事长会议上,陶西平辞去董事长职务,推荐汤世雄接任,李启民增补为新的董事,并任副董事长,陶西平任名誉董事长①。2000年金钥匙中心董事会成员具体情况参见表2-1。

表2-1 2000年金钥匙中心董事会成员情况简表②

姓名	社会职务(2000年的任职情况)
陶西平	全国人大教育科学文化卫生委员会委员 中国联合国教科文组织协会全国委员会主席 中国教育国际交流协会副会长 北京市人民代表大会常务委员会副主任 原北京市政府市长助理
汤世雄	北京市教育学会常务副会长 原北京市教育局副局长
王志东	北京市残疾人联合会副主席 原北京市残疾人联合会理事长 北京市政治协商委员会委员
段天顺	原北京市人民代表大会常务委员会副秘书长 原北京市民政局局长
李启民③	原中国儿童少年活动中心副秘书长、管委会主任 原全国妇联儿童工作部部长 原国务院妇女儿童工作委员会办公室副主任
沈佩容	爱德基金会顾问 原劳动人事部外事局副局长
吴存瑜	宋庆龄基金会秘书长助理
吴德绳	北京市建筑设计研究院院长、党委书记 北京市政治协商委员会常委 中国建筑学会常务理事
徐白仑	金钥匙中心主任

为使金钥匙中心的工作更加符合党和政府的大政方针,更加切合视障儿童的需要,金钥匙中心于1999年3月聘请了北京市教委专职委员李洪飞、北京市残联理事长赵春鸾、北京市民政局副局长楚国清担任顾问④。2000年,又聘请全国人大常委会委员、北京市政协副主席、中国天主教爱国会主席、中国天主教教务委员会主席傅铁山担任中心高级顾问⑤。

---

① 金钥匙视障教育研究中心.董事会人事变更[Z].金钥匙简报第0009号,2000-09-05.
② 根据金钥匙简报第9901号(1999年1月21日)和第0009号(2000年9月5日)整理。
③ 李启民同志2000年9月加入金钥匙视障教育研究中心董事会,并任副董事长。
④ 金钥匙视障教育研究中心.加强领导[Z].金钥匙简报第9902号,1999-03-01.
⑤ 金钥匙视障教育研究中心.聘请高级顾问[Z].金钥匙简报第2002号,2000-02-22.

金钥匙中心实行主任负责制,设主任、副主任,主任由董事会选举产生,负责中心的日常工作,副主任由主任提名,董事会审批。徐白仑到 2010 年 10 月宣布退休前,一直是金钥匙中心的主任。金钥匙中心副主任变动比较大,1993 年前在迁入金钥匙中心现址办公前,原北京盲文出版社社长曹国辉和北京盲校校长海玉森曾兼任过中心的副主任[1],董事会成立后武红、邬明朗、滕伟民、史帝芬·哈洛特[2]、纪玉琴曾先后担任过副主任。

金钥匙中心主任之下不设置部门,只是设置一些职位,包括国内事务主管、国际事务主管、主任助理、编辑、会计等职位。金钥匙中心的规模一直比较小,专职、兼职的付薪工作人员一直保持在 10 个以内。徐白仑回忆说:"专职人员最多的时候有 7 个,当时有 2 个专业人员,但是他们的工作量不饱满,工资也高,养不起,后来一些工作就委托社会专业人士来做,像评估、培训、编书等都直接支付费用,不用再养人[3]。"除专兼职人员之外,金钥匙中心还有中、外人士和大学生组成的志愿者队伍,他们定期到金钥匙中心提供无偿服务,担负着文档处理、网站建设、活动联络等方面的工作。

四、金钥匙中心日常事务的管理者

纪玉琴是徐白仑的第二任妻子,是金钥匙中心日常事务的管理者,也是徐白仑在视障儿童融合教育路上的陪伴者。1983 年,中国科学院动物研究所聘请纪玉琴来护理徐白仑的第一任妻子朱益陶。玉琴生性善良,尽心尽力护理益陶,对徐白仑一家饱含着最质朴的关心,并给予力所能及的照顾。1984 年益陶去世后,玉琴不放心深陷痛苦的父子俩,常常拖着疲惫的身躯抽空帮徐白仑料理家务。1985 年徐白仑开始筹备《中国盲童文学》的时候,玉琴加入了此项工作,随着工作日益繁重,她辞去其他工作,成为每月领 30 元工资的专职工作人员。1987 年,金钥匙盲童教育计划开始后,玉琴又伴徐白仑走向上了视障儿童融合教育的探索之路。繁

图 2-3 徐白仑与夫人纪玉琴考察金钥匙工程齐齐哈尔示范县项目(2008 年)

重的工作、艰苦的条件,对任何人都是一种挑战,玉琴从事视障儿童的教育工作一方面是被徐白仑的精神所感染,另一方面也是遵循自己心灵深处的召唤,去帮助那些比自己更为不幸的苦命人。在长期的共同工作中,徐白仑对玉琴心生爱慕,两人逐渐成为知己并喜结连理。

作为金钥匙中心日常事务的管理者,玉琴有非常高超的工作素养。一方面,她是徐白仑的贴身助理,是徐白仑的眼睛和拐杖,陪徐白仑走万里路,她以特有的质朴和真诚

---

[1] 徐白仑.霜叶舞秋风 盲人徐白仑八十自述[M].北京:中国盲文出版社,2009:150,166.
[2] 英国人,中文名为郝曦。
[3] 2012 年 3 月 19 号访谈徐白仑。

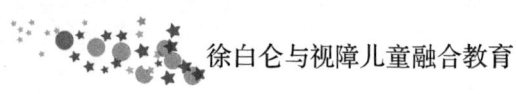

走进盲童及其家人的心灵,以特有的聪慧落实徐白仑的工作设想,助益视障儿童融合教育和各类盲童活动的开展。另一方面,她以极大的工作热情管理着金钥匙中心繁杂的日常事务:她布置金钥匙中心的办公室,收集和整理金钥匙融合教育档案材料,并负责金钥匙中心各类朋友的接待和中心工作人员的培养。

五、金钥匙中心开展的工作

金钥匙中心以视障儿童为服务对象,主要开展了视障儿童的教育改革、书籍刊物编辑出版、文化活动以及对外联络等四个方面的工作。其中视障儿童的教育改革是金钥匙中心最核心的工作,也是取得成绩最突出的方面。

编辑和出版《中国盲童文学》是金钥匙中心的常规性工作。《中国盲童文学》创刊后也使得徐白仑更加深刻地了解到了盲童的现状,从1986年起就为普及盲童的教育而四处奔波并于1987年开始了金钥匙盲童教育计划,正式举起了视障教育改革的大旗,历经24年,持续探索视障儿童融合教育之路。《中国盲童文学》编辑和出版可以看作徐白仑开展视障儿童教育改革的推动因素之一。《中国盲童文学》编辑和出版还使得徐白仑结识了众多关心盲教育的社会名流和教育专家,为其后来成功开展金钥匙视障儿童融合教育提供了有利条件。《中国盲童文学》创刊后,其编辑和出版工作相对稳定,徐白仑把主要精力投入了视障儿童融合教育的探索之中。

除了编辑出版《中国盲童文学》外,金钥匙中心还组织出版了大量视障教育方面的专业书籍,这些书籍大多与金钥匙视障儿童融合教育相关,其中有的是直接为视障儿童融合教育服务的,有的是对金钥匙视障儿童融合教育实践经验的总结和提炼。如《送你一把金钥匙 扫盲系列读物》成了盲童随班就读时学习盲文的教科书,《盲童随班就读师资培训教程》《低视儿童随班就读师资培训教程》是教师培训用书,《视障学生随班就读教育教学基础评估手册》(一、二、三分册)直接用来开展金钥匙工程的评估。《金钥匙视障教育理论与实践》《金钥匙视障教育运作手册》对视障儿童融合教育的金钥匙模式进行了提炼和总结。

金钥匙中心举办的视障儿童的文化活动——夏令营、智力竞赛、画展、作文比赛、讲故事大赛等,对普及视障儿童的教育起到了舆论宣传的作用,为金钥匙视障儿童融合教育的开展营造了良好的社会环境。金钥匙中心举办的各类视障儿童的文化活动是一些阶段性的工作安排,没有占用金钥匙中心太多的资源。

金钥匙中心进行的对外联络活动多是与金钥匙视障儿童融合教育的实践探索直接相关的,如金钥匙中心与联合国教科文组织、基金会等的联系。在国际的学术交流和考察活动中,徐白仑往往宣读的是有关金钥匙视障儿童融合教育探索的论文,考察的是当地的视障儿童的教育情况。

因此金钥匙中心的工作是以开展视障儿童的教育改革工作为重点,刊物和书籍的编辑出版、视障儿童文化活动的组织以及对外联络等三个方面的工作都与金钥匙视障儿童融合教育的探索有密切联系。

第四节　金钥匙盲童教育计划试点经验的推广与波折

20世纪80年代我国盲童教育落后,盲童入学率极低,在盲童随班就读取得初步成功的基础上,客观上需要积极推广试点经验,逐步解决各地盲生受教育问题。金钥匙盲童教育计划最根本的目的是探索盲童教育的新途径,尽快使盲童获得受教育的机会,扭转我国盲教育落后的局面,因此试点经验的推广是金钥匙盲童教育计划面临的重要任务。1988年夏,徐白仑与程益基、周苗德、吴长生、海玉森一起的讨论中,曾对未来的盲童一体化教育体系进行展望——"用金钥匙计划在各省普及盲童小学教育,每省用3～5年,投资10～15万元,即可使入学率达到90%;有条件的也可以开展中学及以上阶段的一体化教育,为其中的优秀者创造继续深造的机会。"

为了实现迅速普及盲教育的理想,金钥匙盲童教育计划初见成效后,徐白仑就积极进行推广,不断扩大试点,扩大金钥匙盲童教育计划的影响。金钥匙盲童教育计划的推广和交流从涉及的地域看,可以分为省内推广、全国推广。

省内的交流推广一般是在试点县的基础上,通过省教委政策的推动以及省内的现场会的方式进行交流与推广,江苏、河北、黑龙江是盲童随班就读推广效果显著的省份。省内的推广固然和金钥匙盲童教育计划调动了各省发展盲童教育的积极性相关,但主要是和国家在1988年底形成的大力发展随班就读的政策相关。省内具体推广的情况已在本章第二节金钥匙盲童教育计划的实施中做了介绍。下面重点介绍金钥匙盲童教育经验的全国推广。

一、推广的策略

第一,徐白仑充分利用政府会议和政府官员会见的机会宣传金钥匙盲童教育计划,为盲童一体化教育的全国推广创造良好的政策氛围。

1987年10月在成都召开的中国盲人聋哑人协会四届三次全国委员会上,徐白仑作为特邀代表汇报了金钥匙盲童教育计划的情况,引起了中国残疾人福利基金会理事长邓朴方的极大兴趣,会议主持人刘小成评论时指出目前落后的特殊教育已成为残疾人事业突出的薄弱环节,必须下大力气取得突破性进展,要求与会者关心和支持金钥匙盲童教育计划[1]。此次发言,是全国性高级别会议[2]上首次对特殊儿童一体化教育实践的介绍,增强了金钥匙盲童教育计划在民政系统和即将成立的残联系统中的影响,为以后中国残联对金钥匙中心和金钥匙视障儿童融合教育实践的大力支持打下了良好的基础。

1988年3月8日徐白仑在现行盲文创立者黄乃的联系下获得了国家教委副主任

---

[1] 徐白仑. 燃情复追梦 盲人徐白仑八十自述之二[M].北京:求真出版社,2010:71.
[2] 此次会议由各省分管残疾人工作的民政厅长率团参加。

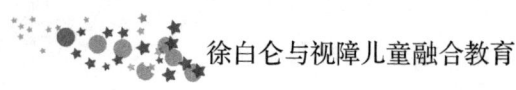

柳斌的接见。柳斌主任对徐白仑开展的工作表示支持,并把这种盲童扫盲后跟普通学生一起上课称为一体化教育,并指出将来的盲童教育教委的想法还是多种形式办学,他说:"我们今年开会①,盲童教育还是校、班、一体化教育多种形式并举,可能能加快盲教的普及工作②",并希望有关同志对金钥匙盲童教育计划做个总结鉴定,以进一步推广③。此次接见意义重大,方便了金钥匙盲童教育计划的推广,金钥匙盲童教育计划的试点也增强了国家教委高层对改变举办特殊教育学校的单一模式,实行校、班、一体化教育多种形式加速特殊教育发展的信心。

1988年5月4日至11日,国家教委、中国残联、中国盲协和中国特教研究会的有关同志共同前往山西考察襄垣、长治二县,对金钥匙盲童教育计划的实施情况及其必要性、可行性,作了初步肯定,并分别向柳斌、邓朴方作了汇报④。金钥匙盲童教育计划的成功实施为我国最终出台多种形式举办特殊教育尤其是盲童教育提供了实践基础。

在1988年11月18日召开的第一次全国特殊教育工作会议上,江苏省教委的《实施金钥匙计划,探索盲童和普通儿童一体化教育的道路》山西省长治市教育局的《实施金钥匙盲童教育计划,探索农村盲童教育新途径》和徐白仑撰写的《金钥匙盲童教育计划——我国普及盲童教育的补充办法》作为大会"参阅资料"分发,引起了与会者的关注,对金钥匙盲童教育计划起到了很好的宣传作用。与此同时,国家教育委员会副主任何东昌的会议讲话明确指出"改革过去只举办特殊教育学校的单一模式,实行多种形式办学。要在办好特殊教育学校的同时,有计划地在一部分普通小学附设特殊教育班或吸收能够跟班学习的残疾儿童随班就读。逐步形成以一定数量的特殊教育学校为骨干、以大量特教班和随班就读为主体的残疾少年儿童教育的格局"。会后于1989年5月下发的《关于发展特殊教育的若干意见》进一步强调了多种形式办学,加快特殊教育发展。何东昌的讲话和《关于发展特殊教育的若干意见》中均明确规定"盲童教育,原则上以省、自治区、直辖市为单位划片设校,或以地市为单位设校;并有计划地在聋童学校和普通小学附设盲童班,或吸收掌握盲文的盲童在普通小学随班就读",明确了盲教育校、点、班的多种办学的形式;但对于聋教育则规定"根据生源情况原则上以县为单位办班办校"。⑤ 1989年国家启动盲童、弱智儿童随班就读的实验,但听障儿童随班就读的实验直到1992年才启动,盲童和听障儿童随班就读实验开展的时间差距说明了国家出台各类儿童随班就读的政策是相当谨慎的,如果没有金钥匙盲童教育计划的试点经验的影响,我国盲童随班就读政策的出台可能要推迟。

---

① 今年开会是指1988年11月召开的全国特殊教育工作会议。
② 从"可能能加快盲教的普及工作"这句话可以看出,国家教委高层在1988年3月份的时候虽然已经基本形成了校、班、一体化教育多种形式举办盲童教育的决策构想,但是对其效果还不是十分确定。正式政策的出台需要实践中先行一步的随班就读试点经验的支撑。
③ 王洙.1988年3月8日国家教委柳斌副主任讲话记录[Z].金钥匙视障教育研究中心内部资料,1988.
④ 徐白仑.金钥匙盲童教育计划——我国普及盲童教育的补充办法[Z].金钥匙视障教育研究中心内部资料,1988.
⑤ 以上内容整理自何东昌.国家教育委员会副主任何东昌在全国特殊教育工作会议上的讲话(1988年11月18日)//国家教育委员会初等教育司.特殊教育文件、经验选编[G].北京:人民教育出版社,1989:36.国家教委、国家计委、民政部、财政部、人事部、劳动部、卫生部、中国残疾人联合会.关于发展特殊教育的若干意见//国家教育委员会初等教育司.特殊教育文件、经验选编[G].北京:人民教育出版社,1989:6-7.

由以上我国出台随班就读政策的过程,我们可以看出金钥匙盲童教育计划的成功实施对我国随班就读政策起到了很大的实践推动作用。同时国家随班就读政策的出台,客观上也为盲童随班就读的推广提供了良好的政策环境,调动了广大基层通过盲童随班就读的形式提升盲童入学率的积极性。1989年国家教委委托部分省进行盲童随班就读的实验,金钥匙盲童教育计划的推广就和国家视障儿童随班就读的实验融合为一了。

第二,积极推动国家教委和残联召开全国性的盲童随班就读现场会,推广江苏、山西、河北、黑龙江等地视障儿童随班就读的经验。

为了推广金钥匙盲童教育计划的经验,使各地开展盲童随班就读有一个较高的起点,徐白仑积极推动国家教委和中国残联联合召开了两次全国性的盲童随班就读现场会。第三次全国盲童随班就读现场经验交流会是国家教委为了表彰黑龙江盲童随班就读工作的成绩而召开的。国家教委作为教育主管部门,具有行政的权威,全国盲童随班就读现场会的召开促进了金钥匙盲童教育计划经验的推广,为各省开展盲童随班就读实验提供了行政的推动力。

1990年5月国家教委、中国残联在江苏省无锡市召开了第一次盲童随班就读现场会,与会代表100多人,国家教委基教司副司级巡视员李仲汉、特教处副处长赵永平和中残联的干部出席了会议,各省、自治区、直辖市教委(教育局)和残联均派人参加,此外中央教科所、北京师范大学、南京特殊教育师范学校和爱德基金会均有代表参加,中国教育报、中国残疾人杂志社还派记者进行了跟踪报道。会上河北省教育委员会作了《努力开展盲童随班就读实验,积极发展盲童教育》的报告,江苏省教育委员会作了《采取残疾儿童随班就读的形式,加快我省特殊教育事业的发展》的报告,此外宜兴等试点县也作了经验介绍。会议代表在听取各省、市的经验介绍的基础上,到宜兴市、无锡县几所盲童所在的学校作了实地考察。在宜兴市洋溪乡马家小学,代表听了盲生谈忠强所在的三年级的一节语文课,测试了他的盲文摸读和扎写能力以及一些语文数学知识和技能,代表与谈忠强和辅导教师进行了交流,了解到谈忠强在班集体中生活快乐,精神状态积极向上,上学期期末谈忠强语文、数学都在95分以上。李仲汉在考察后高兴地说:"通过学习、听课、参观,看得出谈忠强的学习成绩是好的……看来,只要各级加强领导,老师能奉出爱心,盲童随班就读一体化就能成功①。"与会代表还见到了鲸塘乡小学三年级盲生李亚(女)、徐立军,苏岭乡平原小学的盲生冯岳军和冯玉良,无锡县东亭镇柏庄小学二年级盲生张平,代表对盲生随班就读的效果表示满意②。会后,国家教委基教司发布《关于转发盲童随班就读现场会交流材料的通知》(教基司〔1990〕041号)的文件中指出"实践表明,在举办盲童学校和盲童班的同时,积极开展盲童随班就读确是一条投资少、见效快的普及农村盲童教育的有效途径";要求"已经开展盲童随班就读试点的地区,要坚持实验、完善实验和扩大实验,尚未开展这项实验的地区,要从当地实际出

---

① 转引自《江苏盲童随班就读结硕果》.张双,江苏盲童随班就读结硕果[J].南京特师学报,1990(2):42.
② 张双.江苏盲童随班就读结硕果[J].南京特师学报,1990(2):42.

发,积极创造条件,有计划有步骤地把这项实验开展起来"①。

　　第一次全国盲童随班就读现场会作为有全国影响的会议充分展示了金钥匙盲童教育计划自1987年来所取得的实效,对金钥匙盲童教育计划形成的经验在全国范围做了推广,国家教委基教司《关于转发盲童随班就读现场会交流材料的通知》的发布,提升了现场会的影响,明确了"盲童随班就读确是一条投资少、见效快的普及农村盲童教育的有效途径",直接推动了各地盲童随班就读工作的开展。

　　1991年6月国家教委、中国残联在河北石家庄召开第二次全国盲童随班就读现场会,对各地盲童随班就读的经验进行了交流,并到晋县的几所学校作了现场考察。这次现场会主要介绍了河北各地的经验,内容涉及了明盲儿童如何同步学习,如何保证教学质量,以及河北在省内推广盲生随班就读的经验②。晋县吕家庄小学三年级盲生李英慈的辅导教师高运巧上了一节语文观摩课,该课是讲语文第六册第28课《麻雀》,老师运用直观教学法,让她摸着麻雀的标本复述麻雀的形状。课堂上李英慈举手发言很踊跃。李英慈当时15岁,在班里的成绩居于中上等。另外一个村的盲童牛聚田,原来思想比较沉闷,也有轻生的念头,入学后变化很大,成了比较活泼、爱说爱笑的孩子,在现场会上演奏了二胡,唱了首《十五的月亮十六圆》。还有一个盲童叫长运坡,也在会上介绍自己的变化,家长也在会上介绍盲童的变化。③通过现场考察,有力地说明了晋县盲童随班就读的实验是有成效的,随班就读为盲童带来了新生活的希望。1991年6月第二次全国盲童随班就读现场会上统计,全国进行此项试点工作的已有北京、河北、山西、黑龙江、辽宁、江苏、湖北、贵州、广西、甘肃等10省、自治区、直辖市,有88个试点县(市),444名盲童随班就读④。

　　为表彰黑龙江省在盲童随班就读实验中取得的成绩,1992年9月16日国家教委和中国残联在黑龙江省佳木斯市召开为期四天的第三次全国盲童随班就读现场经验交流会⑤,推广黑龙江等省开展盲童随班就读工作的经验。国家教委基教司副司级巡视员李仲汉和中国残联宣教部副主任郭福荣参加了此次会议。会上黑龙江、河北、广西、辽宁等省介绍了经验。黑龙江教育委员会所作的《积极发展特教事业,把普及全省残疾儿童少年义务教育纳入依法治教的轨道》的报告中,介绍了黑龙江在发展残疾儿童少年义务教育和开展盲童随班就读经验,据报告,黑龙江7~15周岁的盲、聋、弱智儿童少年入学率由1988年的21%,提高到1992年9月的75.1%,其中盲童入学率为98.7%⑥。会议代表参观了桦南县3所小学,桦南县因地制宜发展盲童职业教育的经验引起了与

---

　　① 国家教委基教司.关于转发盲童随班就读现场会交流材料的通知(教基司〔1990〕041号)[Z].北京:金钥匙视障研究中心内部资料,1990.
　　② 徐白仑.燃情复追梦 盲人徐白仑八十自述之二[M].北京:求真出版社,2010:57.
　　③ 2010年10月30号对贾全庆先生的访谈记录。
　　④ 徐白仑.视障儿童随班就读教学指导[M].北京:华夏出版社,1992,9.
　　⑤ 这次会议名为"全国盲童随班就读现场经验交流会",与前两次"全国盲童随班就读现场会"的名称有少许不同,名字的确定依据现在留存下来的"全国盲童随班就读现场经验交流会"会议材料,见《视力残疾儿童随班就读工作手册》。苏林.视力残疾儿童随班就读工作手册[M].北京:华夏出版社,1993.
　　⑥ 苏林.积极发展特教事业,把普及全省残疾儿童少年义务教育纳入依法治教的轨道[M]//苏林.视力残疾儿童随班就读工作手册.北京:华夏出版社,1993:200.

会者的关注。李仲汉在总结讲话中指出全国盲童随班就读工作的局面已将打开,未开展实验的省大多数已经做出了安排准备开展实验。他强调实验是为了取得经验,以点带面,推动全面工作。不推动全面工作,试点就没有多大意义①。据会议统计,到1992年9月止,全国已有16个省、自治区、直辖市和4个计划单列市开展盲童随班就读工作,通过随班就读入学的盲童已有1 000余名,其中黑龙江省有402名,河北省254名,江苏省203名②。

全国盲童随班就读现场会是推广盲童随班就读的一种好形式,这种形式把经验介绍、现场参观、行政推动等结合起来,在20世纪90年代初对中国盲童随班就读的推广起到了立竿见影的作用。

由全国盲童随班就读现场会可以看出,金钥匙盲童教育计划的全国推广实质是依靠政府力量进行的推广活动,徐白仑利用各种机会积极推动了第一次、第二次全国盲童随班就读现场会的召开。这种推广的性质也说明了金钥匙盲童教育计划已经与全国盲童随班就读的发展融为一体。

二、推广的效果

盲童随班就读的推广呈现出先慢后快,达到推广的高潮后又很快地走向了衰落。

在1990年第一次全国盲童随班就读现场会召开前,金钥匙盲童教育计划主要是依靠金钥匙中心和徐白仑个人的力量在省际推广。1987年金钥匙盲童教育计划在江苏、山西两省启动试点后,逐年扩大试点范围,到1990年召开第一次全国盲童随班就读现场会前,已经推广到河北、北京、黑龙江、湖北等省。这一时期,在各试点省的内部还是依靠地方的教育行政力量进行推广的。

1990年第一次全国盲童随班就读现场会的召开,标志着盲童随班就读开始依靠国家教育行政的力量在全国范围内推广。到1991年第二次全国盲童随班就读现场会召开前夕,全国进行此项试点工作的已有10省、自治区、直辖市,有88个试点县(市),有444名盲童随班就读,视障儿童随班就读进入了快速发展的时期③。时隔一年后,到1992年第三次全国盲童随班就读现场会召开前夕,全国已开展视力残疾儿童随班就读工作的省、自治区、直辖市和计划单列市共20个,通过随班就读入学的盲童有1 000余名。

但是由于各种原因,1993年、1994年盲童随班就读达到发展的高潮后,不久就走向了衰落。盲童随班就读的衰落体现在原有试点实验地区工作的退步和盲童随班混读现象的产生,盲童随班就读没有走上可持续发展的道路④。盲童随班就读的衰落不是一

---

① 李仲汉.国家教委基教司副司级巡视员李仲汉在全国盲童随班就读现场经验交流会上的总结讲话[M]//苏林.视力残疾儿童随班就读工作手册.北京:华夏出版社,1993:196-197.
② 王洙.回顾与展望(1992年)[M]//曹国辉.金钥匙视障教育文摘.北京,华夏出版社,1993:28.
③ 徐白仑.视障儿童随班就读教学指导[M].北京:华夏出版社,1992:9.
④ 盲童随班就读的衰落并不是体现在全国盲童随班就读统计数据的减少,而是体现在原有试点实验地区工作的退步和盲童随班混读的现象。因为随着随班就读政策的全国推行,纳入随班就读统计的视障儿童是逐年增加的。根据国家教委的统计,至1995年,全国已有盲校28所,盲聋合校119所,合计147所,在校视障生3 673人。另有2 477人在普校就读,合计6 120人。具体参见:1995年特殊教育学校基本情况[M]//《中国教育年鉴》编辑部.中国教育年鉴1996.北京:人民教育出版社,1996:123.

个偶然的现象。与此同时,听障儿童和智障儿童的随班就读也走向了衰落,中国随班就读的发展进入了低潮期。

1994年国家教委出台《关于开展残疾儿童少年随班就读工作的试行办法》,标志着国家教委力推的盲童随班就读实验、弱智儿童随班就读实验和听力语言残疾儿童随班就读实验告一段落,全国开始常态化进行随班就读工作。由于《中华人民共和国义务教育法》和《关于开展残疾儿童少年随班就读工作的试行办法》等法律和文件的相关条款的规定,普通学校无法拒绝特殊儿童,1994年后特殊儿童随班就读的数量在持续增加,但是在实践中,很多特殊儿童在普通学校的学习处在无人过问的混读状态,随班就读试点实验形成的一些有效经验并没有得到贯彻和执行。

徐白仑认为20世纪80年代末开始的盲童随班就读的试点实验,只证明了它的必要性和可行性,较大规模推广的一些核心问题还没有解决。如果要全国大面积推广,还必须进行中间阶段的实验,观察大面积推广可能发生的问题,予以解决,才能保证大规模推广的成功。但是盲童随班就读走的是小范围试点到全国大范围推广的路线,对"中试阶段"缺乏足够的重视,以致有的地方发展不起来,有的地方发展起来又逐渐萎缩[①]。当然盲童随班就读衰落的原因是多方面的,下面简要进行分析。

三、盲童随班就读推广衰落的原因探析

1. 盲童随班就读实验的经验不够成熟和完善

首先,盲童随班就读实验的经验缺乏系统提炼。金钥匙盲童教育计划及其后续阶段各地形成的盲童教育经验各具特色,但在推广阶段缺乏提炼。三次盲童随班就读现场会的效果都很好,但效果好只能说明盲童随班就读是必要的,是可行的。三次现场会也都有经验交流,印制了经验交流材料,但整合当时的盲童随班就读的经验仅靠各地经验的堆积是无法完成的。三次现场会仅仅通过会议的形式把各地盲童随班就读的数据和经验进行了汇集,起到了资料汇集和经验交流的作用,但是并没有专人在实践的基础上对盲童随班就读多年形成的经验进行分析综合,去粗存精,去伪存真,形成盲童随班就读规范化和制度化的统一要求,为地区顺利推广打下坚实的基础。

同时金钥匙盲童教育计划在取得了一些经验的基础上也存在很多的困难和问题,这些困难和问题没有解决,就进行全国的推广,也必然影响推广的质量。比如盲童随班就读的长效管理机制的建立、学龄盲童的准确和彻底的筛查问题、盲童随班就读的物质条件的保障和盲童随班就读业务支持与质量控制等都没有得到有效的解决就去推广,那么这些类似问题就像是盲童随班就读发展道路上的绊脚石,影响各地盲童随班就读的顺利开展。

其次,盲童随班就读实验缺少省级的大范围的实验阶段。试点的成功不等于推广能成功。盲童随班就读试点县进行随班就读的社会条件和全国大规模推广盲童随班就读的社会条件有很大的不同,试点是一种非常态化的环境,各级领导重视,政策倾斜,比

---

① 徐白仑. 燃情复追梦 盲人徐白仑八十自述之二[M].北京:求真出版社,2010:138.

如特教津贴试点的时候能发，但推广开来却没有地方落实。试点县试点的时候有可能推出一些好的政策，但这些政策在推广时需要上级配套政策的支持，并督促检查才能落实。以总辅导员为例，当初河北和湖北在试点的时候设置了总辅导员，但到推广的时候，很多地方限于编制，而没有设置。相关的决策部门没有及时把这些好的经验转化为教育行政的统一要求强制执行。

从推广路线上看，我国盲童随班就读推广走的是小范围试点到全国大范围推广的路线，缺乏一个相对完善的省级范围推广的成功经验，也就是缺乏徐白仑所说的中间阶段的实验，这也导致了盲童随班就读推广的不利。

在盲童随班就读试点阶段，黑龙江是当时唯一的从全省大范围普及盲童随班就读的省份。但是黑龙江的实践只为省级大范围的实验开了一个头，大量的研究工作没有做。1992年9月，黑龙江有402名视障儿童[1]随班就读[2]，黑龙江宣布"盲童入学率为98.7%"[3]。据抽样调查，1992年黑龙江全省总人口为3 608万人[4]，如果按照学龄视障儿童约占全国总人口的万分之一的比例计算[5]，黑龙江学龄视障儿童为3 608人，盲童至少要有近千人，所以黑龙江视障儿童筛查不彻底，其盲童的入学率是不准确的。黑龙江各级教育行政部门虽然也出台了一些盲童随班就读的制度，但是有不少地方是"把发现的盲孩子送到普通学校就算入学了"，教学质量没有保证。由于大范围高速度推行盲童随班就读的一些关键性问题没有解决，黑龙江盲童随班就读快速普及后不久就出现了反弹。以齐齐哈尔市为例，在2005年前因师资、条件等原因，并没有开展视力障碍儿童的随班就读工作。

按照徐白仑的思路，正确的推广路线应该是从"小范围试点"到"小范围试点经验的提炼并形成系统的大范围实验的方案"，再到"较大范围的常态化的检验"，最后才是"根据检验效果对系统方案进行调整并进行推广"。

当然盲童随班就读的推广不是照搬别人经验的过程。盲童随班就读全国大范围推广中国家教育部门要求每一个省先搞小范围试点，有了经验再进行全省的推广。但应该看到这种推广是一种低水平重复的探索，没有一个相对成熟的盲童随班就读的试点方案作为各省内部试点和推广的参考，各地推广的时候往往遇到一些困难后就偃旗息鼓了，或者只是出台随班就读政策，而不去实践中落实。

2. 我国特殊教育的政策与管理还不够完善

首先，随班就读管理存在指标化管理倾向。1988年之前，国家对特殊儿童的入学率并没有明确的要求。1983年我国教育部发布的《关于普及初等教育基本要求的暂行

---

[1] 因为当时黑龙江只开展了盲童随班就读的实验，402名视障儿童主要是盲童，当然里面可能有个别的学盲文的低视力儿童。
[2] 徐白仑."金钥匙盲童教育计划"的回顾与展望[M]//曹国辉.金钥匙视障教育文摘.北京：华夏出版社，1993：53.
[3] 苏林.积极发展特教事业，把普及全省残疾儿童少年义务教育纳入依法治教的轨道[M]//苏林.视力残疾儿童随班就读工作手册.北京：华夏出版社，1992：200.
[4] 黑龙江省统计局.黑龙江经济统计年鉴1993[M].北京：中国统计出版社，1993：34.
[5] 1987年全国残疾人抽样调查结果表明，学龄视障儿童约占全国总人口的万分之一。徐白仑一直用这个比例来推算区域视障儿童的数量。

规定》对普通儿童初等教育的入学率、巩固率、毕业率等有明确的规定,但对特殊儿童,只是说"要加强在盲、聋哑和弱智儿童中的普及教育工作",并没有定一个具体的指标。但这种情况到1988年有改观,1988年颁布的《中国残疾人事业五年工作纲要(1988—1992年)》中规定"今后五年,要采取乡种措施,使盲童、聋童入学率从现在的不足6%,分别提高到10%和15%"[①]。从此以后,为了快速改变我国特殊教育落后的状态,相关部门在"八五"期间和"九五"期间均制订了残疾儿童少年的入学率指标,以入学率的提升为核心来促进特殊教育的发展,特殊教育的精细化管理不够。1994年颁发的《普及九年义务教育评估验收暂行办法》将适龄残疾儿童、少年的入学率作为普及九年义务教育县评估验收标准之一,要求各类适龄残疾儿童、少年入学率,在城市和经济文化发达的县达到80%左右(含在普通学校随班就读的学生,下同),其他县达到60%左右[②]。《中国残疾人事业"九五"计划纲要(1996—2000年)》规定:视力、听力言语和智力残疾儿童少年义务教育入学率分别达到80%左右,并在措施中指出,地方各级政府进行义务教育评估验收时,必须考核残疾儿童少年入学率指标,未达标的不得宣布实现普及九年义务教育;1996年前已验收但未达标的县,要限期补课、进行复查。1996年全国残疾人事业工作会议特殊教育专题会上,国家教委在报告中指出,实现"九五"目标的关键是紧紧抓住"入学率"不放松。各级政府和教育行政部门要把残疾儿童少年义务教育的任务目标落实到县、乡,实行目标管理[③]。与中央注重特殊儿童入学率的目标管理相一致,省、市、县等各级教育行政部门也把特殊儿童入学率目标的制订、入学率的检查放在义务教育以及特殊教育管理的重要位置上。如安徽省教委为了完成国家"八五"期间下达的特教事业发展的指标,1994年制定的第一条措施就是"紧紧抓住入学率这个关键,重点突破"[④]。特殊教育的指标管理相对于对特殊教育没有要求,没有硬性指标而言,是一个历史的进步,在指标管理的模式下,特殊儿童随班就读的数量不断增长,但这种增长不是建立在高质量的基础之上的。

与随班就读指标管理相对应的是随班就读政策的不具体、不规范、不连续。当时除了国家教委1994年颁布的《关于开展残疾儿童少年随班就读工作的试行办法》对特殊儿童随班就读招收对象、入学、教学、管理等方面有一个大致的规定外,地方并没有形成明确、权威的政策规定,省市两级教育行政部门也多是仿照《关于开展残疾儿童少年随班就读工作的试行办法》生成地方的随班就读管理办法,把随班就读真正需要解决的制度性问题搁置或者依靠下级部门来解决。在此种情况下,一般的县级教育系统也缺乏执行《关于开展残疾儿童少年随班就读工作的试行办法》的积极性,笔者在调查中发现,到2011年有不少区县尚未开展随班就读工作。

---

① 国家计委,国家教委,民政部,财政部,劳动部,卫生部和中国残疾人联合会.中国残疾人事业五年工作纲要(1988—1992年)[G]//国家教育委员会初等教育司.特殊教育文件、经验选编.北京:人民教育出版社,1989:19.
② 国家教委.普及义务教育评估验收暂行办法(教基〔1994〕19号)[G]//张茵.教育督导资料集粹上.长春:吉林人民出版社,2005:48.
③ 柳斌.国务院残疾人工作协调委员会副主任、国家教委副主任柳斌在全国残疾人特殊教育专题会议上的讲话[EB/OL].(1996-04-23)[2012-10-12].http://www.cdpf.org.cn/wxzx/content/2008-03/27/content_30317439.htm.
④ 金汉杰.抓住机遇 奋起直追 加快安徽残疾儿童少年义务教育进程[J].现代特殊教育,1995(03):5.

特殊儿童教育的管理是一个系统工程,需要进行持续的精细管理,单纯强调入学率导致了部分地区特殊教育的管理出现了唯入学率的倾向,忽视随班就读儿童筛查、师资培训、教育教学质量提高、人道主义校风和班风倡导等多方面的内容,影响基层学校随班就读质量的提升,令特殊儿童处在不利的环境之中,影响其健康成长。1999年,有一个四川基层特教学校教师撰文指出,当地随班就读是被人遗忘的死角,既没人管,也没人问,在"普九"验收时候,一般将残童编入随班学习,"普九"验收后残疾儿童辍学有增无减[①]。残疾儿童随班混读情况可以看出特殊教育中单纯采用指标管理的可怕后果。国家教委基教司副司长曹胜利在1994年就指出不少地方为了普及义务教育,为了达标,把残疾儿童招收到学校里来了,但是没有采取任何措施,残疾儿童随班就读工作实际上是随班混读[②]。视障儿童随班就读的执行光靠入学率指标的检查是不行的,要有制度保障运行质量。基础教育作为公益事业,教育部门应本着职业道德满足儿童的教育需求,但是有个别普通学校在追求局部利益的过程中忽视残疾儿童正当的权益,教育管理中指标管理的倾向很难从制度上堵住基层工作的漏洞。如何在确保特殊儿童的入学率的基础上,监控随班就读质量的发展,调动基层发展特殊教育的积极性,这是需要通过体制和机制的创新来解决的问题。

其次,1994年,国家教委《关于开展残疾儿童少年随班就读工作的试行办法》颁布后,我国特殊教育政策重点出现转向。虽然从1988年第一次全国特殊教育工作会议后,我国的特殊教育政策从整体上强调特殊教育学校、特教班、随班就读三种办学形式要一起抓,但随班就读的政策推行力度上还是有变化。从1988年到1994年,随班就读作为一种新的特殊儿童的教育安置形式,得到了国家教委的积极提倡和大力推行。国家教委委托地方于1989年开始进行了盲童和弱智儿童随班就读的实验,1992年开始进行了听力语言残疾儿童随班就读的实验。为了交流各试点地区的经验,国家教委在1990年到1994年的五年间召开了五次全国随班就读的现场会,并于1994年出台了《关于开展残疾儿童少年随班就读工作的试行办法》,对随班就读的工作作了一些制度的规定。但是该文件的颁布也标志着中国三类儿童随班就读的实验告一段落,国家教育部门开始把特殊儿童随班就读作为一项常规工作,对随班就读的推动力度开始减弱,到2000年前没有出台推进随班就读深入发展的新举措。从中国残联和教育部基础教育司合编的《特殊教育文件选编(1996—2001年)》来看,此书没有收入一条独立的关于随班就读的文件,而《特殊教育文件选编(1990—1995年)》收入了三条独立的关于随班就读的文件[③]。与随班就读工作的行政推行力度形成鲜明对比的是,各级教育行政部门对特殊教育学校的工作一直没有放松。1994年7月国家教委印发了《特殊教育学校建设标准》,"九五"期间规定在"普遍开展随班就读,乡(镇)设特教班"的基础上,"30万

---

① 李廷阶.目前山区农村随班就读存在的问题及思考[J].山东特教 1999(1):40.
② 曹胜利.国家教委基教司副司长曹胜利同志在全国暨江苏省残疾儿童少年随班就读工作会议上的总结讲话[J].南京特师学报,1994(4):57.
③ 具体参见中国残疾人联合会教育就业部,国家教育委员会基础教育司.特殊教育文件选编(1990—1995年)[G].内部资料,1995.中国残疾人联合会教育就业部,国家教育委员会基础教育司.特殊教育文件选编(1996—2001年)[G].北京:华夏出版社,2002.

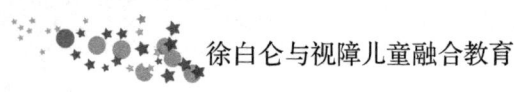

以上人口,残疾儿童少年较多的县设立特殊教育中心学校",落实我国特殊教育以特殊教育学校为骨干的残疾儿童少年义务教育格局[①]。1996年国家教委开始讨论制定《规范化特殊学校标准》,计划在"九五"期间在全国建设并命名100所左右的规范化特殊教育学校[②]。1998年国家教委颁布了《特殊教育学校暂行规程》。与中央政策相适应,地方也非常重视特殊教育学校的建设。江苏省计划到2010年江苏实现教育现代化,"九五"期间建20所特教现代化示范学校,"十五"期间建20所特教现代化示范学校,到2010年争取50%~60%的特教学校是特教现代化示范校[③]。

提升特殊教育学校数量和质量是改变我国特殊教育落后局面的正确决策,随班就读的发展也要依靠特殊教育学校的业务指导,特殊教育学校数量和质量的提升为随班就读的健康发展打下了良好的基础,但是当时我国特殊教育资源有限,对特殊教育学校的重视势必会影响对随班就读的人力和物力的投入,这也在某种程度上导致了1994年之后的一段时间内许多地方层层转发国家教委的《关于开展残疾儿童少年随班就读工作的试行办法》,制定了当地的配套文件后,"向下一发,一发了之"[④],而不投入人力和物力解决特殊儿童随班就读存在的问题,甚至部分基层实践单位不知道"随班就读"为何物的现象。从整体上看,我国特殊教育学校的发展有助于随班就读的发展,但在特教资源有限的情况下,特教资源要根据学生的人数在特殊教育学校、特教班、随班就读三种特殊教育形式中合理分配,以促进国家特殊教育整体质量的提升。

再次,还有部分教育行政管理人员的观念落后。20世纪90年代国家还先后颁布了《中华人民共和国残疾人保障法》和《残疾人教育条例》,对国家和各级政府保障残疾儿童受教育的权利,普通学校接收特殊儿童随班就读等作了明确的法律规定。全国各地涌现出许多切实维护特殊儿童教育权利的教育行政管理人员,但实践中还有一些教育行政管理者不能正确看待视障儿童平等的受教育权利,认为普通学生都问不过来,哪有精力管残疾儿童,把残疾儿童的利益排在普通学生之后,把应尽义务看作额外负担,无视保障残疾儿童受教育权的法律和政策规定,造成了部分残疾儿童失学或者是随班混读的局面,而且我国当时的法律和政策执行体系中也缺乏相应的责任追究制度来追究相关人员的行政责任。

实践中还有个别随班就读政策的实际执行者以领导满意为标准,按照上级领导的意图行事,丧失工作的独立性和创造性。这在随班就读的政策执行中往往体现为学校看区县教育局的政策,而直接领导基层学校的教育局的小教科又要看分管局长和市级教育部门的政策和措施,这样在层层向上看的过程中,许多随班就读在执行中的问题就无法妥善解决,造成了随班就读推广不力或者是随班混读长期得不到有效扭转的现象。

---

① 柳斌.国务院残疾人工作协调委员会副主任、国家教委副主任柳斌在全国残疾人特殊教育专题会议上的讲话[EB/OL].(1996-04-23)[2012-10-12].http://www.cdpf.org.cn/wxzx/content/2008-03/27/content_30317439.htm.
② 国家教委拟将颁布《规范化特殊教育学校标准》[J].南京特师学报,1996(1):55.
③ 程益基.在第六届年会闭幕式上的讲话[J].南京特师学报,1996(1,2):7.
④ 曹胜利.国家教委基教司副司长曹胜利同志在全国暨江苏省残疾儿童少年随班就读工作会议上的总结讲话[J].南京特师学报,1994(4):57.

3. 全国特殊教育发展的整体水平制约了盲童随班就读的发展

中国的随班就读是在特殊教育落后、无法快速满足特殊儿童受教育需求的情况下发展起来的一种新的特殊儿童教育安置方式,但20世纪90年代前后,落后的特殊教育发展水平在一定程度上又制约了随班就读的推广和质量提升。

首先,基层中有许多县没有特教学校,缺乏专业的特教力量为各类特殊儿童随班就读提供支持。截至1994年,全国特殊教育学校共有1 241所,有许多区县一级的行政单位没有特教学校[①]。而特教学校一般是基层特教资源集中的地方,有一些特教师资和特教的物资资源,可以为当地的随班就读提供业务指导和特教方面的物质支持。如果一个区县没有专门特教的人力物力资源,依靠外地的力量进行业务指导和师资培训的话,很难深入地推进区域随班就读的工作,容易造成随班混读的情况。在视障儿童教育中,截至1994年,全国有盲校22所,盲聋哑学校120所,这些学校集中了全国主要的视障教育的人力和物力资源,在金钥匙盲童教育计划和国家盲童随班就读实验中,这些学校是主要的业务依靠力量,其中盲校为核心力量。盲校为随班就读教师提供了盲文和盲教的培训,提供了业务指导,编制了相关的资料。但盲童随班就读一旦全国推广开来,盲校和盲聋哑学校无法做到跨省、市为盲童随班就读提供日常的服务,许多地方因为缺乏盲教资源而无法实质性地推动盲童随班就读的发展。

第二,特殊教育体系不完善,制约了随班就读的深入发展。20世纪90年代盲童随班就读主要解决的是盲童小学教育的问题,盲童的学前教育、职业教育和初中及以上阶段的教育并没有解决。

盲童教育体系的完善依赖于特殊教育体系的整体完善。在20世纪90年代,受制于国家经济文化发展的条件,我国的特殊教育体系尚处在发展和完善之中。学前教育在当时还未引起各级政府的重视,职业教育虽然得到了一定发展,但数量有限,还不能满足残疾儿童发展的需要。据统计,到1995年,全国建立残疾人职业培训机构1 183个,有一些实施义务教育的特殊教育学校开设了职业技术和劳动技能课程[②]。以1995年安徽省为例,当时安徽省有残疾人职业技术教育机构19个,分属于教育系统、残联系统和社会力量办学,现有的残疾人职教机构存在经费不足,培训设施简单,专业设置单调、老化,不能适应市场需求等问题[③]。

受制于我国的特殊教育体系,盲童教育体系还有待发展,当时除了小学阶段的随班就读外,提供小学以上教育的机构主要是盲校,职业教育主要依靠于盲校附设的职教班,另外还有少数的普通职业教育学校招收盲生。盲童在小学阶段随班就读后,除了极少数盲生能够升入盲校继续学习外,很多的盲生小学毕业后就失学了,这种现状影响了盲童随班就读的可持续发展。

---

① 国家教委.国家教委1994年教育事业发展统计公报(1995年3月29日)[M]//《中国教育年鉴》编辑部.中国教育年鉴1995.北京:人民教育出版社,1995:121.

② 周德茂,傅亮亮.特殊教育"八五"工作总结会[M]//《中国教育年鉴》编辑部.中国教育年鉴1996.北京:人民教育出版社,1996:145.

③ 高瑜生.适应社会需要发展残疾人职业教育[J].现代特殊教育,1995(03):35.

第五节　金钥匙盲童教育计划试点的效果及经验

20世纪80年代末90年代初开展的金钥匙盲童教育计划试点主要解决的是盲童的初等教育问题。后来在1992年,徐白仑提出要逐步发展盲生中学阶段的随班就读,满足盲童九年义务教育的需要和有才华盲生接受高等教育的需要[①],但由于各种条件的限制,当时并没有进行试点实验。金钥匙盲童教育计划试点效果,及其基本的运作经验较为全面地说明了盲童在小学阶段随班就读的可行性。

一、金钥匙盲童教育计划试点的效果

金钥匙盲童教育计划试点的效果可以从四个方面说明:首先,试点县的盲童除多重残疾外,普遍入学,入学率在75%以上[②]。第二,大部分盲童得到了不低于盲校的发展。盲童在老师和同学的关怀下心理得到了康复,盲文的摸读和扎写达到了盲校的水平,语数达到及格及以上的成绩。第三,盲生所在的班级得到了较好的发展。盲生和明眼学生各有所长,互相帮助,盲童顽强的学习精神激励了普通学生,班级成绩有进步。第四,盲生周边的人受到了社会主义人道精神的教育,彰显了社会主义的优越性。山西、江苏、河北、北京的报告均说明了这些情况。以宜兴市为例,到1994年,宜兴市盲童一体化教育的实验已经进行了七年,从1987年开始的小学阶段的第一轮实验已经结束,盲童已经结束了小学阶段的学习,其中一人升入了盲童学校7年级学习,小学高年级盲童每分钟摸读盲文达到200字,扎写可达30字,盲童所在班级教学质量均处于所在乡镇的中上水平[③]。各地均涌现了一批优秀的盲生。宜兴市洋溪乡马家小学的盲生谈忠强三年级上学期的语文、数学成绩均在95分以上,连年被评为三好学生,班级的成绩也在全乡的上游水平,班里的助残小组获得了无锡少工委"金苹果奖",1998年马家小学还被评为全国助残先进集体。河北晋县的盲生李英慈多次被学校和县镇评为"学习模范""优秀少年",所在班级也被评为"文明班集体"。北京房山区的刘宏飞经过一年半的刻苦学习,盲文水平达到了盲校优等生的水平,在班级里与普通同学同进步,获得了房山区团委和教育局授予的"赖宁式好少年称号"[④]。

此外,从长期效果看,金钥匙盲童教育计划改变了盲童的命运,盲童们重新树立起了生活的信心和勇气,很多盲童成为自食其力的劳动者,靠自己双手过上了幸福生活。比如山西金钥匙盲童教育计划中重返校园的盲女崔小英长大后成为一名按摩师,2008

---

① 具体参见徐白仑.试论我国视障者中学阶段的一体化教育[M]//曹国辉.金钥匙视障教育文摘.北京,华夏出版社,1993:84.
② 徐白仑,曹国辉,海玉森,何景琳,纪玉琴.中国盲童一体化教育的进程与展望[J].南京特师学报,1990(2):9-10.
③ 江苏省宜兴市教育委员会.随班就读是普及盲童教育的有效途径[J].南京特师学报,1994(3):1.
④ 孙天晓.盲童的金钥匙[M]//中国少年先锋队全国工作委员会.中华少年风采录身残志坚篇.沈阳:辽宁少年儿童出版社,1990:74.

年崔小英热情邀请徐白仑参加了她和盲人丈夫开办的按摩中心成立十五周年感恩社会联谊会,以表达对徐白仑和金钥匙盲童教育计划的感激之情①。

二、金钥匙盲童教育计划试点的运作经验

在金钥匙盲童教育计划试点实验中主要形成了以下运作经验:

(一) 争取领导支持,快速启动试点工作

金钥匙盲童教育计划的启动主要用半年到一年的时间初步解决了盲童的入学和温暖集体的道德建设问题。徐白仑在《金钥匙盲童教育计划——我国普及盲童教育的补充办法》中指出,金钥匙盲童教育计划"一是由教育部门牵头,在摸清盲童底数的基础上就地选拔辅导教师,加以培训,使盲童在当地就近入学,学会盲文后进入普通班与健全儿童一起学习,进行一体化教育;二是由共青团少先队以多种多样的形式进行社会主义人道主义教育,在每个盲童身边形成一个温暖的集体,帮助他学习、关心他成长"②。各地最初启动金钥匙盲童教育计划的流程基本相同,大致为:获得省级相关部门的支持,精心选择试点县;考察试点县,与试点县达成共识;试点县发布开展盲童教育计划的文件,建立县级领导组织,部署工作;开展盲童调查摸底工作,选拔辅导教师并在暑假进行培训;在社会和学校开展尊重、关爱盲童的宣传和活动;盲童学习盲文,进入班级随班就读。试点县的启动流程一般在县级政府发布的盲童教育文件中有明确的规定,具体可以参见附录4《襄垣县人民政府关于开展盲童教育的决定》。金钥匙盲童教育计划从年初启动,一般能保证最迟到当年9月份的时候辅导教师开始教盲童学习盲文,盲童于当年9月或者最迟于第二年的9月开始跟班学习,盲童的随班就读逐渐步入正轨。

1. 获得省级相关部门的支持,精心选择试点县

金钥匙盲童教育计划的试点虽然是以县级为单位进行的,但徐白仑的联系工作是从省级层面开始的。当时徐白仑作为《中国盲童文学》的主编,自身与各省领导和相关部门没有什么业务关系。在最初开展金钥匙盲童教育计划的时候,徐白仑往往是通过重要人物介绍、推荐来联系相关省级领导或者省教育部门领导的。由于徐白仑所从事的帮助盲童就近入学的教育改革符合当时社会的需要,再加上徐白仑本人具有强烈的人格魅力,金钥匙盲童教育计划的设想得到了一些省级领导和教育部门领导的大力支持。徐白仑在山西开展试点工作主要是依靠山西省人大常委会副主任冯素陶的支持和协调。冯素陶是徐白仑在1986年全国政协召开之际,经父亲介绍认识的③。在江苏开展试点,徐白仑靠的是康克清写给江苏省省长顾秀莲的亲笔推荐信,在顾省长的协调下获得了各省级部门的支持。金钥匙盲童教育计划在河北的试点靠的是曹国辉在河北省

---

① 金钥匙视障教育研究中心.白毛女新传[Z]. 金钥匙简报第0805号,2008-11-12.
② 徐白仑.金钥匙盲童教育计划——我国普及盲童教育的补充办法[Z].金钥匙视障教育研究中心内部资料,1988.
③ 徐白仑是著名报人徐铸成的长子。徐铸成在新中国成立前曾先后主持《大公报》《文汇报》笔政;新中国成立后当选第一届全国政协委员、全国人大第一次会议代表;1978年后,连续当选全国政协五、六、七届委员。参见徐铸成:报人风骨[J].今传媒,2010,6.

的老关系与河北省教委建立了最初的联系。从 1987 年 10 月起,一些重要的会议介绍了金钥匙盲童教育计划①,有些省级残联和教育部门的领导主动联系徐白仑开展盲童随班就读试点。黑龙江省就是这种情况,在 1988 年 11 月召开的第一次全国特殊教育工作会议上,当时黑龙江省教委副主任陈龙俊主动找徐白仑了解情况并及时地对普教处处长布置了试点的工作②。

　　金钥匙盲童教育计划获得省级领导和相关部门的支持后,徐白仑会与省级相关部门同志精心讨论并确定试点县。选好试点很重要,如果头一炮打不响,会给整个实验工作造成麻烦。一般来说,金钥匙盲童教育计划试点县的确定考虑了以下的因素:试点县的知名度、义务教育的基础、盲童的可能人数、对残疾人工作的重视程度等。其中考虑试点县的知名度主要为方便日后传播试点的经验,但是金钥匙盲童教育计划的试点经验说明这一条不是很重要,知名度高的县不一定对盲童教育重视。以山西省的文水县为例,它是刘胡兰的故乡,知名度很高,可是当地最后全县只筛查出三名盲童,最后山西不得不又增选了其他的试点③。河北省对试点县做了认真考虑,最后确定的晋县有三个优越条件:"首先晋县是多年的义务教育先进县,普通教育的基础比较好,特殊教育比较落后,晋县有发展特殊教育的紧迫感,他们急于发展特殊教育,已经建立了一个规模不大特殊教育学校;第二,晋县教育局从局长、副局长到下面的干部和校长,工作特别认真,有一个好的教师和干部队伍,让他们抓试点靠得住;第三,有一个特殊教育学校可以依托,便于指导各个点对盲童的教学。④"

　　2. 省级部门陪同建点,试点县成立领导组织,发布政府文件

　　建立试点县的时候,一般省级部门直接派人陪同徐白仑等人到试点县考察和建点,省级部门人员的参与使得金钥匙盲童教育计划的建点工作得到了县政府的高度重视。试点县一般由分管副县长接待并召集县委宣传部、民政局、教育局、团委、妇联等相关部门开会,宣传介绍金钥匙盲童教育计划,并传达县委和县政府建立试点的决定,各部门讨论试点工作计划并分配任务。山西省的文水县、襄垣县、长治三县,江苏省的淮安县,河北省的晋县等都是通过这种方式建立试点的。在河北,当时省教委基教处处长陶迎来和副处长傅中和亲自陪同徐白仑和曹国辉到基层建点⑤。介于省级和县级之间的市级相关部门的支持也是很重要的,山西省的襄垣县、长治县和河北省的晋县建点的时候市级相关部门人员陪同建点,江苏省淮安县建点后,徐白仑由省教委负责特殊教育的程益基同志陪同到淮阴市拜访了市教育的负责人,通报了建立盲童一体化教育试点工作的过程⑥。

---

　　① 1987 年 10 月中国盲人聋哑人协会在成都召开四届三次全国委员会,徐白仑在会上汇报了"金钥匙盲童教育计划"的情况。1988 年 11 月,在第一次全国特殊教育会议上,介绍金钥匙盲童教育计划试点的相关经验的三篇文章作为参阅的文件分发。
　　② 徐白仑. 燃情复追梦 盲人徐白仑八十自述之二[M].北京:求真出版社,2010:73.
　　③ 徐白仑. 燃情复追梦 盲人徐白仑八十自述之二[M].北京:求真出版社,2010:14.
　　④ 2010 年 10 月 30 号对贾全庆先生的访谈记录。
　　⑤ 徐白仑. 燃情复追梦 盲人徐白仑八十自述之二[M].北京:求真出版社,2010:53.
　　⑥ 徐白仑. 燃情复追梦 盲人徐白仑八十自述之二[M].北京:求真出版社,2010:32.

建点后，县级人民政府一般会很快成立以分管副县长为组长的县盲童教育领导小组，教育、民政、共青团的有关负责人担任副组长。领导小组主要任务是统一领导全县盲教工作，协调各部门之间的合作关系，办公室设在教育局。县政府发布开展盲童教育的政府文件，部署工作安排并由教育、民政、共青团通过各自的系统分头传达到村级单位。附录4山西省长治市《襄垣县人民政府关于开展盲童教育的决定》是一个典型的试点县启动金钥匙盲童教育计划的政府文件。

3. 开展盲童调查摸底工作

盲童的调查摸底工作原本计划由民政部门负责，实际进行的时候各地情况不一样，襄垣由团县委进行，淮安由民政局进行，宜兴由教育局进行调查摸底[1]。这说明盲童的充分彻底的摸底调查要依靠谁，还是需要思考的问题。

盲童的入学摸底调查工作涉及三个方面，包括盲童、盲童家庭、盲童所在村小学的基本情况。各试点县在调查摸底后，会制作盲童情况调查表上报金钥匙中心。

金钥匙盲童教育计划最初设想的服务对象是年龄为7~10岁，智力正常，双眼视力均在0.05以下的全部盲童[2]。但在实际的执行中，有个别的低视力儿童也纳入了金钥匙盲童教育计划，另外，鉴于盲童入学的迫切要求，11~15岁的盲童也纳入了计划。

4. 就近选拔辅导教师并在暑假进行培训

金钥匙盲童教育计划在每位盲生所在地的小学（一般是村小）就近为其选配一位辅导教师，辅导盲童进行盲文和各科知识的学习。

辅导教师的选拔具有一定标准，要选拔热爱教育工作、普通话比较好、能够胜任小学大循环的骨干教师担任辅导教师，辅导教师一般担任盲生所在班级的班主任。此外还要注意辅导教师的稳定性，要能较长时间在一地任教。有些试点县如山西长治市的襄垣县在教师培训后为教师颁发了正式聘书。各试点县为了鼓励教师工作的积极性，稳定教师队伍，均给辅导老师发特教津贴[3]，并在评优、民转公等方面对辅导老师予以照顾。黑龙江省人民政府办公厅发布文件规定，承担盲、聋、哑残疾儿童随班就读的班主任，均应享受相当于本人工资15%的特教津贴，各地在教师表彰、奖励、评优、晋级、评定职称、转正时，应从特殊教育的实际出发，给予照顾[4]。

辅导教师的培训在盲童确定后的当年暑假进行。在金钥匙盲童教育计划启动阶段进行的辅导教师培训实质上是上岗培训。由于辅导教师均来自普通小学，没有盲教知识和技能，金钥匙盲童教育计划规定，各试点县均要在盲生入学前进行相关的师资培训，这是盲童学习盲文，入校随班就读的先决条件，在各试点县出台的开展盲童教育的文件中对上岗培训都有明确的规定。各试点县均与盲校建立了横向的业务合作关系，

---

[1] 徐白仑.金钥匙盲童教育试点工作简报第1期[Z].金钥匙视障研究中心内部资料，1987.
[2] 徐白仑.金钥匙盲童教育计划——我国普及盲童教育的补充办法[Z].金钥匙视障教育研究中心内部资料，1988.
[3] 辅导老师发特教津贴宜兴为原工资的15%，襄垣、淮安为10%。
[4] 黑龙江省人民政府办公厅.黑龙江省人民政府转发省教委等部门关于贯彻落实国办发〔1989〕21号文件意见的报告的通知[M]//苏林.盲童随班就读教育指南.哈尔滨：黑龙江教育出版社，1992：438.

暑假期间盲校派骨干教师到县里办培训班,用4~5天时间教授盲文和盲童教育的基本知识①,有些地方的培训还有示范教学②。培训结束时,教师要参加考试。金钥匙盲童教育计划实施中除了徐白仑统一要求的上岗培外,有些试点县为了提高师资质量,后续还进行了多种形式的培训。

5. 在社会和学校中进行尊重、关爱盲童的宣传和活动

金钥匙盲童教育计划为了给盲童入学创造一个良好的社会环境,从盲童调查摸底工作开始,各相关部门就在社会和学校中进行尊重、关爱盲童的宣传和活动,这些活动在盲童入学后持续进行,形成了盲童一体化教育中不同于西方一体化教育的一大亮点。各试点县出台的开展盲童教育的文件中均要求"大力开展各项有益于盲童身心健康的活动",并从县教育局、团县委、县妇联、少先队等不同的部门出发规定了具体的活动内容。共青团淮安县委还出台了《关于做好盲童教育服务工作的通知》,要求各基层团委要协同少先队组织大力开展有益于盲童身心健康的少先队活动,帮助他们办几件实事,鼓足他们生活的勇气③。各试点县还利用电台和报纸进行社会宣传,利用乡镇长会议、乡镇中心小学校长会议、乡镇民政助理会议对金钥匙盲童教育计划做了强调。试点县各级领导对金钥匙盲童教育计划也很重视,不少领导亲自参加辅导教师培训班开幕式和盲童入学仪式,各级领导还到盲童家中走访④。如淮安县副县长范宪鑫、宜兴县副县长林德意均亲自到辅导教师培训班和教师见面;襄垣县教师培训班的开学典礼上,省教委、市县教育局和团委的代表均到会祝贺,县长申联彬、副县长曹焕兰讲述了试点工作对全省、全国开展盲童教育的重大意义⑤。各级领导的重视极大地鼓舞了辅导教师的工作热情,改变了社会民众对盲童的态度。盲童的社会处境有了改善,盲童的社会地位得到了提高,贫困家庭及时获得了救济,一些过去长期得不到解决的问题得到了解决⑥。

盲童所在学校也通过举办入学仪式、开展少先队员爱残助残活动等方式营造尊重、关爱盲童的校风和班风。在盲生跟班上课前,少先队组织队员看望盲生,给盲生送学习用品。宜兴县动员少先队员每人收集5分钱废品,给盲童买收音机。盲生入学时举行隆重的入学仪式。刘洪飞是北京房山区的一个普通的盲童,她所在的大次洛小学专门为她举行了全校师生参加的隆重的入学仪式,入学仪式由校长亲自主持,市区教育局、民政局的领导和北京盲校的校长都来了,使得盲童及其家人分外感动。入学仪式对全校师生也是一个良好的教育,有利于形成尊重、爱护盲生的校风和班风。盲生入学后,

---

① 徐白仑.金钥匙盲童教育试点工作简报第1期[Z].金钥匙视障研究中心内部资料,1987.
② 河北省盲童教育计划为期四天的培训班用两天时间学习盲文,一天讲授盲教基础知识,一天对盲童进行示范教学。具体参见徐白仑.金钥匙盲童教育试点工作简报第3期(江苏河北专辑)[Z].金钥匙视障教育研究中心内部资料,1988.
③ 共青团淮安县委.关于做好盲童教育服务工作的通知[Z].金钥匙视障教育研究中心内部文件,1987.
④ 徐白仑.金钥匙盲童教育计划——我国普及盲童教育的补充办法[Z].金钥匙视障教育研究中心内部资料,1988.
⑤ 徐白仑.金钥匙盲童教育试点工作简报第1期[Z].金钥匙视障教育研究中心内部资料,1987.
⑥ 徐白仑.金钥匙盲童教育计划——我国普及盲童教育的补充办法[Z].金钥匙视障教育研究中心内部资料,1988.

尊重、关爱盲童的活动更不应停止,少先队组织开展了"我和盲童交朋友""我为盲童送温暖""我和失明小伙伴共同成长"等主题活动,为盲童举行隆重的入队仪式,开展红领巾助残活动,形成人人尊重关心盲童,个个帮助盲童的好风尚[①]。

徐白仑主张在盲童入学后,在理解尊重盲生的基础上开展鼓励盲生生活勇气的活动,让盲生和明眼儿童一块健康成长。江苏淮安有位盲童入学前叫"仇小瞎子",没有正式的名字,入学后取名仇素兰,不到一年,成绩优异,中共复兴乡委员会、复兴乡人民政府作了《关于号召全乡青少年向仇素兰小朋友学习的决定》,激励她和全乡青少年取得更大的进步[②]。

盲生所在的班级要积极创建一体化班集体,形成健残平等互助的新风尚,为盲童营造友爱互助的学习环境。如晋县吕家庄学校青年女教师高运巧在盲生李英慈入学之时,就在班级制订了"爱护盲生的十条公约",成立了助残小组,在班上开展了"人人关心英慈、个个为英慈做好事"活动,同学们争着护送她上下学,教她做操,领她做游戏,还教会她不少手工小制作,发展了普通学生的人道主义精神;李英慈也在充满爱的班集体中快乐成长,她不仅学习努力,还懂得了关心集体,主动帮助学习成绩较差的同学,为大家做一些力所能及的事情。李英慈多次被学校和县镇评为"学习模范""优秀少年",其所在班级也被评为"助残先进集体"[③]。

如果学校不开展这些爱残助残的宣传和活动,盲生入学后很容易受到歧视,不有利于他们心理康复和学习活动的开展。

6. 盲童学习盲文,进入班级随班就读

从盲童筛查出的那一年的秋学期,盲童就开始学习盲文。金钥匙盲童教育计划中盲童学习盲文和入学通过两种方式进行。一种是辅导教师对盲童采用每周两次到盲童家送教的形式或盲童到校的形式对盲童进行盲文的个别辅导,让盲童在一年内熟练掌握盲文,并在第二年秋学期编入一年级入学读书。有些经过一学期就能掌握盲文的盲童,也可以提前在第二年的春学期也就是一年级下学期的时候开始跟班学习。这种形式的缺点是占用辅导老师时间精力较多,加重了老师的工作负担,另外由于有些盲童在家无人辅导,没有良好的自学习惯,学习中的困难无法及时解决,掌握盲文需要的时间相对较长。

第二种方式是当年筛查出的盲生在暑假里接受老师的上门送教,初步学习盲文,9月份随普通儿童一起进入一年级学习,同步上部分科目(主要靠听),在辅导教师上课的时候采用复试教学的方式指导盲生学习盲文,并利用课前课后的方式进行辅导,一学期后盲童掌握盲文,进入明盲一体化同步学习的阶段。这种方式由于有了一种较好的学习环境,辅导教师能够及时辅导,盲童掌握盲文较快。如 1987 年宜兴市,洋溪乡马家小

---

① 江苏省教育委员会普教局.实施"金钥匙计划"探索盲童和普通儿童一体化教育道路[Z].金钥匙视障研究中心内部资料,1988.
② 徐白仑.燃情复追梦 盲人徐白仑八十自述之二[M].北京:求真出版社,2010:31.
③ 为盲童奉献出真诚的爱 晋县吕家庄学校青年女教师高运巧[M]//河北省地方志编纂委员会编.河北省志第76卷 教育志.北京:中华书局,1995:609.

学的宋玉萍老师在发现利用课余时间对盲童谭忠强个别辅导盲文学习的效果不好后,就让盲童插入普通班级学习,经过一个多月的复试教学,盲童就掌握了盲文,开始和同学同步学习,取得了较好的学习效果①。到 1988 年第一次全国特殊教育工作会议召开的时候,1987 年开始试点的江苏省宜兴市已经有两名盲童读到了二年级。1988 年后,在河北、北京等地开展金钥匙盲童教育计划的时候均让摸底调查出来的盲童在暑假接触盲文,当年秋学期入学采用复式教学的方式学习盲文,学会盲文后转为同步教学。但是在实践中也有老师反映复式教学占用老师的精力过大。

在金钥匙盲童教育计划试点的启动过程中各地出台的政府文件基本相似,均是根据徐白仑提供的计划内容来确定启动阶段的大致工作思路的,这促进了各地盲童随班就读试点工作的迅速启动,也使得初期少走弯路。在周密的计划和运作下,金钥匙盲童教育计划的初期运作效果也是明显的。

徐白仑把金钥匙盲童教育计划所倡导的盲童就近到本村普通小学读书看作"普及盲童教育的新途径",金钥匙启动阶段运作效果充分证明了在 20 世纪 80 年代的办学条件下,通过盲童随班就读的形式能够快速提高盲童的入学率,满足盲童的受教育需求。

由于在金钥匙盲童教育计划开始倡导的时候我国尚没有进行特殊儿童和普通儿童一体化教育的经验,所以金钥匙盲童教育计划初步运作的时候对盲童如何在普通学校进行一体化学习还没有具体的保障措施。徐白仑在传记中也指出自己"更看重的是维护盲童存在的价值,维护盲童做人的权利","在教育方面,想的仍然是首先让他们掌握盲文,对今后如何进一步接受教育,知道得很少,想得也很不够"②。各地的教育行政人员和一线教师为了落实盲童教育计划进行了创造性实践。而徐白仑为了推动盲童教育计划的深入发展,也积极组织地方的相关人员进行培训、经验交流和出国学习,为地方政府和学校的创造性实践提供有力的支持。

(二)充分发挥地方积极性,提升金钥匙盲童教育计划的质量

盲童掌握盲文进入与明眼儿童同步学习的阶段后,各试点县为了保障盲童随班就读的质量,促进盲童的全面发展,对盲童随班就读的教育教学进行了创造性的探索,积累了一定的经验。

1. 多种盲童随班就读的形式

金钥匙盲童教育计划开展的时候,盲童的具体情况差异性很大,有些是大龄盲童,有些是读书期间失明而失学的盲童。开展盲童随班就读的试点县条件差异也比较大,有的当地没有特殊教育学校,而有些地区有一定的特教资源。针对盲生的个别情况和各地的实际条件,在实践中各地形成多种形式满足盲生的教育需求。

一种是在普通学校内大龄盲生的补课跳级的形式。山西省、河北省有些试点县的学校对于自幼失明,一直没有入学机会,年龄偏大的盲童,结合他们理解力、记忆力都强于年幼盲童的特点,在教会盲文后,为他们进行个别辅导,用一年时间学完小学一至三

---

① 张双.江苏省盲童随班就读结硕果[J].南京特师学报,1990(2):42.
② 徐白仑.燃情复追梦 盲人徐白仑八十自述之二[M].北京:求真出版社,2010:16.

年级课程,然后插入四年级上课。15岁盲女李海军,是金钥匙盲童教育计划中入学的大龄盲生,长治县司马乡小学不怕增加工作量,决心多花费精力辅导她,为普及盲教提供一份宝贵的经验①。河北唐县的大龄盲童段兵辉,随幼儿班学习,经过一年多的学习,已经达到小学全日制三年级的水平。

第二种是盲校和普校双重学籍制的形式。1988年金钥匙盲童教育计划在河北省晋县建立了试点,当时国家教委拨款30万元在晋县建一所盲聋哑学校。在这种情况下,为了充分发挥盲聋哑学校业务力量,晋县决定盲生采取分散教学、集中管理的办法,盲童具有双重学籍,兼有村小学和县盲哑学校学生的双重身份,平时各自分散在本村的普通小学和健全儿童同班学习,在特殊学校则设一位班主任,统一领导教学工作,负责对全体盲生和他们的辅导教师进行巡回指导。这种盲生双重学籍的形式充分发挥了特教学校的骨干力量,加强了对分散在普通学校的盲生的管理,保障了教育教学的质量。

此外在前面提到盲生在最初入学的时候有两种基本形式,一种是盲生直接入学,入学后经过半学期复式教学学会盲文后转入和普通儿童的同步教学。另一种是经过半年到一年的学前盲文扫盲,学会盲文后再入学和普通儿童一起学习。此处不再赘述。

2. 建立初步的盲童随班就读的保障措施

(1) 健全行政领导系统

在启动阶段建立的县盲童教育领导小组的基础上,不少省在试点和推广盲童随班就读的过程中建立了市、县、乡的多级盲童随班就读的领导机构。如黑龙江省教育委员会统一要求盲童随班就读实验市、县建立实验领导小组或指导小组,负责实验的领导和组织管理工作②。在此基础上试点县也推动建立了盲童教育乡镇领导小组。如河北省尚义县盲童所在乡镇都相应成立了特教领导小组③。黑龙江桦南县教委还设立特教视导员④。

从实践看,在各级教育行政系统中县级的教育行政领导机构具有核心的地位。但同时应该看到,盲童随班就读行政机构并不具有真正的独立性。盲童教育领导机构成员多是有关部门领导和成员兼职担任,本身还有其他工作,并没有形成专职行政人员从事盲童随班就读的管理工作。由于兼职人员精力的限制,他们无法实现对基层随班就读工作的长期精细化管理,制约了随班就读的可持续发展。

(2) 探索业务保障措施——县级总辅导教师

金钥匙盲童教育计划的试点过程中,除了在行政上加强了对金钥匙盲童教育计划的领导外,有的试点还在业务指导上进行了创造性实践,具体有三种形式。

一种是实验点建立与盲校的横向业务指导关系。如上海盲校、北京盲校和实验点

---

① 徐白仑.金钥匙盲童教育试点工作简报第2期(山西专辑)[Z].金钥匙视障教育研究中心内部资料,1988.
② 苏林. 积极开展和推广盲童随班就读实验,加快盲童义务教育的步伐[M]//苏林.盲童随班就读教育指南.哈尔滨:黑龙江教育出版社,1992,397.
③ 刘志善,刘文中.随班就读搞好盲童教育[M]//刘辉汉,裴树本. 来自贫困地区的探索与实践:张家口、吕梁地区教育综合改革实验研究成果. 北京:人民教育出版社, 1997:142.
④ 桦南县人民政府.普及盲童初等义务教育 培养残而不废的劳动者[M]//苏林.盲童随班就读教育指南.哈尔滨:黑龙江教育出版社,1992:409.

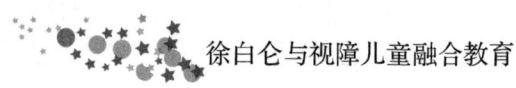

的辅导教师保持经常联系,进行业务指导[1]。宜兴市辅导教师通过与上海盲校的书面联系,及时请教教学中发现的棘手问题[2]。但这种形式由于盲校离随班就读教学点距离远,盲校老师在完成自己在盲校的工作任务外只能偶尔到试点学校指导,无法及时发现盲生随班就读的问题和经验。盲校和基层学校之间没有任何行政隶属关系,也无相应的编制,属于友情赞助,无法形成制度化的业务关系。

第二种是教育行政系统的教学研究部门的人员参与盲童随班就读的业务指导,有些地区设立兼职的特教教研员。在盲童随班就读实验的大力推动下,教学研究部门及其人员经常到盲童就读点听课,研究工作,指导解决问题。如黑龙江桦南县在教师进修学校设特教研究员[3];黑龙江宁安县教师进修学校教研部经常深入实验点,多次组织教研、听课、公开课,开展教学研究活动[4];宜兴市教委的相关科室、教研室、中心小学的同志经常到随班就读点指导工作[5]。但应该看到教育行政系统的教学研究部门的人员参与盲童随班就读的工作往往是阶段性的,即使是设有兼职特教教研员的实验县,其普教方面的教研工作非常繁忙,再加上专业能力的限制,不可能及时有效地对盲童随班就读进行管理和指导。

第三种是设立县级盲童总辅导教师。金钥匙盲童教育计划在业务指导上最有特色的是河北省设立的县级总辅导教师,当时多称为总辅导员。河北省各个试点县都设置了总辅导员,这个总辅导员,有特教学校的设在特教学校,没有特教学校的设在县教研室,也有的设在教委。河北省保定地区行政公署教育委员会文件明确规定市县教委设盲童随班就读教育总辅导员,并明确规定了总辅导员负责组织适龄盲童调查摸底,审查任教教师,组织教师参加培训,进行巡回辅导、检查,统一订购教学用具、图书资料等方面的工作[6]。

晋县的教育局副局长崔春平最先开创性地在晋县设立了总辅导教师。崔春平认为,选一个好的总辅导教师是很重要的,因为制订教学计划、检查教学质量、巡回指导工作、组织教研活动、交流教学经验、总结教学成绩、宣传特教工作等都要靠他们去做[7]。河北省尚义县教委在教育股设特教总辅导员1人,由总辅导员和县教师进修学校共同负责,每月深入学校指导检查盲童随班就读工作,并帮助教师解决盲童随班就读教学中的疑难问题,帮助教师研究盲童的心理、性格以及管理问题。为了解决总辅导员下乡辅

---

[1] 徐白仑.金钥匙盲童教育计划——我国普及盲童教育的补充办法[Z].金钥匙视障教育研究中心内部资料,1988.
[2] 宜兴市教育委员会.开展盲童随班就读实验的做法和体会[G]//江苏省特殊教育研究会.残疾儿童少年随班就读经验论文选编.内部资料,1994:81.
[3] 桦南县人民政府.普及盲童初等义务教育 培养残而不废的劳动者[M]//苏林.盲童随班就读教育指南.哈尔滨:黑龙江教育出版社,1992:409.
[4] 黑龙江宁安县教育委员会.盲童随班就读实验两步走 三年普及初等义务教育[M]//苏林.盲童随班就读教育指南.哈尔滨:黑龙江教育出版社,1992:419.
[5] 宜兴市教育委员会.开展盲童随班就读实验的做法和体会[G]//江苏省特殊教育研究会.残疾儿童少年随班就读经验论文选编.内部资料,1994:81.
[6] 保定地区行政公署教育委员会.保定地区行署教委关于盲童随班就读教育的管理意见[Z].金钥匙视障教育研究中心内部资料,1993.
[7] 徐白仑.燃情复追梦 盲人徐白仑八十自述之二[M].北京:求真出版社,2010.

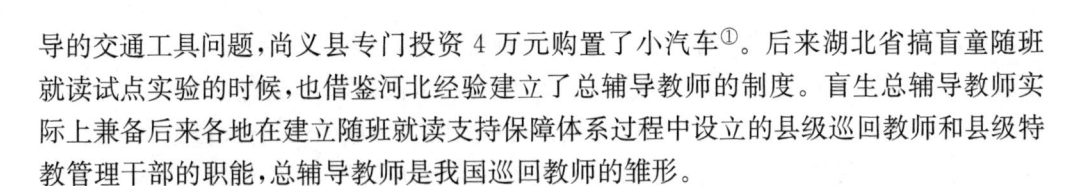

导的交通工具问题,尚义县专门投资4万元购置了小汽车[1]。后来湖北省搞盲童随班就读试点实验的时候,也借鉴河北经验建立了总辅导教师的制度。盲生总辅导教师实际上兼备后来各地在建立随班就读支持保障体系过程中设立的县级巡回教师和县级特教管理干部的职能,总辅导教师是我国巡回教师的雏形。

(3) 提高师资质量,搞好培训和教研活动

为了保障视障儿童随班就读的质量,各地采取了多种措施提升师资质量。

第一,加强师资培训,除了有上岗培训外,许多试点地区每年暑假举办师资短期培训班。在培训班的规格上,有省市为推广金钥匙盲童教育计划而举办的省市两级培训班,也有试点县举办的县级培训班。如河北省从1990年到1993年连续四年组织特教培训班,请国外的专家、北师大教授、北京盲校的教师授课。培训班人数少的时候几十人,多则上百人[2]。河北的尚义县除了将选聘的特教教师分期分批地送到省参加盲童随班就读教师培训班外,县内还办短期培训班,每年集中特教教师到县进行短期培训,不断提高师资素质[3]。江苏省宜兴市每年暑假由盲校教师进行教材教法辅导[4]。

在培训中,有些地方还非常重视特教干部的培训。如河北省每次培训班都请特教干部一块听课,叫特教干部不断提高认识,加强管理,成为特教内行,熟悉这项工作[5]。

第二,加强和盲校的交流。有条件的试点县会组织辅导教师到盲校现场参观学习,获得盲教的感性认识。有的试点县还请盲校教师来指导。

第三,开展教研活动。淮安市按地区划分四个教研组,每月进行一次教研活动,商讨教学中的问题,交流教学经验[6]。河北尚义县将8名盲童辅导教师分成3组,安排教研内容,明确活动地点和每组召集人,每3个月活动一次,每学期召开一次全县教学观摩现场会,每学年召开一次经验交流会。

第四,加强学校间和区县间的交流。河北省采用老校带新校,老县带新县的办法进行师资培训。"这个县刚开始,不知道怎么办,先去尚义参观,待几天,听几天课,回去再搞,照猫画虎[7]。"

第五,开展全国、省、市、县等各级的盲生随班就读的现场交流活动,提升教师的素质。

(4) 随班就读的物质保障措施

20世纪80年代末期我国农村教育物质条件相对落后,教育经费紧张。金钥匙盲

---

[1] 河北省尚义县8名适龄盲童分布在8个乡镇的8个村里。这8个村的村小被确定为全县盲童随班就读的试点校。每所学校所在乡镇都相应成立了特教领导小组,做到了教师、教学计划、教材、教具四落实。具体参见刘志善,刘文中. 随班就读搞好盲童教育[M]//刘辉汉,裴树本. 来自贫困地区的探索与实践:张家口、吕梁地区教育综合改革实验研究成果. 北京:人民教育出版社,1997:142.
[2] 2010年10月30号对贾全庆先生的访谈记录。
[3] 刘志善,刘文中. 随班就读搞好盲童教育[M]//刘辉汉,裴树本. 来自贫困地区的探索与实践:张家口、吕梁地区教育综合改革实验研究成果. 北京:人民教育出版社,1997:142.
[4] 宜兴市教育委员会. 开展盲童随班就读实验的做法和体会[G]//江苏省特殊教育研究会.残疾儿童少年随班就读经验论文选编.内部资料,1994:81.
[5] 2010年10月30号对贾全庆先生的访谈记录。
[6] 江苏省教育委员会普教局.实施"金钥匙计划"探索盲童和普通儿童一体化教育道路[Z].金钥匙视障教育研究中心内部资料,1988.
[7] 2010年10月30号对贾全庆先生的访谈记录。

童教育计划采用"化整为零"的办法,广泛动员社会力量,由各级政府及社会各界分担盲童教育计划所需要的人力、物力或财力,以较少的投入高效率解决盲童的小学教育问题。在资金的需求上,徐白仑在1987年估计"用金钥匙计划在各省普及盲童小学教育,每省用3~5年,投资10~15万元,即可使入学率达到90%"[1],他指出每名盲童的书籍文具用品,不超过50元,可由社会募集;每名教师的津贴,每年不过百元,基本上可由村里支付;全县长年的培训辅导工作,费用不会超过3 000元,即使贫困县也能承担[2]。

在实践中,各地多渠道筹集资金和物资,保障金钥匙盲童教育计划的落实。

首先政府是提供盲童随班就读资金的主要渠道,其中县级政府是核心。河北省尚义县教委每年从全县的教育公用经费中单独列出3 000~5 000元,用于盲童教育。除此之外,县教委统一为分布在8所学校的8名盲童购置了盲文课本和教具,减免了杂费、教具费和书本费;投资2 000元购置了乐器,投资1.5万元为这8名盲童组织了夏令营活动;为了解决总辅导员下乡辅导的交通工具问题,专门投资4万元购置了汽车。尚义县盲童辅导教师,公办的每月增加基本工资15%作为特教补贴,民办教师每月给予15元的特教补贴[3]。黑龙江省各实验市、县,根据实验规模,均落实了相应的经费,有的三五百元,有的近千元,乃至几千元,用于制作和购买教具、学习用品和进行师训工作,发放承担盲童随班就读实验工作的班主任的特教津贴。还有的给盲童购置了小收音机、收录机。1989年,黑龙江教委与人事厅、财政厅协商,下发文件,规定凡承担随班就读实验工作的班主任可增发相当于本人工资(基础工资加职务工资之和)15%的特教津贴,公办教师由教育部门直接拨款,民办教师由乡统筹发放[4]。

此外许多省教委为盲童随班就读实验提供专项补贴。江苏、河北、黑龙江、湖北等省的省教委对盲童随班就读的实验进行了专项资助。当时河北省每年从国家教委建立的特殊教育补助费能争取一二百万,省里再配套一二百万,每年河北省有将近四五百万的特教经费,这些钱除了有计划地建设一些特殊教育学校之外,每年划拨一定资金对盲童随班就读的点进行重点支持,对尚义、安新等地都专门拨过盲童随班就读的款[5]。湖北省教委按盲生人数每生拨给1 000元的补助费,以解决盲生随班就读实验经费的不足[6]。江苏省教委每年从特教专项补助费中拨出专款用于随班就读试点单位师资培训和添置教学设备[7]。

基层的各乡镇、村庄也积极解决盲童的一些生活困难问题,提供了一些资金援助和物资支持。民办教师的特教津贴也多由乡镇的财政来负责。

其次,社会各界的捐助,为盲童随班就读提供了物质支持。这包括两个方面,一是

---

[1] 徐白仑.金钥匙盲童教育试点工作简报第2期(山西专辑)[Z].金钥匙视障教育研究中心内部资料,1988.
[2] 徐白仑.金钥匙盲童教育试点工作简报第1期[Z].金钥匙视障教育研究中心内部资料,1987.
[3] 刘志善,刘文中.随班就读搞好盲童教育[M]//刘辉汉,裴树本.来自贫困地区的探索与实践:张家口、吕梁地区教育综合改革实验研究成果.北京:人民教育出版社,1997:142.
[4] 苏林.积极开展和推广盲童随班就读实验,加快盲童义务教育的步伐[M]//苏林.盲童随班就读教育指南.哈尔滨:黑龙江教育出版社,1992:397.
[5] 2010年10月30号对贾全庆先生的访谈记录.
[6] 湖北省教育委员会.盲童随班就读实验工作情况的汇报[Z].金钥匙视障教育研究中心内部资料,1991.
[7] 周德藩.采取残疾儿童随班就读的形式,加快我省特殊教育事业的发展[J].南京特师学报,1990(1):20.

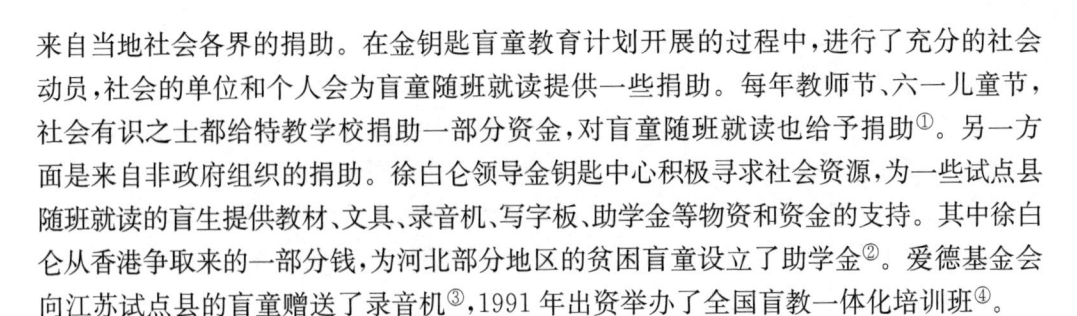

来自当地社会各界的捐助。在金钥匙盲童教育计划开展的过程中,进行了充分的社会动员,社会的单位和个人会为盲童随班就读提供一些捐助。每年教师节、六一儿童节,社会有识之士都给特教学校捐助一部分资金,对盲童随班就读也给予捐助[①]。另一方面是来自非政府组织的捐助。徐白仑领导金钥匙中心积极寻求社会资源,为一些试点县随班就读的盲生提供教材、文具、录音机、写字板、助学金等物资和资金的支持。其中徐白仑从香港争取来的一部分钱,为河北部分地区的贫困盲童设立了助学金[②]。爱德基金会向江苏试点县的盲童赠送了录音机[③],1991年出资举办了全国盲教一体化培训班[④]。

3．提升盲生随班就读教学质量的初步探索

（1）课程设置

首先,盲生随班就读质量较好的试点校,往往要求盲生学习普通学校的所有课程,参加所有的活动。这种规定有利于盲生平等地接受教育,丰富学习内容,获得较为全面的发展,当然一些课程和活动需要根据盲生的生理特点进行适当的改造。江苏省金钥匙盲童教育计划的试点中,盲童和普通儿童一样设置语文、数学、思想品德、音乐、体育、图画(手工)等课程,促进其德、智、体、美、劳全面发展；集体活动同参加,让盲童与普通儿童一起参加班会、校会、少先队活动和丰富多彩的文娱体育活动[⑤]。河北尚义县也要求盲生学习所有的课程,参加所有的活动。这些试点县的成功经验证实盲童参与学校所有课程和活动是可行的。在盲童随班就读的实验中,也有些地方仅仅要求盲生学语文和数学,从长远上看不利于盲生的全面发展。

其次为盲生专门开设一些课程。盲生有不同于一般儿童的特殊教育需求。金钥匙盲童教育计划中有些试点地区注意满足盲生的特殊需要,为其专门开设个性化课程,具体包括定向行走、生活指导、音乐及乐器、职业指导等课。职业指导类课程因牵扯到职业教育在后文详细介绍。保定地区行署教委在《关于盲童随班就读教育的管理意见》中指出,"盲童小学教育的任务是贯彻普通小学教育教学任务要求的同时,针对盲童生理缺陷,通过教育教学活动,采取各种补偿措施,使其全面发展",在小学阶段的课程设置上增加生活指导和社会课,切实抓好盲童定向行走训练[⑥]。黑龙江省桦南县明义乡油坊小学对盲生刘金福进行了定向行走训练,指出"定向行走训练的成功带动了盲生德智体美劳全面的发展,使他的身体素质、学习成绩和其他方面的能力都有显著提高"[⑦]。黑龙江齐齐哈尔市拜泉县永勤乡民安小学辅导教师和音乐教师配合,单独教给盲生武

---

① 2010年10月30号对贾全庆先生的访谈记录。
② 2010年10月30号对贾全庆先生的访谈记录。
③ 周德藩.采取残疾儿童随班就读的形式,加快我省特殊教育事业的发展[J].南京特师学报,1990(1):20.
④ 薛立金.南京特师举办全国盲教一体化培训班[J].南京特师学报,1991(2):92.
⑤ 江苏省教育委员会普教局.实施"金钥匙计划"探索盲童和普通儿童一体化教育道路[Z].金钥匙视障教育研究中心内部资料,1988.
⑥ 保定地区行政公署教育委员会.保定地区行署教委关于盲童随班就读教育的管理意见[Z].金钥匙视障教育研究中心内部资料,1993.
⑦ 黑龙江省桦南县明义乡油坊小学.给盲生一双明亮的眼睛——培养盲生定向行走能力[M]//苏林.视力残疾儿童随班就读工作手册.北京:华夏出版社,1992:238.

智勇音乐知识,帮他学习口琴等乐器①。

(2) 一体化教学的经验

为了盲生和普通生在集体教学中不互相干扰,实现双赢,许多试点学校和教师进行了探索,取得了较好的教学效果,总结出一些明盲一体化同步教学的经验。

首先,在课程学习要求上,优秀的试点学校和教师的实践结果证明小学阶段盲生在绝大多数普通课程中(包括语文、数学等主要科目)能够做到与普通学生同步学习,达到教学进度相同,学习水平相同。

江苏的试点县在一体化教学中盲童与普通儿童采用相同的教学内容(盲生用盲文教材),按照同一进度进行教学②。河北的尚义县在盲童随班就读中能做到盲生随班就读的时候同教材、同进度,考试时统一命题,不降低标准③。保定地区规定盲生在普通课程学习上"与普通小学统一教学内容,统一教学进度,统一考评的原则"④。这样的规定在一定程度上能保障盲生一体化教育的质量,不会人为主观地降低盲生的学业标准,但在具体教学的过程中,教师需要根据盲生的特点提供适宜的教具和学具,选择合适的教学方法、教学活动和呈现方式来实施。在小学阶段的个别科目如美术、体育,以及课外活动中,教师需要对教学目标、教学内容、教学考评进行较大的调整,开展盲生力所能及的活动。如美术课,正常儿童学习绘画,盲童可开设插塑或泥工课。

其次,河北、江苏、黑龙江等地总结出来一些有代表性的教学策略。

河北保定地区要求教师在明盲一体化教学中做到"三同""四增多""两依靠";"三同"是与明眼人同听课、同活动、同测验。"四增多"是增多直观性教学,增多使用教具模型,增多提问次数,增多作业量。"两依靠"是依靠"小先生"作用,依靠家长辅导。对盲生的考核评估方法上,应采取统一测试和单独考核相结合的原则。对盲童平时学习成绩进行综合考核。并填写明盲学生学习成绩对照表,装入盲生档案。⑤

黑龙江双城市乐群乡乐群小学的马洪广老师总结了低年级盲童数学一体化教学的方法——"(盲文数学)符号提前教,例题同时读,分析同时说,计算同时做,作业同时写,教具分别用"。马洪广老师特别擅长为盲生制作各种直观教具,利用盲生的触觉功能,弥补视力的缺陷,使得课堂上的同步教学成为可能。他曾经用两个木条为盲生制作了一个线段比较教具,使得课堂上盲生与明眼学生用线段图分析数学问题实现了同步。此外他还教盲生学算盘,用算盘来代替列竖式计算多位数加减法和乘除法。马洪广老师所带的盲童数学分析能力超过普通生,班级正常儿童数学成绩比其他班级平均高出

---

① (黑龙江齐齐哈尔市拜泉县永勤乡民安小学)石凤革.满怀信心作好盲童随班就读工作[M]//苏林.盲童随班就读教育指南.哈尔滨:黑龙江教育出版社,1992:390.
② 江苏省教育委员会普教局.实施"金钥匙计划"探索盲童和普通儿童一体化教育道路[Z].金钥匙视障教育研究中心内部资料,1988.
③ 徐白仑.燃情复追梦 盲人徐白仑八十自述之二[M].北京:求真出版社,2010:60.
④ 保定地区行政公署教育委员会.保定地区行署教委关于盲童随班就读教育的管理意见[Z].金钥匙视障教育研究中心内部资料,1993.
⑤ 保定地区行政公署教育委员会.保定地区行署教委关于盲童随班就读教育的管理意见[Z].金钥匙视障教育研究中心内部资料,1993.

10 分以上。[①]

河北省晋县吕家庄学校青年女教师高运巧老师总结了语文课程"三同两分加耐心"的教学方法——"上课同时听,明盲同活动,练习分头做,考试同进行,辅导要跟上,耐心不可少"。高运巧老师在语文教学中精心备课,准备盲文纸写的板书,根据课文内容设计出动作与表演,让盲生课前先行一步进行预习,上课时,除了汉字教学外,明盲学生的教学目标基本统一,教师用形象化的语言授课,教学活动中发挥两类学生的各自优势同时进行活动,但活动的内容和方式可能有差异。如对具体的东西,明童靠阅读联想,盲童靠学具;投影仪上的画面,明童靠视觉,盲童依靠教师形象化的语言来感知。课堂练习的时候,高运巧老师除了布置明盲儿童能共同解决的练习题外,像看图题、画图题、加拼音、写汉字、同音异形等盲生不宜做的题目,她就根据教学目标专门课前设计好盲童的练习题。在考试上通过三种方式达到明盲同进行。课堂上的目标检测采用口试的形式,兼顾两类学生;单元测试的时候利用小先生边读边做,盲童边听边做的方法,较正式的考试用盲文给盲童出试卷。除了课内知识的辅导外,还有课外内容的辅导。由于盲文不存在"生字"这个拦路虎,书本上的知识满足不了盲生的需求,高运巧老师就在课外辅导她阅读盲文读物,教她写日记、作文、书信等。[②]

综合各试点的经验,我们可以看到盲生一体化课堂教学中需要重视以下几点:

一是课下辅导为顺利进行一体化同步教学打下基础。

课下辅导是一体化同步课堂教学的基础。"盲童随班就读单靠一体化课堂教学是远远不够的,如果没有课下辅导,盲童就难以'随'下去了。课下辅导是盲童随班就读的一个不可缺少的教学环节,比起正常儿童来显得更为重要"[③]。

课下辅导分为课程内容的辅导和课外内容的辅导。课程内容的辅导分为课前预习和课后的指导。为了保证课堂同步教学的效果,许多老师主张盲生课前先行一步,一些课内用到的盲文符号和课程涉及实物和抽象概念让盲童预先感知,这样到上课的时候盲生就不会产生太多不必要的问题,有利于课堂知识的掌握。即使有预习,课内盲生学习也会遇到一些疑问,有些教师主张,盲生课堂产生的疑问要放到课后解决,不要影响老师上课的正常教学。课下教师和学习伙伴对其上课的疑问进行解答,辅导其作业,教师对其作业面批并进行补差的工作。

课外内容的辅导对扩充盲生的知识面,提升其学习能力很重要。由于盲文没有生字的限制,再加上盲生记忆力、表达能力等方面的优势,盲生文科学习的发展空间很大,教师要引导盲生阅读盲文读物,发展文科知识,提升写作能力。此外要引导盲生多接触自然和社会,形成对自然和社会的准确认识,康复其心理,激发其求知欲,为课内的学习

---

① 马洪广.盲童随班就读数学课教学点滴[M]//苏林.盲童随班就读教育指南.哈尔滨:黑龙江教育出版社,1992:370.

② 参见为盲童奉献出真诚的爱晋县吕家庄学校青年女教师高运巧[M]//河北省地方志编纂委员会.河北省志 第76卷 教育志.北京:中华书局,1995:609;高运巧.遵循盲教规律 探索教学方法[M]//苏林.盲童随班就读教育指南.哈尔滨:黑龙江教育出版社,1992:377.

③ 刘志善,刘文中.随班就读搞好盲童教育[M]//刘辉汉,裴树本.来自贫困地区的探索与实践:张家口、吕梁地区教育综合改革实验研究成果.北京:人民教育出版社,1997:142.

打下良好的基础。

河北省尚义县把课下辅导作为对盲童进行随班就读教育的重要教学手段,老师通过课前、课后、校内、校外的个别辅导,帮助盲童预习,解决课堂上理解不了的问题,指导其完成作业,使他们一直能与正常儿童齐步走。除此之外,1993年7月,县专门组织了一次盲童夏令营活动,利用一周时间让盲童走向大自然,深入工厂、煤矿、水库等地,让他们感受到了大自然的美好,倾听到了工厂机器的轰鸣,使这些盲童减少了自卑自弃心理,医治了性格孤僻、郁郁寡欢等心灵上的创伤,对未来充满了希望,更加激发了他们求知的兴趣和热情[①]。

二是上课利用各种手段充分发挥盲生的听觉和触觉优势来实现明盲儿童的同步教学。

在上课过程中教师要善于把需要通过视觉学习的内容转化为通过听觉和触觉来学习的内容。首先教师要利用语言直观,用形象的语言引导盲生充分利用听觉准确理解视觉信息和抽象概念。比如一些画面、人的表情神态动作等,老师通过语气、语调和描述性的语言帮助盲生获得相关的信息。其次利用触觉和动觉学习来满足盲生同步获取信息的需要。因为盲生感知课堂信息的通道不同,在同步学习中,教师要善于利用教具学具把视觉的学习内容转化为听觉和触觉的学习内容,比如预先准备盲文书写的板书供盲生上课摸读,准备或自制盲生专用的直观教具引导盲生利用触觉进行知识的同步学习。对于盲生看不到的动作可以手把手地引导其模仿训练。课堂练习中要把一部分不适合盲生的内容转成适合盲生的内容和形式。

图2-4 金钥匙盲童计划中徐白仑进入课堂听课

---

① 刘志善,刘文中.随班就读搞好盲童教育[M]//刘辉汉,裴树本.来自贫困地区的探索与实践:张家口、吕梁地区教育综合改革实验研究成果.北京:人民教育出版社,1997:142.

三是明盲学生优势互补,形成同步教学的优势。班级"不同性别、不同发展状态的学生之间,包含着诸多的'相同'和'不同'"①。明眼儿童和盲生因视力的不同而形成的发展差异可以成为教学的资源,在课堂教学中形成两类学生的优势互补。

明眼儿童看得见,是盲生学习的好帮手。如看图说文,让明眼儿童边看、边描绘,发展其语言能力,而盲童则边听边摸读,来了解图片的内容。做练习的时候,明眼儿童可以边看边念题目,盲童可以边听题目边做题。

盲生虽然看不见,但普通话标准,听觉灵敏,能够帮助普通生正音;由于盲文阅读不受生字的制约,可以摸读课外材料读给普通生听,丰富课堂的教学内容,促进两类儿童阅读和语言的发展;盲生语言表达能力强,记忆力强,对摸到的东西能够用生动的语言表达出来,弥补普通生粗心、观察不仔细的特点。盲生刻苦的学习精神也可激励普通生正面的学习态度。

四是多种课程考核方式,保证盲生学有所获。

在金钥匙盲童教育计划中各地对盲生课程学习的考核方式基本有两种。一种是以单独考核为主的办法。在黑龙江盲童随班就读中多采用单独考核的办法,在日常活动中,把课堂提问、作业练习、课后辅导和学期考试的情况结合起来,运用口答、笔答、操作等方法进行综合评价,并把考评成绩专门建档管理②。宜兴还从上海盲校找来盲文试卷,对盲生进行学业成绩考评。这种考评方式要防止人为降低盲生的考评标准,降低盲生的教育质量。

另一种是以统一考核为主的评价办法。河北省许多实验县盲生统一参加一体化课程的考核。在一体化课程的学习中,盲生通过耳听口答、耳听手写、盲文试卷等方式参加统一的测试。但是由于盲生生理条件的特殊性,在以统一考核为主的评价方式中,有的也适当穿插单独考核。如河北省保定地区指出盲生参加的课程的统一考评中,考试试卷上也可与普通小学有所区别③。统一考核的方式要防止脱离盲生的身心特点,造成盲生的不适应。

从以上盲生评价的方式可以看出,每种评价方式其实都涉及统一考评和单独考评两种方式。在盲生一体化课程的考评中有两条基本原则,第一是在一体化课程中,要把握好盲生的评价标准,不要人为地降低盲生的考评标准,智力正常的盲生要达到和同班明眼儿童一样的学习标准。第二是在盲生一体化课程的考核中要考虑到盲生信息接受方式的差异,考评的方式符合盲童身心特点。

(3) 盲生随班就读质量的检查评比

在盲生随班就读质量的检查方面,各地也做了初步的探索。金钥匙盲童教育计划启动的时候,各试点县的文件仅仅规定半年后县盲童教育领导小组统一组织检查验收,

---

① 黄书光等.文化差异与价值整合——百年中国基础教育改革进程中的思想激荡[M].北京.教育科学出版社,2011:439.
② 桦南县人民政府.普及盲童初等义务教育培养残而不废的劳动者[M]//苏林.盲童随班就读教育指南.哈尔滨:黑龙江教育出版社,1992:413.
③ 保定地区行政公署教育委员会.保定地区行署教委关于盲童随班就读教育的管理意见[Z].金钥匙视障教育研究中心内部资料,1993.

验收的主要条件是"看盲童的处境是否得到了改善,是否得到社会的关心和爱护;看盲童教育是否得到社会的重视;看盲童是否掌握了一定的盲文知识;看盲童是否树立了做生活的强者的信心"[①],这些验收条件主要是从盲童社会处境的改善、盲文的学习和心理康复的角度去制定的。在金钥匙盲童教育计划深入开展后,各地对盲童随班就读的检查评比做了更为具体全面的规定。

保定地区行政公署教育委员会制订的《关于盲童随班就读教育的管理意见》对随班就读的检查评比做了具体规定。在检查次数和级别上该文件规定,"市县每年对盲童随班就读教育的管理和教学情况要进行一次检查评比。地区和市县都要对检查评比情况进行通报;对先进单位和个人进行表彰;对存在的问题及时纠正。地区将组织联查或抽查。"关于检查和评比的内容,该文件规定,"在检查中要查看学校的档案管理,学校对盲童日常管理情况和资料积累;教师的备课、学生的学习成绩;听取社会、家长对盲童教育情况的反映等"[②]。湖北省总结了"听、查、看、谈"的对盲童随班就读试点县(市)的检查方法。"听,即到试点学校听领导及辅导教师的情况汇报,到随班就读的教室听课,听盲生当场拼读拼音字母或课文;查,即查辅导教师的盲生教学计划、备课笔记、盲生作业的批改情况;看,即看盲生盲文摸读和扎写;谈,即与学校领导、辅导教师以及盲生座谈[③]。""听、查、看、谈"的检查方法能较全面地了解各试点学校盲生随班就读的工作情况,在一定程度上保证了盲童随班就读的质量。从以上对学校盲生随班就读质量的评估经验可以看出,在金钥匙盲童教育计划及其推广阶段,省、市等基层教育行政部门已经有了质量控制的理念,但盲生随班就读质量的评估尚处在感性检查阶段,缺乏系统客观的质量评估指标。

4. 义务教育阶段大龄盲生职业教育的初步尝试

盲教育最终的目的是培养盲生成为有谋生技能的社会主义劳动者,在盲童随班就读试点的过程中有许多大龄盲童入学,为了使盲童掌握独立生活的一技之长,一些地方开展了在小学阶段对大龄盲童进行职业教育的探索。其中最有代表性的是黑龙江省佳木斯市桦南县开展的盲童职业教育。桦南县开创了以乡村为单位,依托当地农村小学,多种社会力量积极支持的普及农村大龄盲童职业技术教育的新模式。该模式通过因地制宜,因人而异的选择职教项目,就近建立职教基地,就地选聘有专长的职教教师的方式兼顾大龄盲童的初等教育和职业技术教育。

桦南县1989年开始盲童随班就读实验,共有适龄盲童12人。据佳木斯市1991年1月汇总的数据显示,桦南县适龄盲童中13~15岁的盲童共有9人[④]。1991年,桦南县制定了《桦南县盲童教育引进职教因素实施方案》,确定从1991年起对大龄盲童在两年

---

① 襄垣县人民政府.襄垣县人民政府关于开展盲童教育的决定[Z].北京:金钥匙视障教育研究中心内部资料,1987.
② 保定地区行政公署教育委员会.保定地区行署教委关于盲童随班就读教育的管理意见[Z].金钥匙视障教育研究中心内部资料,1993.
③ 湖北省教育委员会.盲童随班就读实验工作情况的汇报[Z].金钥匙视障教育研究中心内部资料,1991.
④ 佳木斯市1991年1月汇总的数据是由各县上报数据汇总的,其数据可能具有一定的延迟性,数据反映的应该是1990年前后的情况。

随班就读学习的基础上进行职业技术教育,到 1995 年完成盲童的职业教育任务。为保证盲童职业教育的效果,桦南县实行"六落实""两结合""一奖一惩"制度。"六落实"是组织落实、责任落实、项目落实、基地落实、技术落实、产销落实。桦南县建立了县乡村三级盲童职教领导小组,实行"五包"岗位责任制——主管文教的副县长包全县 12 个职教实验点,教委主任、特教视导员包职业技术教材和产品销售,乡镇中心校长包筹措职教资金和聘请技术员,班主任包具体项目落实,家长包基地;根据当地经济需求、学校环境、家庭状况、儿童素质、技术力量等 5 个因素,逐个确定盲童的职业培训项目,当时确定的职业培训项目以编织、养殖及中医配方为主;采用教委、村政府、村小学、家长四结合的方法建立了 12 个职教基地;聘请有某方面职业技能的家长、村主任、乡村医生等作为兼职教师进行技术指导,盲生辅导教师和有专长的村校校长也可以作为技术指导;全县各级盲童职教领导小组负责协调盲童产品的销售。"两结合"为文化课与职业技术教育相结合;职业教育与第二课堂活动相结合,做到寓教于动、寓教于乐。"一奖一惩"指县教委制定盲童职业教育"奖惩办法",每半年对村、乡(镇)进行逐级检查评比,年终兑现。[①] 1992 年在黑龙江召开的盲童随班就读现场交流会上,桦南县的大龄盲生的职业教育经验受到与会代表的赞誉。

　　黑龙江省佳木斯市桦南县开展的盲童职业教育涌现出了一批典型案例。如名义乡北合发村三年级盲生毕玉宝,15 岁,一位学校教师的爱人担任职教教师,教授毕宝玉编制坐垫和筐子,盲生的编制工具由家长负责,材料有部分利用当地废弃的玉米外壳,此外村校的全校学生上山割树枝条。公心集乡中心校的 14 岁盲生李忠祥,由村主任担任了他的技术指导,教授养兔的技术,养兔教学中,群策群力,种兔两对由本村小学购买,兔笼由中心校制作,饲料由全体同学割草收集,防疫由学校负责[②]。

　　金钥匙中心也积极支持盲生的职业教育,发动专业力量编印了《北方盲人养鸡》《江南盲人养兔》等盲文、明眼文对照教材。

　　桦南县盲生职教模式是当时特殊教育体系不完善的情况下的创造性探索。当时各试点县普遍缺乏盲童职业教育的机构,虽有个别盲校开设有按摩等方面的职教班,但是数量有限,路途遥远,职教内容单一,不能满足广大盲生的职业教育需求。桦南县盲生职教模式凸显了基层政府对盲生职教的责任意识,根植于当地农村经济的现有条件,在政府的推动下整合了当地的人力、物力、财力对盲童进行职教,摆脱了长期以来盲生职教依靠盲校的限制,妥善解决了大龄盲童普及初等教育和进行职业教育的两大难题,是农村进行盲生职业教育的好经验。今天,这个模式在西部农村还有一定的现实意义。但是还应该看到,这种职教模式依托于农村的自然需求及条件,缺乏专业教师和专业教

---

　　① 参见桦南县人民政府.普及盲童初等义务教育 培养残而不废的劳动者[M]//苏林.盲童随班就读教育指南.哈尔滨:黑龙江教育出版社,1992,408-413;桦南县人民政府.桦南县盲童随班就读开展职业教育实施方案[M]//苏林.盲童随班就读教育指南.哈尔滨:黑龙江教育出版社,1992,421-426;黑龙江省桦南县教委.桦南县盲童教育引进职教因素实施方案[J].人民教育,1992,(9):46.

　　② 引自桦南县教育委员会.桦南县盲童随班就读开展职业教育实施方案[M]//苏林.盲童随班就读教育指南.哈尔滨:黑龙江教育出版社,1992,421-426.相关内容还可以参见黑龙江省桦南县教委.桦南县盲童教育引进职教因素实施方案[J].人民教育,1992,(9):46.

材,很难对盲生进行系统的专业技能训练,其职业训练的项目也多是农村常有的养殖、编制等家庭劳动技术,职业的适应面不够广。

(三)重视金钥匙盲童教育计划的档案管理

金钥匙盲童教育计划很重视档案管理。目前金钥匙中心现存的金钥匙盲童教育计划的档案主要分为以下几类:

一是金钥匙盲童教育计划盲生登记表、辅导教师登记表,这些表格由盲生和辅导教师本人亲自填写,保存了盲童师生大量宝贵的原始信息,方便了金钥匙中心对各试点县实验开展情况的管理,也方便对我国视障儿童和辅导教师的基本情况进行科学研究。

二是政府部门发布的有关盲童随班就读的文件和相关的盲童随班就读的报告。这类档案主要是各试点县政府文件和报告,具有较高的权威性,较为客观地反映了试点县为盲童随班就读所采取的政府行为,以及取得的成就。

三是各地筛查出的盲童的名单和相关的调查表格。这些资料是试点县搜集整理寄送给金钥匙中心的一些基本数据资料,各试点县采取的形式不尽相同,是金钥匙盲童教育计划在筛查和摸底过程中形成的珍贵材料,可以呈现出各试点县工作中的丰富信息。

四是金钥匙中心工作的档案资料,这主要包括反映金钥匙盲童教育计划开展概况的三期"金钥匙"盲童教育计划工作简报,徐白仑关于金钥匙盲童教育计划的报告、论文等资料。

现存的金钥匙盲童教育计划的档案,展现了当时金钥匙中心与各试点县之间的业务联系,展现了金钥匙盲童教育计划执行的状态,为我们今天研究金钥匙盲童教育计划提供了宝贵资料。

除了金钥匙中心建立的档案资料外,在盲生随班就读试点实验的过程中,试点单位对盲生的档案管理也做了初步的研究。黑龙江双城市盲生的档案内容较为丰富,包括入学前盲生的简历,盲生每个学期的思想变化、学习成绩、健康卡片、生活自理能力的提高、个人爱好发展情况,学校随班就读的阶段做法和改进意见,各级领导检查指导意见等。

第六节 金钥匙盲童教育计划面临的难题

金钥匙盲童教育计划在取得了许多可行性经验的同时,也面临着一些发展的困境。

一、领导支持与组织制度保障

金钥匙盲童教育计划作为民间发动的盲童教育改革实验,在1988年3月国家教委副主任柳斌接见徐白仑,表明支持盲童一体化教育改革实验之前,该实验和国家教委并没有直接的联系。

金钥匙盲童教育计划在各试点县的启动均是靠地方关键性领导干部的认可与支持,才能得以依托地方政府及其教育系统推行的。具有先进思想的地方领导的支持是金钥匙盲童教育计划得以推行的一个关键性因素。1988年3月国家教委副主任柳斌接见也是领导支持的一种表现,正是因为这次接见,扫除了一些地方教育行政领导支持金钥匙盲童教育计划的顾虑。

1989年后,各地开展的随班就读的实验也体现了领导支持的重要性。一些开展得比较好的实验往往有地方相关领导的大力支持。如1989年江苏盐城开展的听力障碍儿童随班就读的实验就得到了前江苏省教育厅副厅长、省特殊教育学会理事长徐航和盐城市教育局的大力支持;江苏江都县智障儿童随班就读实验中县教育局副局长许世凡亲自参加了指导工作,并撰写了多篇反映江都县智障儿童随班就读实验工作的论文,发表在《南京特师学报》和《现代特殊教育》[①]上。

但应该看到,领导的支持有不确定性,领导岗位的变化和外在推动力的变化等都有可能影响领导的支持。

金钥匙盲童教育计划的推行得到了一部分领导的支持,也必然因为关键部门领导的不支持而面临困境。这方面最典型的例子就是安徽金钥匙盲童教育计划启动的失败。1987年10月25日,中国盲人聋哑人协会在成都召开四届三次全国委员会,安徽省盲聋哑协会的秘书长对徐白仑在会上汇报的金钥匙盲童教育计划很感兴趣,会后就约徐白仑等人到安徽去建立试点,并引见认识了安徽省教委普教处的一位处长。当时安徽的这两位领导对建立试点都表现出很高的热情,选了肥东、肥西两县作为试点,并且陪同徐白仑和曹国辉到两县做实地考察,向两县教育局、民政局的干部就筛查工作提出了详细的要求和建议。回到北京以后,不到两个月,1988年初,肥东、肥西的教育局就把筛查的结果寄给了《中国盲童文学》编辑部,共有30名盲童。正在工作开展得相当顺利的时候,安徽省盲聋哑协会改组为残疾人联合会,换了一位秘书长,省教委的那位处长也调任到其他处室,安徽金钥匙盲童教育计划也就没有了下文[②]。在金钥匙中心至今有安徽省肥东、肥西两县教育部门寄来的筛查结果,在金钥匙盲童教育计划各实验县盲生名单中,其他省各县都有盲生辅导教师的信息,唯独安徽的两个县辅导教师信息一栏写着"未登记"。在1993年国家开展的表彰特殊教育先进县(市、区)的活动中,安徽省几个县(市、区)就因盲童入学率过低甚至为零而惨遭淘汰。1994年,安徽省教委决定大力发展盲童随班就读工作,这比1988年足足晚了6年[③]。原本筛查出的30名盲生可能因为丧失教育机会而使得原本就不幸的命运变得更加坎坷。

---

① 具体参见许世凡.弱智儿童随班就读初探[J].南京特师学报,1990(2):25.许世凡.我们是如何开展农村弱智儿童随班就读的.现代特殊教育[J].1993(2):29.
南京特殊教育师范学院前身为南京特殊教育师范学校(简称南京特师),南京特师弱智专业老师曾经受邀参与了江苏江都县智障儿童随班就读实验,为实验提供了专业指导。江都县教育局暨双沟乡党委与南京特师弱智专业组成了联合实验领导小组。具体参见2011年7月10号对南京特殊教育职业技术学院教师Y的访谈;江都县教育局暨双沟乡党委与南京特殊教育师范弱智专业联合实验领导小组.农村弱智儿童随班就读的实验研究[J].南京特师学报,1992(1):16.

② 安徽"金钥匙盲童教育计划"启动失败的例子根据《燃情复追梦 盲人徐白仑八十自述之二》71页、87页、88页内容整理。具体参见徐白仑.燃情复追梦 盲人徐白仑八十自述之二[M].北京:求真出版社,2010:71,87,88.

③ 邬平川.大力开展盲童随班就读工作[J].安徽教育,1994(12):14.

1989年国务院转发《关于发展特殊教育的若干意见》,决定采用特殊教育学校、特教班和随班就读多种形式发展特殊教育的政策后,盲童随班就读就不能再单纯靠领导的支持,而应该靠法制和组织制度的保障来实施了。如何在盲童随班就读中由靠领导的支持转为组织制度的保障,这是金钥匙盲童教育计划进行探索但是没有最终解决的问题。在金钥匙盲童教育计划试点的过程中,虽然建立了各级盲童教育领导小组,在业务指导上有的试点县设立特教教研员、总辅导教师,出台了一些盲童随班就读的规章制度,但总体上看盲童随班就读的组织管理者多数是兼职的,缺乏专门的机构和人员按照规章制度进行长效管理。1993年、1994年金钥匙盲童教育计划各试点省份在大推广后出现的衰落就是缺乏长效的组织管理制度的证明。

徐白仑在1995年指出,"尽管《中华人民共和国残疾人保障法》[①]《残疾人教育条例》[②]对残疾儿童入学的权利,对政府、学校、家长应承担的义务,都作明确规定,但是仍然只有在当地干部对特教有深刻认识的地区,随班就读工作得以顺利开展。把应尽义务看着额外增加的负担,仍是当前存在的普遍现象。[③]"如何把政府、学校在特殊儿童受教育方面的责任制度化,并建立失职的追究机制是特殊教育包括随班就读在未来发展中必须要解决的问题。

二、盲童的筛查

首先,金钥匙盲童教育计划试点县在准确地筛查盲生方面遇到了很大的挑战。计划实施的初期把教育对象的标准定为:(1)因视力障碍不能入学,经验光又无法矫正者;(2)视力尚可勉强入学,但眼病前景不佳,经家长正式申请者[④]。这是两条经验性的标准,还不是医学标准。这个标准中并没有区分盲和低视力。因此在金钥匙盲童教育计划中也有少量的低视力儿童入学。到1988年,金钥匙盲童教育计划把教育对象确定为智力正常,双眼视力均在0.05以下且无法矫正的全部盲童[⑤]。这个规定虽然明确了盲童的标准,但是在当时能够把盲童准确地鉴别出来却还比较困难。

徐白仑指出当时大部分县医院只有五官科,缺少专门的眼科医生,不能对儿童的眼病做出准确诊断,有些地方甚至不会验光。在医疗条件和当时经济条件的制约下,金钥匙盲童教育计划中没有规定盲童一定要经过医院的鉴定。而一线筛查盲童的工作者也缺乏准确有效的鉴别盲童的方法,这造成了个别的低视力儿童被误认为盲童,强令学习

---

① 《中华人民共和国残疾人保障法》于1990年12月28日第七届全国人民代表大会常务委员会第十七次会议通过,1990年12月28日中华人民共和国主席令第三十六号公布,自1991年5月15日起施行。具体参见中华人民共和国残疾人保障法[EB/OL].(1990-12-18)[2022-11-21].http://www.chinaacc.com/new/63/73/126/2006/2/ji181329285315226002 5191-0.htm.

② 1994年8月23日,中华人民共和国国务院发布《残疾人教育条例》,并自发布之日起施行,2017年进行了修订。具体参见中华人民共和国国务院.残疾人教育条例[EB/OL].(2020-12-26)[2022-11-21].https://www.gov.cn/zhengce/2020-12/26/content_5575055.htm.

③ 徐白仑.试论当前视障儿童随班就读中的几个问题(国际视障教育协会中国分会第二次学术研讨会学术论文)[Z].金钥匙视障教育研究中心内部资料,1995.

④ 徐白仑.金钥匙盲童教育试点工作简报第1期[Z].北京,金钥匙视障教育研究中心内部资料,1987.

⑤ 徐白仑.金钥匙盲童教育计划——我国普及盲童教育的补充办法[Z].金钥匙视障教育研究中心内部资料,1988.

盲文的情况，还有的将高度近视的儿童误划为盲童。寻求一种易于为一般人掌握的鉴别方法，迅速准确地将盲、低视力、高度近视的儿童加以区分成为日后要解决的重要问题[①]。

其次，盲童筛选的彻底性问题。在金钥匙盲童教育计划中，各地筛查出的盲童人数在总人口中的比例差异性很大。如尚义县13万人口，有盲童13人。而有些30万人口以上的大县却仅仅筛查出一两个人，还有大量处在失学状态的盲童没有被发现。如何通过一些措施使地方能够彻查当地的盲童，给予他们受教育的机会，这也是盲童随班就读日后发展要解决的问题。

三、盲童和低视力儿童的分类教学

金钥匙盲童教育计划最初开展的时候考虑的主要是盲童，其设计是为了满足盲童的特殊教育需求，要求盲童学会盲文后通过同步的盲文课本来和明眼儿童一起学习。但在实践中出现了把低视力儿童当成盲童要求学习盲文的问题；还有一些盲童有残余视力，借助助视器具可以学习明眼人文字，自己本人也渴望学习明眼人文字。这两类儿童在学习上的需求和一般的盲童相比有很大的差异，需要分类教学。1992年5月，徐白仑到佳木斯市的桦南县考察时发生的一件事情引起了他对分类教学的关注。在桦南县一所乡村小学里，辅导教师说一个随班就读的儿童学习不努力，不肯认真摸读盲文，而总要用仅有的一点残余视力去看。但是当这位小女孩试用徐白仑带在身边的10倍的放大镜看书的时候看见了字，就放声大哭起来，像是受了天大的委屈，拿着徐白仑的放大镜再也不肯撒手[②]。徐白仑于1994年开始进行低视力

图2-5 徐白仑与低视生在一起

儿童随班就读的实验，探索了低视力儿童随班就读的经验，为金钥匙工程盲童和低视力儿童的分类教学打下了基础。

在盲童随班就读的实践中还发现了另一类视障儿童需要关注，那就是多重障碍的视障儿童的教育。比如智力有缺陷的视障儿童，这类儿童的教育不同于单纯的视障儿童的教育，满足多重障碍的视障儿童的特殊教育需要是一项挑战性很大的工作，金钥匙盲童教育计划没有能解决。

---

① 徐白仑.试论当前视障儿童随班就读中的几个问题（国际视障教育协会中国分会第二次学术研讨会学术论文）[Z].金钥匙视障教育研究中心内部资料，1995.
② 此案例根据徐白仑的传记《燃情复追梦盲人徐白仑八十自述之二》和相关论文整理。具体参见徐白仑.燃情复追梦 盲人徐白仑八十自述之二[M].北京：求真出版社，2010：63. 徐白仑.桦南县视障儿童一体化教育的探索及思考[M]//曹国辉.金钥匙视障教育文摘.北京：华夏出版社，1993：60.

四、物质条件的保障

金钥匙盲童教育计划在开展的过程中通过政府与非政府组织的合作,充分动员各种力量,努力为盲童随班就读提供良好的物质保障条件。在教材开发上,金钥匙中心为盲童编制了《送你一把金钥匙盲文扫盲系列读物》,为教师编写《师资辅导用书》;在学习工具的配备上,金钥匙中心为盲生捐赠了盲文书写工具,赠阅《中国盲童文学》,地方各界为盲童购买了收音机、文具等学习用品来方便盲童的学习。金钥匙中心还为部分家庭困难的盲童提供了助学金。

但是在金钥匙盲童教育计划的实施中,盲童随班就读所需的盲文纸、与明眼儿童同步的盲文课本等供应短缺,严重影响了盲童的学习。为解决盲文纸的短缺问题,学校和老师想出了各种解决办法,有的学校号召全校师生捐献挂历纸进行替代。但是与明眼儿童的同步课本的问题一直没有得到妥善的解决。金钥匙盲童教育计划涉及的省市比较多,各地普通学校用的教材版本不一样,这也增加了盲文教材供应的难度,有的地方靠老师读盲生扎写的方式来制作课本,还有的老师利用课余时间为盲童扎写课本,占用了老师大量的精力。为了保障金钥匙盲童教育计划的顺利实施,徐白仑也积极想办法解决盲生的课本问题。在多次协商没有直接效果的前提下,1989年徐白仑写了一份呼吁国家教委有关部门组织出版盲童随班就读所缺的人教版六年制盲文课本的报告呈送给国家教委、中国残联的各级相关领导并抄送给参与试点工作的各省、市、县教育主管部门的领导,在国家教委特教处的协调下,人教版六年制盲文课本的出版问题才得到解决[①]。但是总体上看盲童随班就读中盲文课本的供应一直是一个比较棘手的问题,而且当时上海盲校盲文印刷厂供给的主要是语文和数学两科的盲文教材,还有大量的科目没有盲文教材。

此外,盲童由于身心条件的限制在学习中还需要可以摸的直观教具,需要一些边界凹凸的图片,需要盲文试卷等一系列特殊的教具、学具和教辅用品,而这些限于当时的条件是无法及时供给的。在未来的盲童随班就读探索中,需要解决盲童学习资源和教师教学资源的及时供给的问题。

五、盲童随班就读质量的提高与控制

金钥匙盲童教育计划主要依靠盲童所在村小的辅导教师进行,辅导教师虽然经过盲文和盲教的基本培训,工作的积极性很高,但整体上师资的水平不高,在教学中会遇到很多的问题。提高盲童随班就读质量是金钥匙盲童教育计划要解决的重要问题。金钥匙盲童教育计划中通过辅导教师培训、教研活动、业务指导等方式来提升盲生随班就读的质量。从实践效果看,一些教师在教学中提炼了符合教育规律的一体化教学的经验,大部分学生也取得了良好的学习效果。但也应该看到,在培训方面,虽然各试点单位举办了很多培训,但是培训不够系统,前后培训之间缺乏有机联系,没有形成辅导教

---

① 徐白仑. 燃情复追梦 盲人徐白仑八十自述之二[M]. 北京:求真出版社,2010:43.

师、特教管理干部的分类培训大纲。在对辅导老师的指导方面,虽然有的试点县设立了特教教研员、总辅导教师、巡回指导教师,并建立了与盲校的业务联系,但是没有建立起独立的业务指导系统,相关的指导人员附属于教师进修学校、特殊教育学校或者教育行政部门,工作力度随着上级工作安排的不同而有变动,因此从总体上看,在业务上给予辅导教师的持续支持有限。另外这些兼职的业务指导力量很多也不是盲教出身。如何通过完善盲童随班就读的师资培训系统,建立专业的业务指导支持系统来提升盲童随班就读的质量是日后实践中需要不断探索的问题。

金钥匙盲童教育计划在试点期间,得到了地方政府的大力支持。徐白仑回忆说,他们当时去村小和盲童家里考察的时候,乡镇长都亲自给他拧毛巾,这在当时是一种很高的礼遇。各级领导的重视,激发了辅导教师的工作积极性,有些民办教师,自己家里的地荒着也不管,一心一意要把盲童随班就读搞好。但是试点结束后,基层的这种积极性就不见得能长久存在。如何监控基层学校盲童随班就读的质量,促进盲童随班就读的良性发展,也是盲童随班就读要解决的问题。在各地试点期间,徐白仑和各级领导、专家对盲童随班就读有检查,河北保定和湖北等地也总结了一些检查的经验,但是尚不够专业,还是以检查者的经验判断为主,缺乏可操作的客观标准。

六、盲童教育体系的完善

金钥匙盲童教育计划主要解决的是盲童小学阶段的就学问题。那么盲童小学毕业了怎么办?大龄盲童怎样进行职业教育?盲童入小学前的早期教育怎么办?只有建立了较为完善的上下贯通、普特融合的盲童教育体系才能够满足盲童的发展需要。徐白仑在对金钥匙盲童教育计划的设计过程中也对盲教育的系统作了设想,也曾专门撰文论述了我国视障者中学阶段的一体化教育[①],但是鉴于当时的条件,金钥匙盲童教育计划主要进行了小学阶段的试点实验,学生小学毕业后有个别的升入了盲校接受初中教育或者职业教育,但还有不少盲童小学毕业之后就失学了。当然,在盲童小学阶段的随班就读实践的过程中,有的试点县在小学阶段对盲生进行了农村劳动技能训练,对学龄前的盲童进行学前教育,在完善盲童教育体系方面进行了初步的探索。但是盲童教育体系的完善是一个系统的工程,依赖于国家特殊教育整体的发展水平,包括盲童在内的特殊教育体系完善将是一个长期的过程。

第七节 金钥匙盲童教育计划的意义

20世纪80年代末到90年代中期,是我国三类特殊儿童随班就读从试点县的实验到全国推行的重要时期。1987年,金钥匙盲童教育计划开始后,国家教委在1989年后

---

① 徐白仑.试论我国视障者中学阶段的一体化教育[M]//曹国辉.金钥匙视障教育文摘.北京:华夏出版社,1993:84.

也先后委托地方进行了盲童、弱智儿童和听力语言残疾儿童随班就读的实验并进行了推广,与这些实验相比,金钥匙盲童教育计划具有鲜明的特色和独特的意义。

一、率先进行盲童教育改革,推动了中国视障教育的发展

1987年初开始的金钥匙盲童教育计划是全国最早进行的盲童随班就读实验,比1989年8月国家教委委托北京、江苏、浙江、山东、辽宁、黑龙江、河北、甘肃等八省市开展的盲童随班就读实验①早了两年多。

金钥匙盲童教育计划打破了盲童教育中长期以来盲校单一安置形式的局限,使盲童能够就近进入普通小学读书,并获得了较好得发展,加速了盲童教育的普及,使大量失学的盲童获得了平等的受教育机会。到1992年,当时全国盲校总共有盲生3 000多人,而河北、江苏、黑龙江三省随班就读的盲童就有859人,盲童就近到普通小学读书这种新的安置形式促进了当地盲童教育的快速发展②。

在金钥匙盲童教育计划的实施中,金钥匙中心与地方政府、基层学校合作,通过行动研究的方式,不断解决盲童随班就读遇到的问题,证明了盲童随班就读的必要性和可行性,并形成了盲童随班就读的系统经验,为全国其他地区开展盲童随班就读树立了信心,奠定了基础。金钥匙盲童教育计划中形成的盲童随班就读的经验借助全国盲童随班就读现场会得到推广,影响力遍及全国,徐白仑也通过讲学、出书的方式不遗余力地传播金钥匙盲童教育计划的经验,推动了中国视障教育的发展。

二、为我国出台随班就读政策奠定了实践基础

虽然我国早就有特殊儿童在普通学校学习的情况,但这是一种自发的现象。在1988年我国正式出台随班就读政策之前,我国有目的有计划进行的特殊儿童随班就读实验始于金钥匙盲童教育计划和黑龙江海伦市聋童随班就读实验。1987年徐白仑与地方政府合作在山西省的文水县、襄垣县、长治县,江苏省的宜兴县、淮安县等两省五县建立了金钥匙盲童教育计划的试点,开始了盲童随班就读的实验。与此同时,1987年,黑龙江省海伦市教委开始了聋童随班就读实验,1990年4月,海伦市的经验在黑龙江省特教工作会议上作了介绍,但是海伦市聋童随班就读实验的推广局限于黑龙江省,没有有效进行省外推广。而金钥匙盲童教育计划的推广一直没有停歇,1988年推广到河北省和北京市,1989年后徐白仑又协助了黑龙江省和湖北省进行盲童随班就读的实验,影响范围广。

徐白仑为尽快普及盲童教育,他利用各种机会积极宣传金钥匙盲童教育计划,为我国出台随班就读政策奠定了实践基础。1987年召开的中国盲人聋哑人协会四届三次

---

① 《中国教育年鉴》编辑部.中国教育年鉴1990[M].北京:人民教育出版社,1990:111.
② 徐白仑."金钥匙盲童教育计划"的回顾与展望[M]//曹国辉.金钥匙视障教育文摘.北京,华夏出版社,1993:53.

全国委员会上徐白仑汇报了金钥匙盲童教育计划。1988年3月国家教委副主任柳斌接见了徐白仑并听取了金钥匙盲童教育计划的汇报。1988年5月国家教委、中国残联、中国盲协和中国特教研究会共同考察了山西襄垣、长治二县金钥匙盲童教育计划的实施情况。1988年11月18日第一次全国特殊教育工作会议上,国家教委副主任何东昌在讲话中把金钥匙盲童教育计划的试点作为我国特殊教育在科研上取得的新进展之一[1],除此外没有提到其它随班就读实验。中国残联教育就业部副主任杨文娟在金钥匙中心董事会召开的"金钥匙工程汇报会"中指出:"'八五'教育计划制定和实施过程中,随班就读的提出与徐先生的工作有很大关系"[2]。由以上材料可以看出,金钥匙盲童教育计划的实施引起了我国特殊教育决策层的注意,为我国《中国残疾人事业五年工作纲要(1988—1992年)》提出"采取特教学校与混校、混班相结合"的特殊教育办学形式和1988年第一次全国特殊教育工作会议上提出"改革过去只举办特殊教育学校的单一模式,实行多种形式办学"的政策以及日后的八五、九五特殊教育政策目标的制订提供了一定的实践基础。

金钥匙盲童教育计划对特殊教育政策的这种影响力一方面是由于其成功的盲童随班就读实践,另一方面也与金钥匙中心地处首都北京,徐白仑的个人魅力以及徐白仑创办中国盲童文学,组织盲童夏令营等活动积累下来的个人信誉及其社会关系相关。

三、促进了视障教育的国际交流与合作,提升了中国视障教育的国际影响力

国际交流是金钥匙盲童教育计划中很重要的一部分,在与国际视障教育的互动中,提升了视障儿童随班就读的水平和影响力。金钥匙盲童教育计划是源于本土盲童受教育的社会需要,最初"并没有受到'一体化教育'思想的指导"[3]。1988年10月徐白仑在北京召开的国际特殊教育学术交流会上听了美国专家劳伦斯·堪培尔德的报告——《在东南亚推行视障教育一体化》,第一次接触到视障教育一体化教育思想。从此,徐白仑就成为一体化教育思想的拥护者,通过参加国际学术会议和实地考察等方式积极学习国际一体化教育的理论和实践,宣传和传播金钥匙盲童教育计划。

实地考察包括我国相关人员的出国考察和国外人士对金钥匙盲童教育计划的考察两个方面。1990年11月,在新西兰荷梅学院的资助下,徐白仑带领河北省教委组织的考察团考察了新西兰的视障教育;同年12月,在德国克利斯多夫防盲基金会的资助下,徐白仑带领黑龙江教委组织的考察团考察了泰国的盲教育;1994年,徐白仑又带领河北省教委和保定区教委的代表访问了菲律宾,考察了菲律宾盲童的一体化教育。这种带领金钥匙盲童教育计划试点单位人员一起到国外参观考察的方式提升了地方教育领导对盲童一体化教育的认识水平,提高了对盲童随班就读业务领导的能力。在国际友

---

[1] 何东昌.国家教育委员会副主任何东昌在全国特殊教育工作会议上的讲话(1988年11月18日)//国家教育委员会初等教育司.特殊教育文件、经验选编[G].北京:人民教育出版社,1989:32.
[2] 金钥匙视障教育研究中心.金钥匙工程汇报会[Z].金钥匙简报第9908号,1999-08-10.
[3] 徐白仑.燃情复追梦 盲人徐白仑八十自述之二[M].北京:求真出版社,2010:171.

人的资助下,1991年徐白仑和北京盲校校长海玉森还考察了德国的盲教育。与出国考察相对应,也有一些国际友人对金钥匙盲童教育计划进行了考察。如1989年2月德国克利斯多夫防盲基金会东亚办公室主任雷契曼考察了北京市房山县盲童随班就读的试点,对实验的方向和效果给予了充分的肯定[1]。这些国际互访,让金钥匙盲童教育计划试点的相关人员了解到别国视障教育的发展水平和特色做法,增强了实施视障儿童一体化教育的信念,使得金钥匙盲童教育计划的试点能够在汲取国外一体化教育思想和实践经验的基础上依托本地的情况进行创造性实践;同时也使得国外的视障教育工作者了解到了中国视障教育,在宣传中国视障教育的同时也便于得到国际的援助加快区域视障儿童教育的发展。

徐白仑还积极参加视障教育的国际会议。比较有代表性的有1989年徐白仑作为中国的代表参加联合国教科文组织日本委员会主办的"亚太地区特殊教育研讨会",做了题为《从民间推动视障儿童一体化教育的开展和普及》的国家报告;1992年徐白仑和北京市教育局副局长汤世雄一起参加了国际视障教育协会举办的第八届国际视障教育大会[2],会议的主要议题是全纳教育,徐白仑在会议上宣读了《中国视障儿童一体化教育的现状与展望》的论文[3]。这些国际会议一方面使徐白仑了解了国际视障教育发展的最新动态,另一方面也宣传了中国视障儿童随班就读试点实验及其成就,提升了中国视障教育的国际地位。

四、积累了民间组织和地方政府合作推动视障教育发展的初步经验

金钥匙中心作为民办非企业单位,以非政府组织的身份和地方政府合作,开展了盲童随班就读试点实验的工作。而同时代所进行的随班就读实验,大多是在国家教育政策的指导下,单纯依靠地方行政系统和基层学校来执行的。在金钥匙盲童教育计划的实施中,金钥匙中心和地方教育行政部门形成了良好的合作关系,积累了民间组织和地方政府合作推动视障教育发展的初步经验。金钥匙中心主要负责了整体规划,对外协调人力、物力、财力资源,对内负责师资培训,随班就读试点的检查和经验推广等工作。地方教育行政部门主要负责出台随班就读的政策,发放教师的特教津贴,进行盲童的筛查,进行省内的推广和交流等工作。盲童就读的学校主要负责选拔辅导教师、营造关爱盲童的班风和校风,积极探索盲童随班就读的教育教学方法等工作。金钥匙盲童随班就读试点实验中,民间组织、地方教育行政部门和基层学校发挥各自的优势形成了合力,有力地推动了试点地区盲童教育的发展,并提升了试点经验在国内和国际的影响力。曾任河北省教委基教处处长的贾全庆同志日后接受访谈的时候谈道:"特殊教育是全社会应该关注的事业,单靠行政部门行政命令推,远远不如一方面靠行政执法,贯彻国家发展特殊教育的方针措施,一方面有社会有识之士,贤达人士和团体给以帮助。如果没有徐老,靠我们自己绝对搞不成这样,我们也不懂这个,他们了解国内外盲童随班

---

[1] 徐白仑.燃情复追梦 盲人徐白仑八十自述之二[M].北京:求真出版社,2010:127.
[2] 克里斯多夫防盲基金会资助徐白仑参加了此次会议。
[3] 徐白仑.燃情复追梦 盲人徐白仑八十自述之二[M].北京:求真出版社,2010:128-130.

就读、特殊教育的经验,他们有这方面的专业知识,可以帮助我们制订教学计划,培训教师,作了大量的辅助性工作……机制上,教育行政部门和社会团体和人士结合到一块最有力量,是最好的一种形式。行政命令在前面开路,我们为他们搭台,他们演戏。光靠行政命令不行,光靠个人力量也不行,结合到一块最好,(金钥匙盲童教育计划中)其他成功的省都是这样。[1]"贾全庆的总结指明了徐白仑及其领导的金钥匙中心和河北省教委及其下级教育行政部门的合作是河北省盲童随班就读实验成功的关键性因素。

当然非政府组织与政府部门的这种合作关系相对松散,金钥匙盲童教育计划对非政府组织和政府部门的职责还缺乏明确的规定。同时由于盲童随班就读的经验尚在摸索中,在各地试点实验启动后,充分发展了地方教育系统尤其是基层学校和老师的积极性进行创造性实践,金钥匙参与常规管理比较少。徐白仑指出自己在试点实验中"考察启动做了很多工作,工作有问题就去解决,实施中有考察,但后来的提供的常规化管理比较少,到金钥匙工程就很强势,试点的时候主要发挥了地方积极性"[2]。

当然,在20世纪80年代末90年代初也有一些社会组织参与了特殊儿童随班就读的实验,但其参与的形式与深度和金钥匙中心有很大的不同。这主要有两类。一类是由特殊教育工作者组成的各种学会,这些学会作为群众性民间学术研究团体,对特殊儿童随班就读实验起到了学术推动和经验交流的作用。但学会一般没有固定经费来源,缺乏专职工作人员,其会员来自特殊教育界,其开展的工作往往很难截然和特殊教育学校和行政系统分开。如江苏省特殊教育研究会积极支持了江苏省特殊儿童随班就读的工作,1995年江苏省特教研究会在年度工作打算中对随班就读有考虑,年会中也对特殊儿童随班就读进行了专题讨论[3]。国际视障教育协会中国分会在1994年、1995年召开的年会上也针对视障儿童随班就的实验进行了交流和讨论。第二类是国内国外的基金会,通过项目资金资助的方式间接参与了特殊儿童随班就的实验。如1994—1995年国家教育委员会与联合国儿童基金会的合作项目"有特殊教育需要儿童的教育",联合国儿童基金会为项目提供了资金,但项目的实施主要靠国家教委聘请的专家组进行运作,而专家往往也是兼职的,投入的时间和精力受到限制。

---

[1] 2010年10月30号对贾全庆的访谈记录。1987年徐白仑到河北考察的时候,贾全庆任河北省教委办公室主任,陶迎来为普教处处长,傅中和为普教处副处长,到1988年金钥匙盲童教育计划在河北启动的时候贾全庆开始担任河北省教委普教处处长。
[2] 2010年10月29号访谈徐白仑的记录。
[3] 江苏省特殊教育研究会.江苏省特殊教育研究会一九九五年工作打算[J].南京特师学报,1995(1):46.

第三章
低视力儿童随班就读项目

第一节　低视力儿童随班就读项目的实施与推广

据1987年全国残疾人入户调查显示"6～14岁视力残疾儿童189人,其中已经上学的81人,占42.85%。上学人员中,在普通学校学习的占97.50%,在特殊学校学习的占2.50%。在普通学校上学的均为一、二级低视力者"[1];入户调查还显示189名6～14岁视力残疾儿童中,一级盲二级盲有62人,一级低视力和二级低视力有127人[2]。从这个统计数字可以看出,在全国未开展随班就读实验以前,低视力儿童多数是和普通儿童一样在普通学校接受教育,虽然他们的入学问题没有盲童那么突出,但是由于其特殊的生理状况造成了他们处于"能看却看不清,想看又看不到"[3]的境地,在普通学校学习有很多困难。

上海市盲童学校早在1979年就开始对低视生教学进行了专题探索和实践[4],1989年10月国家教委基教司在该校召开了盲校低视力儿童教学研讨会[5],推广盲童和低视力儿童分类教学的经验,但是这项政策并没有惠及当时在普通学校的低视力儿童,普通学校的低视力儿童还没有得到针对性的教育,他们往往被教师误认为是学习不认真的差生,身心受到打击,发展受到限制。

一、低视力儿童随班就读项目的实施

在金钥匙盲童教育计划的实施过程中,低视力儿童教育的问题引起了徐白仑的注意,认识到散落在普通学校的大量低视力儿童亟须有针对性的教育,提升学习质量。这直接促使了金钥匙中心与北京市和河北省合作开展"低视力儿童随班就读"项目,探索低视力儿童随班就读在城市和农村两方面的经验。

低视力儿童随班就读项目由金钥匙中心总策划,北京市教育局、河北省教委、保定

---

[1] 中国残疾人联合会.1987年全国残疾人抽样调查研究资料——视力残疾人基本情况[EB/OL].(2008-04-07)[2011-12-06].http://www.cdpf.org.cn/sytj/content/2008-04/07/content_30316017.htm.
[2] 全国残疾人抽样调查办公室.中国1987年残疾人抽样调查资料[G].全国残疾人抽样调查办公室,1989:1488.
[3] 徐白仑.燃情复追梦　盲人徐白仑八十自述之二[M].北京:求真出版社,2010.
[4] 上海市盲童学校.对低视力生实施分类教学的工作汇报[G]//中华人民共和国教育部基础教育司,中国残疾人联合会教育就业部.特殊教育文件选编1990—1995年.内部资料,1995:353.
[5] 教育部基教司.印发《对低视生实行分类教学的工作汇报》等材料的通知[G]//中华人民共和国教育部基础教育司,中国残疾人联合会教育就业部.特殊教育文件选编1990—1995年.北京:华夏出版社,2002:351.

地区教委、唐山市教委各一人与金钥匙中心的代表组成领导小组；天津低视力学校[①]与北京盲人学校参与业务指导；北京市眼科研究所担任顾问[②]。

1994年4月金钥匙中心向河北省教委、北京市教育局写了公函，申请合作进行"低视力儿童随班就读"课题研究项目，河北省教委、北京市教育局很快批准了该项目。5月，河北省确定了唐山市的迁西县和保定地区定州市为试点地区，北京市确定东城区、西城区、崇文区、宣武区为试点地区，各试点地区对低视力儿童基本情况进行了初步筛查。6月，河北省教育委员会发布《关于进行低视力儿童、听觉障碍儿童随班就读教育实验工作的通知》，北京市教育局发布了《印发〈"低视力儿童随班就读"项目实施计划〉的通知》（参见附录6），实验项目正式启动。1994年6月项目组在天津盲人学校举办了省、市、区（县）三级教委有关干部的培训[③]，明确了实验的目的、任务、责任分工，并进行了低视力教育的实地学习。7月，项目组在北京眼科研究所举办了区县项目医师培训班，为迁西县、定州市和北京市各培养了一名项目医师。项目医师培训后对低视力儿童进一步做了筛查。同年7月项目组利用暑假在河北唐山举办了"低视力儿童随班就读实验师资培训班"，对试点地区低视力儿童的辅导教师进行培训，内容涉及低视力的标准及助视器的配备与使用、视功能训练与《低视力康复视功能训练图谱》的使用方法、低视力儿童的心理与教育、低视力儿童的一体化教学与评估等内容[④]。该项目前后历时一年多，其中1994年9月至1995年7月为项目的正式实施期，共有19名农村低视力儿童、20名城市低视力儿童被确定为项目实施对象。项目采取各种措施提升低视力儿童随班就读质量，并注意收集了项目实施前后低视生学习成绩和学习能力的数据。1995年下半年项目进行了总结，各试点区县的实验报告和教师的论文于1996年结集出版，名为《低视力儿童随班就读初探》。低视力儿童随班就读项目是在金钥匙盲童教育计划形成的盲童随班就读经验的基础上进行的，初步解决了金钥匙盲童教育计划中遇到的低视生的教育问题，完善了视障儿童随班就实验的种类。

图3-1 1994—1995年低视力儿童随班就读项目中徐白仑深入课堂听课

整体上看，低视力儿童随班就读项目是金钥匙盲童教育计划的深入发展阶段，也是

---

① 低视力儿童随班就读项目（1994—1995年）执行的时候，天津低视力学校附设在天津市盲人学校内。2006年"天津市盲人学校"改名为天津市视力障碍学校，是天津市唯一的一所面向视力障碍儿童、少年的特殊教育学校，天津市低视力学校的名称不再使用。具体参见天津市视力障碍学校.学校发展的艰辛历程[EB/OL].(2022-09-07)[2022-12-06]. http://slzaxx.tj.edu.cn/show.jsp?classid=202208290829086098&informationid=202209041934335257.

② 北京市教育局.印发《"低视力儿童随班就读"项目实施计划》的通知[Z].金钥匙视障教育研究中心内部资料，1994.

③ 徐白仑.序言[M]//徐白仑，贾全庆，李慧聆.低视生随班就读初探.北京：华夏出版社，1996，3.

④ 李慧聆，张思堂，刘岩华，谌静.北京市四城区低视随班就读实验报告[M]//徐白仑，贾全庆，李慧聆.低视生随班就读初探.北京：华夏出版社，1996：2.

金钥匙视障儿童随班就试点实验的尾声。从实验持续的时间、涉及的范围、产生的影响看,低视力儿童随班就读项目都无法同金钥匙盲童教育计划相比,但低视力儿童随班就读项目完善了随班就实验中视障儿童的类型,同金钥匙盲童教育计划一起形成了视障儿童随班就读试点的系统经验,为金钥匙工程大范围成功实施各类视障儿童随班就读的实验奠定了基础,为中国视障儿童随班就读提供了可资借鉴的经验。

二、低视力儿童随班就读项目经验的推广

低视力儿童随班就读项目的推广不同于金钥匙盲童教育计划。1994年后,随着国家三类特殊儿童随班就读实验的结束,《关于开展残疾儿童少年随班就读工作的试行办法》的颁布,随班就读的发展陷入了低潮,国家和地方在随班就读工作上没有什么大的举措。低视力儿童随班就读项目经验的推广主要是依靠金钥匙中心和试点地区的教育行政部门,其推广的力度不能够与金钥匙盲童计划相比。

从省内推广看,河北省做了一些具体规划。河北省准备"在1996—1997学年度推广这项实验成果,要求在1996—1997学年度,河北省11个市、地都要各确定一个县(市区)为低视力儿童实验区,保定、唐山两市各再确定一个城市市区进行城市地区低视力儿童随班就读实验。并决定在1996年下半年,组织各地特教干部现场考查学习低视力儿童随班就读经验,为进一步推广创造条件。推广中要求进一步摸索低视力儿童随班就读教育教学方法,同时对使用助视器和大字课本等进行研究,逐步探索新经验"[①]。从这个推广的部署来看,推广的线路和盲童教育计划是一样的,主要还是县区试点的方式,推广的重点是探索低视力儿童随班就读教育教学方法,缺乏对一些深层体制性问题的解决。

从全国推广看,主要是出书和进行金钥匙工程。1995年7月项目的正式实施期结束后,金钥匙中心及相关的学校和教育部门在1995年下半年对项目进行了总结,1996年把各试点省、市、县、学校的实验报告和教师的实验总结以《低视力儿童随班就读初探》为书名结集出版。《低视力儿童随班就读初探》的出版对推广低视力儿童随班就读项目的经验起到了一定的作用。

1996年后,金钥匙中心在盲童和低视力儿童随班就读经验的基础上开展了大面积高速优质普及视障儿童教育的实验——"金钥匙工程","金钥匙工程"的实施实质上是盲童和低视力儿童随班就读经验在新的水平上的一种推广和尝试。

第二节　低视力儿童随班就读项目的效果及运作经验

据1987年第一次全国残疾人的抽样调查显示,低视力儿童大多在普通学校普通班级里读书。这些儿童虽然有入学的机会,但是由于他们看得见却看不清,在学习上没有

[①] 刘殿波.为低视力儿童送去温暖和光明[M]//徐白仑,贾全庆,李慧聆.低视生随班就读初探.北京:华夏出版社,1996:57.

得到科学的帮助,一般处在混读的状态。

1994—1995年,金钥匙中心与河北和北京教育部门合作开展的低视力儿童随班就读项目从效果上说明了低视力儿童随班就读的可行性,并为低视力儿童随班就读的有效开展积累了初步的经验,为金钥匙工程实施盲童和低视力儿童的分类教学奠定了基础。

一、低视力儿童随班就读项目的实施效果

金钥匙低视力儿童随班就读项目取得了良好的实验效果,各试点区县的实验报告表明"低视力学生不等于差生",只要提供适宜的教育条件和措施,低视生能够在普通学校健康成长。具体情况如下:

第一,低视生社会适应能力得到了提升,心理得到了一定的康复。各试点地区的实验报告均表明了低视生的生理得到了一定的康复,学校生活的适应能力增强。以北京市崇文区为例,该区5名低视生实验后在学习习惯、关心集体和他人、自理能力、心理健康方面均有较大的进步,其中心理健康方面,实验前除了一名心理较为健康外,有三名学生自卑、孤僻,一名学生表现较为一般,实验后,三名学生有了明显变化,一名学生有一定进步,他们变得心情舒畅了,爱与同学交往,参与意识、竞争意识明显增强[1]。

第二,低视力儿童的视力稳定,视功能提高。低视力儿童佩戴助视器后,视力得到了一定提升。以北京东城区为例,该区有3名低视生裸视和佩戴助视器后在远视力和近视力上均有较大的变化,具体参见表3-1[2]。

表3-1 北京东城区低视生裸视远近视力与配戴助视器后远近视力情况对比[3]

学校	姓名	裸视				配戴助视器后			
		远视力		近视力		远视力		近视力	
		左眼	右眼	左眼	右眼	左眼	右眼	左眼	右眼
西师附小	刘畅	0.02	0.03	0.03	0.03	0.2	0.1	0.1	0.1
中华路小学	高岩	0	0	0.05	0.05	0.3	0.2	看见小6号字	
北海中学	王青	0.2	0.2	0.1	0.1	0.5	0.5	看见小6号字	
福绥境小学	关林	0.1	0.1	0.5	0.5	0.15	0.4	0.5	0.5

配备合适的助视器具以及视功能训练,也使得低视力儿童的用眼能力得到了较大的提升,实验表明低视生的课文阅读速度、板书阅读速度和听写速度得到了明显提升。河北省迁西县参加实验的10名低视生视功能均有了较大提高,语文课本100字阅读速度由原来的2分10秒,提高到1分30秒;教师板书20字阅读速度由原来的1分20

---

[1] 郭九菊.低视生随班就读实验报告[M]//徐白仑,贾全庆,李慧聆.低视生随班就读初探.北京:华夏出版社,1996:32.
[2] 金应春.西城区低视生随班就读实验报告[M]//徐白仑,贾全庆,李慧聆.低视生随班就读初探.北京:华夏出版社,1996:62.
[3] 引自北京市西城区小教科金应春撰写的《西城区低视生随班就读实验报告》。参见徐白仑,贾全庆,李慧聆.低视生随班就读初探[M].北京:华夏出版社,1996:40.

秒,提高到 50 秒;听写 50 字书写速度由原来的 4 分 10 秒,提高到 2 分 20 秒[①]。

教师在教学中注意保护低视生视力,指导学生科学用眼,实验中从家长和教师观察以及个案的检测结果看,低视力儿童在完成普通课程任务的过程中视力保持稳定[②]。

第三,低视力学生成绩呈提高趋势,多数学生的学习成绩达到或超过班级的平均水平,原先成绩较差的学生成绩进步明显。各实验区的实验报告均通过数据说明了低视力生在实验期间学习的进步情况,其中北京市崇文区共有 5 名实验对象,他们的学习成绩前后对比参见表 3-2。

表 3-2 崇文区低视生学习成绩实验前后对比表[③]

姓名	实验前				实验后			
	语文	数学	平均分	在班中排名	语文	数学	平均分	在班中排名
李金博	79.5	94	86.5	中等	90	87	88.5	中上
李宁	27	13	20	最后	73	39	56	最后
韩明	87	94	90.5	第 32 名	84	93	85	第 28 名
赵楠	87	86	86.5	较差	95	93	94	中上
黄明哲	79.5	61	68.75	第 22 名	86	72.5	79.25	中上

注:李宁同学低视、肢残、智残,是多重残疾学生。

第四,低视生所在实验班形成了良好的班风,实验班学习成绩稳中有升。实验中注意了对班集体的教育,健全儿童热心帮助低视力儿童,低视力儿童通过自身的努力和表现又教育了普通儿童,形成了健残互助互促的良好班风。北京市崇文区低视生李金博所在班级被评为"北京市星星火炬中队",东城区三个实验班被评为区级优秀班集体,实验班学习成绩也稳中有升[④]。河北省两个试点县的报告均指出实验班学习成绩有不同程度的提高,其中迁西县低视生学业成绩由原来的平均 46 分提高到 80 分,其所在班级平均成绩由原来的 65 分提高到 82 分[⑤],班级成绩提升明显。

二、低视力儿童随班就读项目的运作经验

低视力儿童随班就读项目是在金钥匙盲童教育计划经验的基础上进行的,在教育行政组织与管理,开展社会主义人道教育,营造良好的校风与班风,辅导教师培训、巡回指导、一体化课堂教学等方面都继承了盲童教育计划的经验。但是由于低视力儿童和

---

① 孙全山,揣云凤,甄成新.光明从这里点燃[M]//徐白仑,贾全庆,李慧聆.低视生随班就读初探.北京:华夏出版社,1996:64.

② 徐白仑.序言[M]//徐白仑,贾全庆,李慧聆.低视生随班就读初探.北京:华夏出版社,1996:4.

③ 引自崇文区低视生随班就读实验报告.郭九菊.低视生随班就读实验报告[M]//徐白仑,贾全庆,李慧聆.低视生随班就读初探.北京:华夏出版社,1996:30.

④ 李慧聆,张思堂,刘岩华,谌静.北京市四城区低视随班就读实验报告[M]//徐白仑,贾全庆,李慧聆.低视生随班就读初探.北京:华夏出版社,1996:9.

⑤ 孙全山,揣云凤,甄成新.光明从这里点燃[M]//徐白仑,贾全庆,李慧聆.低视生随班就读初探.北京:华夏出版社,1996:64.

盲童生理条件的不同,以及视障儿童教育经验和特殊儿童随班就读经验的发展,金钥匙低视力儿童随班就读也形成了许多针对性做法,具体如下：

1. 营造随班就读的良好环境,保障低视力儿童随班就读必要的条件

营造低视力儿童随班就读的良好环境包括人文环境和物质环境。人文环境中除了各级领导对低视生随班就读的重视和良好校风、班风的建设外,项目非常重视实验学校和辅导教师对低视力儿童随班就读的科研工作。在项目启动的时候,《低视力儿童随班就读项目实施计划》中列举了10个科研课题,明确要求各校辅导教师选择1~2项课题进行研究。实验期间,北京市各试点区县成立了由实验校课题组长组成的区级小组和实验对象所在班级班主任、任课老师、卫生老师组成的校级小组等两级课题研究小组[1]。1994年11月低视力儿童随班就读项目中期检查期间对实验学校的课题研究情况进行了检查和指导。课题研究工作激发了教师从事低视力儿童随班就读工作的积极性和科学性,教师由过去怕低视生影响班级成绩转变为探索提高低视生教育教学质量的方法,形成了良好的研究性工作氛围,有力推动了低视生随班就读实验工作的顺利开展。实验总结的时候,除了各实验区县的实验报告外,许多一线教师还撰写了质量较高的论文和个案研究报告,总结了一些低视生随班就读的宝贵经验。项目实施期间营造良好的科研工作氛围的经验,在金钥匙工程得到了继承和发展。

除了人文环境外,低视生要顺利随班就读需要一些物质条件保障。

首先要为低视生科学配备远用和近用光学助视器,提供视功能训练教材、升降课桌、阅读架、可调光的台灯、录音机、教学磁带、小黑板、(彩色)大字卡片、大格作业本、大字课本、大字试卷、特制教具等。这些用具在实验中多数靠区县教育局、学校和社会捐赠来落实,有些靠教师和学生手工制作,如大字课本、大字卡片、教具等。在实验中,也出现了个别低视力儿童的助视器具配备不够科学的现象。如北京地区虽然要求家长在1994年暑假带领低视生到同仁医院低视力门诊检测和配镜,但出现个别家长在非低视力门诊给孩子配普通眼镜的情况[2]。从长远观点看,为了保证物质条件能够满足低视生的学习需求,这些物品应该根据低视生的具体情况由教育行政部门和卫生部门合作来配备。

其次,为低视生提供适宜的教室学习条件,为低视生安排适宜的教室座位。教室的照明条件,直接影响到低视生的学习成效。低视生因所患眼疾的不同对光线有不同的要求,"如患白化病,先天性无虹膜,角膜中央部混浊,一小部分黄斑部病变的患者和全色盲者,他们适合低照明,不喜欢强光;而患有视网膜、脉络膜及视神经缺损,各种眼病引起瞳孔明显缩小,青光眼,视网膜色素变性,视神经萎缩等眼疾的低视生则喜欢强

---

[1] 李慧聆,张思堂,刘岩华,谌静.北京市四城区低视生随班就读实验报告[M]//徐白仑,贾全庆,李慧聆.低视生随班就读初探.北京:华夏出版社,1996:2.

[2] 李慧聆,张思堂,刘岩华,谌静.北京市四城区低视生随班就读实验报告[M]//徐白仑,贾全庆,李慧聆.低视生随班就读初探.北京:华夏出版社,1996:3.

光"①。教师要通过自然光、照明、窗帘、位置等手段在不同的自然光线条件下为低视生合理采光,为其学习提供适宜的光照条件。还要根据低视生的需要安排他们最合适的教室座位。此外教室的黑板要尽量避免反光,黑色要深,白色粉笔和黑板的颜色对比度要尽量大。在实验中,河北省迁西县要求每间教室,安装了6盏40瓦日光灯,保证阴雨天的桌面照度;教室全部配有窗帘,防止强烈日光的照射;黑板全部更换为无裂缝、不反光的黑板②。

校园环境中进行适当的整理和改造,方便低视生的校园生活。

低视生学校生活的进步离不开家长的支持。低视力儿童随班就读项目除了校园人文和物质环境的建设外,还注重了低视生家庭环境的优化,通过家访、家长会、家校联系簿、家长评优等方式经常与家长联系,帮助家长树立正确的教育观念,介绍视功能训练的方法,交流低视生学校学习情况,传播好的低视生家庭教育的经验。

2. 教学在兼顾两类学生差异的基础上,注重科学保护和利用低视生的视力

低视力儿童随班就读的课堂教学在继承盲童随班就读课堂教学经验的基础上,形成了一些有特色的做法:

首先,教学中教师在不降低整体教学要求的基础上注意兼顾两类学生的学习需求。在教案上,河北迁西县要求教师备课时要把1页纸的3/4用来做集体教学设计,1/4用来做低视生教学设计,要有低视生学情、学力分析,低视生教学目标、重点、难点、教学方法、教具等内容③。在教学方法上,实验中教师提出了教具助视、以耳助目、个别辅导、残健互助、分层教学等适合低视生随班就读的教学方法。课堂板书上,教师通过把板书字放大或者事先抄在大纸上或小黑板上等方式保障低视生及时了解板书内容。此外,教师还通过指导学生课前预习和课下辅导等方式,培养低视生良好的自学习惯,增强其学习的能力。

其次,课堂教学中注重科学保护和利用低视生的视力。教师指导低视生科学使用助视器具,包括灵活选用近用和远用光学助视器,妥善放置助视器,根据光线的变化调节照明和位置等。教师还要注意低视生课堂用眼时间的调节。课堂教学中连续用眼15~20分钟后就要安排低视生休息一下眼睛,一般一堂课可以安排2~3次间歇。教师可以通过转换学习方式的形式来调节低视生的用眼时间,比如听练结合、听说结合、听想结合等都可以让低视生的眼睛得到休息。教学中教师还可以采用大小字体交替使用、精简作业和内容等方式避免低视生视力的疲劳。

3. 医教结合,对低视生实施视功能训练

这一条是低视力儿童随班就读项目中很有特色的一点。低视力儿童随班就读项目的医教结合体现在两个方面,一是从参与人员看,有医务工作者作为项目医师参加实

---

① 徐白仑.障儿童随班就读教学指导[M].北京:华夏出版社,1992:342.
② 孙全山,揣云凤,甄成新.光明从这里点燃[M]//徐白仑,贾全庆,李慧聆.低视生随班就读初探.北京:华夏出版社,1996:64.
③ 孙全山,揣云凤,甄成新.光明从这里点燃[M]//徐白仑,贾全庆,李慧聆.低视生随班就读初探.北京:华夏出版社,1996:64.

验,此外实验学校的校医也参与了实验。当然,因为管理体制的问题,项目医师的作用未能有效发挥,终期也未能对参加实验的全体低视生再进行一次视力检查[①],但是项目医师的培训和设置是医务部门和教育部门合作的一个有意义的尝试。实验还充分发挥了学校校医的积极作用。北京市西城区规定低视生学校的校长、卫生老师和班主任参加实验,北京市还对实验学校的卫生老师进行了培训[②]。卫生老师负责指导学生做好校内的眼保健工作,有的老师还对低视生进行了穴位按摩。

医教结合还体现在实验的内容上。项目开始之初,北京同仁医院低视力门诊、北京市眼科研究所、河北省实验县的项目医师对低视力儿童的视力进行了检测并科学配置了助视器。在日常的学校生活中,注意对学生进行用眼卫生的教育,注意利用课间让学生到操场远眺,检查督促低视生做好眼保健操,为低视生进行穴位按摩,有计划地利用中国残联康复部捐赠的《视功能训练图谱》进行视功能训练。

当然低视力儿童随班就读项目同金钥匙盲童教育计划一样,也存在着一些困难和问题,比如低视力儿童视力检测的准确性、项目医师作用的发挥、低视力儿童随班就读的长效机制的建立、低视力儿童的学前教育和职业教育体系的完善、教师的工作量大等问题。这些问题是需要在未来的实践中加以解决的。另外从研究方法上看,低视力儿童随班就读项目属于典型的行动研究,教师和学校在开展低视力儿童随班就读项目的时候以课题研究的形式解决低视力儿童随班就读面临的问题,取得了一系列经验,不足之处是研究中对随班就读学生成绩和班级成绩等数据的收集和统计还存在一些问题,比如仅仅通过实验前后随班就读学生成绩与班级平均分的直接比较以及在班级的排名来说明低视生成绩的提高是不够的,应该通过更加科学严谨的数据收集和分析来说明实验处理的效果。

三、低视力儿童随班就读项目的意义

1995年开始的低视力儿童随班就读项目是我国最早开展的低视力儿童随班就读实验,国家层面没有单独开展低视力儿童随班就读的实验。该项目打破了低视力儿童在普通学校长期混读、无人过问的局面,促进了低视力儿童随班就读质量的提升,证明了低视力儿童随班就读的可行性,并形成了低视力儿童随班就读的系统经验。

低视力儿童随班就读项目也是我国特殊教育领域中较为经典的教育现场实验,该项目一开始就定位为科研课题,实验周期为一年(1994—1995学年),干预措施明确,实验效果显著,39名低视力儿童获得了良好的发展。实验中把整体项目的探索与教师个人的研究课题结合起来,并注意实验数据的收集,积累了特殊教育领域教育现场实验的经验,该实验的具体信息可以参考附录6。

低视力儿童随班就读项目积累了多部门合作推动视障教育发展的初步经验。该项

[①] 徐白仑.序言[M]//徐白仑,贾全庆,李慧聆.低视生随班就读初探.北京:华夏出版社,1996:4.
[②] 祝春萍.东城区低视生随班就读实验[M]//徐白仑,贾全庆,李慧聆.低视生随班就读初探.北京:华夏出版社,1996:39.

目由非政府组织、教育部门及基层学校、医疗部门合作进行,分工明确。其中金钥匙中心作为非政府组织负责总策划,并从专业知识及教学设备两方面对项目予以支持;项目医师负责定期为低视力儿童测查视力,并对视力保健提供建议;区县教育局安排巡回辅导,并负责日常行政管理和业务指导;基层学校负责本校实验项目的管理工作和教学辅导工作[①]。整体上看,低视力儿童随班就读项目充分吸收了金钥匙盲童教育计划的经验,整个项目设计更加完善,提升了民间组织和地方政府合作的水平。

---

① 北京市教育局.印发《"低视力儿童随班就读"项目实施计划》的通知[Z].金钥匙视障教育研究中心内部资料,1994.

第四章
金钥匙工程概况

第一节 金钥匙工程背景

"金钥匙工程"是徐白仑在1996年至2009年间,依托金钥匙中心发起的,以我国西部贫困省区为主要实施区域,旨在促进区域视障教育的可持续发展的融合教育工程。该工程在全纳教育理念的引导下,依托当地的政治、经济、文化条件,与地方政府合作探索大面积高速优质普及贫困地区视障儿童义务教育的道路。金钥匙工程(1996—2009年)分为三个阶段,第一个阶段为广西金钥匙工程,1996—1998年在广西全境实施,初步探索了贫困地区大面积高速优质普及视障儿童教育的经验。第二个阶段是内蒙古金钥匙工程,1999—2003年在内蒙古自治区全境实施,形成了贫困地区大面积高速优质普及视障儿童融合教育的本土化理论——金钥匙模式。第三个阶段是金钥匙工程示范区阶段,包括:2004—2008年在陕西省咸阳市8个区县开展的"陕西金钥匙工程咸阳示范区"项目,2005—2009年在黑龙江齐齐哈尔市4个区县开展的"黑龙江金钥匙工程齐齐哈尔示范县"项目,金钥匙工程开始由大面积普及向小面积示范过渡,该阶段主要是验证金钥匙模式在西北和东北的可行性。为了深入理解金钥匙工程开展的必要性和重要性,需要对金钥匙工程开展的历史背景做一些简要的梳理。

一、全民教育思潮的兴起与全纳教育理念的确立

20世纪90年代兴起的全民教育思潮和全纳教育理念,推动了我国基础教育的发展,也奠定了金钥匙工程的思想基础。

(一)全民教育思潮的兴起

1990年3月,"世界全民教育大会"(又称宗滴恩会议)通过了《世界全民教育宣言》和《满足基本学习需要的行动纲领》文件,正式倡导全民教育思想。《世界全民教育宣言》依据"人人享有受教育权利"的人权精神制定了全民教育目的——满足全部儿童、青年和成人的基本学习需要,确立了"普遍提供学习机会、重视公平、强调学习成果、扩大基础教育的手段与范围、改善学习环境和加强合作"的中心思想和原则;在特殊教育方面指出"残疾人的学习需要受到特别的关注,必须采取步骤为各类残疾人提

供平等的受教育机会,以作为教育制度的一个组成部分"①。《世界全民教育宣言》成为各国政府以及与有关的组织和机构开展基础教育的参照标准②。1993年12月,在印度首都新德里召开了九个人口大国全民教育首脑会议,签署了《德里宣言》并通过了实施宣言的《行动纲领》,向全世界郑重承诺实现"世界全民教育大会"1990年所提出的目标,通过"普及初等教育和扩大儿童、青年和成人的学习机会来满足本国人民的基本学习需要"③。

2000年4月在塞内加尔的达喀尔召开了世界教育论坛,通过了《达喀尔行动纲领》,提出了到2015年全民教育的六项发展目标,其中第二条规定"确保在2015年以前所有的儿童,尤其是女童、各方面条件较差的儿童和少数民族儿童都能接受和完成免费的和高质量的义务初等教育",第六条规定"全面提高教育质量,确保人人都能学好,在读、写、算和基本生活技能方面都能达到一定的标准"④。

世界全民教育的目标符合我国教育的发展战略,我国作为世界上人口最多的发展中国家,需以自身的努力积极推动全民教育目标的实现。1993年3月,我国召开"中国全民教育国家级大会",发布《中国全民教育行动纲领》,在学龄儿童教育方面规定,到"2000年,全国基本普及义务教育",其中"城市和发达农村地区大多数残疾儿童、少年都能入学,农村地区多数残疾儿童少年都能入学接受教育"⑤。2000年《达喀尔行动纲领》颁布后,我国根据达喀尔会议的要求,于2003年成立了由教育部和中国联合国教科文组织全国委员会牵头的"中国全民教育论坛",定期召开会议,并于2003年发布了《中国全民教育行动计划(2001—2015)》,确定了中国全民教育六大目标和主要政策措施⑥。

金钥匙工程符合世界全民教育的目标,金钥匙中心作为北京联合国教科文组织协会团体会员,也积极以全民教育的目标和精神为指引,推动视障儿童教育的发展。

(二)全纳教育理念的确立

全纳教育是20世纪90年代联合国教科文组织大力推广的一种教育理念。为了突破全民教育的瓶颈问题,推动全民教育的深入发展,1994年,联合国教科文组织在西班牙萨拉曼卡市召开了"世界特殊需要教育大会",发表了《萨拉曼卡宣言》和《特殊需要教

---

① 世界全民教育大会.世界全民教育宣言[M]//赵中建.教育的使命——面向21世纪的教育宣言和行动纲领.北京:教育科学出版社,1996:28.
② 联合国教科文组织总干事松浦晃一郎在2000年5月向该组织执行局提交的第159届会议报告中说:"自宗滴恩世界全民教育大会以来,《世界全民教育宣言》已经成为各国政府以及与基础教育有关的组织和机构的参照标准。"转引自何齐宗.全球视野的教育理念 联合国教科文组织教育文献研究[M].广州:广东高等教育出版社,2010:62.
③ 九个人口大国全民教育首脑会议.德里宣言[M]//赵中建.教育的使命——面向21世纪的教育宣言和行动纲领.北京:教育科学出版社,1996:109.
④ 世界教育论坛.达喀尔行动纲领[G]//王晓辉.全球教育治理:国际教育改革文献汇编.北京:教育科学出版社,2008:37.
⑤ 中国全民教育国家级大会.中国全民教育行动纲领[DB/OL].(1993-03-04)[2011-11-20].http://cherd.pku.edu.cn/text_show.asp?id=201114.
⑥ 全民教育中期评估中国国家报告撰写组.中国全民教育十年中期评估国家报告[R].北京:中国联合国教科文组织全国委员会,中国国家教育发展研究中心,2009:11.

育行动纲领》,正式提出并倡导全纳教育。联合国教科文组织 2005 出版的《全纳教育指导方针》指出,"全纳被视为一个通过增加学习、文化和社区参与,减少教育内外的排斥从而处理和回应所有学习者多样化需求的过程[①]。""全纳教育"代表 21 世纪世界教育发展的趋势[②],世界各国都在从本国国情出发进行全纳教育实践,各类国际组织也积极推动世界全纳教育的发展。

全纳教育是在特定的政治、经济、文化背景下兴起的,是对"一体化"教育思想的一种超越。

首先,从教育对象来看,一体化教育的关注点在特殊儿童,还没有完全消除对特殊儿童的标签作用,在一体化教育中把儿童分为普通儿童和特殊儿童,特殊儿童在某种程度上仍然是被隔离的。而全纳教育是基于人权以及应对世界文化多样性的挑战而提出来的。全纳教育关注所有儿童,强调每个儿童都有受教育的基本权利,普通学校应该成为全纳性学校,接纳所有的儿童,而不考虑其身体的、智力的、社会的、情感的、语言的或其他任何条件[③]。《萨拉曼卡宣言》呼吁各国政府以法律或方针的形式通过全纳性教育原则,要求普通学校招收所有儿童[④]。全纳教育要消除教育中的排斥和歧视,培育"人们共处的愿望","担当起将多样性转变为促进个人和群体间相互理解的建设性因素的重任"[⑤]。

其次,从普通教育的变革看,一体化教育没有强调普通学校变革。我国 20 世纪 90 年代相关法规规定,"普通学校应当按照国家有关规定招收能适应普通班学习的适龄残疾儿童、少年就读,并根据其学习、康复的特殊需要对其提供帮助"[⑥]。这意味着残疾儿童需要适应普通学校普通班级的学习,通过增加额外的帮助来满足其特殊需要,而普通学校的运作模式无须改变。一体化教育中可以引入特殊教育专业人员和服务,比如辅助教师、巡回教师等来满足特殊儿童的特殊教育需求。20 世纪 80 年代,在回归主流运动后期,美国基于普通学校接纳特殊儿童但在教育中不作为的现象掀起了普通教育主动性运动(The Regular Education Initiative),让普通学校在更大程度上接纳特殊儿童[⑦]。全纳教育与一体化教育不同,它要改变的是普通学校。"全纳教育不是一个关于如何将一些学生融入主流教育的边缘主题,而是研究如何改造教育系统,以应对学生的多样性[⑧]。""全纳性学校所面临的挑战就是要发展一种能成功地教育所有儿童,包括处

---

① 联合国教科文组织.全纳教育指导方针[M].联合国教科文组织,2005:8-9.
② 世界特殊需要教育大会(1994)简介[M]//赵中建.教育的使命——面向 21 世纪的教育宣言和行动纲领.北京:教育科学出版社,1996:129.
③ 联合国教科文组织.萨拉曼卡宣言,特殊需要教育行动纲领[M]//赵中建.教育的使命——面向 21 世纪的教育宣言和行动纲领.北京:教育科学出版社,1996:131-153.
④ 联合国教科文组织.萨拉曼卡宣言[M]//赵中建.教育的使命——面向 21 世纪的教育宣言和行动纲领.北京:教育科学出版社,1996:131.
⑤ 联合国教育、科学及文化组织.通过全纳教育做法消除排斥 挑战与构想 概念文件[M].联合国教科文组织,2003:5.
⑥ 出自 1994 年颁布的《残疾人教育条例》原文,不是 2017 年修订后的原文。具体参见中华人民共和国国务院.残疾人教育条例[G]//中国残疾人联合会.残疾人工作基本知识读本.北京:华夏出版社,2009:283.
⑦ 李霞.美国全纳教育之研究[D].南京:南京师范大学,2007:42.
⑧ 联合国教育、科学及文化组织.通过全纳教育做法消除排斥 挑战与构想 概念文件[M].联合国教科文组织,2003:7.

境非常不利和严重残疾儿童的儿童中心教育学①。"全纳教育昭示着教育系统将面临的根本性变革,其实现是一个历史发展的过程。

早在1992年,徐白仑在泰国参加第八届国际视障教育大会时就了解到全纳教育理念,并对中国的随班就读政策进行了反思,他认为"随班就读中是残障儿童进入主流学校随健全儿童的班,主次关系体现得很清楚……随班就读要求残障儿童去适应主流学校的教学环境、课程设置和教学方法"。回国以后,徐白仑向有关部门建议在正式文件中,将"随班就读"改为"同班就读",使得特殊儿童真正成为普通学校中平等的一员。② 1996年金钥匙工程开始实施的时候,已经突破了一体化教育思想的限制,明确规定以全纳教育思想为理论指导开展创造性的实践。

二、国内随班就读发展出现新问题

在开展盲聋弱三类特殊儿童随班就读实验的基础上,1994年国家教委颁布了《关于开展残疾儿童少年随班就读工作的试行办法》,标志着中国随班就读工作由试点实验进入全国全面实施的阶段,特殊儿童随班就读的数量开始增加,特殊儿童义务教育阶段的入学率有所提高。但这种数量的增长并不是以高质量为基础的,在实践中,随班就读工作的面广量大,工作难度高,地方也缺乏科学有效的机制和体制来执行《关于开展残疾儿童少年随班就读工作的试行办法》,随班就读中出现了随班混读的现象。国家教委基教司副司长曹胜利在1994年指出,"不少地方为了普及义务教育,为了达标,把残疾儿童招收到学校里来了,但是没有采取任何措施,残疾儿童随班就读工作实际上是随班混读"③。教育部副部长王湛在2001年"第三次全国特殊教育工作会议"所作的报告中指出,要"采取多种措施提高特教班和随班就读的教学质量;要强化对普通学校特殊教育班和随班就读教学工作的指导、监控,尽快建立普通学校特殊教育班和残疾学生随班就读的教学管理制度;要努力提高教学质量,降低辍学率,使残疾儿童少年在普通学校能够进得来、留得住、学得好"④。2003年国家教育部启动了随班就读工作支持保障体系实验县工作,尝试从国家级实验县入手建立随班就读的支持保障体系,提升随班就读的质量。

随班就读质量提升的问题也引起了许多个人和基层单位的注意。金钥匙盲童教育计划开始推广后,1990—1995年间,徐白仑"从东北到西南,一直在帮助各省发展视障教育"⑤,在实践和考察中,他发现视障儿童随班就读的"鉴别与建档、师资与培

---

① 联合国教科文组织.特殊需要教育行动纲领[M]//赵中建.教育的使命——面向21世纪的教育宣言和行动纲领.北京:教育科学出版社,1996:135.
② 徐白仑.燃情复追梦 盲人徐白仑八十自述之二[M].北京:求真出版社,2010:130.
③ 曹胜利.国家教委基教司副司长曹胜利同志在全国暨江苏省残疾儿童少年随班就读工作会议上的总结讲话[J].南京特师学报,1994(4):57.
④ 1998年3月10日,九届全国人大一次会议通过的《关于国务院机构改革的决定》,国家教育委员会更名为教育部。此段表述出自王湛.振奋精神,扎实工作,努力实现我国特殊教育事业的新发展——全国第三次特殊教育会议工作报告[G]//中国残疾人联合会教育就业部,中华人民共和国教育部基础教育司.特殊教育文件选编(1996—2001年).北京:华夏出版社,2002:229.
⑤ 徐白仑.为千万失明儿童开创受教育的机会[Z].金钥匙视障教育研究中心内部资料,1996.

训、教学与评估、业务指导与行政管理"等方面的关键性问题还没有解决,阻碍着我国视障儿童随班就读的健康发展[1]。这促使徐白仑于1996年启动金钥匙工程,探索大范围高速优质普及视障儿童随班就读的模式,从根本上解决视障儿童随班就读大规模推广中出现的问题,推动视障儿童随班就读的可持续发展。无独有偶,上海地区自1997年启动随班就读工作以来,一直在探索提升区域随班就读质量的方法,其中徐汇区于1997年提出建立随班就读支持系统的设想[2]。

三、国内特殊教育还不平衡,西部视障教育落后

20世纪80年代后,我国采取特殊教育学校、特教班、随班就读点等多种办学的形式,促进了特殊教育的大发展,但在特殊教育的发展中也呈现出区域发展不平衡的特点。受制于当地经济、文化、自然条件,西部的特殊教育还相当落后。《残疾儿童少年义务教育"八五"实施方案》分不同地区规定了视力、听力语言和智力残疾儿童、少年初等教育在"八五"期间的入学率,其中"北京、天津、上海和计划单列市为80%,江苏、山东、辽宁、浙江、黑龙江、吉林、广东等省和其他省、自治区的经济比较发达的地区及所有城市(地级市)为60%左右,河北、湖北、湖南、河南、安徽、福建、江西、海南、四川、山西、陕西等省为30%",而西部特殊教育落后的广西、贵州、云南、内蒙古、宁夏、甘肃、青海、新疆、西藏等9省、自治区仅仅要求在现有的基础上,有较大的提高,连三类儿童30%的入学率的指标都没有制定。到1995年,据统计,广西听力语言残疾儿童入学率为17.06%,智力残疾儿童入学率为49.37%,视力残疾儿童入学率为14.68%,远远低于东部发达地区[3]。1994—1995年,徐白仑作为专家组的成员参与了中国国家教育委员会与联合国儿童基金会的合作项目——"有特殊教育需要儿童的教育",曾深入广西、贵州的穷乡僻壤进行调查,特殊儿童尤其是视障儿童失学的状况使他寝食难安[4]。当地政府在发展特殊儿童教育上困难重重,心有余而力不足。具体而言,西部当时开展视障儿童随班就读的困难主要体现在以下三点。

第一,社会、学校和家长对视障儿童的教育存在不正确的认识。由于西部地区交通闭塞,信息不灵,人们思想狭隘,观念陈旧,不少村民和家长认为盲人读书没有用。以桂林地区泉州县蕉江瑶族乡为例,这个乡地处桂北大山深处,该乡一位盲童的家长认为"瞎子读书简直是天大的怪事,不可能的,读也无用,白费,瞎子有什么指望,只有听天由命"[5]。还有的家长怕孩子读书"丢人现眼",觉得盲孩子没脸见人。在一些闭塞的村落,一些村民对盲童说三道四,歧视盲童,广西兴业县山心镇蓬塘村梁小芳因病双目失

---

[1] 徐白仑.试论当前视障儿童随班就读中的几个问题(国际视障教育协会中国分会第二次学术研讨会学术论文)[Z].金钥匙视障教育研究中心内部资料,1995.
[2] 邱轶.随班就读支持系统的模式研究[G]//上海市教育科研基地特殊教育研究所.上海特教精粹.上海:上海教育出版社,2009:360.
[3] 桂教基教.关于在广西壮族自治区实施视障儿童"金钥匙工程"的通知(桂教基教〔1996〕128号)[Z].金钥匙视障教育研究中心内部资料,1996.
[4] 徐白仑.为千万失明儿童开创受教育的机会[Z].金钥匙视障教育研究中心内部资料,1996.
[5] 广西壮族自治区教育委员会.广西视残儿童教育"金钥匙工程"经验选编[G].南宁:广西壮族自治区教育委员会,1998:109.

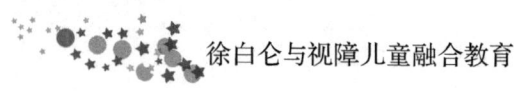

明后,一些村民说小芳得的是怪病,影响全村的风水,必须把小芳全家赶走,小芳全家只好含泪搬到村外晒谷场旁的破旧危房去住①。有些已经入学的盲童,还是会受到村人的嘲笑,以至于盲童产生了退学的想法。1994年平果县龙林屯的盲童兰汝娥经过吴卫国老师的争取开始到教学点读书,可是入校一个星期后,就有村民嘲笑她,兰汝娥退缩了,不想来学校了,后来老师做了家长和全屯村民的工作才稳定了兰汝娥的情绪②。此外,教育行政部门有些人员对特殊教育还有不正确的认识,他们认为"健全孩子都还没有全部进学校读书,谁有心机去管缺这又少那的残疾孩子"③;"一些学校的领导和教师不愿意接收视障儿童随班就读,认为这样只会增加学校教学和管理的难度,甚至会妨碍正常儿童少年的教学,影响教学任务的完成"④,会因小失大。在这种社会环境下,开展视障儿童随班就读困难重重。社会、学校和家长对视障儿童及其教育的不正确认识,极大地阻碍了当地视障儿童教育的发展。广西金钥匙工程和内蒙古金钥匙工程开展工作的初期,为了动员当地视障儿童入学,相关基层干部和教师花费了大量精力。

第二,发展特殊教育的资金不足。西部地区经济相对落后,国家级贫困县多,财政中用于特殊教育的经费有限。以地方财政预算内特殊教育学校经费支出为例,1996年,广西为373.9万元,内蒙古为480.6万元,贵州为359.2万元,而当时最高的上海已达5 214万元,山东为4 803.2万元⑤。西部省份地方财政预算内特殊教育学校经费支出远远低于东部发达地区和全国的平均水平。随班就读方面的费用在《中国教育经费统计年鉴1997》中并没有列出,但从西部省份地方财政预算内特殊教育学校经费情况可以看出,在1996年前后西部省份特殊教育经费还是非常紧张的。在金钥匙工程中发现许多贫困县、贫困乡教育经费不足,无法支付随班就读教师的特教津贴、异地培训的交通费用,视障儿童缺乏教具和学具。1995年广西大部分随班就读盲生没有课本,每篇课文全靠教师诵读,盲生笔录,由于缺少质优价廉的盲文写字板,每个教学点上只能师生合用一块;低视力儿童随班就读方面,广西各教学点普遍缺乏低视力教育所需的教具和学具⑥。此外西部的贫困还体现在视障儿童家庭中。广西工程和内蒙古工程都发现有许多视障儿童家庭因为过于贫困而无力送孩子上学。广西钦州市灵山县新圩镇的杨丽从小双目失明,有四个兄弟姐妹,父亲年老多病,家里缺乏劳动力,家里生活非常困难,杨丽的父亲说:"杨丽的妹妹是正常的孩子,已经到了上学的年龄,我们都无力送她

---

① 广西壮族自治区教育委员会.广西视残儿童教育"金钥匙工程"经验选编[G].南宁:广西壮族自治区教育委员会,1998:35.
② 广西壮族自治区教育委员会.广西视残儿童教育"金钥匙工程"经验选编[G].南宁:广西壮族自治区教育委员会,1998:90.
③ 广西壮族自治区教育委员会.广西视残儿童教育"金钥匙工程"经验选编[G].南宁:广西壮族自治区教育委员会,1998:72.
④ 广西壮族自治区教育委员会.广西视残儿童教育"金钥匙工程"经验选编[G].南宁:广西壮族自治区教育委员会,1998:8.
⑤ 国家教育委员会财务司,国家统计局社会与科技统计司.中国教育经费统计年鉴1997[M].北京:中国统计出版社,1997:204.
⑥ 徐白仑.迅速发展视障教育的新尝试——金钥匙工程[C]//徐白仑.国际视障教育协会中国分会第三届学术研讨会论文集.金钥匙视障研究中心内部资料,1996:39.

上学,哪里有能力送盲孩子杨丽去读书[①]。"如果想让贫困家庭的视障儿童上学的话还要给予一定的助学金。

第三,缺乏发展视障教育的专业力量。在20世纪80—90年代,视障教育的专业力量多在盲校。西部省份视障教育不发达,盲校分布少。1996年金钥匙工程开始在广西实施的时候,只有广西南宁市盲聋哑学校有视障教育。内蒙古视障教育专业力量同样匮乏,从内蒙古自治区1997年特校数统计上看,当时全区仅有呼和浩特市、哲里木盟有盲聋合校。两省在开展金钥匙工程前均未开展专门的低视力儿童的教育教学研究,只有盲童教育的经验。视障教育专业力量的极端缺乏造成了视障儿童随班就读工作的被动局面。首先在培训上,培训的专业力量不足,培训数量少,培训质量有待提高。广西从1990年开始尝试进行盲童随班就读试点,重视师资培训,举办过多次盲童辅导教师培训班,但培训内容缺乏科学的论证,内容限于"特教发展概况,盲童鉴别,盲童心理、触觉、听觉特点,定向行走、生活技能训练,点字盲文符号,盲教育基本知识及一般教学法"[②]等盲教育的内容,缺乏兼顾两类儿童的一体化教学方面的内容;缺乏针对低视力学生辅导教师的培训内容。广西视障儿童随班就读师资培训主要依托附设于南宁市盲聋哑学校的广西盲教师资岗前短训基地,如果大规模推广视障儿童随班就读的话,也缺乏足够的培训力量和指导力量。内蒙古在开展视障儿童随班就读时大部分教师没有经过培训。其次,随班就读相关工作人员缺乏专业知识和专业工具。工作人员普遍缺乏视障儿童筛查知识,以及视障教育的知识和技能。1995年,广西隆林各族自治县将视障儿童统计造册时,想当然地将一目失明的人一概列为视障,将高度近视眼统统作为盲[③]。在广西开展金钥匙工程前已经有低视力生进入普通班级,可老师并不知道怎样正确对待他们,老师或者把低视力儿童当盲童教育,让他们学盲文,或者把低视力儿童当差生而让其处在随班混读的状态[④]。内蒙古也出现了这种情况,1994年商都西坊子乡的一些小学就开始进行了视障儿童随班就读的工作,低视力生赵军入学后,他的特殊学习需求得不到满足,一度产生了厌学心理[⑤]。

在如此困难的情况下,如果单靠西部省份自己的力量,可能要花费很长的时间,才能有效提升视障儿童随班就读的数量和质量。

徐白仑珍视每一个视障儿童生命的价值,认为西部省份在政府、社会和家庭的经济力量和专业力量都明显不足的时候,给予外力的支持是必要的[⑥]。因此1996年,徐白仑启动了金钥匙工程,探索大规模高速优质普及视障儿童教育的途径,加快西部贫困地区视障教育的发展。

---

① 梁全进.广西视障儿童随班就读的实践与探讨[M].北京:华夏出版社,1999:10-11.
② 朱伯群.特殊教育师资培训[M]//广西年鉴社.广西年鉴1992.南宁:广西年鉴社,1992:476.
③ 梁全进.广西视障儿童随班就读的实践与探讨[M].北京:华夏出版社,1999.
④ 徐白仑.迅速发展视障教育的新尝试——金钥匙工程[C]//徐白仑.国际视障教育协会中国分会第三届学术研讨会论文集.金钥匙视障教育研究中心内部资料,1996:39.
⑤ 曹玉厚.金钥匙工程是开启视障生心灵的真正钥匙——视障生赵军初期评估汇报资料[Z]//1999—2003乌兰察布盟评估汇报材料.金钥匙视障教育研究中心内部资料,1999.
⑥ 徐白仑.前言[M]//梁全进.广西视障儿童随班就读的实践与探讨.北京:华夏出版社,1999:1.

第二节　广西金钥匙工程

"广西金钥匙工程是一项在北京金钥匙中心的帮助和指导下,由广西壮族自治区教育委员会组织实施,广西壮族自治区残疾人联合会配合实施,积极争取国内外组织和社会各界人士支持和资助"[1]的"旨在大面积提高广西视障儿童入学率"和视障儿童教育质量的"特殊教育工程"[2]。该工程计划用 1996 年、1997 年、1998 年三年的时间使广西 90% 左右的视障儿童少年(约 900 名全盲、2 300 名低视力儿童少年)通过到普通小学同班就读的安置方式,在最少受限制的环境中,接受与健全儿童少年同等的义务教育,身心得到健康发展,达到从多方面为他们未来自食其力和平等参与社会奠定基础的目的[3]。广西金钥匙工程初步探索了在西部地区大面积高速优质普及视障儿童义务教育的经验。

一、广西实施金钥匙工程的条件

广西壮族自治区是我国西南部少数民族聚居地,壮、汉、瑶、苗、侗、仫佬、毛南、回、京、彝、水、仡佬等多民族生活在那里。广西经济欠发达,1995 年人均地区生产总值为 3 304 元,位列全国 31 个省级区划行政单位的第 22 位;而当时全国人均国内生产总值为 5 091 元,上海人均地区生产总值已经达到 17 910 元[4]。广西是个农业大省,1995 年广西非农业人口有 745 万,农业人口为 3 757 万[5];农村人口中平均每人每年纯收入为 1 446 元,其中年纯收入低于 1 000 元的农户占全部农户总数的 29.73%[6]。1995 年广西有 49 个贫困县,其中国家级贫困县 28 个,自治区级贫困县 21 个,全区农村未解决温饱的人口尚有 606 万人[7]。

广西壮族自治区山地、丘陵和石山面积约占全自治区陆地总面积的 70% 左右[8],人类的生存条件相对恶劣。广西贫困人口主要集中于大石山区,广西石山分布面积为 435.4 万公顷,约占广西土地总面积的 18.4%,石山地区以山高、坡陡、植被少、土层稀

---

[1] 桂教基教.关于在广西壮族自治区实施视障儿童"金钥匙工程"的通知(桂教基教〔1996〕128 号)[Z]. 金钥匙视障教育研究中心内部资料,1996.
[2] 余瑾.实施"金钥匙工程"推进视障儿童教育——在广西"金钥匙工程"工作总结会上的讲话[Z]. 金钥匙视障教育研究中心内部资料,1998.
[3] 桂教基教.关于在广西壮族自治区实施视障儿童"金钥匙工程"的通知(桂教基教〔1996〕128 号)[Z]. 金钥匙视障教育研究中心内部资料,1996.
[4] 中华人民共和国国家统计局.年度数据[EB/OL].https://data.stats.gov.cn/easyquery.htm? cn=C01.
[5] 广西壮族自治区统计局. 表 3-2　城乡人口及少数民族人口[M]//广西壮族自治区统计局.广西统计年鉴 1999.北京:中国统计出版社,1999:30.
[6] 广西壮族自治区统计局. 表 9-22　农户人均纯收入与构成[M]//广西壮族自治区统计局.广西统计年鉴 1999.北京:中国统计出版社,1999:138.
[7] 陆发远,赵频.贫困地区经济开发　概述[M]//广西年鉴社.广西年鉴 1996.南宁:广西年鉴社,1996:135.
[8] 广西壮族自治区统计局. 表 1-3　自然资源(2006 年)[Z]//广西壮族自治区统计局.广西统计年鉴 2007.北京:中国统计出版社,2007:6.

薄、蓄水性差为显著特征,素有"九石一土"之说,是人类生活自然条件较恶劣的地区①。

落后的经济和相对闭塞、恶劣的自然环境,制约着当地人口的文化素质的发展,到1995年,广西农村平均每百个劳动力中文盲、半文盲人数为8.31人,小学文化程度的为44.28人②。

广西壮族自治区的人口、经济、自然状况为广西金钥匙工程提供了大的背景。从一些实际从事金钥匙工程的管理干部和教师的文章里,我们可以更加深刻地感受广西的自然和人文条件。

广西隆林各族自治县教科局一个报告中是这样描绘在实施金钥匙工程时的条件的:

> 我县地处桂西北高寒山区,属国家级贫困县。全县分为21个乡镇,总人口33.2万人,其中壮、苗、彝等少数民族占81%,地广人稀,人口密度为每平方公里98人,村屯大部分为独家屯和几家屯,地形复杂,山高沟深,交通不便,至今仍有两个乡府所在地未通班车,经济落后,尚有12万人处在温饱线下;部分群众观念陈旧,他们将视障儿童随班就读视为石头开花马生角的怪事③。

广西平果县是国家级贫困县,平果县堆圩乡龙林教学点的教师吴卫国是这样描绘1991年自己刚到教学点时候的情景的:

> 龙林教学点位于平果县堆圩乡西北部。这里不通电,不通公路,离县城70公里。离乡政府8公里,从我家步行到学校要走两个小时的崎岖山路。学校坐落在一个山洼里,周围有五座高耸险峻又光秃秃的石山。这里群众生活贫困,年人均收入不过400元④。

这两个例子生动地展示了开展金钥匙工程所处的外部条件,金钥匙工程要实现三年内在广西全境普及视障儿童教育的目标,就必须依托于广西的现实条件有针对性地开展工作。

在1996年广西启动金钥匙工程前,广西视障儿童随班那就读已经有了一定基础。这为开展金钥匙工程提供了有利条件。

1990年,国家教委在无锡召开了盲童随班就读现场会,推广金钥匙盲童教育计划的经验。广西壮族自治区教委基教处分管特殊教育的干部朱伯群参加会议后,在徐白仑的帮助和鼓励下也开始尝试在广西进行盲童随班那就读的实验。1991年,武鸣县玉泉乡培联村百江小学和田阳县雷圩乡中心小学分别举办了盲童随班就读实验班,作为

---

① 广西贫困人口分布状况[EB/OL].(2008-11-28)[2011-12-10].http://www.sdpc.gov.cn/dqjj/fpkf/fpgzxx/t20081128_248958.htm.
② 广西壮族自治区统计局.表9-21 农民家庭基本情况[M]//广西壮族自治区统计局.广西统计年鉴1999.北京:中国统计出版社,1999:137.
③ 广西壮族自治区教育委员会.广西视残儿童教育"金钥匙工程"经验选编[G].南宁:广西壮族自治区教育委员会,1998:64.
④ 广西壮族自治区教育委员会.广西视残儿童教育"金钥匙工程"经验选编[G].南宁:广西壮族自治区教育委员会,1998:90.

广西发展农村盲教育的首批试点学校,并举办了一期盲童随班就读实验教师培训班[1]。1993年全自治区盲童随班就读点发展到35个,就近进入普通小学就读的盲童共35名,11月,自治区教委在田阳县举办全自治区盲童随班就读专题讲学及现场观摩交流活动,各地、市、县80多名特教管理干部和教师代表参加了活动,徐白仑曾到现场进行考察指导并作专题讲学[2]。

1994年广西田阳、隆林、马山3县的桥业、巴别、雷圩、者保、沙梨、祥播、加方、合群、双联9个乡实施联合国儿童基金会资助的贫困地区"有特殊教育需要儿童的教育"项目,视障儿童随班就读和师资培训是这个项目的内容之一,徐白仑作为项目专家组的成员曾经对广西进行过考察,到1995年底一期项目结束的时候,9个项目乡共有14名盲童、31名低视力儿童随班就读[3]。1994年,南宁市盲聋哑学校被指定为广西盲教师资岗前短训基地和随班就读指导中心,年内有66名盲童随班就读辅导教师接受业务培训[4]。1995年,自治区盲教师资培训基地和随班就读指导中心举办师资岗前培训班,59名教师接受了岗前培训[5]。

经五年的视障儿童随班就读的试点工作,广西视障教育获得了初步发展。广西"视障儿童少年在校生数由1990年的12人增加到1995年的526人(其中全盲127人,低视力398人),初等教育入学率从0.8%提高到14.68%"[6],视障儿童的教育取得了一定的成绩和经验,为金钥匙工程的开展奠定了良好的基础。但是视障儿童教育仍然是当时广西普及义务教育薄弱环节中的难点。1995年视障儿童初等教育入学率是三类残疾儿童少年入学率中最低的,更是远远低于已达98.15%的健全儿童初等教育入学率[7]。在视障儿童随班就读试点中,广西也存在着一些难以突破的瓶颈问题,已有运作模式很难大面积高速优质普及视障教育。

二、广西金钥匙工程的实施(1996—1998年)

徐白仑多年来一直关心支持广西视障儿童随班就读的发展,跟广西壮族自治区教委基教处负责特殊教育的副处级干部朱伯群建立了深厚的友谊,金钥匙盲童教育计划的成功实践也奠定了徐白仑在基层的威信。1994—1995年间,徐白仑作为中国国家教育委员会和联合国儿童基金会合作项目的专家组成员认识了当时的广西壮族自治区教

---

[1] 朱伯群.盲童随班就读实验[M]//广西年鉴社.广西年鉴1992.南宁:广西年鉴社,1992:476.
[2] 朱伯群.盲童随班就读[M]//广西年鉴社.广西年鉴1994.南宁:广西年鉴社,1994:526.
[3] 饶洁芳.贫困地区儿童特殊教育项目通过评估验收[A]//广西年鉴社.广西年鉴1996.南宁:广西年鉴社,1996:389.
[4] 朱伯群.残疾儿童随班就读[M]//广西年鉴社.广西年鉴1995.南宁:广西年鉴社,1995:397.
[5] 饶洁芳.残疾儿童随班就读[M]//广西年鉴社.广西年鉴1996.南宁:广西年鉴社,389.
[6] 桂教基教.关于在广西壮族自治区实施视障儿童"金钥匙工程"的通知(桂教基教〔1996〕128号)[Z].金钥匙视障教育研究中心内部资料,1996.
[7] 1995年广西听力语言残疾儿童少年入学率为17.06%,智力残疾儿童少年入学率为49.37%,视力障碍儿童入学率14.68%。具体参见附录7《关于在广西壮族自治区实施视障儿童"金钥匙工程"的通知》。

育委员会[①]副主任余瑾,她非常关心特殊儿童的教育,徐白仑开展视障儿童金钥匙工程的想法获得了余瑾的大力支持,金钥匙工程遂率先在广西壮族自治区启动[②]。

1996年4月15日广西壮族自治区教育委员会、广西壮族自治区残疾人联合会、北京金钥匙中心联合下发了《关于在广西壮族自治区实施视障儿童"金钥匙工程"的通知》(下文简称桂教基教〔1996〕128号文件),决定1996—1998年在广西全境逐步实施"金钥匙工程",该通知规定要分别建立建全金钥匙工程的行政管理网络和业务指导网络,健全工程的档案制度,开展科研活动,建立工程项目评估体系。文件还规定了广西三年内具体安置视障儿童入学的计划,1996年全区各地现年年满14、15周岁的全盲、低视力儿童全部入学,百色、玉林、柳州地区、钦州、北海市所属各县现年年满8周岁及8周岁以上的全盲、低视力儿童少年全部入学,1997年全区年满8周岁以上的全盲、低视力儿童少年全部入学,1998年后全区各地当年年满7周岁的视障儿童全部入学[③]。

广西金钥匙工程进行了行政管理网络和业务指导网络的建设。1996年4月就成立了以广西人民政府副秘书长潘鸿权任顾问、广西教委副主任余瑾为领导小组组长,包括省教委、省残联、金钥匙中心三方的广西壮族自治区视障儿童教育"金钥匙工程"领导小组,并下设广西壮族自治区视障儿童教育"金钥匙工程"管理工作办公室负责工程日常行政管理工作。自治区成立由专家组和广西盲童随班就读指导中心有关人员组成的工程业务指导中心,负责培训地、市、县管理干部和巡回指导教师,研制和编写相关的培训资源,组织经验交流活动和教学评估。广西教委文件《关于在广西壮族自治区实施视障儿童教育"金钥匙工程"的通知》从行政组织的角度具体落实了地市、县区、乡镇、校的工程领导人和负责人;并规定了地、市配备巡回指导教师,县(区)配备巡回教师。这样从自治区、地市到县区都指定了专人负责工程的行政管理和业务指导。具体详见附录7《关于在广西壮族自治区实施视障儿童教育"金钥匙工程"的通知》。金钥匙工程开展后,各地踊跃落实通知的要求,构建了市、县、乡、校的工程管理网络和业务指导网络。如南宁市形成了从上到下的金钥匙工程管理和指导网络:市级由市教委分管基础教育的副主任负责,市教委的特教专干为管理干部,市盲校一名教师为全市巡回指导教师;县级由分管小学的教育局副局长负责,县郊教育局特教专干为管理干部,各县郊配备了一名巡回教师;乡镇级由教管办的小学辅导员负责。各地还纷纷仿照自治区金钥匙工程领导小组和管理工作办公室的形式,建立了地方各级金钥匙工程的组织管理机构。

为了保障工程的顺利开展,金钥匙工程在吸收过去培训经验的基础上,结合广西的实际情况,在工程起步之初,就设计了两级师资分类培训体系。

[①] 1988年6月广西壮族自治区教育厅改名为自治区教育委员会,1998年4月自治区教育委员会更名为自治区教育厅。广西金钥匙工程开展期间,广西壮族自治区省一级的教育行政部门的名称表述有变化,在1996年、1997年称为自治区教育委员会,1998年4月14日后称为自治区教育厅。具体参见百度百科.广西壮族自治区教育厅[EB/OL].[2022-12-06]. https://baike.baidu.com/item/%E5%B9%BF%E8%A5%BF%E5%A3%AE%E6%97%8F%E8%87%AA%E6%B2%BB%E5%8C%BA%E6%95%99%E8%82%B2%E5%8E%85/7704924?fr=ge_ala.

[②] 2011年2月8号对徐白仑的访谈记录。

[③] 桂教基教.关于在广西壮族自治区实施视障儿童"金钥匙工程"的通知(桂教基教〔1996〕128号)[Z].金钥匙视障教育研究中心内部资料,1996.

一级培训是省级培训，负责培训地、市、县管理干部和巡回教师，一般在5—6月举办，"金钥匙工程"针对地、市、县管理干部和巡回教师日后的工作需要，制订了课程计划和授课大纲，培训内容主要涉及眼科医学基础、低视力的教育、视障儿童的心理、全纳教育潮流与随班就读、盲文及盲文教法、视障儿童教学法、定向行走、见习和现场观摩等内容。1996年5月6日至27日在南宁举办了首次各地、市、县"工程"管理干部、巡回教师培训班，培训时间为20天。此次培训班邀请了世界卫生组织防盲合作中心主任、国家卫生部全国防盲指导办公室主任、北京市眼科研究所教授孙葆忱，中国特教研究会副理事长、北京师范大学特教研究中心主任朴永馨，北京金钥匙中心主任徐白仑，国际视障教育协会中国分会理事、南京特师盲教中心主任周苗德等全国著名的专家来讲学[①]。为了解决部分地区所属县（市）培训金钥匙工程辅导教师所需讲课人员及加强工程管理，1997年6月11日至20日在又在南宁市举办1997年部分地区金钥匙工程管理干部及巡回教师培训班[②]。

二级培训主要是以视障儿童辅导教师为主要对象，以县为单位组织举办，各县教育局工程管理干部负责组织，巡回教师负责讲课的县级培训。在辅导教师的培训中本着"学以致用，急用先学"的原则，对盲生辅导教师和低视力辅导教师进行分类培训，广西金钥匙工程领导小组每年会通过省教委下发行政文件部署辅导教师的培训工作，对举办培训班前的准备工作，组织工作，培训对象、时间、内容及教材和培训经费都做了明确的规定。广西金钥匙工程对培训有一定的质量控制。在地方负责的二级培训中，金钥匙工程规定全盲儿童辅导教师培训班使用《送你一把金钥匙盲文扫盲系列读物》《视障儿童随班就读教学指导》和桂教基教〔1996〕128号文件作为教材。在低视力儿童辅导教师培训班中刚开始以《视障儿童随班就读教学指导》和桂教基教〔1996〕128号文件作为教材，后来为加强低视力儿童辅导教师的培训，1997年金钥匙中心组织专家编写了《低视生随班就读上岗培训讲义》，供各县巡回教师和特教专干培训低视力儿童辅导教师之用。

广西工程还非常注意视障儿童的筛查和建档工作。

工程为基层的视障儿童的筛查提供了初步的筛查工具《视残分类工具卡》，形成了一套视残儿童简易分类法；并通过两级培训体系使市、县、乡镇、学校等各级工程管理干部和巡回教师、辅导教师掌握工具卡的使用方法和视残儿童简易分类法。此外，金钥匙还编印了筛查宣传海报，张贴在村头和校点，发动群众和小学生提供筛查线索。

金钥匙中心编印了《金钥匙工程基本档案卡》，要求教师在开学一周内填写完毕，以便反映视障儿童的原始情况，"内容除一般履历外，包括视力情况、心理状况（心理特征、心理倾向）、社会适应状况（生活自理、日常家务、定向行走、体态、异常行为）、家庭状况、

---

① 梁全进.广西视障儿童随班就读的实践与探讨[M].北京:华夏出版社,1999:28.
② 桂教基教.关于举办1997年部分地区"金钥匙工程"管理干部和巡回教师培训班的通知(桂教基教〔1997〕208号)[Z].金钥匙视障教育研究中心内部资料,1997.

学校状况",并要求贴上近期照片,"填写方法尽量用选择法,方便教师填写"[①]。从实践来看,各地基本上都能在视障儿童入学后及时建立金钥匙基本档案卡,档案卡内容填写规范、全面,没有遗漏,有些县级教育行政部门还进行审核,加盖了公章。1996年6月开始实施广西金钥匙工程后,9月第一批视障儿童入学,各县教育局就布置辅导教师填好1996年入学学生的金钥匙工程基本档案卡并上交。金钥匙工程还把以前已在各地普通初中、小学随班就读的视障学生逐渐纳入金钥匙工程统一管理范围,也为他们建立了基本档案卡。

广西金钥匙工程的实施效果显著,实施广西金钥匙工程的第一年,也就是1996年,视障儿童入学人数就由1995年的526人发展到759人。1996年底,在各地自行初期评估的基础上,自治区组织专家组对柳州市及柳江、忻城、合山、玉林、博白、容县等七县市的19名视障生进行抽查评估,结果专家组抽评的16名全盲生中,优良率达87.5%,中等率12.5%,差等无;3名低视生中,优良率达33.3%,中等率达66.6%,差等无[②]。1997年视障儿童入学人数发展到1 589人,1998年达到2 154人,视障儿童的入学率达到81.8%,基本实现工程的预期目标[③]。广西金钥匙工程实施三年来共培训教师和管理干部2 364人次[④]。在"金钥匙工程"的带动下,全面推动了广西全自治区特殊教育事业的发展,其他两类残疾儿童少年入学率也大幅度提高。据统计,"1998—1999学年听力语言残疾儿童的入学率从1995年的17.06%提高到63.8%,提高了46.7个百分点,智力残疾儿童的入学率从1995年的49%提高到79%,提高了30个百分点"[⑤]。

1998年10月召开了广西视障儿童教育"金钥匙工程"工作总结会议,总结和交流了广西金钥匙工作经验和成果,宣告了历时三年的广西金钥匙工程的圆满结束。

广西金钥匙工程的开展获得了社会各方的大力支持。在广西金钥匙工程实施期间,获得了联合国教科文组织、国务院妇女儿童工作委员会、德国克里斯多夫防盲基金会、世界宣明会、爱德基金会、北京仙湖建材有限公司、中国有色金属工业总公司、广西教育出版社等国内国外众多机构的支持和资助。

1999年出版的《广西视障儿童随班就读的实践和探讨》对广西金钥匙工程的相关资料进行整理和提炼。1999年联合国教科文组织出版的《全纳学校与社区支持》一书中,中国广西金钥匙工程作为全球十个成功的范例之一而入选。2000年联合国教科文组织出版的《悦纳学校》(Welcoming Schools)一书介绍了15个国家的成功实例,其中一篇介绍了金钥匙工程在广西百色地区丛山中实施的效果[⑥]。

广西金钥匙工程的实施在中国融合教育的历史发展中有重要意义,它标志着视障

---

① 徐白仑.迅速发展视障教育的新尝试——金钥匙工程[C]//徐白仑.国际视障教育协会中国分会 第三届学术研讨会论文集. 金钥匙视障研究中心内部资料,1996:37.
② 广西壮族自治区教育委员会.广西视残儿童教育"金钥匙工程"经验选编[G].南宁:广西壮族自治区教育委员会,1998:3.
③ 梁全进. 广西视障儿童随班就读的实践与探讨[M]. 北京:华夏出版社,1999:149.
④ 徐白仑.前言[M]//梁全进. 广西视障儿童随班就读的实践与探讨. 北京:华夏出版社,1999:1.
⑤ 余瑾.实施"金钥匙工程"推进视障儿童教育——在广西"金钥匙工程"工作总结会上的讲话[Z]. 金钥匙视障教育研究中心内部资料,1998.
⑥ 金钥匙视障教育研究中心.书讯[Z]. 金钥匙简报第0003号,2000-03-22.

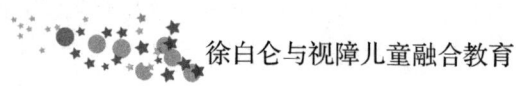

儿童随班就读由试点阶段发展到探索大面积高速优质实施视障儿童同班就读的本土化科学操作模式阶段。金钥匙工程的实施大面积高速度提升了广西视障儿童教育的质量，对广西特殊教育整体的发展和全国随班就读的发展都产生了深远的影响。

第三节　内蒙古金钥匙工程

一、内蒙古实施金钥匙工程的条件

（一）内蒙古实施金钥匙工程的自然、人口、经济、文化等条件

中华人民共和国内蒙古自治区成立于1947年，是我国建立最早的少数民族自治区。内蒙古自治区位于北部边疆，由东北向西南斜伸，呈狭长形，东西直线距离2 400多公里，南北直线距离1 700公里。全区总面积118.3万平方公里，占全国土地面积的12.3%，是中国第三大省区。内蒙古的地形以高原为主，气候属典型的中温带季风气候，降水量少而不匀，寒暑变化剧烈，从东向西由湿润、半湿润区逐步过渡到半干旱、干旱区，自治区生态环境脆弱，土地的荒漠化、沙漠化严重，人们的生存条件相对恶劣[①]。到1998年底，全区总人口2 344.88万，其中蒙古族392.86万，占全区总人口的16.4%。内蒙古经济欠发达，人民生活水平较低，1998年内蒙古农牧民家庭平均每人年纯收入为1 891元[②]。内蒙古农牧民家庭基本情况中，每百名劳动力中不识字或识字很少的人数有9.16人，小学文化程度的有34.79人[③]。

内蒙古自治区三级行政区划的名称比较特别，市级的行政单位称为"市"或"盟"，县级行政单位称为"旗""县""区"或者"县级市"，乡级行政单位称为"镇""苏木"，村级行政单位称为"村"或"嘎查"。以1998年为准，当时内蒙古自治区共有12个市级行政区域，具体为呼和浩特市、包头市、乌海市、赤峰市、呼伦贝尔盟、兴安盟、哲里木盟、锡林郭勒盟、乌兰察布盟、伊克昭盟、巴彦淖尔盟、阿拉善盟，这12个盟市下设101个旗、县作为县级行政单位，其中有31个国家级贫困县。

（二）内蒙古特殊教育亟须加速发展

20世纪90年代中期，内蒙古自治区特殊教育的发展还处在相对落后、薄弱的状态。据1995年统计，内蒙古全区有7~15周岁视力、听力语言残疾儿童和智力残疾儿童少年14 167名，其中视力残疾1 301名；全区特殊教育学校17所；三类残疾儿童少年在校生7 907名，其中特校在校生1 053人，普通学校附设特教班在校生600人，随班就

[①] 内蒙古自治区人民政府办公厅.内蒙古概况[DB/OL].[2010-11-31]. http://intonmg.nmg.gov.cn/channel/zjnmg/col6648f.html.
[②] 内蒙古自治区统计局.表8-14 农牧民家庭平均每人年纯收入及构成[M]//内蒙古统计局.内蒙古统计年鉴1999.北京：中国统计出版社，1999：187.
[③] 内蒙古自治区统计局.表8-12 农牧民家庭基本情况[M]//内蒙古统计局.内蒙古统计年鉴1999.北京：中国统计出版社，1999：186.

读学生 6 254 人；视力、听力语言、智力残疾儿童在校生分别为 440 人，1 590 人，5 877 人，入学率分别为 33.89％、52.30％、59.89％[1]。视障儿童入学率低于其他两类儿童的入学率，内蒙古自治区视障儿童的教育不容乐观。

鉴于特殊教育的落后状况，内蒙古积极谋求特殊教育的发展。1996 年自治区《关于贯彻国家教委〈普及九年义务教育和扫除青壮年文盲评估验收和表彰奖励办法〉的实施意见》中明确规定："凡申请验收普及九年义务教育的旗县、区所在盟市必须有一所特校，三类残疾儿童入学率，城镇必须达到 80％，旗县必须分别达到 60％[2]。"《内蒙古自治区残疾儿童少年义务教育"九五"实施方案》中提出的任务目标是"可以接受普通教育的残疾儿童少年入学率努力达到当地其他儿童少年的同等水平"，到 2000 年，视力、听力语言和智力残疾儿童少年的入学率全区平均分别达到 70％左右[3]。但是和这个目标相比，到 1998 年的时候各盟市的特殊教育尤其是视障儿童教育的差距还比较大。以乌兰察布盟为例，经过多次筛查后，1998 年确定全盟学龄视力障碍学生为 285 人，其中在 1998 年上学接受教育的有 27 人[4]，入学率 9.4％，远远低于 1995 年内蒙古自治区学龄视障儿童入学率 33.89％的水平[5]。内蒙古自治区亟须提升全区特殊儿童教育尤其是视障儿童教育的水平，实现"九五"义务教育的发展目标。而金钥匙工程积累了丰富的推动视障儿童教育发展的工作方法，在社会上有良好的声誉，内蒙古自治区可以以视障儿童教育为突破口，促进自治区特殊教育的整体发展。

二、内蒙古金钥匙工程的实施（1999—2003 年）

内蒙古金钥匙工程主要是指 1999—2003 年间由内蒙古自治区教委[6]、金钥匙中心和中国爱德基金会合作实施的一项旨在使内蒙古自治区全境所有适龄视力残疾儿童少年尽快就近入学与明眼儿童同班学习接受义务教育并形成当地视障教育可持续发展机制的特殊教育项目。该项目大面积高速优质普及了内蒙古视障儿童的教育，形成了视障儿童融合教育的金钥匙模式。2003 年内蒙古金钥匙工程结束后，为了推动内蒙古视障教育持续发展，内蒙古于 2004—2006 年实施第二期"内蒙古金钥匙视障教育项目"，2007—2009 年实施了第三期"金钥匙视障教育项目"，这两期项目是内蒙古金钥匙工程的后续项目，完善了内蒙古金钥匙工程所形成的视障儿童随班就读的金钥匙模式，但金

---

[1] 内蒙古自治区教育委员会.关于我区特殊教育工作情况的汇报[Z]//金钥匙视障教育研究中心内部资料，1998.

[2] 内蒙古自治区.关于贯彻国家教委《普及九年义务教育和扫除青壮年文盲评估验收和表彰奖励办法》的实施意见[Z]//内蒙古金钥匙工程文档.金钥匙视障教育研究中心内部资料，1996.

[3] 转引自内蒙古自治区教育委员会.关于我区特殊教育工作情况的汇报[Z]//金钥匙视障教育研究中心内部资料，1998.

[4] 乌兰察布盟教委.关于对全盟视障生视力再次进行鉴定的总结报告[Z]//金钥匙视障教育研究中心内部资料，1998.

[5] 造成这个统计数据的差异的原因有多方面，首先，乌盟 1998 年学龄视力障碍学生为 285 人这个数据是经过多次深入筛查后得出的视障儿童的数据，而 1995 年内蒙古统计的入学率依照的视力残疾 1 301 名的这个基数，可能筛查的不够彻底。学龄视障儿童的数据每年都有变化，乌盟到 1999 年再次筛查后由于学生搬家、毕业等因素，视障儿童人数变为 264 人。

[6] 金钥匙工程启动的时候，内蒙古自治区省一级的教育行政部门为内蒙古自治区教育委员会，到 2000 年，改名为内蒙古自治区教育厅。

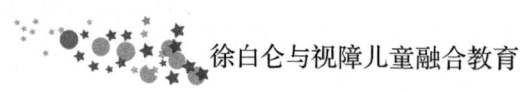

钥匙中心的参与力度减弱,仅仅起到了专业咨询的作用,在合作中不再占有主导地位。

1997年7月,徐白仑作为联合国儿童基金会特殊教育专家到内蒙古特殊教育项目县——和林县考察指导工作期间,提出在内蒙古自治区实施金钥匙工程的设想,自治区教育厅厅长韩永久、副厅长何成保表示赞同,初步达成一致意见[①]。1998年9月,自治区教委副主任魏力军、金钥匙中心主任徐白仑、中国爱德基金会防盲特教部主任庄艾琳、德国克里斯多夫防盲基金会亚洲部主任罗尔夫·穆根伯格和东亚地区代表彼德·莱纽及有关人员在呼和浩特市进行了会谈,正式决定在内蒙古共同实施视障儿童金钥匙工程,当日印发了《关于中国内蒙古实施视障儿童随班就读金钥匙工程会谈纪要》,魏力军代表自治区教委、徐白仑代表金钥匙中心分别在会谈纪要上签字[②]。

1999—2003年为内蒙古金钥匙工程执行期。1997—1998年进行了项目的前期准备,自治区教委先后下发《关于在全区普查确认视力残疾儿童少年的通知》(内蒙教幼特发〔1997〕5号文)和《关于对我区视力残疾儿童少年再次进行普查的通知》(内蒙教基发〔1998〕59号文)等两个文件,对视力残疾儿童的普查工作做了规定和部署。1998年12月成立了内蒙古自治区金钥匙工程领导小组,自治区教委副主任何成保任组长,金钥匙中心主任徐白仑和中国爱德基金会防盲特教部主任庄艾琳任副组长,成员有自治区民政厅、卫生厅、残疾人联合会有关处室以及自治区教育科学研究所的领导,金钥匙工程领导小组负责对金钥匙工程进行工作部署、协调和指导,领导小组下设办公室[③]。金钥匙中心在内蒙古金钥匙工程中起到了整体策划、业务指导、筹集资金和物资的作用,自治区教委作为项目的执行方负责组织各级教育行政部门和基层学校实施金钥匙工程,自治区民政厅、卫生厅、残疾人联合会及其下属的各级行政部门为金钥匙工程的实施提供组织配合。

内蒙古金钥匙工程的经费主要来自德国基督教援助发展中心、德国克里斯多夫防盲基金会、德国海德希姆基金会和荷兰明暗基金会等欧洲四个基金会,通过中国爱德基金会落实到位。自治区教委也从特殊教育专项经费中安排配套资金。内蒙古自治区金钥匙工程项目采取"以点带面"[④]、分批推进的策略,1999年在乌兰察布盟试点,2000年在通辽市、赤峰市、锡林郭勒盟实施,2001年在兴安盟实施,2002年在呼伦贝尔市、巴彦淖尔盟实施,2003年在鄂尔多斯市、呼市、包头市、乌海市、阿拉善盟实施。具体情况如下:

1999年金钥匙工程首先在乌兰察布盟正式开始实施。1999年3月4日内蒙古自治区教委、乌兰察布盟教委和金钥匙中心召开了乌兰察布盟实施金钥匙工程启动工作

---

① 内蒙古自治区教育委员会基础教育处. 我区特殊教育史上的一件大事——"金钥匙工程"在我区启动[Z]. 基础教育情况,1999-8-23.
② 内蒙古自治区教育委员会.关于中国内蒙古实施视障儿童随班就读金钥匙工程会谈纪要[Z].金钥匙视障教育研究中心内部资料,1998.
③ 内蒙古自治区教育委员会.关于中国内蒙古实施视障儿童随班就读金钥匙工程会谈纪要[Z].金钥匙视障教育研究中心内部资料,1998.
④ 内蒙古自治区教育委员会. 内蒙古自治区"金钥匙工程"领导小组会议纪要[Z].金钥匙视障教育研究中心内部资料,2000.

座谈会,对乌盟开始试点进行整体部署。会议决定将乌盟聋哑学校发展为乌盟盲聋哑学校,在乌盟盲聋哑学校成立"内蒙古中部地区视障教育资源中心",负责为乌兰察布盟、锡林郭勒盟、呼和浩特市三个市级行政区的视障儿童教育提供教育研究、巡回指导、资源供应、信息交流等专业服务,乌盟教委代管;会后,乌盟盲聋哑学校设立盲生部(后根据捐款人意愿把盲生部定名为方树泉盲校),2000年9月份开始招收不适合随班就读的盲生,并积极准备开始盲童职业教育班。

1999年4月5日乌盟教委发布了《关于全盟"金钥匙工程"的实施意见》(乌教普字〔1999〕8号),标志着金钥匙工程在乌盟正式启动。5月金钥匙中心组织专业人员对乌盟师资进行了上岗培训,6月成立了乌盟金钥匙工程领导小组,乌蒙教委主任亲任组长,7月乌盟11个旗县(市)均成立了以副旗长、县(市)长为组长的领导小组。1999年9月乌盟经过再三筛查最后确定264名视障儿童,其中252人入学,入学率95.45%[1],一举超过了《乌盟1999—2000年残疾儿童少年义务教育发展规划的报告》中视障儿童入学率达到90%的任务。1999年中国关系下一代委员会和日本培育温暖心灵活动总部,为乌兰察布盟开展视障儿童随班就读的学校设立"祝我高飞奖",评奖对象包括班级、视障生和教师[2],2000年5月举行了隆重的颁奖仪式。工程实施两个月后,在旗县和乌盟两级初期评估的基础上,1999年12月自治区评估

图4-1 1999年12月乌盟金钥匙工程省级初期评估

组对乌盟金钥匙工程进行了初期评估,结果显示,在抽查的25名视障生中累积评价450次,评为优的266项次,占59.6%;良132项次,占29.3%;中43项次,占9.6%;差9项次,占2%。12月23日北京电视台新闻评论部《今日话题》专栏对此次评估做了追踪报道。《中国教育报》也跟随评估组赴乌盟采访,以"点一盏希望的灯"为题做了报道。2000年9月在乌盟实施金钥匙工程一年后,自治区对乌盟金钥匙工程进行了二期评估,评估小组认为乌盟"金钥匙工程"的整体教育质量较初期有了大幅度的提高,各项工作均基本达标。2001年10月,自治区评估小组对乌盟市进行了省级的三期评估,评估组认为乌兰察布盟实施金钥匙工程以来,视障儿童入学率大幅度提高,教育、教学效果良好,建立了业务指导和教学管理网络,培训了一大批教师和管理干部,已为持续发展

---

[1] 此数据出自内蒙古自治区教育委员会.1999年乌盟实施金钥匙工程评估报告[Z].金钥匙视障教育研究中心内部资料,2000.内蒙古自治区教育委员会.内蒙古自治区"金钥匙工程"领导小组会议纪要[Z].金钥匙视障教育研究中心内部资料,2000.后因各种原因,乌盟学龄视障儿童的入学数据有变化,到2003年内蒙古金钥匙工程中乌盟入学的视障生人数总计为259人,此数据参见金钥匙中心.1999—2003年内蒙古金钥匙工程视障学生入学人数统计[Z].北京:金钥匙视障教育研究中心档案,2003.

[2] 金钥匙视障教育研究中心.设立"助我高飞奖"[Z].金钥匙简报第9906号,1999-05-06.

打下良好基础,可纳入义务教育轨道,进行常规的管理和指导①。2002年3月乌兰察布盟教委颁布《关于切实加强领导,把金钥匙工程纳入义务教育常规管理的意见》(乌教办字〔2002〕10号),要求每年做好新出现的视障儿童的入学工作,并要做好在读视障儿童的巩固率,并决定在内蒙古视障教育中部资源中心(乌盟盲聋哑学校)建立全盟视障生的职业技术培训基地以加强视障生的职业教育。至此内蒙古金钥匙工程在乌盟完成了一个完整的运转过程。

2000年赤峰市、通辽市、锡林郭勒盟实施金钥匙工程。1999年8月金钥匙中心主任徐白仑等三位特教专家对哲里木盟②、赤峰市、锡林郭勒盟进行了前期摸底考察,1999年8月到10月间三地均以政府文件的形式对实施前的准备工作进行了部署,成立了盟市级的金钥匙工程领导小组。1999年10月14日赤峰市教委颁布《关于印发赤峰市"金钥匙工程"实施意见的通知》(赤教普字〔1999〕40号),1999年8月30日锡林郭勒盟教委颁布《印发锡林郭勒盟"金钥匙工程"实施意见的通知》,1999年10月13日哲里木盟颁布《关于成立视障儿童随班就读"金钥匙工程"领导小组的通知》。1999年11月自治区举办了三个盟市的金钥匙工程管理干部培训班,为2000年三地实施金钥匙工程做准备③。该培训班培训对象为盟市教委普教科科长、特教干部及将来参加工程的财会人员,三盟市所属旗(县、区、县级市)教育局分管特殊教育的局长、普教股股长,特殊教育学校的校长、教导主任。培训内容为金钥匙工程概论、实施步骤和要点,视障儿童的筛查、教育和评估,各旗县启动流程,项目管理和财务管理。1999年自治区东部视障教育资源中心成立,设在通辽市盲聋哑学校(地址在通辽市科尔沁区),服务范围为通辽市、呼伦贝尔盟、兴安盟、赤峰市④,2000年3月20日正式运作⑤。2000年5月,金钥匙中心为三地举办了全盲儿童少年辅导教师、指导教师⑥、巡回教师培训班,7月举办了低视儿童少年辅导教师和巡回教师培训班。盲生辅导教师在暑假里就送教上门教盲生盲文。到2000年9月,这三个盟市一共有444名视障儿童入学,其中锡林郭勒盟有53人,赤峰市198人,通辽市⑦193人⑧;已筛选出的视障儿童的入学率锡林郭勒盟达到

---

① 金钥匙视障教育研究中心.乌兰察布盟三期评估[Z].金钥匙简报第0109号,2001-11-15.
② 通辽市的前身是哲里木盟,1999年10月,撤销地级哲里木盟,成立地级通辽市。
③ 内蒙古自治区教育委员会.关于举办"金钥匙工程"管理干部培训班的通知[Z].金钥匙视障教育研究中心内部资料,1999.
④ 内蒙古自治区教育教育厅.关于成立内蒙古自治区视障教育资源中心的通知(内教基函〔2001〕52号)[Z].金钥匙视障教育研究中心内部资料,2001.
⑤ 内蒙古东部地区视障教育资源中心.内蒙古东部地区视障教育资源中心工作汇报[Z].金钥匙视障教育研究中心内部资料,2007.
⑥ 内蒙古金钥匙工程初期在地广人稀或交通不便的乡镇设置乡级指导教师,一般由学区教务主任兼任,协助县巡回指导教师做好对本学区盲生辅导教师的业务指导和行政管理工作,起到承上启下的作用。但是后来在实践中发现,一般一个乡的盲童数量很少,就一两个,如乌盟的察右后旗1999年共筛查出22名视障生,分布在11个乡镇,21所学校,平均每个乡镇有2名视障儿童。在每个乡视障儿童尤其是盲童很少的情况下,再为他们设立指导教师的话,就和辅导教师重叠了,并且增大了师资培训的任务,金钥匙工程中后期乡镇一级的指导教师就撤销了,不再提了。
⑦ 1999年10月,哲里木盟撤销,成立地级通辽市。
⑧ 金钥匙视障教育研究中心.1999—2003年内蒙古金钥匙工程 视障学生入学人数统计[Z].金钥匙视障教育研究中心内部资料,2003.

100%,赤峰市达到95.5%[1],通辽市达到96%。为提升工程质量,2001年2月内蒙古自治区组织特教考察团前往泰国考察;2001年6月锡林郭勒盟教育局召开全盟金钥匙工作会议,总结经验,表彰先进;2001年7月赤峰市召开了全市金钥匙工程经验交流暨表彰会;2001年8月内蒙古自治区举办了已开展金钥匙工程的四盟市视障教育教师、旗县(市)巡回教师和管理干部强化培训班。为了控制工程质量,2000年11月、2001年10月至11月、2002年11月三个盟市分别分旗县、盟市、自治区三级进行了初期、二期、三期评估。其中内蒙古教育厅与金钥匙中心组成的联合评估组于2002年11月14日至22日,对通辽市、赤峰市的金钥匙工程进行三期评估,在对五个旗县的教学点进行深入细致的评估以后,评估组认为两市的相关管理干部、巡回教师、辅导教师及视障生所在校的校长均已"基本掌握"视障教育的基础知识,可以由当地政府纳入义务教育范畴持续发展[2]。

按照前期规划,2001年要在巴彦淖尔盟、兴安盟和呼伦贝尔盟三个盟市实施金钥匙工程,因此2000年三个盟市进行了实施工程的前期准备。金钥匙中心会同内蒙古教育厅的代表于2000年7月对巴盟做了前期考察和培训,并考察了巴盟聋哑学校;8月19日到9月1日,对兴安盟和呼盟进行了前期考察并对盟教育局普教科分管科长、计财科科长、旗(县、区、县级市)教育局普教股股长、特校校长进行了培训[3]。同年"内蒙古自治区西部地区视障教育资源中心"成立,设在巴彦淖尔盟聋哑学校(地址在巴彦淖尔盟临河市),服务范围为巴彦淖尔盟、鄂尔多斯市、阿拉善盟、包头市、乌海市[4]。但是后来为了进一步提高已开展工程的四个盟市的金钥匙工程的质量,巴盟、兴安盟和呼盟的工程实施时间调整到2002年。兴安盟由于工程实施的前期准备工作已经就绪,该盟市教委领导认为视障儿童的教育已被耽误多年,越早实施工程越好。因此在项目经费没有下来的情况下,兴安盟教育局借贷垫付项目资金,于2001年提前启动了金钥匙工程。2001年7月金钥匙中心在兴安盟举办了全盟视障教育师资培训班,对视障教育管理干部、盲教育师资、低视力教育师资分别进行了培训。2001年9月兴安盟有84名视障儿童入学。2002年巴盟和呼伦贝尔市[5]正式实施金钥匙工程。在上岗培训的基础上,2002年9月呼伦贝尔市有36名视障儿童入学,巴彦淖尔盟有38名视障儿童入学,鉴于两盟市视障儿童筛查出来的数目占当地人口的比例远远低于推算常数,2002年又进行了一次视力残疾儿童少年的筛查,2003年呼伦贝尔市又有51名视障儿童入学,巴彦淖尔盟又有28名视障儿童入学。2002年底,自治区评估组对兴安盟、巴盟和呼市进行了初期评估。

---

[1] 自治区评估组.内蒙古自治区金钥匙工程2000年初期评估报告[Z].金钥匙视障教育研究中心内部资料,2000.

[2] 金钥匙视障教育研究中心.通辽市、赤峰市三期评估[Z].金钥匙简报第0211号,2002-11-30.

[3] 内蒙古自治区教育厅办公室.关于对呼盟、兴安盟金钥匙工程进行前期考察暨培训的通知[Z].金钥匙视障教育研究中心内部资料,2000.

[4] 内蒙古自治区教育厅.关于成立内蒙古自治区视障教育资源中心的通知(内教基函〔2001〕52号)[Z].金钥匙视障教育研究中心内部资料,2001.

[5] 2001年10月10日,国务院批准撤销呼伦贝尔盟设立地级呼伦贝尔市。

2003年,阿拉善盟、乌海市、鄂尔多斯市、呼和浩特市和包头市开始实施金钥匙工程。2002年6月金钥匙中心徐白仑、纪玉琴和内蒙古自治区教育厅基础教育处干部田永安对阿拉善盟、乌海市、鄂尔多斯市、呼和浩特市进行了前期考察指导,考察期间对旗县区特殊教育干部进行了培训。2002年9月12至13日,金钥匙中心在内蒙古教育厅的代表陪同下在包头市举办干部培训班,包头市教育局和下属旗(县、区、县级市)教育局分管特教的干部、特校教师、残联干部接受了培训,市教育局局长黄晓英亲自主持,至此,内蒙古自治区12盟(市)、101旗(县、区、县级市)教育局分管特教的干部均已受过金钥匙工程的培训[①]。2003年8月14日至9月1日,针对呼和浩特市、包头市、乌海市、鄂尔多斯市和阿拉善盟等5个盟市分别举办低视教育师资、管理干部和盲教育师资培训班进行上岗培训。2003年9月呼和浩特市、包头市、乌海市、鄂尔多斯市、阿拉善盟分别有29名、24名、4名、13名、14名视障儿童入学。至此内蒙古自治区12个盟市均已实施了金钥匙工程,截止到2003年底,内蒙古自治区有1 024名[②]视障儿童(盲129名,低视895名)在普通学校获得了良好的教育,各项发展指标均超过在特殊教育学校学习的视障儿童,全区视障儿童的入学率达到了95%以上,普及了视障教育[③]。

金钥匙工程的实施在提升内蒙古视障教育水平的同时还在实践的基础上形成了含视障儿童筛查建档、师资培训、组织管理、业务指导、教育教学、评估等内容的视障儿童融合教育本土化理论,为贫困地区开展视障儿童融合教育提供了符合国情的操作模式。

2003年11月3日—17日,支持内蒙古金钥匙工程的欧洲4个基金会组成联合评估组深入基层考察了赤峰市、通辽市、兴安盟、呼伦贝尔市、锡林郭勒盟、乌兰察布盟、巴彦淖尔盟的视障教育;考察了内蒙古东、中、西部视障教育资源中心和兴安盟、呼伦贝尔市的指导中心;考察了太仆寺旗医院和集宁市医院的眼科。评估组成员对失明儿童在金钥匙工程帮助下产生的巨大变化留下深刻印象,充分肯定了内蒙古金钥匙工程已取得的成绩,对眼科诊断、低视教育、家庭支持等方面提出了建设性意见;克里斯多夫防盲基金会专家组组长威廉·布鲁海尔表示,将在此基础上建议德国总部对以后三年的内蒙古金钥匙工程后续项目继续给予支持[④]。

为了推动内蒙古视障教育的持续发展,经过德国克里斯多夫防盲基金会、爱德基金会、金钥匙中心、内蒙古教育厅共同协商,决定在1999—2003年内蒙古金钥匙工程已取得成绩的基础上,于2004—2006年实施内蒙古金钥匙视障教育项目(也称为金钥匙工程二期),项目由内蒙古教育厅领导和实施,爱德基金会监督和协调项目的实施,金钥匙

---

① 金钥匙视障教育研究中心.举办包头市干部培训班金钥匙[Z].金钥匙简报第0209号,2002-09-20.

② 从金钥匙视障教育研究中心的《1999—2003年内蒙古金钥匙工程 视障学生入学人数统计表》来看,工程开展期间入学累计人数为1 024人。这也符合《2004—2006年内蒙古金钥匙视障教育项目计划》中对1999—2003年金钥匙工程总结中提到的视障儿童入学人数,具体参见内蒙古自治区教育厅,内蒙古自治区卫生厅,内蒙古自治区民政厅,内蒙古自治区残疾人联合会.关于印发《2004—2006年内蒙古金钥匙视障教育项目计划》的通知[Z].金钥匙视障教育研究中心内部资料,2004.

③ 内蒙古自治区教育厅基础教育处.实施"金钥匙工程",推进我区特殊教育发展(2003年度全国基础教育工作会议材料)[Z].金钥匙视障教育研究中心内部资料,2003.

④ 金钥匙视障教育研究中心.评估内蒙古金钥匙工程[Z].金钥匙简报第0309号,2003-11-30.

中心负责业务指导,克里斯多夫防盲基金会提供资助[1]。项目的目的是"逐步使内蒙古教育厅能够独立地、可持续发展地开展工作,而最终使全自治区的视障儿童普遍享受受教育的权利"[2]。四方于2004年9月签署名为《谅解备忘录》的合作协议。内蒙古金钥匙视障教育项目对全蒙101个旗(县)尚未入学的视障儿童进行了一次全面筛查,到2004年底共新筛查出462名视障儿童[3],最后经过核实后确定为367名[4]。各盟市的指导中心(或资源中心)在金钥匙中心的辅导下进行了各类师资的上岗培训,2005年这批新筛查出的视障儿童入学。金钥匙中心在二期项目中通过编印邮寄《教学建议》、专家考察、举办研讨班等形式对项目进行专业指导。

为了推动内蒙古自治区视障教育的持续发展,德国克里斯多夫防盲基金会(CBM)与金钥匙中心、内蒙古教育厅合作进行了2007—2009第三期金钥匙视障教育项目,该项目选择赤峰市和兴安盟为试点,为两地的视障教育继续提供资金和业务的支持。在此项目的推动下,内蒙古赤峰市和兴安盟的视障教育和特殊教育已经走上可持续发展的轨道。到2010年6月,赤峰市三类适龄残疾儿童少年入学率达91.43%,其中适龄视障生305名,入学296名,入学率97.05%[5]。

第四节　金钥匙工程示范区项目

金钥匙工程示范区项目是验证广西金钥匙工程和内蒙古金钥匙工程形成的金钥匙模式的阶段,采取的做法是在贫困省区选取试点建立金钥匙工程示范区,多渠道筹集资金,在结合地域特点的前提下实施视障儿童融合教育的金钥匙模式,在两到三年内高质量普及示范区视障教育,实现当地视障教育的可持续发展,并为省内其他地区视障儿童融合教育的发展提供示范,促进全省视障教育的普及,同时验证金钥匙模式在贫困地区的有效性。金钥匙工程示范区项目包括陕西金钥匙工程咸阳示范区项目和黑龙江金钥匙工程齐齐哈尔示范县项目。

一、"陕西金钥匙工程咸阳示范区"项目(2004—2008年)

咸阳市地处关中腹地,项目启动时,总人口484万人,辖一市两区十县,其中永寿、旬邑、长武、彬县、淳化等北部5县为国家扶贫开发工作重点县,全市有中小学校3 207所,在校学生104.2万人[6]。2003年,三原、旬邑、长武、永寿、彬县、淳化六县的学龄视

---

[1] 金钥匙视障教育研究中心.内蒙古金钥匙项目签订合作协议[Z].金钥匙简报第0409号,2004-11-13.
[2] 金钥匙视障教育研究中心.内蒙古金钥匙视障教育工程会议[Z].金钥匙简报第0405号,2004-05-26.
[3] 参见内蒙古自治区教育厅基础教育处.2004年内蒙古金钥匙视障教育项目工作报告[Z].金钥匙视障教育研究中心内部资料,2004.
[4] 金钥匙视障教育研究中心. 内蒙古金钥匙视障教育项目[Z].金钥匙简报第0502号,2005-03-09.
[5] 李洪.内蒙古赤峰市教育局局长李洪先生致辞[Z]//金钥匙视障教育研究中心.庆祝第27届国际盲人节暨金钥匙视障教育研究中心交接仪式材料,2010.
[6] 李强.咸阳市金钥匙工程工作情况汇报[Z].金钥匙视障教育研究中心内部资料,2004.

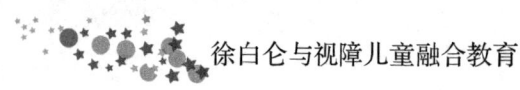

力残疾儿童入学率为32.5%[1]。

"陕西金钥匙工程咸阳示范区"项目是陕西省教育厅和金钥匙中心合作进行的以咸阳八个区县为实施范围,旨在取得金钥匙模式在西北的应用经验,供西北各省参考的小范围视障儿童融合教育项目。该项目包括前后两期,第一期是陕西省教育厅与金钥匙中心合作,2004年1月—2006年12月在陕西省咸阳市三原、旬邑、长武、永寿、彬县、淳化六县实施陕西金钥匙工程咸阳示范区项目,金钥匙中心帮助咸阳建立视障儿童融合教育可持续发展的机制。为了进一步扩大金钥匙工程实施范围,2006年3月,礼泉、泾阳两县正式纳入金钥匙工程作为二期项目,到2008年结束。第二期项目采取以咸阳市指导中心为主,金钥匙中心从旁协助的方式进行[2]。在2004年正式开展陕西金钥匙工程咸阳示范区项目前,咸阳市还于2003年8月进行了3名盲童随班就读试点工作。

(一)项目启动缘由

2002年,美国大使馆商务参赞班明峰通过好牧人国际教会了解到了金钥匙中心以及金钥匙工程。美国商务部要求各地的跨国公司对当地有所贡献。波音公司在中国的合作伙伴是西北航空公司、西北飞机制造厂,因此波音(中国)公司希望捐助在陕西开展的公益项目。美国大使馆商务参赞班明峰找到金钥匙中心,表示波恩公司愿意给中心捐款在陕西搞项目[3]。2003年4月28日,教育部基教司副司长李天顺鉴于内蒙古金钥匙工程良好的社会效果,同意亲自向陕西省教育厅推荐[4]。

2003年7月17—22日,应陕西省教育厅副厅长吕明凯之邀,金钥匙中心主任徐白仑偕夫人赴陕西考察,并递交了陕西金钥匙工程总体构想的项目建议书。双方决定在项目正式实施前在西安市蓝田县、咸阳市三原县选择3名盲童建立随班就读实验点,并进行了师资培训。2003年10月美国商务部长艾文斯、美国驻华大使雷德、波音副总裁王建民等考察了咸阳市三原县陕西金钥匙工程实验点,他们均对两个月内盲童李凡、李豪兄弟俩[5]在金钥匙工程中产生的巨大变化表示赞赏[6]。西安市蓝田县、咸阳市三原县随班就读实验点的成功经验为陕西金钥匙工程咸阳示范区项目的顺利实施打下良好基础。

(二)项目实施情况

《陕西省金钥匙工程咸阳示范区合作协议》签字仪式在2004年4月8日举行,陕西省教育厅厅长胡致本和金钥匙中心主任徐白仑共同签署了《陕西金钥匙工程咸阳示范区合作协议》。

---

[1] 咸阳市教育局咸阳市.关于陕西金钥匙工程咸阳示范区实施情况的汇报[Z].金钥匙视障教育研究中心内部资料,2005.
[2] 徐白仑.2005年12月15号致陕西省教育厅副厅长吕明凯[Z].金钥匙视障教育研究中心内部资料,2005.
[3] 2010年10月19号对徐白仑的访谈记录。
[4] 金钥匙视障教育研究中心.陕西金钥匙工程[Z].金钥匙简报第0303号,2003-05-14.
[5] 美国商务部长艾文思回国后一直惦记着李凡、李豪两兄弟。当国务委员吴仪访美时,艾文思又和她谈起想为他们治疗眼疾的意愿,吴仪布置卫生部落实此事。李凡的眼病已无法治疗,而幸运的李豪经过手术,双眼视力已分别达到0.02和0.04。参见金钥匙简报第0408号,2004-08-31.
[6] 金钥匙视障教育研究中心.波音公司关注中国盲童[Z].金钥匙简报第0308号,2003-10-31.

正式举行项目签字仪式前,陕西金钥匙工程咸阳示范区项目就已紧锣密鼓地推进。金钥匙中心于2004年1月12日制订了2004年工作计划(草案),咸阳市教育局3月初进行了转发。2004年3月10日金钥匙工程领导小组正式成立,陕西省人民政府副省长朱静芝担任名誉顾问,陕西省教育厅副厅长吕明凯任组长。4月2日正式下文成立了咸阳市金钥匙工程领导小组并下设了办公室①。六个项目县也成立了县金钥匙工程领导小组,并均在县教育局普教股设立了领导小组办公室。

2004年3月29日咸阳市教育局成立市特殊教育研究指导中心(下文简称市特殊教育指导中心)②,办公室设在市特殊教育学校,配备2名专职工作人员和2名兼职工作人员,并要求各县区市教育局要建立相应的机构或配备专兼职教研人员③。为了加强业务指导的力量,咸阳市教育局又于2005年12月明确要求各项目县要相应成立县级特教教研中心④。2004年6月8日—12日,金钥匙中心在北京举办了咸阳市特殊教育指导中心师资培训班,学员包括咸阳市教育局特教管理干部、指导中心管理干部和专职教师,并为咸阳市视障教育指导中心配发了物资⑤。2004年咸阳特殊教育指导中心开始运作后,除了完成培训、巡回指导、评估的任务外还为盲生制作盲文教材、录制音像资料,为低视生制作放大的课本;代购盲杖、盲文写字板、盲文纸、有声读物;为低视生配备助视器、低视课桌、台灯;并且定期编印《视障教育简报》,发放到各项目县和项目学校,搭建起视障教育信息交流平台⑥。

依据金钥匙中心制订的《金钥匙工程筛查工作培训教学计划》,2004年3月10日至3月13日,在金钥匙中心的支持下,咸阳市教育局举办了由市和各项目县特教干部、残联干部、眼科医生及巡回指导教师(共30人)参加的陕西金钥匙工程视障儿童筛查与安置工作培训班⑦。2004年3月底到5月中旬咸阳六县进行了视障儿童筛查和医学鉴定,六个项目县共筛查出视障儿童118名,其中7~15岁的学龄视障儿童107名,包括盲童26名,低视生81名,学龄视障儿童分布在35个乡镇⑧。

2004年7月咸阳市教育局分别举办了盲教育师资培训班、低视教育师资培训班、特教管理干部培训班,共培训各类教师、干部120名,初步形成了一支具有一定专业能力的视障教育队伍。2004年7月20日,咸阳市教育局下发了《关于切实做好视障生入学安置工作的通知》,要求项目校成立视障教育教研组,开学前要做好送教上门、清理校

---

① 咸阳市教育局.关于成立咸阳金钥匙工程领导小组的通知[Z].金钥匙视障教育研究中心内部资料,2004.
② 金钥匙视障教育研究中心有些资料把市特殊教育研究指导中心称为视障教育指导中心,也有些资料称为市特教指导中心。
③ 咸阳市教育局.关于成立咸阳市特殊教育研究指导中心的通知[Z].金钥匙视障教育研究中心内部资料,2004.
④ 咸阳市教育局.关于进一步加强视障教育工作的意见[Z].金钥匙视障教育研究中心内部资料,2005.
⑤ 金钥匙视障教育研究中心.为咸阳市视障教育指导中心培训人员配发物资[Z].金钥匙简报第0406号,2004-6-30.
⑥ 咸阳市教育局.2009年7月陕西金钥匙工程咸阳示范区普及视障学生同班就读工作的实践与探索[Z].金钥匙视障教育研究中心内部资料,2009.
⑦ 李强.咸阳市金钥匙工程工作情况汇报[Z].金钥匙视障教育研究中心内部资料,2004.
⑧ 咸阳市教育局.关于陕西金钥匙工程咸阳示范区实施情况的汇报[Z].金钥匙视障教育研究中心内部资料,2005.

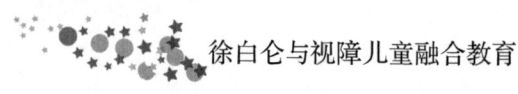

园障碍、开展助残爱残活动、选配低视生助视器具等工作。2004年8月份盲童辅导教师利用暑期上门为盲生教授盲文,9月开学前期,各项目校成立了特教研组,并平整校园地面,选派助学小伙伴,为视障儿童的顺利入学创设安全和谐的校园环境。2004年11月,咸阳市教育局下发《关于做好"金钥匙工程"初期评估工作的通知》,规定了县、市、省三级初期评估的目的、时间、内容、方法,并提供了初期评估的工具。2004年11月30日至12月15日由金钥匙中心、西安市盲聋哑学校、咸阳市特殊教育指导中心等组成的省级评估组抽查了六个项目县的21名视障儿童,省级《2004年咸阳市视障生教育教学基础初期评估工作报告》显示21名视障儿童评估总分在90～100分的3人,占14.29%;80～89分的9人,占42.86%;70～79分6人,占28.57%;60～69分的2人,占9.52%;59分以下的1人,占4.76%,六个项目县取得了较好的工作成绩[1]。评估报告还提出了整改的建议。到2005年7月六个项目县的学龄视力残疾儿童入学率从2003年的32.5%提高到2005年的91.3%,使全市7～15周岁三类残疾儿童入学率达到62.3%以上[2]。

图4-2 2005年8月徐白仑在旬邑现场观摩时与视障儿童交流

2005年8月咸阳市教育局在旬邑召开了为期三天的金钥匙工程中期培训与经验交流会,会议交流了陕西工程实施一年多来形成的经验,进行了视障儿童教育的现场观摩,并举办了专家讲座[3]。随后咸阳市举办了2005年视障教育师资培训班,对各项目县未经过2004年金钥匙工程系统培训的特教管理干部、新增加或调整的辅导教师进行培训[4]。

2005年11月六个项目县进行了省级、市级和县级的中期评估。2006年3月又举办了为期5天的陕西金钥匙工程教学骨干研讨班,交流了各项目县的教育教学和行政管理方面的经验,组织盲、低视教育的观摩课和研讨,并邀请特殊教育学、社会学专家讲课。

2006年11月,在县级三期评估的基础上,咸阳市特殊教育指导中心对咸阳市三原县、淳化县、旬邑县、永寿县、彬县、长武县等六个项目县进行了市级三期评估,这次评估了抽查了27所学校,共27名视障生,各视障生评估总分在90～100分的1人,占

---

[1] 金钥匙视障教育研究中心.2004年咸阳市视障生教育教学基础初期评估工作报告[Z].金钥匙视障教育研究中心内部资料,2004.
[2] 咸阳市教育局咸阳市.关于陕西金钥匙工程咸阳示范区实施情况的汇报[Z].金钥匙视障教育研究中心内部资料,2005.
[3] 咸阳市教育局咸阳市.关于召开金钥匙工程中期培训与经验交流会的通知[Z].金钥匙视障教育研究中心内部资料,2005.
[4] 咸阳市教育局咸阳市.关于举办陕西金钥匙工程咸阳示范区2005年师资培训班的通知[Z].金钥匙视障教育研究中心内部资料,2005.

3.7%;80~89分的6人,占22.2%;70~79分8人,占29.6%;60~69分的10人,占37.0%;59分以下的2人,占7.4%。评估报告指出,六县实施近三年来,各项工作已实现预期目标,全体特教工作者都能把视障教育当作一项常规工作来实施,在校园、在社会上都取得了积极的效益,收到了良好的效果,其中旬邑县重新筛查出一名盲生、一名低视生、两名疑似视障学生,为视障教育持续发展奠定了基础,长武县教育局出台了《长武县特殊教育发展五年规划》等政策性文件,切实将特殊教育纳入九年义务教育,带动了全县视障、听障、智障三类特殊教育全面发展[①]。

2006年3月,咸阳市礼泉、泾阳两县也开展了金钥匙工程,实施周期为2006—2008年。两县共筛查出学龄视障儿童26人,其中盲生3人,低视力生23人。2006年12月、2007年11月分别进行了一期、二期评估,其中金钥匙中心、北京市盲人学校等组成的省级评估组进行的二期评估显示,两县抽查的8名视障生评估总分在80~89分的4人,占50%;70~79分2人,占25%;60~69分的2人,占25%;59分以下的0人[②]。两县取得了较好的教育效果。2008年11月17日,咸阳市特教指导中心独立组织了对二期项目县的教育教学的终期评估,并从辅导教师、教学计划、教学环境、心理康复、学习能力、生活能力、家长参与、教学支持等九个方面进行了分析[③]。

陕西金钥匙工程咸阳示范区项目8个项目县共有134名视障儿童直接受益,其中盲生36名,低视生98名,项目县视障儿童入学率提高到95.3%,基本普及视障教育[④]。项目培训了各类教师和管理干部,建立了三级业务指导和行政管理网络,为陕西省咸阳市视障教育可持续发展奠定了基础。此外项目还多方筹集资金为贫困家庭的视障生提供了普通助学金、职教助学金、眼科医疗费,对部分视障生的眼疾进行了治疗,对部分大龄贫困的视障儿童开展了职业教育。金钥匙中心向陕西省教育厅承诺如果教育厅向其他地区推广咸阳视障儿童同班就读经验的话,金钥匙中心将提供支持。

2008年9月,咸阳市召开了金钥匙工程总结会,会议表彰了3个项目实施先进县、16所先进学校、24名优秀指导教师[⑤],至此陕西金钥匙工程咸阳示范区项目告一段落。陕西金钥匙工程咸阳示范区主要是波音(中国)公司提供了资金赞助,此外德国海德希姆防盲基金会(Hildesheimer Blindenmission e.V.,简称HBM)为咸阳市特殊教育指导中心的建设提供了经费。

陕西金钥匙工程咸阳示范区项目是一个小范围的视障儿童融合教育项目,它验证了金钥匙模式在西北地区的可行性,并通过陕西金钥匙工程咸阳示范区的实践在细节上完善了金钥匙模式,并积累了在西北实施的经验。

---

① 咸阳市特殊教育指导中心.三期评估报告(06.12.12)[Z].金钥匙视障教育研究中心内部资料,2006.
② 金钥匙视障教育研究中心.咸阳市礼泉、泾阳两县中期评估报告[Z].金钥匙视障教育研究中心内部资料,2007.
③ 金钥匙视障教育研究中心.陕西春讯[Z].金钥匙简报第0901号,2009-01-09.
④ 陕西省咸阳市特殊教育指导中心.陕西金钥匙工程咸阳示范区普及视障学生同班就读工作的实践与探索[Z].金钥匙视障教育研究中心内部资料,2009.
⑤ 咸阳市教育局.关于召开"金钥匙工程总结会"的报告[Z].金钥匙视障教育研究中心内部资料,2008.

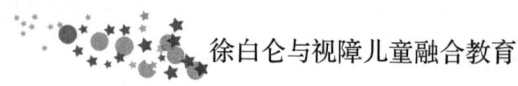

二、"黑龙江金钥匙工程齐齐哈尔示范县"项目(2005—2009 年)

"黑龙江金钥匙工程齐齐哈尔示范县"项目是黑龙江教育厅和金钥匙中心合作进行的以齐齐哈尔四个区县为实施范围,旨在取得金钥匙模式在东北的应用经验,供东北各省参考的小范围视障儿童融合教育项目。该项目包括前后两期,第一期是 2005 年 6 月—2007 年 12 月在黑龙江省齐齐哈尔市依安、富裕二县实施。第二期是 2008 年 1 月—2009 年 12 月在齐齐哈尔市克山、克东两县实施。黑龙江金钥匙工程齐齐哈尔示范县项目资金主要来自德意志银行的资助。

2004 年德意志银行有意通过中国友好和平发展基金会资助在黑龙江搞教育项目[1]。2004 年 8 月,金钥匙中心受中国友好和平发展基金会委托开始筹划黑龙江金钥匙工程示范区。后因故停滞,2005 年 3 月重新启动。2005 年徐白仑向教育部基教司李天顺副司长汇报后,教育部基教司特教处向黑龙江教育厅做了推荐。2005 年 5 月 29 日,中国友好和平发展基金会和金钥匙中心的代表赴黑龙江考察,选定齐齐哈尔市的依安、富裕两县为示范县,并进行了筛查工作培训,两县 25 所乡镇中心校的校长参加了培训。

齐齐哈尔市在项目实施前,因师资、条件的限制,只开展智障和听障儿童随班就读工作,视障儿童随班就读尚属于空白[2]。

2005 年 6 月依安、富裕两县进行了视障儿童的筛查、诊断、验光、配镜工作,并填写了眼科档案,6 月 30 日,金钥匙中心和哈尔滨盲聋哑学校老师到现场对示范县的筛查结果进行核实,指导对视障儿童进行教学分类、讲解师资选拔的标准,并安排师资培训工作[3]。依安、富裕两县共筛查出学龄视障儿童 17 名,其中依安县 10 名,富裕县 7 名[4]。

2005 年 7 月黑龙江省教育厅与金钥匙中心正式签订了"黑龙江金钥匙工程齐齐哈尔示范县"项目合作协议。协议书指出,哈尔滨盲聋哑学校作为项目的省级业务指导机构[5]。2005 年 7 月,哈尔滨盲聋哑学校提前对盲童的辅导教师进行了盲文的教学以方便辅导教师暑假中上门教授盲童盲文,并为盲童制作了盲文课本。哈尔滨盲聋哑学校教师朱亚辉负责了省级的巡回指导,金钥匙中心为他提供项目期间的巡回指导的差旅费。

2005 年 8 月,金钥匙中心聘请专业教师对各类师资进行了上岗培训;9 月,17 名学生顺利入学。2005 年 11 月,哈尔滨盲聋哑学校教师朱亚辉代表金钥匙中心参与了两个项目县的县级初期评估,对已发现的 17 名视障儿童全部进行了评估,评估表明两县

---

[1] 2010 年 10 月 19 号对徐白仑的访谈记录。
[2] 齐齐哈尔市教育局.实施"金钥匙工程"建设公平教育(黑龙江省金钥匙工程齐齐哈尔示范区总结会议齐齐哈尔市发言)[Z].金钥匙视障教育研究中心内部资料,2010.
[3] 金钥匙视障教育研究中心.黑龙江金钥匙工程开始启动[Z].金钥匙简报第 0504 号,2005-07-12.
[4] 金钥匙视障教育研究中心.黑龙江金钥匙工程依安、富裕 视障学生入学情况一览表[Z].金钥匙视障教育研究中心内部资料,2005—2008.
[5] 黑龙江省教育厅,金钥匙视障教育研究中心."黑龙江金钥匙工程齐齐哈尔示范县"项目合作协议[Z].金钥匙视障教育研究中心内部资料,2005.

相关人员开始了解视障教育,各项结果达到了预期目标[1]。2006年3月,依安、富裕两县教育局在全县又进行一次深入细致的筛查,两县又有4名学龄视障儿童纳入了金钥匙工程(依安县3名,富裕县1名)。2006年10月金钥匙中心副主任纪玉琴带队对依安、富裕两县进行了省级的二期评估,抽查了两县8所学校的9名视障生(其中低视生8人,盲生1人)。视障生评估结果表明总分在90～100分的3人,占33.33%;80～89分的3人,占33.33%;70～79分2人,占22.22%;60～69分的1人,占11.11%[2]。评估组对已取得的成绩比较满意,认为各相关人员经过一年多的努力,基本上已达到"比较熟悉视障教育"的二期评估目标。评估组对2006年新筛选出来的视障生进行了家庭考察,并进行了视残分类[3]。2007年10月纪玉琴率评估团一行四人对富裕、依安两县的视障教育工作进行三期评估。金钥匙工程结束后,两县视障教育进入了可持续发展的阶段,2008年富裕县有一名低视力生入学[4]。

黑龙江省教育厅于2008年1月20日做出决定,将黑龙江金钥匙工程向克山、克东拓展。德意志银行继续通过中国友好和平发展基金会对拓展的项目提供资助。2008年4月22—24日在克山县举办筛查工作培训班,两县教育局局长、基教股股长、特教管理干部、特校校长及骨干教师、各中心校校长或视导员、残联干部共32人参加了培训。5月中旬,克山、克东两县完成了对视障儿童的筛查工作,并初步建立了眼科档案,6月底完成了教学分类和辅导教师的选拔。7月20日—8月3日,在克东县举办了盲教师资培训和低视教育师资培训,共有来自克山、克东、富裕的27名教师参加了此次培训。其中辅导教师21名,县级巡回教师4名,县级特教管理干部2名[5]。2008年8月1日,陕西省咸阳市、黑龙江省齐齐哈尔市两地金钥匙工程管理干部和巡回教师的经验交流会在黑龙江省克东县举行,师资培训班的全体学员参加了交流会,增强了学员以后工作的信心[6]。

2008年,克山、克东两县共有20名视障生纳入了金钥匙工程的管理(克山县11人,克东县9人),这些视障生有的是失学在家,被金钥匙工程筛查出后获得了上学的机会,还有很多低视力生以前已经入学但处在混读状态,金钥匙工程实施后通过提供满足其需要的教育教学使他们获得了良好的发展。2008年12月11—22日,金钥匙中心组织专家组对黑龙江金钥匙工程齐齐哈尔示范县一期项目进行回访,考察持续发展的情况;对二期项目进行初期评估。通过此次考察与评估,专家组认为,示范区的工作已取得一定进展,如进一步加以完善,其成绩与经验将可向全省推广[7]。后来,齐齐哈尔市龙江县、讷河市、甘南县等县区也逐渐接收视障儿童随班就读,仅龙江县就有12名视障

---

[1] 徐白仑.致黑龙江教育厅张国良处长[Z].金钥匙视障教育研究中心内部资料,2005.
[2] 金钥匙视障教育研究中心.黑龙江二期评估工作报告[Z].金钥匙视障教育研究中心内部资料,2006.
[3] 金钥匙视障教育研究中心.黑龙江金钥匙工程二期评估简报[Z].金钥匙简报第0606号,2006-11-7.
[4] 金钥匙视障教育研究中心.2005—2008年黑龙江金钥匙工程依安、富裕视障学生入学情况一览表[Z].金钥匙视障教育研究中心内部资料,2008.
[5] 金钥匙视障教育研究中心.黑龙江克山克东师资培训工作报告[Z].金钥匙视障教育研究中心内部资料,2008.
[6] 金钥匙视障教育研究中心.组织两省示范区经验交流[Z].金钥匙简报第0804号,2008-09-08.
[7] 金钥匙视障教育研究中心.风雪探春[Z].金钥匙简报第0901号,2009-01-09.

儿童随班就读[①]。

2005—2009年，四个项目县纳入金钥匙工程的视障学生总共有42人，视障儿童随班就读的开展促进了齐齐哈尔市三类残疾儿童少年入学率大幅度提高，到2010年，全市三类残疾儿童少年入学率达97%，比"十一五"初期提高了5个百分点[②]。黑龙江省教育厅原拟于2009年9月召开全省随班就读工作齐齐哈尔经验交流会议暨"金钥匙"视障儿童随班就读示范工程总结会议并制定了筹备方案，后由于猪流感爆发，会议推迟到2010年召开。2010年11月22日，黑龙江省视障教育金钥匙工程总结会在齐齐哈尔市召开，会议总结齐齐哈尔市5年来[③]盲童随班就读实验工作所取得的成绩、经验，并对黑龙江省随班就读工作进行了部署。黑龙江金钥匙工程齐齐哈尔示范县项目在黑龙江的成功实施证明了金钥匙模式的科学性，积累了在东部地区实施的经验。

第五节　金钥匙行动和金钥匙中心后续活动

一、金钥匙行动（2009—2010年）

金钥匙行动实质上是金钥匙中心在全民教育2015年目标和中国特殊教育政策的指导下宣传全纳教育思想，传播视障儿童融合教育本土化理论——金钥匙模式的阶段。

徐白仑通过20多年的视障儿童融合教育的实践深刻认识到，高质量的同班就读是维护视障儿童公平地受教育权利的必要条件。徐白仑认为，搞好视障儿童随班就读的工作并不难，关键在于教育部门相关人员提高认识，切实抓好视障儿童随班就读的工作，他希望通过宣传经过多年实践形成的本土化的高速优质普及视障教育的金钥匙模式为中西部地区的视障教育的发展提供帮助。

金钥匙行动宗旨是"传播理念，传播知识，为推动和促进中、西部地区视障教育的发展尽绵薄之力"。徐白仑从2007年开始对金钥匙行动进行了整体设计，并进行了前期准备，2009年金钥匙行动正式启动。在金钥匙行动中，徐白仑带领金钥匙中心主要进行了以下几方面的工作：

（一）编辑出版工作

金钥匙行动中系统整理和提炼金钥匙中心在20多年视障教育实践中形成的视障教育成果，编辑出版《金钥匙视障教育理论与实践》《金钥匙视障教育运作手册》，为各地视障儿童随班就读的运作提供可资借鉴的经验。编辑出版工作从2007年启动。《金钥匙视障教育运作手册》于2008年10月29日由华夏出版社出版，联合国教科文组织资

[①] 齐齐哈尔市教育局.实施"金钥匙工程"建设公平教育（黑龙江省金钥匙工程齐齐哈尔示范区总结会议齐齐哈尔市发言）[Z].金钥匙视障教育研究中心内部资料，2010.

[②] 齐齐哈尔市教育局.实施"金钥匙工程"建设公平教育（黑龙江省金钥匙工程齐齐哈尔示范区总结会议齐齐哈尔市发言）[Z].金钥匙视障教育研究中心内部资料，2010.

[③] 2005年到2009年。

助了编著费用,中国残联资助了出版费用。《金钥匙视障教育理论与实践》于 2008 年 11 月 7 日由教育科学出版社出版,联合国教科文组织、克里斯多夫防盲基金会资助了出版费用。

金钥匙行动还完善了视障儿童随班就读的教辅用书,编辑出版《金钥匙助视字库》,为低视教学提供大字印刷品,形成相对完善的包含师资培训、教学评估、视障儿童文字学习的视障儿童融合教育的系列用书,保障随班就读的教学质量。以上这些著作出版工作到 2010 年的时候都已全部完成。此外徐白仑还计划编撰"防盲优生"宣传材料,这个任务尚待金钥匙中心来完成。

(二)赠书活动

金钥匙中心从 2009 年初开始向全国各省级图书馆、各设有特教专业的大专院校图书馆、各招收视障学生的特教学校赠送金钥匙中心历年出版的视障教育专著,以达到传播全纳教育理念、传播视障儿童教育理论和知识的作用[1]。具体书目参见表 4-1。赠书活动多通过邮递的方式进行,到 2010 年赠书工作已经基本完成,收到赠书的单位提供了接受赠书的回执。此外,在 2008 年 11 月中国残联召开的第五次全国代表大会期间,金钥匙中心向全国 31 个省、自治区、直辖市的残联正、副理事长和盲人协会主席赠送了《金钥匙视障教育理论与实践》《金钥匙视障教育运作手册》[2]。赠书活动使得金钥匙视障教育的理论和实践得到广泛传播,种下的火种对视障儿童教育的发展和特殊儿童融合教育的发展产生重大影响。

表 4-1　金钥匙视障教育研究中心免费寄赠的 12 种视障教育专著清单[3]

书　名	主编	出版单位	出版日期	书号 ISBN
广西视障儿童随班就读的实践和探讨	梁全进	华夏出版社	1999 年 10 月	7-5080-1982-2
随班就读盲教育师资培训教程	徐白仑	华夏出版社	2001 年 6 月	7-5080-2499-0
随班就读低视教育师资培训教程	徐白仑	华夏出版社	2003 年 7 月	7-5080-3102-4
视障学生随班就读教育教学基础评估手册 1 分册	徐白仑	华夏出版社	2001 年 6 月	7-5080-2498-2
视障学生随班就读教育教学基础评估手册 2 分册	徐白仑	华夏出版社	2001 年 6 月	7-5080-2497-4
视障学生随班就读教育教学基础评估手册 3 分册	徐白仑	华夏出版社	2002 年 8 月	7-5080-2789-2

---

[1]　具体参见 2009 年 1 月 5 日向全国各省级图书馆的赠书通知,2009 年 1 月 5 日向全国各有特教专业的大专院校图书馆赠书的通知,2009 年 11 月向全国招收视障学生的特教学校赠书的通知[Z]. 金钥匙视障教育研究中心内部资料,2009.

[2]　金钥匙视障教育研究中心. 参加中国残联"五大"[Z]. 金钥匙简报第 0805 号,2008-11-21.

[3]　参考《金钥匙视障教育研究中心书籍出版库存清单》整理。具体参见金钥匙视障教育研究中心. 金钥匙视障教育研究中心书籍出版库存清单[Z]. 金钥匙视障教育研究中心内部资料,2010.

续 表

书 名	主编	出版单位	出版日期	书号 ISBN
金钥匙工程·视障儿童家长培训丛书：家长应怎样对待视障孩子	徐白仑	盲文出版社	2005年12月	7-5002-2274-2
金钥匙工程·视障儿童家长培训丛书：家长应怎样对视障儿童进行早期干预	徐白仑	中国盲文出版社	2005年12月	7-5002-2275-0
金钥匙工程·视障儿童家长培训丛书：学龄视障儿童家长如何参与教育学龄视障儿童	徐白仑	中国盲文出版社	2005年12月	7-5002-2276-9
金钥匙视障教育理论与实践	邓 猛	教育科学出版社	2008年11月	978-7-5041-4321-1
金钥匙视障教育运作手册	徐白仑	华夏出版社	2008年10月	978-7-5080-4885-7
金钥匙助视字库	徐白仑	金钥匙中心	2007年	无书号

（三）调查活动

为了掌握我国视障儿童教育的第一手资料，从2009年起，金钥匙中心开始向全国招收视障学生的特教学校发放问卷，了解特教学校视障生在校人数、招生规模和年级分布，并了解2005—2009年特教学校对随班就读中视障教育师资的培训情况。从调查数据可以看出，2005—2009年间特教学校的招生规模有限，远远不能满足视障儿童受教育的需要。招收视障学生的特教学校作为大多数地方唯一的视障教育师资培训机构，开展的随班就读视障教育师资培训的数量很少，大多数学校没有开展这项工作，这可以看出，当时在普通学校随班就读的视障儿童大多数处在随班混读的状态，质量无法保证。徐白仑希望通过这项调查展现视障儿童教育的真实情况，引起社会各界尤其是高层对视障儿童教育的关注，从而能够从政策层面推进视障儿童随班就读质量的提升。

（四）讲学活动和学术交流活动

从2008年，徐白仑就有意识地在一些非金钥匙工程实施区域安排了讲学活动，2009年的讲学活动开始增多。在泸州市残联组织下，2008年5月3日金钥匙中心纪玉琴、胡梅赴泸州讲课，宣传金钥匙模式。应山东省泰安市盲校邀请，2008年金钥匙中心徐白仑、纪玉琴、赵小燕于6月18—20日访问了该校，纪玉琴做了金钥匙模式的讲座。2009年后这种讲学活动就更多了，2009年9月11日在宁夏银川、9月24日在山东淄博、10月13日在湖北武汉、10月24—27日在贵州安顺、12月17日在香港，金钥匙中心在不同场合向不同对象广泛宣讲全纳教育思想和本土化融合教育理论——金钥匙模式[1]。

此外，金钥匙中心还通过学术交流活动宣传全纳教育思想和金钥匙模式。2009年7月13—21日，金钥匙中心在举办"全国盲校学生讲故事大赛"系列活动中为陪同盲生

---

[1] 金钥匙视障教育研究中心."金钥匙行动"开始启动[Z].金钥匙2009年年报，2009-12-31.

来京的特殊学校校长和骨干教师举办了"全纳教育论坛",邀请联合国教科文组织驻中、日、韩、朝、蒙办公室的中国项目官员许洁英和特殊教育专家邓猛做了专题讲座,金钥匙中心副主任纪玉琴介绍了"全纳教育本土化的教育模式",并邀请内蒙古、黑龙江、陕西省部分官员介绍全纳教育本土化的实践经验①。2009年10月13—16日,徐白仑一行三人赴武汉,参加华中师范大学和英国特色教育协会联合主办的"特殊教育国际高峰论坛",并做了主题报告。

这些讲学和学术交流活动在基层工作人员和特教专业人员中有效宣传了本土化融合教育理论——金钥匙模式,为未来视障儿童教育的健康发展做出了努力。

（五）撰写文章并通过书刊和网络进行宣传

2009年以来,徐白仑集中撰写了一系列学术论文宣传金钥匙模式,2009年在《现代特殊教育》发表了《积极探索,巩固和完善我国特殊教育体系》,2010年在《现代特殊教育》发表了《建立三项管理体系 确保随班就读质量》,在《中国残疾人》上发表了《随班就读视障儿童的教师应专门培训》。2010年,徐白仑通过"中国残疾人网"开设专栏"瞎说之徐白仑随笔",每月撰写几篇文章,发表对视障教育的看法和建议,截至2011年4月,已经挂出53篇,产生了一定的社会影响②。

徐白仑还出版了《霜叶舞秋风 盲人徐白仑八十自述》(2009年)、《燃情复追梦 盲人徐白仑八十自述之二》(2010年),介绍自己走向视障教育改革的人生经历,间接宣传和总结了金钥匙视障教育的历史发展过程。

此外,金钥匙行动期间还有众多记者对徐白仑、金钥匙视障教育理论和实践做了宣传和报道。比较有代表性的是中国教育报2010年10月14日用整版篇幅做了《徐白仑:白黑人生的多彩印迹》的专题报道。这些新闻宣传活动,提高了公众对视障儿童教育的认识,提高了金钥匙中心的公信力。

（六）建立试点的初步探索

"金钥匙行动"首要目标是以金钥匙模式,协助中西部各省(自治区、直辖市)建立自己的"视障儿童随班就读实验基地",取得更为乡土化的经验后在本地区推广③。而且徐白仑基于多年和政府部门的合作经验指出,"不是自己生的孩子不爱",他希望地方政府更多地通过自己的力量建立视障儿童随班就读实验基地,金钥匙中心提供必要的专业支持。对此金钥匙中心也做了初步探索。

应宁夏残联之邀,2009年8月7日,金钥匙中心对自治区视障教育进行调研,发现宁夏全区共有7所特教学校,但只有宁夏特教学校招收视障学生,现有视障生29名,固原市特教学校曾招收过视障学生,现已停招;低视力儿童虽已部分进入普通学校随班就读,但教师均未受过特教知识的培训,难以满足低视生的特殊教育需要。鉴于此,徐白仑指出,要尽快改变宁夏视障教育的滞后状态,需要大力发展视障儿童随班就读,并搞

---

① 金钥匙视障教育研究中心.精心筹划全纳教育论坛[Z].金钥匙简报第0903、0904号合刊,2009-08-18.
② 徐白仑.瞎说[EB/OL].(2010-04-22)[2011-04-12]. http://www.chinadp.net.cn/culture_/xubailun/sbypl/index.html.
③ 金钥匙视障教育研究中心."金钥匙行动"开始启动[Z].金钥匙2009年年报,2009-12-31.

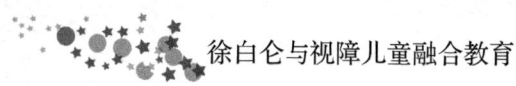

好教学质量以保证持续发展。他还推荐固原市原周区作为自治区视障儿童随班就读的实验基地①。宁夏回族自治区教育厅副厅长赵紫霞听取了金钥匙中心的调研报告,对有关建立实验基地的建议表示肯定②。

应贵州残联之邀,2009年9月11日金钥匙中心赴贵阳,考察了安顺、遵义、息烽、贵阳等特教学校,发现在校视障生人数很少,低视生大都仍在学习盲文,从未对随班就读视障生的教师进行过特教知识的培训;徐白仑向贵州省教育厅副厅长王碧海、贵州省残联副理事长黄广钦提交了"调研报告",建议从更新理念和建立实验基地两方面入手,尽快改变贵州这种滞后状态③。2009年10月24—27日,在金钥匙中心的大力支持下,贵州举办了"全纳教育本土化的视障教育模式培训班",德国海德希姆防盲基金会提供了办班资金。

2010年徐白仑也借助讲学和开会的机会广泛接触教育部门和残联的领导,希望有更多的地方有意向建立"视障儿童随班就读实验基地",在金钥匙视障教育模式的基础上,依托当地的条件探索更为乡土化的视障儿童随班就读经验,以提升当地视障儿童随班就读的质量。

二、金钥匙中心的后续项目

2010年,徐白仑已经是80岁高龄,他决定结束金钥匙中心的工作。中国残联的领导认为,金钥匙中心将国际先进理念在中国变成现实,金钥匙的专业特色和工作精神值得传承,金钥匙中心应该继续发展下去。鉴于金钥匙中心一直没有找到合适的接班人,中国残联决定接管金钥匙中心④。中国残联指派所属中国盲文出版社具体接管金钥匙中心工作,要求工作人员"进一步推广金钥匙中心所推行的视障儿童随班就读品牌和经验,切实维护视障儿童接受有质量的公平教育的权利",并要"传承金钥匙中心的多年来形成的专业特色和工作精神……争取在视障儿童文化和教育领域取得更大的成绩"⑤。2010年中国残联接管金钥匙中心后,先后开展了河南省金钥匙工程巩义示范区项目(2011—2013年)和新疆全纳教育支持保障体系建设项目(2012—2014)。两个项目为当地执行国家第一期特殊教育提升计划(2014—2016年)奠定了良好的基础。

(一)河南省金钥匙工程巩义示范区项目(2011—2013年)

中国残联金钥匙中心与中国友好和平发展基金会、中国残疾人福利基金会合作开展的"河南省金钥匙工程巩义示范区项目",是一个全纳教育示范项目,其目的是带动河南省特殊教育事业发展,造福中原地区残疾儿童少年及家庭,项目于2011年开始实施。

该项目由中国残联金钥匙中心向中国友好和平发展基金会和中国残疾人福利基金

---

① 金钥匙视障教育研究中心."金钥匙行动"开始启动[Z].金钥匙2009年年报,2009-12-31.
② 金钥匙视障教育研究中心."金钥匙行动"开始启动[Z].金钥匙2009年年报,2009-12-31.
③ 金钥匙视障教育研究中心."金钥匙行动"开始启动[Z].金钥匙2009年年报,2009-12-31.
④ 徐白仑.2010年10月15日金钥匙交接仪式徐白仑发言[Z]//金钥匙视障教育研究中心.庆祝第27届国际盲人节暨金钥匙视障教育研究中心交接仪式材料,2010.
⑤ 王乃坤.中国残疾人联合会王乃坤理事长在金钥匙交接仪式上的讲话[Z]//金钥匙视障教育研究中心.庆祝第27届国际盲人节暨金钥匙视障教育研究中心交接仪式材料,2010.

会筹集项目种子资金,由项目地区提供配套资金,用于在巩义市开展视障儿童随班就读教育。项目由中国残联教就部和金钥匙中心联合下发了"项目实施方案",由河南省教育厅、河南省残联以及巩义市政府、巩义市教体局、残联、特教学校等成立省、市两级项目领导协调小组,由金钥匙中心、郑州师范学院、郑州盲校等特教专家为项目提供技术支持与指导;项目由巩义市残联和教体局负责具体实施,项目筛查出的29名视障学生被就近安置到20多所普校随班就读[①]。

2013年11月17—21日,由金钥匙中心、郑州师范学院和郑州盲哑学校等专家组成的项目评估组,对项目进行了为期一周的终期评估活动,专家组认为项目实施很成功:各项任务活动全部完成,全纳教育意识明显增长,各项工作推动得力,创新成果和亮点较多;领导重视,教育和残联等政府部门推动力度大,为项目提供了重要保障[②]。

(二)新疆全纳教育支持保障体系建设项目(2012—2014年)

"新疆全纳教育支持保障体系建设项目"是由中国残联金钥匙中心与德国克里斯多夫防盲基金会(CBM)中国办公室合作,引进国际先进全纳教育理念,在新疆乌鲁木齐、克拉玛依、哈密、石河子4个地区开展,旨在促进边疆多民族地区残疾儿童少年特殊教育事业发展的全纳教育支持保障体系建设项目,该项目实施期为2012—2014年。

项目资金是由中国残联金钥匙中心向CBM中国办公室提出项目申请,由CBM中国办公室从澳大利亚发展署筹集到项目种子资金500多万元人民币,由新疆维吾尔自治区政府提供配套资金,用于在新疆乌鲁木齐、克拉玛依、哈密、石河子4个地区开展全纳教育支持保障体系建设。

中国残联金钥匙中心负责项目整体逻辑框架规划设计、申请及实施方案制定,负责项目管理、督促和指导,在项目实施中积极协调合作方的各种事项和困难,参加项目考察、督导、评估和培训,整理、总结各方面项目材料,为项目顺利开展做好各项保障工作。

项目由新疆教育厅和新疆残联负责具体实施,项目办公室设在教育厅,4个项目地区教育、残联、学校等部门合作推进项目的实施。澳大利亚、英国、印度的国际全纳教育专家,以及华东师范大学、中国教育科学研究院、南京特殊教育职业技术学院、新疆师范大学、新疆教育学院的特殊教育专家提供技术支持与指导。

该项目顺利完成了各项任务目标,取得了许多可喜的成果。项目在新疆师范大学建立了省级全纳教育资源中心,并在乌鲁木齐盲校、聋校和培智学校分设省级资源中心的视障、听障、智障分部,在哈密、石河子、克拉玛依的特教学校建立3个地市级全纳教育资源中心,各级资源中心都配置了设备,规范了制度,开展了巡回指导服务。项目开展了各级各类大规模的师资和相关人员全纳教育培训,培养了一批种子老师。4名高校教师、4名中师教师参加了多轮高师和中师培训,50多名普通中小学随班就读教师和特教学校教师先后参加了4期骨干师资培训,选拔100多人进行了康复师培训,60多

---

① 冀鸿. 在"河南省金钥匙工程巩义示范区项目"总结推广会上的致辞[Z]. 北京:金钥匙视障教育研究中心档案,2014.

② 冀鸿. 在"河南省金钥匙工程巩义示范区项目"总结推广会上的致辞[Z]. 北京:金钥匙视障教育研究中心档案,2014.

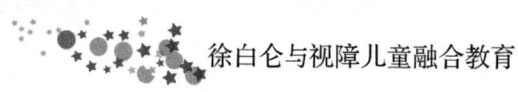

人进行了辅助器具知识培训,教育和残联的行政人员还进行了管理干部培训等。在普通学校进行了无障碍设施改造,优化随班就读学生学习环境。广泛开展了全纳教育宣传活动,"全纳教育,平等关怀"的理念深得人心。比如哈密十中有7名残疾学生随班就读,通过广泛深入的全纳教育宣传,全校形成了良好的融合教育氛围,广大师生关爱随班就读学生,随班就读学生的自强精神也促进了健全学生的德育和素质教育[①]。

2014年10月13日—18日,由华东师范大学、中国教育科学研究院、南京特殊教育职业技术学院、新疆教育学院的特教专家们组成的项目评估组,到各项目地区对项目进行了为期一周的终期评估。专家们认为:项目各项任务活动全部完成,公众全纳意识明显增长,各项工作推动得力,创新成果和亮点较多。由于中国残联和新疆维吾尔自治区政府领导的重视,自治区教育厅和残联以及项目地区各部门的紧密配合,使得政府部门对项目的推动力度很大,保证了各项任务扎实落实,项目种子资金调动当地配套投入的资源保守估计应在5~10倍以上,项目的一些成果和亮点值得向全国乃至国际进行交流宣传[②]。

3年的项目工作为新疆维吾尔自治区特殊教育进一步提升奠定了良好基础,2014年6月出台的《新疆维吾尔自治区特殊教育提升计划实施方案(2014—2016年)》纳入了项目有关成果,对自治区全纳教育做出了具体安排和部署,规定"全面推进全纳教育,使每一个残疾孩子都尽可能接受合适的教育","扩大普通学校随班就读规模,提高随班就读质量","建立健全特殊教育研究指导中心,充分发挥特殊教育研究指导中心作用"[③]。

---

① 冀鸿."新疆全纳教育支持保障体系建设项目"介绍[Z].北京:金钥匙视障教育研究中心档案,2014.
② 冀鸿."新疆全纳教育支持保障体系建设项目"介绍[Z].北京:金钥匙视障教育研究中心档案,2014.
③ 内蒙古自治区人民政府.内蒙古自治区人民政府办公厅关于转发自治区特殊教育提升计划(2014—2016年)实施意见的通知[EB/OL].(2014-06-25)[2022-10-20].https://www.nmg.gov.cn/zfbgt/zwgk/zzqwj/202012/t20201208_314834.html.

第五章
金钥匙工程的经验及特色

金钥匙工程在实施的过程中,为了实现视障儿童融合教育的可持续发展需要对以下三个问题做出回答。一是大面积推广视障儿童随班就读的时候如何保障质量?二是如何完善特殊教育体系,满足特殊儿童从学前到职业教育发展的需要?三是如何破除人们对视障儿童受教育权利认识的局限。以上三个问题的回答构成了金钥匙工程的基本经验,本章在一节、第二节、第三节进行介绍,本章第四节提炼了金钥匙工程的特色。

第一节 视障儿童随班就读的质量保障

1994年以来,视障儿童入学率逐年提高,大量的视障儿童随班就读,但是由于师资没有培训,学校无人过问,许多视障儿童处在混读的状态。金钥匙中心在实施金钥匙工程中形成了本土化融合教育理论——金钥匙模式,在该模式中通过以下几条来保障视障儿童在普通学校学习的质量,为视障儿童融合教育的可持续发展奠定了基础。

一、视障儿童随班就读管理的组织网络

(一)行政管理网络

各省在实施金钥匙工程期间建立了省、市、县三级工程领导小组,并在教育部门下设了工程办公室。内蒙古工程强调了要建立省、市、县三级工程行政领导小组。内蒙古自治区成立了以自治区教委副主任何成保任组长,金钥匙中心主任徐白仑和中国爱德基金会防盲特教部主任庄艾琳任副组长,包括自治区民政厅、卫生厅、残疾人联合会有关处室以及自治区教育科学研究所的相关领导在内的内蒙古自治区"金钥匙工程"领导小组,并下设办公室。盟市成立了由教育局局长担任组长,副组长由教育局副局长和民政、卫生、残联、妇联等部门的负责同志担任的市级工程领导小组,办公室设在教育局。盟市所属各旗县成立由分管教育的副旗长(副县长、副市长)担任组长,副组长由教育局局长和民政、卫生、残联、妇联等部门负责同志担任的县级工程领导小组,办公室设在教育局。

金钥匙工程行政管理网络保证了金钥匙工程的顺利实施,但是金钥匙工程在各地形成的行政管理网络是依赖于原有的行政系统,尤其是教育行政系统建立的,不是一个独立的管理网络,是一个暂时性的协调性的组织。金钥匙工程行政管理网络所涉及的当地的领导、干部均是兼职。一般情况下,教育行政机关的工作千头万绪,即使是特教

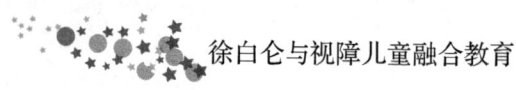

专干也不仅有视障儿童随班就读的任务,还有建设特教学校、其他类型特殊儿童教育的任务。在工程开展期间,由于领导的重视,推行力度大,其中负责工程的特教专干等人员可以为工程投入大量的精力,保障工程的运转,但是项目是有周期的,一旦金钥匙工程这个项目结束,依托于教育行政管理组织体系的工程管理网络就可能瓦解,原有各级工程负责人和管理干部对视障儿童随班就读的管理力度也会大打折扣。陕西省咸阳市特殊教育指导中心在2005年11月对陕西金钥匙工程咸阳示范区项目六个项目县进行初期评估时发现,由于市县两级特教干部全部兼职,人少事多,难以长期关注视障儿童,存在缺乏有效管理和指导的现象,个别教学点效果不明显[1]。

徐白仑在广西金钥匙工程的实践中也发现了这个问题,他指出:"每一项工作都经过领导小组,项目实施的时候有,项目结束怎么办[2]?"金钥匙工程结束后,地方的视障儿童随班就读工作要持续发展就必须保证在工程结束后有专门的组织力量来推行视障儿童随班就读的工作,否则即使在工程期间建立了一些规章制度和做法,到工程结束后也可能因为没有人来管理和推动,而使得一些有效的视障儿童随班就读的规章制度无法继续推行。

这个组织保障的问题,一直是困扰特殊儿童融合教育发展的一个机制问题。2010年12月27—28日,全国随班就读与支持保障体系建设和管理工作经验交流会在上海召开,教育部基础教育二司副司长李天顺提出,要完善随班就读工作的管理体系,为随班就读发展提供组织保障,他指出:"不管什么事,总要有人办事,没人办事,文件写得再好,讲话讲得再漂亮,经验总结得再好,恐怕要把事办好也难。组织落实、组织保障,有人办事是一件非常重要的事情,这里面牵扯一个管理体制,通过什么体系把它真正管起来,在现行的体制框架之内,只靠教育行政的力量非常有限,一个好的管理体系是非常重要的一件事情[3]。"

金钥匙中心积极总结广西金钥匙工程组织管理体系存在的问题,在内蒙古金钥匙工程及其后续项目中建构起独立的业务管理部门,实现了有专门的组织和专职人员对视障儿童进行管理和指导,弥补兼职的行政管理网络的不足,保障视障儿童随班就读的可持续发展。

(二)视障儿童随班就读业务管理网络

金钥匙工程在实施的过程中依托特殊教育学校的视障教育专业力量建立了以市特殊教育指导中心为核心的省、市、县(区)、校四级业务管理的组织网络,保障了视障儿童随班就读在实施中有专门的组织和人员来管理,改变过去长期以来有随班就读政策,而在实施中无人负责管理的状态。金钥匙工程视障儿童随班就读业务管理网络的建立是一个历史发展的过程,广西金钥匙工程虽然形成了省、市、县业务指导网络,但人员多是

---

[1] 咸阳市教育局.2009年7月陕西金钥匙工程咸阳示范区普及视障学生同班就读工作的实践与探索[Z].金钥匙视障教育研究中心内部资料,2009.
[2] 2010年10月29日访谈徐白仑的记录。
[3] 这是李天顺副司长在2010年12月全国随班就读与支持保障体系建设和管理工作经验交流会的发言中的内容,发言题目为《全面落实规划纲要,铸造特殊教育新辉煌》,根据会议录音整理。

兼职,未形成独立的业务指导机构,内蒙古金钥匙工程开始尝试建立视障儿童随班就读独立的业务管理网络。

1. 省级业务指导机构——视障教育资源中心

(1) 视障教育资源中心的性质和设置要求

金钥匙工程中建立的省级业务指导机构是视障教育资源中心。根据省份的具体情况,一个省可以建立一个或几个资源中心。金钥匙工程中资源中心依托于盲校或盲聋校建立,并具有一定的独立性,资源中心的人员编制由中心所在学校调剂解决,每个资源中心设主任一名,一般由地(市)教育局科长兼任,副主任一人,由特殊教育学校业务副校长兼任,要有2~5名接受过视障教育专门培训的专职工作人员[1]。视障教育资源中心的任务是负责市级以上层次的教学研究和学术交流,编印《特殊教育简报》;负责更高层面的资源供应,应指导中心的要求制作国家不能供应的盲文课本、凸线图片、有声读物;深入基层进行业务指导和教学评估;掌握服务范围内视障生、各级教师、管理干部的名单及其变更情况[2]。资源中心所在地(市)不再设市级特殊教育指导中心(视障教育指导中心),资源中心履行所在地(市)指导中心的职责。资源中心应该配置电脑、打印机、复印机、扫描仪、盲文打字机、小型盲文刻印机、装订机、热力复印机、复录机等设备[3]。资源中心的活动经费由省教育行政部门给予补助,专款专用。

(2) 视障教育资源中心建立过程及其存在问题

内蒙古金钥匙工程从省级层面建立了三个视障教育资源中心。1999年内蒙古自治区中部地区视障教育资源中心首先成立,设在乌兰察布盟盲聋哑学校(地址在乌兰察布盟察右前旗),服务范围为乌兰察布盟、呼和浩特市、锡林郭勒盟;同年内蒙古自治区东部地区视障教育资源中心成立,设在通辽市盲聋哑学校(地址在通辽市科尔沁区),服务范围为通辽市、呼伦贝尔盟、兴安盟、赤峰市;2000年内蒙古自治区西部地区视障教育资源中心成立,设在巴彦淖尔盟聋哑学校(地址在巴彦淖尔盟临河市),服务范围为巴彦淖尔盟、鄂尔多斯市、阿拉善盟、包头市、乌海市。三个资源中心均"配备盲文双面刻印机、热力复印机、586宏基电脑(多媒体)、惠普打印机、佳能复印机、双卡收录机、扫描仪各一台,盲文打字机4台、磁带转录机、相关电脑软件以及相关配套设备及消耗品等价值14万元的设备"[4]。

但是内蒙古东、中、西部资源中心在实际的运作中遇到了一些难题。首先"资源中心在行政上理不顺,行政上没有配套的机构"[5]。资源中心虽说是自治区一级的,但事实上是为所在片区的几个盟市服务,没有相应的行政机关配套,这事实上增加了一个介于省和市之间的业务管理层次。资源中心由所在的盟市和特教学校管理,因此资源中心在本盟市开展工作的力度比较大,行政关系清晰,行政机关能够赋予了一定的业务管

---

[1] 徐白仑.金钥匙视障教育运作手册.北京:华夏出版社,2008:198.
[2] 徐白仑.金钥匙视障教育运作手册[M].北京:华夏出版社,2008:198.
[3] 徐白仑.金钥匙视障教育运作手册[M].北京:华夏出版社,2008:204.
[4] 内蒙古自治区教育委员会基础教育处.我区特殊教育史上的一件大事——"金钥匙工程"在我区启动[Z].基础教育情况,1999-8-23.
[5] 2010年10月29号对徐白仑的访谈记录。

理权限开展本盟市的视障儿童教育工作,其业务指导工作能够有效地得到推行;资源中心和非所在盟市教育行政部门的关系就比较松散,由于没有行政的隶属关系,资源中心的一些业务指导要求下面的盟市不一定贯彻,而盟市教育行政部门也不好对视障教育资源中心提要求,二者之间的协调配合不容易。第二,内蒙古地域辽阔,一个资源中心负责管理几个盟市,工作范围太大,而人手有限,许多工作很难具体落实下去。以评估为例,在进行盟市一级评估时,东部资源中心,四个盟市都要去跑,工作量很大,也是很难长期坚持下来的。第三,容易造成盟市视障儿童教育发展的不平衡。有资源中心的盟市具有相对优越的视障儿童随班就读的条件。在金钥匙内蒙古工程后期,资源中心的作用逐渐淡化,市级的特殊教育指导中心(视障教育指导中心)的作用开始得到强化。

在反思内蒙古视障教育资源中心建设的时候,徐白仑认为省级层面的资源中心还是需要的。内蒙古自治区中、东、西三个资源中心在其所在的盟市,起到了盟市一级特殊教育指导中心的作用,但是它们和盟市一级的指导中心相比还是有区别的,在设备配备上比指导中心高了一个层次,多了盲文刻印机、热力复印机、复录机,可以做教材、教具、录音带,其盲教资源供给的作用不可替代,资源中心还可以开展更高层次的经验交流和培训。徐白仑指出,内蒙古出于地理上东西跨度大的考虑建立了三个资源中心,实际上一个省要一个资源中心就够了。"要是一个省一个的话跟行政系统重叠起来好工作,省级资源中心归教育厅领导,省级资源中心有活动,教育厅下命令,下面就跟了,这样省级层面的业务指导网络和行政网络就协调一致了,在实际中也就好开展工作了[①]。"

2.市级业务指导机构——市特殊教育指导中心

(1)特殊教育指导中心的性质和设置要求

金钥匙工程及其后续阶段建立的市级业务指导机构是视障教育指导中心,但实践中为了方便服务其他各类儿童,各地在命名的时候多命名为市特殊教育指导中心,也有的地方为了突出教研的引领作用命名为市特殊教育研究指导中心,还有的地方形成个性化的命名,如兴安盟命名为特殊教育资源服务中心,下文一般用市特殊教育指导中心作为市级业务指导机构的名称。市特殊教育指导中心是在地(市)教育部门的领导下对县(区)残疾儿童少年随班就读工作进行业务指导、档案管理、教学评估,为特殊教育师资培训、教学研究、信息资源等方面提供有关服务的长设机构[②]。市特殊教育指导中心受地(市)教育局的直接领导,一般设在地(市)一级政府所在城市的骨干特殊教育学校内;指导中心人员编制由所在特殊教育学校调剂解决,每个指导中心设主任一名,一般由地(市)教育局相关科长兼任,副主任一人,由特殊教育学校业务副校长兼任,要有2~3名接受过视障教育专门培训的专职工作人员[③]。从视障儿童教育的角度,资源中心应该配备电脑、打印机、扫描仪、复印机、盲文打字机[④]。

[①] 2011年2月8号对徐白仑的访谈记录。
[②] 内蒙古自治区教育厅.2004—2006年内蒙古金钥匙视障教育项目计划[Z].金钥匙视障教育研究中心内部资料,2004.
[③] 徐白仑.金钥匙视障教育运作手册[M].北京:华夏出版社,2008:200.
[④] 徐白仑.金钥匙视障教育运作手册[M].北京:华夏出版社,2008:205.

（2）市特殊教育指导中心在视障儿童随班就读业务管理的组织网络中的地位

市特殊教育指导中心在视障儿童随班就读业务管理的组织网络中占据核心地位。这不同于2003年教育部基教司开展的以县级为核心建立随班就读工作支持保障体系的思想。视障儿童的出现率比智力残疾儿童和听力残疾儿童低，按照比例，一般30万人口的县也就有30个视障儿童，一般情况下县里不会办盲校和盲班，县里缺乏视障教育资源和专用设备，无法完成高质量的师资培训，无法达到视障教育人力、物力的自供。而市级层面的指导中心可以发挥市属特教学校的视障教育资源，集中全市的优势办好视障教育，提高辅导教师培训的质量，通过市级的巡回指导和评估等手段提高视障儿童随班就读的质量，而且对全市一二百名视障儿童的管理也不是一个很大的工作量。因此在视障儿童随班就读业务管理网络中，市级指导中心占据核心地位。当然，在智障儿童随班就读中，其业务管理的核心组织可以定位为县级，这是因智障儿童的出现率远远高于视障儿童，县一般有智障教育的师资资源，办有招收智障儿童的特教学校或特教班，积累了丰富的智障儿童教育的经验。所以三类特殊儿童随班就读支持保障体系的建立要依据各自的情况分类确定业务支持的层次和重点，不能搞统一工程。上海特殊儿童随班就读的业务支持保障体系在区特殊教育指导中心为核心进行业务管理的基础上，利用盲校和聋校加强了对视障儿童和听障儿童随班就读的业务指导，上海市特殊教育资源中心为本市随班就读提供咨询和服务，每个区县建立一个特教指导中心，负责本地区随班就读的管理与指导，依托上海市一所盲校和四所聋校，建立盲、聋教育指导中心，负责全市视力残疾和听力残疾儿童随班就读的指导服务[①]。内蒙古赤峰市虽然为三类儿童建立了统一的业务管理部门，但是具体分工是不一样的，以特殊儿童辅导教师的培训为例，视障生、听障生辅导教师由市特殊教育指导中心负责培训，智障生辅导教师由市、县两级特殊教育指导中心组织培训[②]。根据残疾儿童类型和特殊学校的专业力量因地制宜地灵活建立特殊儿童随班就读的业务支持保障机构应该是我们从历史的实践中得出的基本结论。

（3）市特殊教育指导中心建立过程

金钥匙工程的市级业务管理组织——市特殊教育指导中心，是在内蒙古金钥匙工程及其后续项目中建立和完善起来的。

广西金钥匙工程中，政府文件就规定地、市配备巡回指导教师，"负责组织所属各县（区）巡回教师的业务学习，辅导他们做好当地视障儿童随班就读辅导教师的培训和巡回工作，组织本地、市的研讨、观摩和经验交流活动"[③]，但地、市巡回指导教师只是工程实施期间的一个岗位的设置，有时会由特教专干兼任，如玉林市教育局指定一名特教专

[①] 倪润景.努力建构保障体系，积极推进融合教育（在全国随班就读与支持保障体系建设和管理工作经验交流会的讲话）[J/OL].上海特教，2011（1）. http://www.spe.edu.sh.cn/zazhi/content.aspx? id＝7199&pid＝7189&type＝1.

[②] 内蒙古自治区赤峰市教育局.赤峰市关于残疾儿童少年随班就读工作的指导意见[Z].金钥匙视障教育研究中心内部资料，2009.

[③] 桂教基发.关于在广西壮族自治区实施视障儿童"金钥匙工程"的通知（桂教基[1996]128号）[Z].金钥匙视障教育研究中心内部资料，1996.

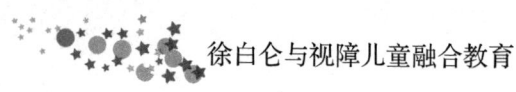

干担任工程管理干部和巡回指导教师[1],没有建立独立的市级业务指导的机构,工程结束的时候这些人员就不一定会从事巡回指导的工作。

为了推动金钥匙工程的可持续发展,徐白仑在内蒙古金钥匙工程开始之初就有建立盟市一级的视障儿童指导中心的想法。1999年赤峰市"金钥匙工程"实施意见中指出,"要建立以聋哑学校为中心的'金钥匙工程'辅导中心,辐射全市各旗县区,负责培训视障儿童辅导教师,并指导其他教学业务及检查评估"[2],这个辅导中心应该是指导中心的雏形。2000年5月,徐白仑发表的论文《内蒙古视障儿童随班就读的支持体系》就曾经提出过,当时的设想是东、中、西3个资源中心下面所辖的各个盟市都要在原有的特殊学校内设立指导中心[3]。在实践上,2003年11月国际联合评估组对内蒙古金钥匙工程进行评估的时候考察了兴安盟[4]、呼伦贝尔市的指导中心[5],这说明当时两个盟市虽然没有正式下发文件,但市级业务管理机构——特殊教育指导中心在2002年、2003年时已经开始初步建设。

较早正式发文建立市级特殊教育指导中心的是赤峰市,2003年12月,赤峰市教育局颁布《关于成立赤峰市特殊教育研究指导中心的通知》,并举行了挂牌仪式。2004—2006年的《内蒙古金钥匙视障教育项目计划》中把完善和建立各盟市特殊教育指导中心作为项目的重要目标之一,截至2004年底,内蒙古自治区在原有三个视障教育资源中心的基础上,又成立了九个特殊教育指导中心,全区12个盟市(地级)均有了自己的特殊教育指导中心,初步形成了盟市一级残疾儿童随班就读的业务管理的组织体系[6]。

3.县(区)级业务管理机构——特教教研中心

(1)特教教研中心的性质和设置要求

金钥匙工程及其后续阶段建立的县级业务指导机构是特教教研中心,也有地方称为县特殊教育研究指导中心。特教教研中心属本县教育局领导,依托县特殊教育学校或者教研室建立,由特教管理干部、县特殊学校校长、巡回教师和一定数量的优秀辅导教师、优秀校长组成,县教育局基教股股长任中心主任[7]。县特教教研中心要接受市指导中心的指导,及时向上反映困难,配合市级评估;又要为本县视障儿童随班就读提供筛查、安置、档案管理、巡回指导、教学评估、订购视障教育资源、经验交流等服务。

(2)巡回教师是县(区)级业务管理机构的前身

金钥匙工程中特教教研中心是在县级巡回教师的基础上发展起来的。金钥匙视障

---

[1] 广西壮族自治区教育委员会.广西视残儿童教育"金钥匙工程"经验选编[G].南宁:广西壮族自治区教育委员会,1998:33.

[2] 内蒙古自治区赤峰市教育局.赤峰市"金钥匙工程"实施意见[Z].北京:金钥匙视障教育研究中心内部资料,1999.

[3] 徐白仑.内蒙古视障儿童随班就读的支持体系[J].现代特殊教育,2000(09):23,24.

[4] 2004年8月兴安盟教育教育局下发了关于成立兴安盟特殊教育资源服务中心的通知,标志兴安市级业务管理组织正式成立。

[5] 金钥匙视障教育研究中心.评估内蒙古金钥匙工程[Z].金钥匙简报第0309号,2003-11-30.

[6] 内蒙古自治区教育厅基础教育处.2004年内蒙古金钥匙视障教育项目工作报告[Z].金钥匙视障教育研究中心内部资料,2004.

[7] 徐白仑.金钥匙视障教育运作手册[M].北京:华夏出版社,2008:203.

第五章 金钥匙工程的经验及特色

儿童随班就读设立县(区)巡回教师的历史悠久。早在1987年金钥匙盲童教育计划开展时期就非常重视试点县的业务指导,除了盲校老师做巡回指导外,1988年河北省晋县在盲生随班就读中设立了总辅导教师的岗位,这是县巡回教师的雏形。

广西金钥匙工程(1996—1998年)和内蒙古金钥匙工程(1999—2003年)实施的时候均要求县(区)配备巡回教师作为县级的业务指导力量,保障了县级层面对视障教育的业务指导和管理。县(区)配备的巡回教师在广西金钥匙工程和内蒙古金钥匙工程中发挥了重要作用。如内蒙古通辽市开鲁县教研室语文教研员刘志兼职全县中小学视障儿童巡回指导工作,他会同学校领导、辅导教师一块对不愿入学的视障儿童进行家访,撰写短文宣传金钥匙工程,为盲童订购教材和提供盲文纸,为辅导教师的工资待遇呼吁,协调学校和家长的关系,与学校协商免除家庭困难盲童的杂费,巡回指导教学,与辅导教师一块解决盲童摸读存在的问题[1]。内蒙古赤峰市巴林左旗教研室的巡回教师昭日格图认真钻研业务,及时发现视障生视力的变化,为由低视力转为盲的肖红艳同学培训了盲文辅导教师,动员学校清扫盲生家到学校的路,保障盲生安全[2]。从这个例子可以看出,旗县的巡回教师虽说是业务指导人员,在实际开展工作中不仅要直接进行业务指导工作,为了保证视障儿童随班就读工作的持续高效地开展,还要善于发现基层的各种问题和困难,设法协调教师、学校、乡镇等教育和行政主体来解决问题,保障视障儿童"进得来、留得住、学得好"。

但县(区)巡回教师的业务指导网络也有天然的弱点。首先,巡回教师只是一个工作岗位,而非独立的业务指导组织。广西金钥匙工程各县(区)配备的巡回教师是隶属于当地教育行政部门管理的,有的和地方行政管理机构是一套班子。虽然有些有特殊教育学校的地方也会抽调特殊教育学校的教师任巡回教师,但特教学校并没有发挥业务指导的作用,抽调的巡回教师事实上还是归教育行政部门直接管理。如广西田东县特殊教育学校教师黄秀芳,县教育局派她参加了1996年自治区举办的金钥匙工程管理干部和巡回教师培训班,此后县教育局抽调她担任县的巡回教师,她在教育局的领导和部署下担负起了培训辅导教师、深入基层检查指导、采用多种形式交流本县经验的工作[3]。她的这些工作都和她抽调前所在的田东县特殊教育学校没有什么牵扯。这样使得广西金钥匙工程县级的巡回教师依附于教育行政管理机关,一旦工程结束,县级的工程行政管理网络停止运转,县(区)配备的巡回教师往往也无法履行业务指导的职责。

其次,县(区)配备的巡回教师多为兼职,再加上没有专门的县级业务机构进行管理,巡回教师投入业务指导的精力有限。以内蒙古金钥匙工程兴安盟为例,科右中旗巡回教师是由教研室民族小学汉语文教研员兼任,科右前旗的巡回指导教师是由幼教教研员兼任,突泉县的巡回教师是由小学语文教研员兼任。在实践中,虽然有很多巡回教师为视障儿童随班就读付出了大量的心血,但是也出现了巡回教师不作为的现象。兴

---

[1] 刘志.学习徐老,奉献一片爱心[J].内蒙古教育发展研究,2003(特刊):31.
[2] 昭日格图.谈谈充分发挥巡回指导工作的纽带作用[J].内蒙古教育发展研究,2003(特刊):72.
[3] 广西壮族自治区教育委员会.广西视残儿童教育"金钥匙工程"经验选编[M].南宁:广西壮族自治区教育委员会,1998:87.

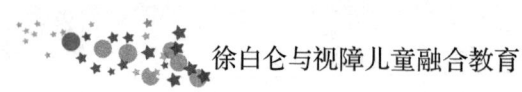

安盟2003年的金钥匙工程实施情况的通报就指出,有些巡回教师不能按要求进行业务指导,不能充分发挥教研指导的作用,视障儿童随班就读的质量受到了影响。为了提升随班就读的质量,实现视障儿童教育的可持续发展,客观上要求建立独立的业务部门,把县级的巡回指导等工作纳入统一的组织管理中去。

综上可以看出,巡回教师的设立是县级业务管理组织网络的初级形态,这种支持严重依赖于教育局对工程的领导和管理,依赖于巡回教师的个人素质,尚缺乏专门的业务机构来进行县(区)级层面的业务支持与管理。金钥匙工程建立的市级业务指导机构——特殊教育指导中心也需要下级的配套机构。

(3) 县(区)级业务管理机构的设立

内蒙古金钥匙工程后续项目以及陕西金钥匙工程咸阳示范区项目开始建立县(区)级业务管理机构。

内蒙古赤峰市的市级业务指导机构名字为市特殊教育研究指导中心,简称为市特教研究指导中心。2003年12月赤峰市建立市特教研究指导中心的时候,就要求"各旗县区教育局要建立相应的机构或配备专兼职教研人员支持、配合市特教研究指导中心的工作,共同做好服务范围内的各项工作"[①]。赤峰市巴林左旗在随班就读工作支持保障体系实验中建立了旗特殊教育研究指导中心[②],赤峰市积极推广这一做法,到2005年赤峰市逐渐依托旗县区教研室建立了特殊教育研究指导中心作为县(区)级业务管理机构。在2007—2009年金钥匙视障教育项目中,赤峰市进一步加强了县级层面的业务指导,对县级特殊教育研究指导中心的核心人物——特教教研员和巡回教师做了要求,文件指出,要"切实发挥旗县区特殊教育教研员和巡回教师的作用。旗县区特殊教育教研员和巡回教师每学期深入随班就读学校听课不少于50节,并进行教学指导评估,每学期召开1~3次教研活动,总结教学经验,解决教学困难;每学期重点抓好3~5名随班就读辅导教师教学典型,撰写论文1~3篇"[③]。为了协调县级特殊教育研究指导中心和赤峰市市级特殊教育研究指导中心的上下级贯通的关系,2009年赤峰市调整了市级特殊教育研究指导中心教研人员,把旗县特殊教育学校的学校领导和旗县教研室的特教教研员纳入了市特殊教育研究指导中心,整合了全市的特教资源,理顺了市县两级工作的关系。以上以赤峰市为例,介绍了金钥匙工程以及后续两期"金钥匙教育项目"中县级业务支持保障体系的建立过程。

2005年,陕西金钥匙工程也开始建立县(区)级业务管理机构。陕西省咸阳市特殊教育指导中心在2005年11月对"陕西金钥匙工程咸阳示范区"项目六个项目县进行初期评估时发现,由于市县两级特教干部全部兼职,人少事多,难以长期关注视障儿童,存

---

① 赤峰市教育局.关于成立赤峰市特殊教育研究指导中心的通知[Z].金钥匙视障教育研究中心内部资料,2003.

② 内蒙古赤峰市巴林左旗教育局.统筹规划 规范管理 全力开创随班就读支持保障体系实验工作的新局面[Z].金钥匙视障教育研究中心内部资料,2004.

③ 赤峰市教育局.关于全市残疾儿童少年随班就读先进学校评选结果的通报[Z].金钥匙视障教育研究中心内部资料,2005.

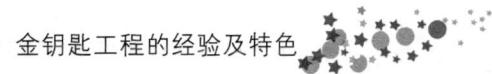

在缺乏有效管理和指导的现象,个别教学点效果不明显[①]。为了强化管理,2005年12月,咸阳市教育局出台了《关于进一步加强特殊教育工作的意见》,要求"各项目县要相应成立县级特教教研中心,由县教育局分管特教的局长任中心主任,特教管理干部任副主任,成员包括巡回教师及学区校长代表、项目校校长代表,将行政管理网络和业务指导网络合二为一";陕西金钥匙工程咸阳示范区项目的日常工作由"市特殊教育指导中心——县级特教教研中心——校级特教教研组进行运作"[②]。

4. 校级的管理组织——特教教研组

为了提升普通学校视障儿童随班就读的质量,一般在视障儿童所在的普通学校设立特教教研组,如果只面向视障儿童也可以称为视障教育教研组。教研组一般由教务主任任组长,少先大队辅导员、视障生的辅导老师以及各科任课老师等组成。特教教研组的任务是对任课教师进行视障教育培训、定期研讨教学中发现的问题、订立个别教育计划、组织经验交流[③]。内蒙古金钥匙工程、陕西金钥匙工程咸阳示范区项目、内蒙古金钥匙工程齐齐哈尔示范县项目开展期间,项目学校均建立了特教教研组。

(三)视障儿童随班就读组织管理网络的发展

随着金钥匙工程的结束,金钥匙模式中建立的视障儿童随班就读组织管理网络在未来实践中的发展会呈现出以下特点。

首先,视障儿童随班就读的行政管理网络将在管理中淡化,教育行政部门的一部分权力将会转移到各级视障儿童随班就读业务管理机构。随着视障儿童随班就读纳入当地义务教育的统一管理和各级业务指导部门的建立,一般不再需要专门建立视障儿童随班就读的行政管理网络。同时,由于特教管理干部人手有限,教育行政管理部门主要负责随班就读相关政策的制定、资源配置的协调等全局性的工作,日常的管理工作将由各级业务管理部门进行,特教管理干部也通过兼任随班就读业务管理部门领导的方式,确保随班就读中业务指导与行政管理的统一。

其次,各级视障儿童随班就读业务管理机构独立性将进一步得到增强,职能将得到拓展。随班就读工作量大面广,单纯依靠特殊教育学校的兼职工作很难把随班就读落到实处。为了随班就读的可持续发展必须有专门的机构来管理和推动随班就读工作。县级和市级的视障儿童随班就读业务管理机构的独立性将进一步得到增强,其专职人员编制、办公场地、办公经费等将得到保障。随着三类儿童随班就读的发展,市、县一级的视障儿童随班就读业务管理机构将发展为各类特殊儿童随班就读的统一管理机构,其人员的专业力量要能满足三类儿童发展的需要。有些地方的特殊儿童随班就读的业务管理机构将和特殊教育学校的专业力量整合,成为在特殊教育学校之上的能够整合调配当地特教资源的面向各种安置形式的综合性的特教业务管理机构。

[①] 咸阳市教育局.2009年7月陕西金钥匙工程咸阳示范区普及视障学生同班就读工作的实践与探索[Z].金钥匙视障教育研究中心内部资料,2009.

[②] 咸阳市教育局.关于进一步加强视障教育工作的意见(咸政教基发[2005]204号)[Z].金钥匙视障教育研究中心内部资料,2005.

[③] 徐白仑.金钥匙视障教育运作手册[M].北京:华夏出版社,2008:84.

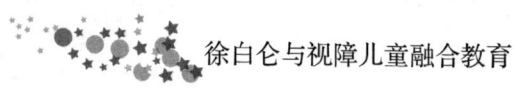

再次，随班就读的业务管理机构将被赋予更多的行政管理权限。为了方便随班就读业务管理部门的日常工作，从内蒙古金钥匙工程阶段就强调要赋予业务部门一定的行政权力，金钥匙工程中各级视障儿童业务管理机构也纳入了教育行政部门的干部。但是随班就读的业务管理机构和普通学校的关系还要进一步理顺，虽然随班就读的业务管理机构中有教育行政部门的干部，对普通学校有一定的行政权威，但是实际执行中随班就读的业务管理机构限于自身的财力、职权，缺乏有效的对普通学校的制约力量，除了给予普通学校随班就读专业建议外，对于工作被动的普通学校无能为力。随着随班就读的业务管理机构获得一些资金、人力、物力调拨、制定随班就读配套政策等行政权力，随班就读的业务管理机构将在随班就读发展中发挥更大的作用。

最后，随班就读的业务管理机构自身组织制度的完善还是一个长期的过程。金钥匙工程中虽然建立了独立的视障儿童随班就读的业务管理机构，对机构的职责、人员配备、物质配备、机构的评估等有了最基本的规定，未来随班就读的业务管理机构在职能拓展的过程中，在完善各项已有工作并创造性地开展工作等方面还有一系列的组织制度建设的问题。

二、形成视障儿童随班就读质量保障的制度体系

金钥匙工程中，除了建立各级管理机构外，还通过建立筛查建档、师资培训、导向性评估等为核心的制度来保障区域推进视障儿童随班就读的质量。

（一）筛查诊断建档的制度

筛查诊断工作在中西部地区视障儿童随班就读工作中占有重要地位。由于中西部地区没有普遍建立起残疾儿童的基本信息库，当地教育、民政、卫生、残联部门都说不清楚视障儿童的准确数量，更无法提供视障儿童的各方面的信息。有些家长由于各种原因把视障儿童，尤其是盲童，藏在家中。通过彻底的筛查和准确的诊断工作能够使失学的视障儿童获得受教育的机会，改变一生的命运，能够使已入学的视障儿童获得必要的帮助，满足其特殊教育需要。

1. 筛查鉴定建档制度的基本内容

金钥匙工程为了保证筛查的准确性和彻底性，为顺利开展视障儿童随班就读奠定基础，形成了一套严格的筛查诊断和建档制度。

为了保证基层筛查的质量一般要成立县筛查工作领导小组，制定筛查计划，确定筛查人员，举办筛查培训班，使各级筛查人员掌握筛查的方法[①]。筛查实施的时候要从乡村开始，逐级上报，最后汇总到县教育部门，并由县教育部门统一组织疑似儿童到县级医院进行眼科诊断，并在此基础上确定教育对象，建立眼科档案卡和基本档案卡。内蒙古金钥匙工程在视障儿童筛查方面形成了村点全面普查、乡镇简易测查、旗县医院眼科医生诊断的视障儿童筛查诊断的流程。

---

① 徐白仑.金钥匙视障教育运作手册[M].华夏出版社，2008:17.

(1) 基层开展广泛的初步筛查

基层初步筛查是发现视障儿童的关键性环节,包括村点普查和乡镇简易测查两个层次。基层初步筛查前要对筛查人员进行培训,使其了解全纳教育,掌握视障儿童的特征以及分类标准,掌握《简易筛查卡》使用方法和《眼科档案卡》的填写要求。基层筛查工作面广量大,实施的难度大。筛查分为对已入学儿童的筛查和未入学儿童的筛查。对已入学儿童的筛查相对简单,只需对近期体检报告中优眼最佳矫正视力在 0.3 以下的学生用《简易筛查卡》进行筛查。① 对校外视障儿童的筛查比较难。教育行政部门要把寻找视障儿童的宣传画张贴到包括村小在内的所有中小学,以及包括村庄在内的社会公共场所,动员社会力量提供视障儿童的线索。尤其要使广大一线教师和学生能够了解视障儿童的一般特点,让他们在自己的生活环境中广泛调查,提供线索,发现疑似对象再由相应学区的教师和管理人员上门查找,从而确保没有登记在册的视障儿童能够查找到。

《简易筛查卡》是金钥匙中心为解决基层缺乏筛查专业人员和设备的难题,开发的简易筛查工具。1996 年前后,金钥匙中心参照世界卫生组织 1995 年印发的《在发展中地区低视力评估》,在世界卫生组织防盲合作中心眼科专家孙葆忱的帮助下编制了《简易筛查卡》,开发出一套简单易行、适合基层干部和教师操作而又相对准确的视残儿童简易分类法。《简易筛查卡》也称为《视残分类工具卡》,这张卡片包括视野卡、0.1E 标、0.3E 标和针孔卡。"一般教师或干部凭着这张卡片和一段说明即可操作并能准确判断儿童是否视力残疾,是盲还是低视力"②。这个工具在金钥匙工程中起到了初步筛查视障儿童的作用,为进一步医学诊断打下了良好的基础,节省了地方大量人力、物力,提高了视障儿童筛查的效率。此外在筛查的时候还需要运用近视力测查表测儿童的近视力。

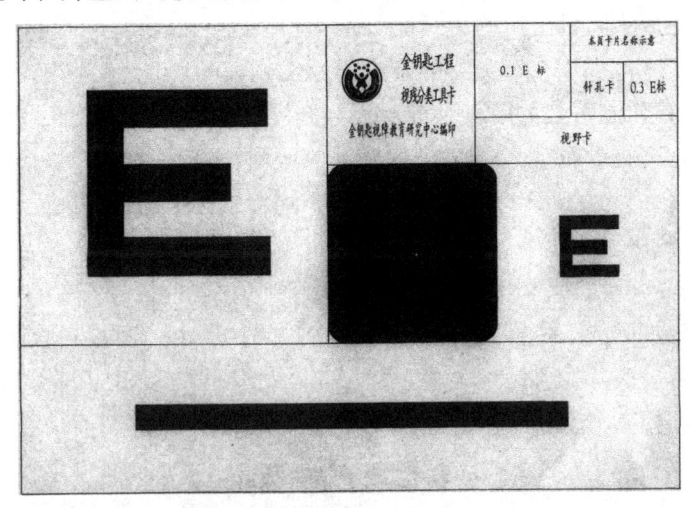

图 5-1 金钥匙工程视残分类工具卡(简易筛查卡)

---

① 徐白仑.金钥匙视障教育运作手册[M].华夏出版社,2008:18.
② 徐白仑.迅速发展视障教育的新尝试——金钥匙工程[C]//徐白仑.国际视障教育协会中国分会 第三届学术研讨会论文集.乌鲁木齐:乌鲁木齐第一印刷厂(内部资料),1996:37.

（2）医学诊断并配备助学器具，进行视残分类和教学分类，填写眼科档案卡

基层初步筛查出视障儿童后，县教育局要在县卫生局的配合下集中筛查对象到县级医院眼科诊断，屈光不正者应进行验光，确定配镜度数，有条件者可以同时配镜。眼科医生最好是经过项目培训，按照要求填写视障生眼科档案卡眼科诊断部分的内容，明确视残分类[①]。

在眼科诊断的基础上，辅导教师和巡回教师要在眼科医生的指导下帮助视障儿童选配助视器具，并确定视障儿童的教学分类。所谓教学分类是根据视障儿童实际的用眼情况和病情状态确定视障儿童是学习盲文还是学习印刷体文字，或者是以学习盲文为主兼学印刷体文字，或者以学习印刷体文字为主兼学盲文[②]。巡回老师在眼科档案卡上填写教学分类和相应的资源需求。为了进一步增强视障儿童筛查诊断的科学性，在项目县视障儿童名单出来后，金钥匙中心还会去基层核实筛查结果，确保筛查诊断和教学分类的准确性。

医学诊断和建立眼科档案卡是金钥匙工程在视障儿童随班就读的实践中逐步建立起来的制度。

1999年6月克里斯多夫防盲基金会(CBM)派国际著名视障教育专家威廉·布鲁海尔对工程进行初期评估，考察了乌盟的工程进展情况后，他在与教育厅副厅长何成保、金钥匙中心主任徐白仑座谈的时候指出，欧洲几个基金会资助视力残疾儿童的意旨是，不仅要对其进行教育，而且要进行治疗，要全面拯救。最后座谈会上明确了乌盟各旗县已经筛查出的视障儿童由各旗县受过爱德基金会培训的眼科医生进行再次鉴定[③]的决定，科学诊断视障儿童的眼睛情况，确定其是否可以治疗。此次眼科医生的鉴定中有两名原先筛查为低视力生的确定为盲生。当时还没有提出建立眼科档案卡，视力残疾学生档案中只放入眼科医生的诊断证明。

为了进一步规范视障儿童少年的筛查诊断工作，2001年金钥匙工程在CBM眼科专家的建议下，请旗县医院的眼科大夫对已经开展工程的乌盟、锡盟、赤峰市和通辽市的全部低视力生进行重新鉴定，建立《视障儿童眼科档案》，并在科学诊断的基础上配镜，配备助视设备[④]。2001年以后新启动的盟市均在旗县医院眼科医生诊断的基础上，建立了《视障儿童眼科档案卡》。

金钥匙《视障儿童眼科档案卡》是眼科专家孙葆忱教授指导金钥匙中心设计出来的，它由三个组成部分，第一部分"视障儿童的基本情况"由巡回指导教师填写，第二部分"眼科诊断"由县医院眼科医生填写，第三部分"教学分类和相应的资源"由巡回指导教师在眼科医生的参与下填写。

---

① 所谓视残分类，是指依据我国视力残疾分类标准，确定儿童是否是视障儿童，如果是视障儿童的话还要确定视力残疾的级别，确定是属于盲还是低视力。
② 参见徐白仑.金钥匙视障教育运作手册[M].华夏出版社，2008：17，18，39.
③ 内蒙古自治区教育委员会.关于配合实施"金钥匙工程"的函[Z].金钥匙视障教育研究中心内部资料，1999.
④ 内蒙古自治区教育厅.关于对乌蒙等四盟市低视生进行重新诊断的通知[Z].金钥匙视障教育研究中心内部资料，2001.

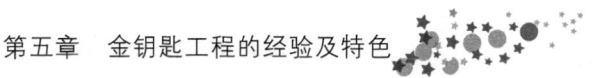

眼科医生参与视障儿童的筛查诊断和《视障儿童眼科档案卡》的建设，使得金钥匙工程相关人员对视障儿童的视力状况有了较准确的了解，有利于科学的教学分类，配备相应的教学资源，为满足视障生的特殊需求打下了良好的基础。此外还可以确定视力残疾儿童的眼病是否可治疗，以及病情的稳定状况，为视障生未来的治疗、康复和教育提供准确的信息。但在实践中也出现了医生误诊而影响视障儿童的教学分类的现象，这说明了在实际的教学中，辅导教师和巡回指导教师不要过分迷信医生的鉴定结论，一定要根据视障儿童实际的用眼情况，决定是学盲文还是明眼人文字，进行科学的教学分类，开展视障儿童鉴定的眼科医生也要努力提高自己的眼科鉴定技能以免误诊害人。

（3）开学前，辅导教师建立基本档案卡

辅导教师在开学前要填写视障学生的基本档案卡。基本档案卡和眼科档案卡是视障生最基本的原始资料。基本档案卡包括视障生本人的近期照片以及视力状况、身体状况、心理状况、社会适应状况的静态和动态描述，还包括视障生家庭的状况、所在学校以及中心校的状况。基本档案卡保留了视障生入学前或者开展金钥匙工程前的宝贵资料，有利于以此为基点观察学生的发展变化，也使得教师制定个别教学计划、集体教学计划更加有针对性。

金钥匙工程中基本档案卡的建立是一个逐渐完善的过程。广西金钥匙工程使用的基本档案卡的信息量较少。内蒙古工程除了为视障儿童增加了眼科档案卡外，还完善了视障儿童的基本档案卡。内蒙古视障生基本档案卡右上角增加了写视障生编号的地方；增加了对视障生身体状况的描述，便于为视障儿童提供合适的课桌；另外增加了视障生的动态描述和近期照片；在学校情况的基础上增加了中心校状况。内蒙古视障生基本档案卡更加正规，能够较全面反映视障生入学时候的动态和静态信息，和眼科档案卡配合起来，能够为教学、康复、治疗提供大量有用的信息。

视障儿童眼科档案卡和基本档案卡的建立为工程的开展提供了学生的基本数据和信息，在工程的决策和日常管理中发挥了重要的作用。今天这些档案卡已经成为研究视障儿童及其教育的宝贵资料。

2. 金钥匙工程视障儿童筛查鉴定的案例

视障儿童筛查鉴定的流程虽然简单，但是在实际的操作中却千头万绪，工作异常复杂。下面以内蒙古金钥匙工程的筛查作为案例进行介绍。

内蒙古金钥匙工程非常重视视障儿童的筛查和鉴定工作，多次以政府行动的方式，开展大规模的视障儿童筛查工作。

内蒙古自治区教委颁布行政命令在全区范围进行的筛查有两次。

一次是1997年发布的《关于在全区普查确认视力残疾儿童少年的通知》（内蒙教幼特发〔1997〕5号文），在这个文件中要求在1997年11月底之前进行一次全区性的视力残疾儿童少年的普查工作。文件介绍了视力方面的基础知识，提供了《视残分类工具卡》作为操作工具；确定了各行政村（嘎查）学校负责登记招生范围内疑似视力残疾的6～15周岁儿童少年的推荐表，并上报乡镇学区，乡镇学区汇总后填写《视力残疾儿童少年推荐花名册》报旗县，旗县派员完成鉴定的工作后填写《视力残疾儿童少年定性汇

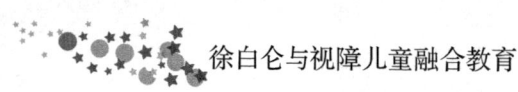

总表》,上报盟市教委普教科,各盟市汇总视力残疾儿童统计表报自治区幼教特教处一份,自己留存一份的工作程序。内蒙教幼特发〔1997〕5号文发布后,各地开展了积极的行动。乌蒙察右中旗1997年秋季召开了全旗学区主任、校长会议,宣传了实施金钥匙工程的重要意义,发放了宣传材料,部署了具体工作,培训了有关人员。全旗各学区也相应召开了全体教职工会议,发动群众,使宣传摸底家喻户晓,调查摸底深入家家户户。但是1997年的普查,各地最后提供的数据与按照致残致盲率推算有很大出入。

另一次是1998年11月内蒙古自治区教育委员会发布的《关于对我区视力残疾儿童少年再次进行普查的通知》(内蒙教基发〔1998〕59号文),决定在1998年年底前对全区6~15周岁视力残疾儿童少年再进行一次全面的普查。在这次筛查中金钥匙工程重点抓了乌盟的筛查工作。1998年11月,金钥匙中心以乌盟的商都、集宁为试点县,进行了人员培训。1998年12月盟市对其余九个县市进行了培训,每个旗县选择一个乡作为试点,乡长、书记、学区主任、中心校长、教师各一人,共66人参加了培训。各县广泛的筛查培训为乌盟的筛查打下了良好的基础,其中乌盟商丘县在1998年先后组织129人次的金钥匙工程摸底筛查培训①。各旗县培训后从试点乡开始进行了筛查工作,如乌蒙察右中旗1998年先在乌素图乡开展了试点工作,教育局委派教育股干部、教研室巡回教师亲自蹲点,深入视障生家庭调查核实,指导开展工作,取得了一定的经验后,对全旗的视障儿童少年进行了第二次筛查(第一次1997年),确定了31名视障儿童,初步建立了档案。在乌盟第二次筛查中大部分旗县请爱德基金会培训的眼科大夫对视障儿童进行了复查。1998年底开始的全区第二次筛查,乌蒙取得了较好的效果,共筛查出284名视障儿童,当时乌盟有273.4万人口,筛查出的人数基本符合每万人口出现一名视力残疾儿童少年的理论推算数据②。但是内蒙古自治区进行的第二次全省范围的视障儿童筛查中还是有一些盟市的筛查效果不好。到1999年6月,有个别盟市还没有上报1998年的视障儿童筛查结果,有些盟市上报的数据和理论推算数据差距大。因此1999年自治区教委要求这些盟市再认真做一次摸底调查③。

除了全区范围的筛查外,在1999—2003年金钥匙工程分片启动,滚动发展的过程中,每一个盟市在启动金钥匙工程前都要再筛查、核实人数,从人道主义的高度提高筛查的准确性和筛查的彻底性,争取做到准确无误,不遗漏一个适龄的视障儿童。乌盟在正式启动金钥匙工程前,在CBM专家的建议和金钥匙工程领导小组的部署下,1999年7月乌盟各旗县已经筛查出的视障儿童由各旗县受过爱德基金会培训的眼科医生进行再次鉴定④。在乌蒙试点的基础上形成了一条基本经验是视障儿童筛查后需经过旗县

---

① 商都县金钥匙工程初期评估自查报告[Z].金钥匙视障教育研究中心内部资料(乌盟评估资料),1999.
② 内蒙古教育委员会.关于《乌兰察布盟"金钥匙工程"实施工作座谈纪要》的通知(内教基发[1999]30号)[Z].金钥匙视障教育研究中心内部资料,1999.
③ 内蒙古教育委员会.关于《乌兰察布盟"金钥匙工程"实施工作座谈纪要》的通知(内教基发[1999]30号)[Z].金钥匙视障教育研究中心内部资料,1999.
④ 内蒙古自治区教育委员会.关于配合实施"金钥匙工程"的函[Z].金钥匙视障教育研究中心内部资料,1999.

医院眼科大夫诊断确认,建立翔实的个人档案,根据残疾程度,确定教学分类①。1999年8月,徐白仑考察2000年即将启动的哲理木盟、赤峰市、锡林郭勒盟的时候,发现这三个盟市视障儿童筛查的准确性不高,经抽查,锡林郭勒盟准确率为56%,哲理木盟为36%,赤峰市仅为12.5%,这三个盟市被要求对学龄视障儿童再进行认真的筛查、鉴别、诊断和分类,于当年11月底上报自治区教委基础教育处。其中锡盟截至1999年8月共筛查盲童10名,低视力儿童70名,当年9月全盟进行了新一轮的筛查。9月初,锡盟召开全盟普教股股长会议,讲授了视障儿童的筛查方法,要求层层培训筛查人员,强调旗县筛查出的视障儿童需经过旗县医院诊断②,这次筛查最后认定了53名视障儿童。尽管每个盟市在启动工程前都反复进行了多次筛查,但是有些盟市视障儿童的筛查还不够彻底。金钥匙工程期间,从各盟市筛查数字可以看出,除乌盟外,自治区其他各盟的视障儿童出现率仅为万分之0.5左右,呼伦贝尔市、巴盟仅为万分之0.25,且基本无盲童,因此许多盟市在工程启动之后又进行了筛查。如2002年呼伦贝尔市、巴盟又进行了一次筛查,呼伦贝尔市新筛查出51名视障儿童,巴盟新筛查出28名视障儿童,2003年这批视障儿童进入了学校。

从这个案例我们能够看出,视障儿童筛查工作中遇到的困难,下面做简要的分析。

3. 金钥匙工程筛查鉴定存在的问题

如何彻底地筛查适龄视障儿童?这是金钥匙工程中一直存在的问题。徐白仑指出:"我国目前视障教育中存在的主要问题之一是基数不清,因而产生的入学率缺乏可靠的根据。"以赤峰市为例,2000年赤峰市的人口有453.3万,赤峰市有198名视障儿童入学,内蒙古金钥匙工程自治区的初期评估报告中写道:"已筛选出的视障儿童的入学率赤峰市达到了95.5%③。"这样写是严谨的,因为95.5%这个数字只能表示已经筛选出来的视障儿童的入学情况,还有大量视障儿童没有筛查出来。到2010年,赤峰市有学龄视障生305名,入学296名。赤峰市教育局2007年10月10日发布了《关于进一步加强残疾儿童少年义务教育工作的意见》(赤教基字〔2007〕40号),指出在第二次全国残疾人抽样调查中,据市残联抽样调查统计,赤峰市0~15周岁各类残疾人口13 922人,占全市总人口的4.96%,在0~15周岁各类残疾儿童少年中,有视残、听残、智残三类特殊残疾儿童少年约5 890人,占全市总残疾人口的2.1%,但是截至2007年6月,赤峰市全市各旗县共查明并统计登记造册0~15岁三类残疾儿童少年2 109人,入学1 610人,还有近3 000名三类残疾儿童少年没有查明统计造册④,3 000人里面当然会包括许多视力障碍儿童。赤峰市作为西部特殊教育搞得比较好的地区尚且如此,

---

① 内蒙古自治区教育教育委员会.内蒙古自治区"金钥匙工程"领导小组会议纪要[Z].金钥匙视障教育研究中心内部资料,2000.
② 内蒙古锡林郭勒盟教委.关于上报《锡林郭勒盟实施"金钥匙工程"准备阶段工作总结》的报告[Z].金钥匙视障教育研究中心内部资料,1999.
③ 金钥匙视障教育研究中心.内蒙古金钥匙工程2000年初期评估工作报告[Z].金钥匙视障教育研究中心内部资料,2000.
④ 赤峰市教育局.关于进一步加强残疾儿童少年义务教育工作的意见[Z].金钥匙视障教育研究中心内部资料,2000.

西部其他地方没有被查明统计的学龄特殊儿童就更多了。

大量的学龄视障儿童尤其是盲童隐藏在民间没有被教育部门发现的原因是多样的,认识、经济、技术、管理等错综复杂的因素交织在一起,但是如果要提高视障儿童的入学率,提升视障教育的质量并为视障儿童的可持续发展打下基础,就必须把视障儿童筛查出来。

从金钥匙工程的经验看,为彻底深入地进行视障儿童的筛查要抓好以下的工作:

首先,要提高地方教育部门对维护视障儿童教育权利的认识水平。视障儿童的受教育权利是一项基本人权,各级教育行政部门有责任克服困难保障视障儿童的受教育权。但是有些基层教育行政部门人员的认识没有达到这种程度,在筛查中出现工作不到位的现象,此外有个别基层教育行政部门人员为了自身的利益而牺牲了部分视障儿童的利益。在访谈中有基层的教育部门工作人员指出如果视障儿童筛查出来的多而入不了学,那上级部门会认为自己的工作没有做好,如果不去仔细筛查而是让发现的视障儿童都入学,这样入学率就是100%,自己反而会受到表扬[①]。在筛查的方法和工作程序明确的前提下,提升地方教育部门工作人员的认识水平会促进视障儿童筛查工作质量的提升。

图5-2 1999年8月工作人员运用简易筛查卡初步筛查内蒙古视障儿童

其次,利用权威的残疾人抽样调查结果,推算该地区学龄视障儿童的人数,以此作为衡量地方视障儿童筛查质量和入学率的标准。徐白仑指出:"1987年全国残疾人抽样调查结果表明,学龄视障儿童约占全国总人口的万分之一。在我们后来开展的工作中,有些地方都强调'抽样调查结果不符合本地实际情况',否定了这一权威性的结论,以至影响了日后进一步筛查[②]。"在多年视障儿童筛查的经验基础上,徐白仑强调:"2006年全国残疾人抽样调查推算,我国大陆适龄视障儿童人数接近总人口的0.01%;2004年《世界卫生组织公告》中,'2002年全球视障数据'指出,中国0～15岁视障儿童人数约为同龄儿童的0.05%,按此折算,约占总人口的0.007%",地方进行视障儿童筛

---

① 2011年6月10号对一位已经退休的原县特教管理干部F的电话访谈记录。
② 金钥匙视障教育研究中心.地方文件学习心得[Z].金钥匙简报第0802号,2008-04-30。

查的时候要以这两项最具权威性的数据为标准,估算视障儿童人数[1]。依据这两个比例推算的视障儿童数目来对地方提要求,就能够提高地方行政部门筛查的积极性和主动性,避免了不作为或者瞒报的情况。

最后,要逐步建立起地方包括视障儿童在内的特殊儿童基本资料的数据库。这是简化当前筛查工作的根本出路。因为家长的种种顾虑,一直以来教育部门要摸清本地残疾儿童的基本情况往往困难重重,各地教育部门也积极进行探索。比如2011年起,上海市宝山区特教指导中心利用市特殊教育信息通报系统数据与区残联提供的数据进行比对,对未入学适龄儿童进行筛查[2]。上海市宝山区还联合区医疗机构、残联、教育部门建立残疾儿童信息互报制度:医疗机构为出生缺陷责任单位,指定专人负责《出生缺陷儿、残疾儿童报告卡》的收集和上报工作,相关医疗机构在诊疗服务中发现0—18岁儿童患有残疾症状的应转诊他们到定点医疗机构作进一步确诊和评估[3]。

(二)建立三期师资培训体系

1. 师资选拔、任用制度

金钥匙工程在建立各级行政管理和业务指导组织网络的基础上,县级教育系统内主要设置了辅导教师、巡回教师[4]和特教管理干部等三个岗位,并明确规定了选拔范围和相应的工作职责。辅导教师从视障生所在普通学校内选择,承担视障生教育教学的主要责任,主持制定视障生的个别教育计划,管理视障生的档案,对其他任课教师和家长进行培训和咨询。巡回教师从县特殊教育学校或教研室选拔,负责全县视障儿童的筛查、鉴定、教学分类和建档,对辅导教师定期进行巡回指导,组织县级评估和经验交流,对新任辅导教师进行培训。县特教管理干部主要从教育局基教股干部中选拔,最好由股长或副股长兼任,一般为兼职,其职责主要是负责全县视障学生教育教学的全面管理。2005年后,随着金钥匙工程强调建立县级特教教研中心,县特教管理干部和巡回教师均是县级特教教研中心的成员,这样巡回教师和县特教管理干部的工作职责有所整合。三类人员选拔后要填写登记表格,建立辅导教师和视障儿童的师生对应表,巡回教师还要整理完成"视障学生情况一览表",方便日后工程各项工作的开展和管理。

金钥匙工程要求辅导教师、巡回教师、特教管理干部持证上岗,在上岗培训结束后考试合格者颁发结业证书。金钥匙工程注重提高辅导教师工作的积极性,通过推动地方政府制定发放特教津贴、工作量计算、评优晋职等方面的政策来保证辅导教师队伍的

---

[1] 参见徐白仑.金钥匙视障教育运作手册[M].北京:华夏出版社,2008:14.
[2] 夏爱珠.准确报送数据,用好特殊教育信息通报系统[J/OL].上海特教,2015(3). https://spe.hpe.cn/P/C/273839.htm.
[3] 宝山特教指导中心.宝山区残疾儿童发现、诊断与安置工作管理制度[EB/OL].(2015-05-04)[2023-01-20].https://school.bsedu.org.cn/bstj/app/info/doc/index.php/8.
[4] 广西金钥匙工程中在地、市配备巡回指导教师,县(区)配备巡回教师。但是到内蒙金钥匙工程,随着市级业务管理机构的逐步完善,有些地方把县巡回教师也称为巡回指导教师。

可持续发展。

此外,市级特殊教育指导中心的教师和省级视障教育资源中心的教师也有一些巡回指导的任务,市级的特教管理干部和省特教管理干部也往往分别在两级业务管理机构中担任领导职务,其具体职责可以参考部门职责。金钥匙工程中还设置了残联特教管理干部岗位,县级残联特教管理干部在县残联分管特教工作的干部中选拔,负责整合残联系统资源支持视障教育工作。

2. 三期师资培训制度

为了保证视障儿童随班就读的质量,金钥匙工程重视师资培训的工作。鉴于基层工作者普遍缺乏视障教育的知识和技能,金钥匙工程形成了由浅入深的三期师资培训体系,分为开学前的上岗培训、第二年的经验交流式培训、第三年的系统理论培训,并出版了培训的教材。徐白仑和纪玉琴撰文指出:"视障教育师资上岗前先进行短期的'上岗培训',教一些基本理论,主要教授教学方法,解决上岗的需要,然后在实践中总结提高,逐步加深对所学理论的理解;第二年的培训是'经验交流式培训',在广泛交流经验的基础上,选出一些带有普遍性的问题,由专家讲解,在此基础上,又经过一段时间的实践和总结,教师们逐渐从'知其然'向'知其所以然'过渡;第三年再举办'系统理论培训'①。"三期培训的理论通过前后贯通的师资培训方式,有效地解决了视障教育理论和实践脱节的问题,形成了理论与实践之间良性循环,而且不占用老师很多的时间和精力,提高了师资培训的效率。

三期师资培训体系中上岗培训是最重要的,金钥匙工程设计了完善的上岗培训制度。

首先上岗培训是分类进行的,具体分为盲教育师资培训班、低视力教育师资培训班、特教管理干部培训班三类。金钥匙工程针对不同的需要分类设计了三类培训班的课程设置、教学大纲、课时安排,并提供了成体系的师资培训教材,确保了上岗培训的科学有效、经济实用。在上岗培训中,县级巡回教师、市级特殊教育指导中心的教师同辅导教师一起参加盲教育师资培训班、低视力教育师资培训班。

金钥匙工程对辅导教师培训特别重视。徐白仑指出,"辅导教师是关键人物,懂得越多越好"。广西金钥匙工程的时候金钥匙中心举办的是省级培训班,只培训到地市一级,县里是二传手,这种培训方式虽然效率很高,但"二传手会吃掉一部分,培训效果打折扣"。② 内蒙古金钥匙工程直接培训到辅导教师,具体的操作办法是以盟市为单位分别举办师资培训班,金钥匙中心人员和盲校的优秀教师直接为盲生和低视力生的辅导教师授课,确保辅导教师的培训质量。为了培育内蒙古视障教育可持续发展的力量,金钥匙工程期间曾经送内蒙古中部、东部资源中心的教师去北京培训,依托于盟市建立的特殊教育指导中心都有专门从事视障教育研究的人员,这些专业人员逐渐能够独立地承担盟市一级辅导教师的培训任务。

---

① 徐白仑,纪玉琴.建立三项管理体系确保随班就读质量[J].现代特殊教育,2010(3):19.
② 2010年12月6号对徐白仑的访谈记录。

金钥匙工程也重视特教管理干部的培训。特教管理干部在推动区域视障儿童融合教育工作中起重要作用,提高特教管理干部对全纳教育的理论认识和视障教育知识水平,能够提升特教管理干部对视障教育的重视程度,并能推动他们采用科学的工作方法促进视障儿童教育的发展。在广西金钥匙工程的培训中就开始了专门针对特教管理干部的培训班。内蒙古金钥匙工程中为了充分发挥特教管理干部在工程中作用,管理干部培训班往往在工程的准备期内举行,如赤峰市、哲盟、锡盟是2000年秋学期招收视障儿童入学的,干部培训班提前了大半年举行。

其次,上岗培训中形成了完善的辅助制度。授课教师要进行岗前研讨。各类培训人员培训报到时候会交学员登记表,填写报到登记表,分班并分发教材和课前问卷,收取上岗证的照片。培训后会发放课后问卷,相关人士会撰写培训报告。此外培训期间还有严格的财务管理制度,确定授课教师、工作人员的补助标准以及学员的食宿标准。

3. 三期师资培训体系的案例

三期师资培训体系在内蒙古金钥匙工程期间初步形成,到陕西金钥匙工程咸阳示范区项目的时候已经相对成熟和完善了。下面以陕西金钥匙工程咸阳示范区项目为例进行介绍。

2004年6月29日咸阳市教育局发布了《关于举办陕西金钥匙工程咸阳示范区师资培训班的通知》,并于7月份分别举行了三类师资的上岗培训班[①]。2005年5月咸阳市教育局下发了《关于召开金钥匙工程中期培训与经验交流会的通知》,要求各项目县组织相关人员总结经验和问题,形成系统的书面汇报材料,市特殊教育指导中心要总结全市金钥匙工程实施情况,形成书面汇报材料。6月又下发《关于召开金钥匙工程中期培训与经验交流会的补充通知》,确定了会议的时间和地点。2005年8月,为期三天的金钥匙工程中期培训与经验交流会在旬邑县召开,会议进行了经验交流、现场观摩、专家讲座,这属于工程开展第二年的经验交流式培训。2006年,咸阳市又筹备了工程实施第三年的系统理论培训。2006年2月,咸阳市教育局下发了《关于举办金钥匙工程教学骨干研讨班的通知》,并安排咸阳市特殊教育指导中心和项目县结合工作经验和实例分别就视障儿童筛查工作、入学安置工作、教育教学和导向性评估准备研讨班的主题发言。2003年3月2日—6日,在金钥匙中心的支持下,咸阳市教育局在长武县举办了为期五天的研讨班,内容分为专家讲课,主题研讨,观摩研讨盲、低视教育的课堂教学等内容[②]。陕西金钥匙工程咸阳示范区项目成功实施了三期师资培训的体系。

4. 三期培训中存在的问题

首先,师资培训的连续性与相关人员变动的矛盾。三期培训体系的设计是连续的、层层递进的,前一期的培训和工作实践是下一期培训的基础。但是在实践中,辅导教

---

① 咸阳市教育局. 关于举办陕西金钥匙工程咸阳示范区师资培训班的通知(咸政教基发〔2004〕47号)[Z]. 金钥匙视障教育研究中心内部资料,2004.
② 咸阳市教育局. 关于举办金钥匙工程教学骨干研讨班的通知(咸政教基发〔2006〕18号)[Z]. 金钥匙视障教育研究中心内部资料,2006.

师、巡回教师、特教管理干部会发生变动。这一方面造成了前期培训资源的浪费,另一方面培训的连续性被打乱。鉴于此,金钥匙工程在选拔辅导教师的时候明确要求"近几年内不会因搬迁、婚姻、生育等原因无法担任辅导教师工作",尽量保持师资队伍的稳定,并且通过巡回教师和老辅导教师等对没有参加上岗培训的新任辅导教师进行培训,但这样培训的质量就会打折扣了。此外三期培训中,往往也事先布置没有参加先期培训的人员补课,如咸阳市教育局《关于举办金钥匙工程教学骨干研讨班的通知》中规定、"未接受过 2004 年 7 月视障教育师资培训的学员,要在研讨班前主动学习掌握视障教育课程内容①。"这些措施在一定程度上减轻了相关人员变动对师资培训和师资质量造成的影响。但是如果要从根本上解决这个问题还要从提升认识、变革教师教育职前和职后培训体系等入手。

其次,三期师资培训体系中第二期和第三期培训制度需要进一步完善。相对于上岗培训完善的内容、制度以及丰富的培训案例,第二年的经验交流式培训、第三年的系统理论培训的内容和制度还需要在培训实践中进一步完善。比如要形成相关的培训指南或纲要,整理相关的专题发言,形成培训的案例,为第二年的经验交流式培训、第三年的系统理论培训提供可资借鉴的资料。

(三)建立三期三级导向性评估体系

1. 导向性评估体系的内涵

导向性评估体系是金钥匙工程实施过程中引导、提升和控制视障儿童随班就读质量的重要手段。

导向性评估体系的核心是根据全纳教育理念开发的三期评估工具,这些评估工具分解出的具体可操作的评估标准成为"金钥匙工程培训、教学、教研、指导、管理、评估、总结等各个环节的共同奋斗目标"②。金钥匙工程为盲生和低视力生分别开发了一套包含三期评估标准的基础评估工具,评估的指标分为 9 个一级指标,20 个二级指标,每个二级指标又给出了客观判断优良中差的具体评估标准。盲生的三期评估工具的一、二级指标完全相同,只是指标的内涵要求不同,这体现在二级指标优良中差的评估标准不同,后一期指标的要求建立在前一期评估的基础上,体现了三期评估的递进关系。盲生评估工具的 9 个一级指标包括四个方面,其中对盲生的评估包括心理康复、社会适应、学习能力、生活能力四个指标,对教师的评估包括辅导教师和档案管理两个指标,对教学管理的评估包括教学环境和教学支持两个指标,对家长的评估包括家长参与一个指标③。二级指标是在一级指标之下分解的 20 个指标。低视力生的评估工具设计思路和盲生评估工具一样,一级评估指标也完全相同,只是二级指标有差异。金钥匙视障儿童随班就读教育教学基础评估设计的 9 个一级指标,20 个二级指标涵盖了视障儿童在普通学校学习涉及的方方面面的工作,能全方位评估视障儿童在普通学校学习的条

---

① 咸阳市教育局.关于举办金钥匙工程教学骨干研讨班的通知(咸政教基发〔2006〕18 号)[Z].金钥匙视障教育研究中心内部资料,2006.
② 徐白仑,纪玉琴.建立三项管理体系确保随班就读质量[J].现代特殊教育,2010(3):20.
③ 徐白仑.金钥匙视障教育运作手册[M].北京:华夏出版社,2008:149-150.

件和质量。图5-3为"金钥匙视障儿童随班就读教育教学基础评估图",图中包含金钥匙导向性评估体系的一级指标和二级指标,其中二级指标中的运用盲文、定向行走、盲文摸读、盲文书写为盲生评估工具中的指标,远视能力、近视能力、视觉功能、视力保护为低视力生评估工具中的指标。金钥匙导向性评估工具在中国特殊教育中具有独特的地位,徐白仑指出:"这个评估的指标体系有自主的知识产权,外国没有,中国以前也没有,外国人认为随班就读搞评估不可能。我们吸收全纳教育理念,并把它变得易于理解,易于操作。"

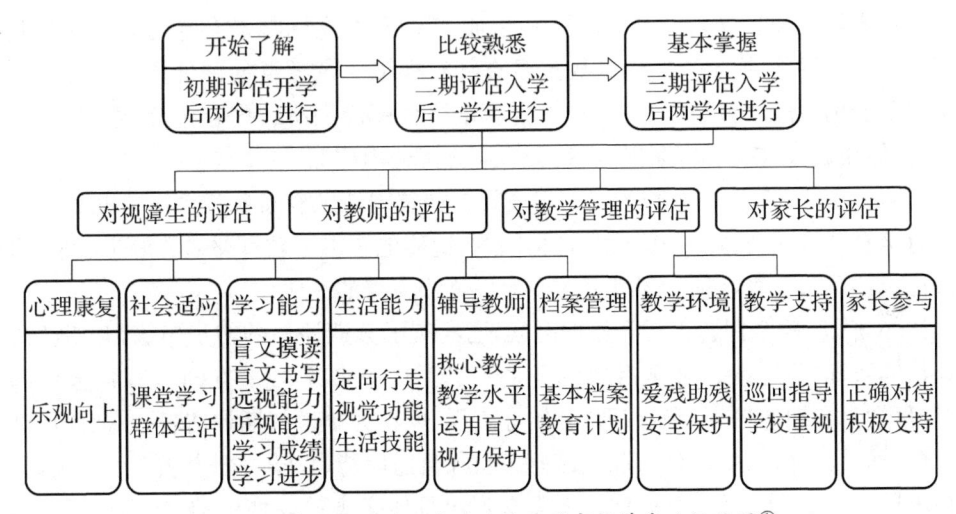

图5-3 金钥匙视障儿童随班就读教育教学基础评估图①

所谓三期评估是指在两年内分三个阶段对普通学校视障儿童随班就读质量进行综合评估,以达到引导当地的视障儿童随班就读走向可持续发展的目标。"初期评估于视障儿童入学两个月后进行,目标是使经过上岗培训的相关人员,在开始实践的过程中,运用已学到的知识,理论联系实际,真正'开始了解'视障教育;二期评估于视障儿童入学一学年后进行,目标是使相关人员'比较熟悉'视障教育;三期评估于视障儿童入学两学年后进行,目标是使相关人员'基本掌握'视障教育②。"

三级评估是指评估分为省、市、县三个层次进行。以一期评估为例,首先进行县级评估,在学校自评的基础上,县特教教研中心负责组织对每一个视障儿童依据一期评估工具进行评估,"包括听取校方情况汇报、集体听课、分头进行考核、交谈、观察、检查等方式"③,对每名视障生及其所在学校进行逐个逐项的分析,提出教育教学建议,并根据现场记录填写评估结果登记表,计算综合得分。现场评估结束后评估人员要为每个视障生提供一份一期县级评估教育教学建议书;此外要分盲生和低视力生两类对评估结果登记表进行汇总统计,撰写县级一期评估报告。县级评估结束后,要召开评估结果座谈会,对评估结果进行反馈并针对评估发现的主要问题进行培训。在县级评估的基础

---

① 徐白仑.金钥匙视障教育运作手册[M].北京:华夏出版社,2008:150.
② 徐白仑,纪玉琴.建立三项管理体系确保随班就读质量[J].现代特殊教育,2010(3):19.
③ 徐白仑.金钥匙视障教育运作手册[M].北京:华夏出版社,2008:151.

上,市特殊教育指导中心负责组织市级评估,对县视障儿童以不少于30%的比例随机抽样评估,评估的过程和评估数据材料的处理方式和县级评估相同。金钥匙工程中还进行了省级评估,由金钥匙中心和省级特教干部、资源中心教师等组成省级评估小组,对县视障儿童以不少于5%的比例随机抽样评估。一般情况下,经过县市两级评估基本上能够掌握视障儿童随班就读在特定阶段的教育教学质量了,不需要进行省级评估。

2. 导向性评估体系形成过程

导向性评估体系是在广西金钥匙工程的中后期开始逐渐形成,内蒙古金钥匙工程得到进一步发展和完善。开展金钥匙工程前,广西乃至全国都没有专门针对视障儿童随班就读进行评估的指标体系,盲校也没有针对视障儿童教育的评价指标,"许多盲校的学生手册仍在沿用普通学校的《小学生质量综合评价手册》,内容包括:思想品德、知识能力、体质健康,缺少缺陷补偿和社会适应方面的内容"[①]。

1994—1995年,徐白仑作为专家组成员参加贫困地区有特殊教育需要儿童的教育项目时接触到特殊儿童随班就读的评估问题,这使他获得了教育评估的最初启蒙,徐白仑回忆说:"后来三级评估手册就受这个启发逐步完善的[②]。"

1996年,广西金钥匙工程开始的时候,已经有了分期评估的初步想法,开始尝试建立评估体系,但是还缺乏客观有效的评估工具。1996年7月下发的《广西"金钥匙工程"全盲学生初期评估表》和《广西"金钥匙工程"低视力学生初期评估表》中把评估确定为建档、辅导教师、环境优化情况、心理康复、社会适应能力、学习能力能6个一级指标,并初步划分了15个二级指标,但是还没有列出具体客观的评估标准,在进行评估的时候,还需要对每一个二级指标作主观判断。徐白仑后来回忆广西初期评估时说:"不够规范,大家看一看、转一转。盲文扎写摸读从盲校弄来了可以量化的标准,其他方面没有量化的东西,评估的也不全面,主要是盲文扎写摸读、心理康复。大家走马观花,没有标准,往往是先摸读一封感谢信,做个游戏,最后大家议论一下。基层学校也不知道怎么迎接评估,像迎接钦差大臣一样打扫卫生,搞欢迎[③]。"柳州地区教育局的《实施"金钥匙工程"工作情况汇报》叙述了自治区评估专家组评估的情况,可以使我们对当时的初期评估有更感性的认识:"1996年12月,以北京金钥匙中心主任,国际视障教育协会中国分会会长徐白仑等著名盲教专家和区教委领导组成的'工程'评估专家组一行九人,对我地区沂城县、合山市等7所学校的7个盲生、2个低视力生进行初期评估,通过听汇报、随堂听课对视残生进行测查。专家们认为,这些'特殊'的学生都能跟正常学生一起学习,他们不但学得好,而且学得轻松。沂城县大唐金山两位盲生,不但学习成绩好,而且还会唱歌、跳舞、拼图,还能教班上的正常学生朗读课文。尤其是戚胜怀同学,还能用笛子吹奏优美动听乐曲。当他为评估组吹起他最喜爱的两首歌《爱的奉献》《好人一生平安》时,在座的人无不为他流下感动的泪。专家们对我地区的'工程'工作取得的成

---

① 徐白仑.迅速发展视障教育的新尝试——金钥匙工程[C]//徐白仑.国际视障教育协会中国分会第三届学术研讨会论文集.乌鲁木齐:乌鲁木齐第一印刷厂(内部资料),1996:39.
② 2011年2月8号对徐白仑的访谈记录.
③ 2010年10月29号访谈徐白仑的记录.

绩给予高度的评价[①]。"这段描述不一定能反映当时评估的全面情况,但可以看出,当时评估除了考察学生的学习情况和评估表所列的指标外,还看了学生的才艺表演,专家和评估对象之间有情感互动,评估的主观性还是比较浓的。

为了杜绝评估中的热闹场面,提高评估质量,金钥匙中心开始开发评估工具。首先开发出来的是单项评估工具,具体包括《盲生辅导教师素质评估工具》《低视生辅导教师素质评估工具》《教学环境评估工具》《视障儿童随班就读课堂教学评估量化表》等一系列的分项评估的评估工具。金钥匙工程将辅导教师、教学环境等重要的一级指标,分别进行细化,在每个一级指标的基础上形成逻辑严密的能够全面衡量该一级指标的二级、三级指标,并在三级指标的基础上确定了优良中差的客观判断标准,以期全面反映某个一级指标的情况。但是由于视障儿童随班就读的各项工作都是密切联系的,很难截然分开,一个评估工具编写得太完备的时候必然会有指标和别的评估工具的指标重复,在使用的时候很烦琐。如《盲生辅导教师素质评估工具》《低视生辅导教师素质评估工具》中都会有家长配合这个二级指标,《教学环境评估工具》也有家庭配合这个二级指标,当然重复的不仅是这一个二级指标,这样在实际操作中,反反复复地评价某一个方面,会浪费老师和评估人员的大量时间,也会造成评估疲劳,影响评估的效果。对一个一级评估指标的分解是建立完善的评估指标体系的基础,每一个一级评估指标涉及的评估点都找到了话,在设计综合评估指标体系的时候就可以合并相同的评估点,形成系统的评估工具[②]。

到 1997 年,金钥匙中心在分项评估工具的基础上开发出相对系统的能综合动态评估视障儿童随班就读质量的评估工具,1997 年 2 月编印出广西金钥匙工程盲生和低视力生初期评估工具,1997 年 5 月编印出广西金钥匙工程盲生和低视力生二期评估工具,后又开发出盲生和低视力生三期评估工具。这一套基础评估工具的三个分册——《视障学生随班就读教育教学基础评估手册第一分册》《视障学生随班就读教育教学基础评估手册第二分册》《视障学生随班就读教育教学基础评估手册第三分册》于 1997—1999 年陆续出版,2001—2002 年又再版,在金钥匙工程中发挥了重要的作用,保证了金钥匙工程的质量。徐白仑回忆说:"到内蒙古后,结合评估指标评估,就没有热闹场面了。"

1997 年出版基础评估的工具后,由于"广西离得比较远,书发到广西了,当地自己在用"[③],广西金钥匙工程阶段尚未形成评估的操作规范。"但评估表出来是个很大的突破,囊括随班就读的各个方面,形成综合的东西,节省时间,而且相互之间都是有关系的,用一个表看起来也方便[④]。"

到内蒙古金钥匙工程的时候,这套基础评估手册的评估指标依据实践的需要做了一些调整,使得这套指标体系更加全面、准确、逻辑性更强。

---

① 广西壮族自治区教育委员会.广西视残儿童教育"金钥匙工程"经验选编[Z].南宁:广西壮族自治区教育委员会,1998:26.
② 梁全进.广西视障儿童随班就读的实践与探讨[M].北京:华夏出版社,1999:59-66.
③ 2011 年 2 月 8 号对徐白仑的访谈记录。
④ 2011 年 2 月 8 号对徐白仑的访谈记录。

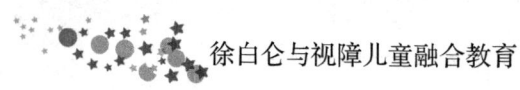

3. 导向性评估的案例

通过内蒙古金钥匙工程中导向性评估实践,我们可以看出大致的操作过程。在工程启动的时候,三类人员的上岗培训中包括教学评估的培训,预先告知管理干部和辅导教师、巡回教师评估内容、评估方法和评估的时间安排。工程实施期间,自治区教委也会通过内蒙古"金钥匙工程"座谈纪要或会议纪要的形式对金钥匙工程的评估进行具体的部署,使相关盟市做好迎接自治区评估的准备。如在2000年3月召开的内蒙古自治区"金钥匙工程"领导小组会议上,部署2000年工作时就明确了2000年11月份对赤峰市、通辽市和锡林郭勒盟进行初期评估的工作。会后内蒙古教育委员会通过颁布《关于〈内蒙古自治区"金钥匙工程"领导小组会谈纪要〉的通知》,把相关信息传递到盟市。各盟市会根据自治区的工作部署对本盟市的评估做出安排。如赤峰市2000年10月8日发布了《关于开展视障学生随班就读初期评估工作的通知》,2001年3月29日发布了《关于开展视障儿童随班就读二期评估工作的通知》,先后对初期和二期的盟市和旗县的两级评估做出了部署。各盟市出台的有关评估的文件内容不会完全相同,但核心内容相对一致。

一般来说,旗县区级评估由普教股牵头,巡回教师配合开展评估,评估面确保达到100%,评估的过程是业务指导的过程,对每一位视障生按照评估表进行打分,提出针对性的教育教学建议,形成旗县评估报告,评估后要保存好每一个视障生的评估档案和相关材料。

在县级评估的基础上,市级评估按照视障生总数的30%随机抽样,通过听取学校汇报、评估视障生、听课、查阅档案资料、座谈的方法进行评估,在为每一位视障生填写评估表和教育教学建议表的基础上形成盟市的评估报告。

盟市级评估最好由市特殊教育指导中心来组织实施,当时设在通辽市的东部资源中心负责了通辽市的评估,评估后形成了通辽市的各期评估报告。内蒙古金钥匙工程中还没有完全建立起指导中心的盟市,主要靠盟市教委来组织评估。

在进行省级自治区的评估前,内蒙古教委通常会下发正式文件,对评估进行部署,如在2000年10月10日下发的《关于对锡盟、通辽和赤峰市实施"金钥匙工程"进行初期评估的通知》。自治区评估组的成员由内蒙古自治区教委、金钥匙中心、视障教育资源中心人员以及国内外的视障教育专家组成。自治区的评估要按照视障生总数5%的比例进行抽查,评估通过听取盟市、旗县在自评的基础上做的汇报,深入被评估学校通过评估视障生、听取学校汇报、听课、查阅档案材料,与视障生、教师、家长、学生座谈的方式,按照评估表进行评估,评估组要对被评估的学校提供反馈建议,并要形成省级评估报告。为了扩大评估的影响,内蒙古自治区教委还以政府文件的方式下发了部分省级评估报告,如2000年12月29日下发了关于《内蒙古金钥匙工程2000年乌兰察布盟二期评估工作报告》。

从内蒙古金钥匙导向性评估的实际操作我们可以看出,当时已经形成了从评估主体到评估对象,从评估时间、评估方法到评估流程的完善的评估制度,这对金钥匙工程的质量起了重要的保证作用。

4. 对导向性评估体系的评价

金钥匙工程的导向性评估体系具有以下几个优点：

第一，以视障生为本。评估把复杂的视障儿童随班就读的管理和教学工作直接落实到和视障生相关的20个二级指标上，这同时也带来了评估的整体化和简便化。三级评估，不管层次多么高，评估的时候还是直接面对真实具体的视障儿童。三次评估无一例外地都要填写以一个视障生为对象的评估表和教育教学建议，这样就把评估工作落在了实处，使得每一次评估对具体的视障儿童及辅导教师和学校有直接的帮助，从实践中获得的认识也能更好地代表相应地区视障儿童融合教育的发展水平。

第二，反映实践的灵敏性。三阶段评估分布在视障儿童随班就读开展的两个月后、一年后、两年后，这样能及时发现实践中存在的问题。尤其是两个月后的初期评估，使视障儿童随班就读初期就能及时发现和扭转视障教育中存在的问题，为日后顺利开展视障儿童随班就读打下基础。

第三，自上而下的强力政府推行。评估依靠行政的力量从自治区、盟市、旗县自上而下地安排落实，提高了推行的效率和各级行政部门贯彻的积极性，带动了基层学校评估工作的开展，使得一些学校不至于因为视障儿童只是学校的个别儿童而忽视视障教育工作。

当然在金钥匙工程中，评估分省、市、县三个层次进行评估的方式可能太过于烦琐，一般评估在县、市两级的层面上进行就可以了。另外因为评估是围绕9个一级指标、20个二级评估指标进行的，有可能造成相关人员思维的固化，忽略其他潜在因素。

除了以上提升区域随班就读质量的制度外，金钥匙工程鼓励学校基于全纳教育思想探索视障儿童学校教育制度，要求学校从教学管理、教学环境、教育计划、课堂教学、课外活动等方面进行全面改革，以满足每名视障学生的特殊需要。

第二节　视障儿童特殊教育体系的完善

"体系（system），泛指一定范围内或同类的事物按照一定的秩序和内部联系组合而成的整体[①]。"特殊教育体系目前是我国特殊教育政策和学者研究中常用的一个概念，一般是指我国残疾人各级各类教育及其内部关系的总称，包括学前教育、义务教育（小学教育、初中教育）、高中教育、职业教育、高等教育、成人教育等各阶段的教育。结构完整、普特融合的特殊教育体系是满足我国残疾人教育需求的基本条件。

特殊儿童随班就读作为我国特殊儿童接受义务教育的主要形式，既是我国特殊教育体系的一个有机组成部分，同时它的可持续发展又受制于我国特殊教育体系的完善程度。在非义务教育阶段融合教育不够发达的状态下，我国的特殊教育体系要回答随班就读的特殊儿童从哪里来，又到哪里去的问题，如果不解决这个问题，将直接影响着

---

① 褚红芳.浅析现代教育体系中家长教育的作用[J].现代教育科学，2010(8):20.

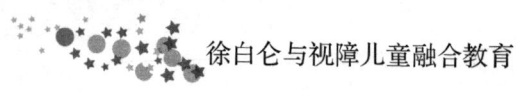

随班就读的可持续发展。同时特殊儿童随班就读的发展也面临着从学前、小学、初中、高中到大学的发展问题。因此特殊教育体系问题也是我国特殊儿童随班就读要解决的核心问题之一。

进入21世纪以来,我国对完善特殊教育体系非常重视。2001年,国务院办公厅转发了教育部等部门《关于"十五"期间进一步推进特殊教育改革和发展的意见》,指出在"十五"期间要"大力普及残疾儿童少年义务教育,进一步完善特殊教育体系,努力满足残疾人的教育需求"。完善特殊教育体系是一个长期艰巨的任务,中央和地方在"十五""十一五""十二五""十三五"期间做了很多努力,许多非政府组织也为完善特殊教育体系作出了贡献。

徐白仑一直关注着视障儿童教育体系的完善。早在金钥匙盲童教育计划阶段,他就对视障儿童的教育体系进行了设想,指出"用金钥匙计划在各省普及盲童小学教育;有条件的也可以开展中学及以上阶段的一体化教育,为其中的优秀者创造继续深造的机会。地、市办中心盲校,进行三年制职业初中教育,解决本地区大多数盲童的就业问题,并负责指导所属区县的盲童教育。省级盲校可继续办好实验小学,逐步发展普通初中、普通高中,以便与现有的盲人高等教育衔接,形成完整的体系,有条件的也可办职业高中;除了完成本身的教学任务,省级盲校还应逐步改造成盲人教育中心,进行教育研究,负责师资培训,对全省盲教工作进行业务指导"[①]。但是当时限于精力和条件,金钥匙盲童教育计划和低视力儿童随班就读项目主要进行了视障儿童小学阶段随班就读的实验,探索解决普及视障儿童初等教育的问题。进入金钥匙工程的发展阶段后,为了推动视障儿童融合教育的可持续发展,徐白仑从以下几个方面为完善视障教育体系进行了探索。

一、初步探索视障教育中特殊教育学校和随班就读互补式发展格局

徐白仑对于特教学校和随班就读互补式发展的最初设想是要建立省级"视障教育中心",分别负责支持3～5个地区的视障教育工作。每个视障教育中心由资源中心和盲校两个部分组成。资源中心的任务包括:业务指导、师资培训、教学研究、资源供应,主要服务随班就读的视障儿童。盲校的任务包括:招收不宜随班就读的视障生、进行以按摩为主的职业教育、作为资源中心的教师实践基地和人力调剂基地[②]。对于这个设想徐白仑在内蒙古金钥匙工程初期进行了实践。

1998年12月18日,自治区教委副主任何成保、基础教育处副处长王利生与金钥匙中心主任徐白仑等同志就实施"金钥匙工程"有关问题进行了座谈讨论,决定"金钥匙工程"在乌兰察布盟于1999年先行试点,确定乌兰察布盟聋哑学校为"金钥匙工程"内

---

① 徐白仑.金钥匙盲童教育试点工作简报第3期(江苏河北专辑)[Z].金钥匙视障教育研究中心内部资料,1988.
② 徐白仑.内蒙古视障儿童随班就读的支持体系[J].现代特殊教育,2000(09):23,24.

蒙古中部地区视障教育中心,成立资源中心,同时开设盲生部①。乌兰察布盟盲聋哑学校盲生部的招生范围同内蒙古中部地区视障教育资源中心的服务范围一致,也为内蒙古的中部地区。1999年,金钥匙中心积极为内蒙古中部地区视障教育资源中心配备设备、培训人员的同时,还积极支持乌兰察布盟盲聋哑学校盲生部的建设。1999年徐白仑为盲生部的建设争取到香港企业家方润华的20万元捐资,这笔钱由宋庆龄基金会运作到位,后根据捐款人意愿把乌盟盲聋哑学校的盲生部定名为方树泉盲校,2000年9月份开始计划招收不适合随班就读的盲生,并积极准备开始大龄盲生的职业教育班②。后来内蒙古中部地区视障教育资源中心的工作计划和工作总结中也涉及了乌兰察布盟盲聋哑学校盲生部(方树泉盲校)的工作。徐白仑在回忆方树泉盲校的工作时说:"当时盲校办起来了,但职业教育没有办起来,招生断断续续的,为后来的发展打了一个基础。后来随班就读的学生大了,职业教育班就慢慢办起来了③。"乌兰察布盟盲聋哑学校后改名为乌兰察布市特殊教育学校,2005年经市教育局、市残疾人联合会批准成立了特殊职业高中和残疾人就业培训中心,初步形成盲聋儿童学前教育、义务教育、盲聋高中阶段职业技术教育的特殊教育办学体系。

乌兰察布盟金钥匙工程的实施阶段(1999—2001年)实质上初步建立起了特殊教育学校和随班就读互补式发展格局,不适宜随班就读的视障儿童和初中毕业的随班就读视障儿童可以在乌兰察布盟盲聋哑学校盲生部(方树泉盲校)学习,大量的学龄视障儿童在中部地区视障教育资源中心的业务支持下,在本县巡回教师、本校辅导教师的帮助下在普通学校学习,这种视障教育体系能够更加经济有效地利用有限的人力物力,最大限度地满足了各类视障儿童长期发展的教育需要。

但是金钥匙工程在乌兰察布盟进行了这种视障教育发展格局的初步建设后,后来的工作中没有再对盲校的建设分散更多的精力,只重点抓了三个视障教育资源中心的建设。2000年,金钥匙工程依托巴彦淖尔盟聋哑学校设立了"内蒙古自治区西部地区视障教育资源中心",但没有发展巴彦淖尔盟聋哑学校的盲生部。徐白仑后来反思说:"办班钱少,办校钱多,不是我们NGO能够做的","金钥匙工程是随班就的项目,也没有办校的钱",而且办校在师资方面存在的困难,金钥匙中心"对盲校老师的培训没有经验,要把教师送到盲校去培训,职业教育的师资就更难找了,学校老师的收入不如按摩师高"④。但是内蒙古金钥匙工程实施多年后,随班就读的盲生毕业后,没有地方去,内蒙古有些盟市就把孩子集中起来,陆续在特殊教育学校里建立了盲生部。徐白仑回忆说:"除了通辽、呼和浩特市原本就有盲校,金钥匙工程期间乌兰察布盟建立了盲校外,金钥匙工程(1999—2003年)结束后,赤峰市民族特殊教育学校、锡林浩特市特殊教育学校、巴彦淖尔市特殊教育学校、鄂尔多斯市特殊教育学校先后设立了盲生部,开展了

---

① 内蒙古自治区教育委员会.内蒙古自治区视障儿童随班就读"金钥匙工程"座谈会纪要[Z].金钥匙视障教育研究中心内部资料,1999.
② 乌兰察布盟教委.乌兰察布盟"金钥匙工程"实施工作座谈纪要[Z].金钥匙视障教育研究中心内部资料,1999.
③ 2011年2月8号对徐白仑的访谈记录。
④ 2011年2月8号对徐白仑的访谈记录。

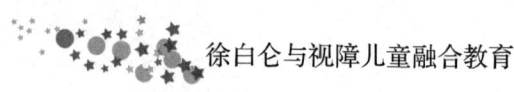

视障儿童的教育。"内蒙古这些盟市的后续实践,说明了视障教育中特殊教育学校和随班就读互补式协调发展的价值。当前还有一些地方在视障教育中,盲校和普通学校的招生对象还没有区分清楚,有些盲校还是招收原本可以随班就的视障儿童,而使得因多重残疾不适宜随班就读的视障儿童被拒在盲校之外,丧失了受教育的机会,同时这种招生方式也限制了特殊教育学校向职业教育发展的力量。西部贫困地区在充分普及视障儿童教育后出现的视障儿童随班就读与特殊教育学校互补式协调发展的格局昭示着未来特殊教育的发展方向!

二、进行盲中学生随班就读实验项目

为了完善视障儿童随班就读的体系,金钥匙中心在内蒙古金钥匙工程后续项目中于2006—2008年与赤峰、通辽两市合作进行了盲中学生随班就读实验。盲中学生随班就读实验项目的目的是宣传全纳教育的理念,维护盲生在普通中学学习的平等权利,确保盲生能学习包括中学数、理、化等理科在内的中学课程并能学习使用盲用电脑,探索盲中学生随班就读的实践经验,供各地参考[①]。

2006年金钥匙中心与地方合作在内蒙古通辽市奈曼旗、赤峰市敖汉旗、阿鲁科尔沁旗建立盲中学生随班就读试点。2006年4月11日—17日,德国克里斯多夫防盲基金会委派柯克·霍顿、凯瑞·范·第克、得·该士瑞·潘塔三位专家赴内蒙古考察金钥匙视障教育项目期间,专程去通辽市奈曼旗考察盲生进入初中随班就读的情况[②]。2006年6月金钥匙中心赴内蒙古兴安盟考察,专门去中学调研了盲中学生随班就读的情况。

2006年8月2日—6日,盲中学生随班就读培训班在北京盲人按摩指导中心举行[③]。内蒙古自治区赤峰、通辽两市和陕西省咸阳市的视障生、相关教师和管理干部参加了培训。培训内容为盲文数、理、化符号的运用规律和对盲生进行理科教学的特点、难点以及学习方法,盲用电脑的运作,"个别教育计划"和"一体化教案"制订等内容。培训班向盲生赠送了盲用电脑和助视器。美国财经服务论坛首席执行官唐纳德·埃文士和香港视障人士福音中心为培训班提供了资助[④]。2007年,金钥匙中心组织北京、天津、青岛盲校资深教师及中心工作人员,于6月27日至7月3日赴通辽、赤峰,考察中学盲生随班就读实验项目的实施效果,同时对中学盲生所在校的任课教师进行培训[⑤]。金钥匙中心还开发了盲中学生随班就读教育教学初期评估工具。

盲中学生随班就读实验项目丰富了我国视障儿童随班就读的实验阶段,积极探索了盲中学生数学、物理、化学等理科的教学和学习方法,推广了盲用电脑的使用,培训了

---

① 金钥匙视障教育研究中心.盲中学生同班就读实验项目[Z].金钥匙简报第0604号(盲中学生同班就读实验项目专辑),2006-08-20.
② 金钥匙视障教育研究中心.CBM专家考察内蒙古项目[Z].金钥匙简报第0602号,2006-04-30.
③ 陕西省咸阳市特殊教育指导中心.视障教育信息[Z].视障教育简报第19期,2006-09.
④ 金钥匙视障教育研究中心.盲中学生同班就读实验项目[Z].金钥匙简报第0604号(盲中学生同班就读实验项目专辑),2006-08-20.
⑤ 金钥匙视障教育研究中心.赴通辽、赤峰巡回指导[Z].金钥匙简报第0705号,2007-08-04.

一批教师和管理干部,为提升盲中学生随班就读的质量做出了努力。

盲中学生随班就读实验项目在实施的过程中还存在着一些问题。徐白仑指出盲生进入中学的很少,大部分盲生小学毕业后就通过各种途径学习了按摩,项目的实施对象很难找①。由于参与盲中学生随班就读实验项目的盲生数量很少,实验对实验数据和材料的收集整理不够充分,实验内容也不够系统丰富。

三、大龄视障儿童的职业教育

2003年金钥匙工程在内蒙古普及视障儿童的初等教育后,大龄视障儿童就面临着职业教育的问题。同时,"有些当地教育行政部门和视障生家长对视障生未来的出路没有信心,认为上学以后将来还是要靠社会供养",这种思想极大地影响视障教育的开展。为推进视障儿童随班就读的可持续发展并最终实现视障儿童自食其力的平等生活权利,金钥匙中心在地方政府不能为视障儿童有效供给职业教育资源的情况下,积极探索视障儿童职业教育的道路。金钥匙中心通过以下两种办法来解决部分贫困地区大龄视障儿童的职业教育问题。

第一,办按摩职教实验班,采取"社会资助和勤工俭学相结合"的教学模式,探索贫困地区尽快普及职业教育的道路。早在1999年徐白仑寻找赞助支持乌兰察布盟建设方树泉盲校(乌兰察布盟盲聋哑学校盲生部)的时候,就对视障儿童的职业教育做了思考,打算在方树泉盲校发展职业教育,视障儿童九年义务教育毕业后就可以进盲校接受职业培训掌握一技之长。但是当时方树泉盲校的发展遇到资金困难,职教的师资也难以寻找,再加上多数视障儿童还小,方树泉盲校的职教在金钥匙工程期间(1999—2003年)没有发展起来②,但为后来乌兰察布市③发展视障儿童职业教育奠定了良好的基础。

2001年,徐白仑从民间组织力所能及的角度开始在北京举办按摩职教实验班。按摩职教实验班是金钥匙中心、内蒙古教育厅与北京盲人按摩指导中心、北京爱心自强盲人按摩中心等机构合作开办,采取"社会资助和勤工俭学相结合"的办学模式进行1~2年的按摩职业教育,视障学员通过考试获取中级按摩技术等级证书。按摩职教实验班共举办了两期,第一期于2001年3月开始,2003年3月15日举行了隆重的毕业典礼④,共有10名学员。第二期于2003年11月25开学,2004年10月30号举行毕业典礼,共有19名学员。按摩职教实验班的学习分为理论学习、实习、实践三个阶段。理论学习阶段为一个月左右,进行保健按摩初级理论的学习,学习费用由金钥匙中心争取社会和政府的资助,教学工作由北京盲校承担;实习阶段为6个月,巩固和提高保健按摩技能,学习医疗按摩的理论和手法,由各按摩店承担住宿及教学任务,伙食费补贴由金钥匙中心争取社会资助,金钥匙中心研究开发《按摩职业教育实习期评估标准》并进行评估,本阶段学员通过考试取得了初级按摩师技术等级证书;实践阶段,在教师指导下,

---

① 2012年3月19号电话访谈徐白仑的记录。
② 2011年2月8号对徐白仑的访谈记录。
③ 2003年,国务院批准撤销乌兰察布盟,设立地级乌兰察布市。
④ 金钥匙视障教育研究中心.金钥匙按摩职教实验班[Z].金钥匙简报第0302号,2003-03-27.

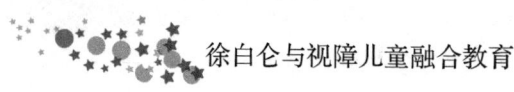

进行临床操作,理论联系实际,全面提高按摩专业水平,学员勤工俭学,他们将利用个人劳动的收入交纳培训的所有费用,金钥匙中心研究开发《按摩职业教育实践期评估标准》并进行评估,本阶段学员通过考试取得了中级按摩师技术等级证书,成为一名合格的按摩师。金钥匙中心还为按摩职教实验班配备了班主任,并定期举办活动,增强学员的社会适应能力。金钥匙中心开创的"社会资助和勤工俭学相结合"的视障学生职教模式,以较少的时间和金钱的投入,有效地解决了部分贫困大龄视障学生的职业教育问题。中国盲协原副主席滕伟民曾经亲历按摩职教实验班的发展过程,他指出"这种按摩培训的方式在国内尚属首创,半工半读培养残疾人就业的做法值得探讨,并在实践中得到检验"。

金钥匙按摩职教实验班改变了内蒙古一批视障学生的命运。一位参加第二期按摩职教实验班现就职于北京某按摩院的学员回忆说:

> 金钥匙对我帮助不是一般的大。他们专做视障,他们从(视障儿童)上学(做)到就业、基本踏上社会。因为金钥匙我来北京,我好比一台计算机,原先没有开机,金钥匙给我开机了,是我人生的转折点,我从事了中医按摩。如果我遇不到金钥匙,我就到不了北京。①

从上面的访谈可以看出按摩职教实验班为视障学生打通了一条从内蒙古乡村到北京大都市的人生之路。

第二,为贫困家庭视障儿童提供职教助学金,委托职业中专进行三年的职业教育。鉴于西部地方为特殊学生提供职业教育的学校开始增多,2007年后,金钥匙中心通过筹集社会资金提供职教助学金的方式,支持金钥匙工程中部分贫困家庭视障儿童就近接受职业教育。金钥匙中心按照如下的流程为视障儿童提供职教助学金:首先,金钥匙中心与地方教育行政部门协商,确定金钥匙工程中接受资助的视障生名单。然后,金钥匙中心(甲方)与每个接受资助的视障生家长(乙方)签订"视障学生按摩职业教育助学金资助协议书",明确规定双方的责任——甲方负责提供视障生3年的学费、杂费、住宿费、书费;负责保证视障生完成整个学习过程,共计3年,如中途停止学习,乙方负责赔偿甲方所提供的全部资金;视障生就读期间所发生的其他费用由乙方负责②。最后,在学生入学前,金钥匙中心和接收学生的职业教育学校联系,明确入学、拨款等事宜。从2007年到2010年,金钥匙中心共帮助29名内蒙古、陕西、黑龙江的大龄贫困视障儿童进入内蒙古通辽市爱心按摩中专、陕西省宝鸡市自强中专、黑龙江省哈尔滨盲聋哑学校进行三年的按摩专业职业教育。海德希姆防盲基金会、斯库兹基金会、中国和平友好发展基金会等为视障儿童的职教助学金提供了资助③。其中应资助方的要求,德国斯库兹基金会的资金只用于资助大龄视障女童接受职业教育④。

---

① 2010年12月10号对一名第二期金钥匙按摩职教实验班学员C的访谈记录。
② 金钥匙视障教育研究中心.内蒙古视障学生按摩职业教育助学金资助协议书[Z].金钥匙视障教育研究中心内部资料,2007.
③ 金钥匙视障教育研究中心.继续资助视障职业教育[Z].金钥匙简报第0804号,2008-09-08.
④ 金钥匙视障教育研究中心.斯库兹基金会资助职业教育[Z].金钥匙简报第0805号,2008-11-25.

金钥匙中心在大龄视障儿童职业教育的探索一方面使得一批有可能失学的视障学生获得了职业教育,改变了自身的命运,另一方面也为其他视障学生树立职教的榜样,激励他们通过各种方法接受职业教育获得一技之长,从而走向自食其力的生活道路。但是我们应该看到,视障学生的职业教育的种类比较少,主要集中在按摩专业。未来还需要消除社会对视障人士的职业偏见,拓展视障职业教育的专业种类,让视障人士有机会从事自己喜爱的职业。

四、视障儿童的早期教育

徐白仑还积极关注视障儿童的学前教育。在内蒙古金钥匙工程的后续项目中,金钥匙中心积极引导赤峰、兴安盟的视障教育向学前教育延伸[①]。2005年金钥匙中心还为济慈之家[②]的学前视障教育师资进行了培训[③]。2006年,金钥匙中心出版了《家长应怎样对视障儿童进行早期干预》,对视障儿童家长普及早期干预的知识,为视障儿童的随班就读打下基础[④]。

五、视障成人教育的探索

徐白仑有感于中途失明人的痛苦,想参考国外经验在国内建设一所对中途失明的视障人士进行教育和康复训练的机构。这个想法得到了山东省泰安市政府的支持。1996年金钥匙中心与山东省泰安市政府合作建立了我国第一所专为盲人康复而设立的培训基地——仁爱盲人康复中心,建院资金来自泰安市政府、香港亚洲盲人基金会和德国海德希姆防盲基金会。仁爱盲人康复中心建成后,产权和管理权归泰安市政府所有,泰安市政府委托泰安盲童学校代管[⑤]。

图5-4 1996年建立的中国仁爱盲人康复中心

---

① 金钥匙视障教育研究中心.内蒙古兴安、赤峰作长期规划[Z].金钥匙简报第0704号,2007-05-29.
② 济慈之家是针对中国盲童孤儿进行免费救助的非营利性机构,包括盲童的寄养,教育和职业培训等。具体参见http://www.bethelchina.org/Default.aspx.
③ 金钥匙视障教育研究中心.2005年年度工作报告[Z].金钥匙视障教育研究中心内部资料,2005.
④ 金钥匙视障教育研究中心.2006年年度工作报告[Z].金钥匙视障教育研究中心内部资料,2006.
⑤ 徐白仑.燃情复追梦 盲人徐白仑八十自述之二[M].北京:求真出版社,2010:151.

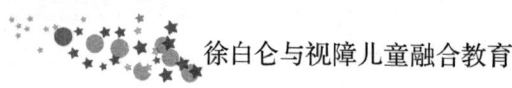

中国仁爱盲人康复中心的建设"目的是通过教育与培训,帮助中途失明的视障人士恢复生活的信心和能力,使他们重新回归主流社会"[1],面向全国提供服务。仁爱盲人康复中心的教师先后赴中国香港、英国伦敦培训[2]。仁爱盲人康复中心为学员提供为期五个月的课程,内容包括心理康复、社会适应、沟通技能(含盲文)、定向行走、生活技能和手工编织、按摩等初级职业教育。经过两期试运行后,于1999年4月12日正式招收学员[3],到2011年,仁爱盲人康复中心已培训三百多名学员,其中大部分已经从事按摩职业,重新回归社会[4]。仁爱盲人康复中心在运作之始遭遇资金的困境,徐白仑2000年前后还积极为康复中心从好牧人国际教会、英华盲人教育基金会募集捐助[5]。金钥匙中心简报中在2000年前后对中国仁爱盲人康复中心的培训班开班和考察做了一些报道。

仁爱盲人康复中心作为我国第一所针对中途失明的视障人士设立的成人康复教育机构,对完善我国视障教育体系起了不可缺少的作用。为了实现资源的整合,仁爱盲人康复中心与泰安盲童学校合并,放在了泰安盲童学校之内,是一个机构两个牌子,泰安盲童学校除了设有小学、初中外,还设有职业中专,仁爱盲人康复中心面向全国开设有成人康复课程[6]。仁爱盲人康复中心的发展道路展现了盲校的职业教育和成人职业教育整合发展的必要性。

第三节 视障儿童平等受教育权利的社会倡导

2000年前后,随班就读实践问题深层所隐含的是当时人们对特殊儿童受教育权利认识的局限。在基层,不少教育行政人员和教师对自身肩负的维护特殊儿童受教育权利的责任还没有明确的认识。徐白仑通过多年的视障儿童随班就读的实践深刻认识到,搞好视障儿童随班就读并不难,关键要认识到位。以教育经费为例,贫困地区县政府在普通儿童义务教育经费遇到困难时,会看作自己的责任,千方百计去解决,并主动申请上级用转移支付加以扶植;但在残障儿童义务教育遇到经费困难时,不少县政府却不认为是自己的责任,只是等待上级拨款,影响工作的开展[7]。众多学者的研究也表明,当时基层教育行政官员和普通学校对随班就读政策不熟悉[8];普通学校教师、普通

---

[1] 金钥匙视障教育研究中心.中国仁爱盲人康复中心[Z].金钥匙视障教育研究中心内部资料,2006.
[2] 具体参见金钥匙视障教育研究中心.康复中心教师赴英进修[Z].金钥匙简报第0109号,2001-11-15.徐白仑.燃情复追梦 盲人徐白仑八十自述之二[M].北京:求真出版社,2010:150.
[3] 金钥匙视障教育研究中心.盲人康复训练[Z].金钥匙简报第9905号,1999-04-22.
[4] 2011年3月20号对一名泰安盲童学校中层干部的电话访谈记录。
[5] 金钥匙视障教育研究中心.金钥匙视障教育研究中心2000年财务报告[Z].金钥匙视障教育研究中心内部资料,2000.
[6] 以上内容出自2011年3月20号对一名泰安盲童学校中层干部的电话访谈记录。现在泰安盲童学校已经并入到泰安市特殊教育中心。2012年11月,泰安市政府通过成立泰安市特殊教育中心的决议,整合泰安盲校、泰山区育才学校、岱岳区聋哑学校三所学校并迁址新建;泰安盲童学校2014年更名为泰安市特殊教育中心。
[7] 2011年2月8号对徐白仑的访谈记录。
[8] 邓猛.特殊教育管理者眼中的全纳教育:中国随班就读政策的执行研究[J].教育研究与实验,2004(4).

学生家长、普小学生对特殊儿童在普通学校读书还有某种排斥现象[1]。

为了随班就读的可持续发展,20世纪90年代中期以来,提升社会各界对特殊儿童这一少数群体平等受教育权利的认识已是当务之急。

那对于特殊儿童随班就读要树立什么样的思想认识呢？教育系统工作人员要明确以下观念：

首先，各级教育部门人员要从人权观念出发，认识到特殊儿童平等的受教育权利，以及不可推卸地维护这种权利的政府责任。在受教育权利上，特殊儿童和普通儿童是一样的，不能因为特殊儿童人数少就忽视对他们的教育。要维护特殊儿童受教育的权利，就应该满足他们特殊的教育需求，随班混读是对特殊儿童人权的严重损害。

其次，各级教育部门人员要从科学发展观出发，认识到随班就读是特殊儿童接受教育的主要方式，融合教育是特殊教育发展的趋势。据教育部门的统计数据，2020年我国义务教育中随班就读在校生43.58万人，占特殊教育在校生的49.47%[2]，远远高于特殊教育学校、送教上门、特教班等其他特殊儿童教育安置形式所占的比例。随班就读这种安置形式符合世界教育朝普教和特教融合发展的趋势，也符合和谐社会建设的要求以及特殊儿童未来社会适应的要求。教育部门要科学分配特殊教育资源，把面广量大难办的随班就读工作搞好。

本着"珍惜生命，珍惜每一名失明儿童"的精神实施的金钥匙工程本身就是一个宣传"视障儿童平等受教育权"的思想启蒙工程。金钥匙工程彰显的是一种平等的观念，是对个体生命价值的尊重，它倡导平等对待视障儿童，维护每一个视障儿童获得高质量教育的权利。金钥匙工程在实施中处处以全民教育目标和全纳教育思想为指导，切实维护工程开展地区视障儿童的平等受教育权利并提供了广泛的人道主义关怀，通过自己的实践把视障儿童的教育放到了一个重要的地位，改变了当地人们的认识，激发了人们对视障儿童的人道主义责任感。2000年8月8—12日德国海德希姆防盲基金会主席格哈特·舒特对内蒙锡林郭勒盟金钥匙工程实地考察后说："你们这儿的人民大众如此支持视障教育，我在其他国家和地区从未见过。"他认为金钥匙工程的意义已远远超过让盲童学会盲文，而是推动社会发展[3]。这里的社会发展应该强调的是社会精神文明的发展，思想观念的前进。

金钥匙工程通过什么办法在西部原本比较闭塞落后的地方，把视障教育变成社会各界包括村民在内热情支持的工程的呢？金钥匙工程在广西、内蒙古等西部地区实施

---

[1] 具体参见刘春玲,杜晓新,姚健.普通小学教师对特殊儿童接纳态度的研究[J].中国特殊教育,2000(3).韦小满,袁文得,刘全礼.北京香港两地普小教师对有特殊教育需要学生随班就读态度的比较研究[J].北京师范大学学报(社会科学版),2001(1).韦小满,袁文得.关于普小教师与特教教师对有特殊教育需要学生随班就读态度的调查[J].中国特殊教育,2000(3).刘泽文,牛玉柏.家长对残疾儿童随班就读的态度调查[J].中国心理卫生杂志,2005(2).吴支奎.普小学生对随班就读弱智生接纳态度的研究[J].中国特殊教育,2003(2).

[2] 教育部.2020年全国教育事业发展统计公报[EB/OL].(2021-08-27)[2022-05-04].http://www.moe.gov.cn/jyb_sjzl/sjzl_fztjgb/202108/t20210827_555004.html.

[3] 金钥匙视障教育研究中心.舒特主席非正式访问[Z].金钥匙简报第0008号,2000-08-16.

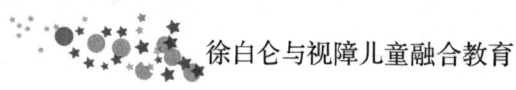

的时候主要采用了以下的办法：

第一，省教育厅等高层对特殊儿童的教育有正确认识，能从人权的高度利用行政和新闻渠道积极推进金钥匙工程的实施。广西教育委员会、内蒙古教育厅等高层对维护特殊儿童受教育权都有正确的认识，徐白仑也经常与他们交流，在视障教育的认识上达成了高度的共识，这为日后地方教育行政部门高层亲自推动金钥匙工程的发展打下了基础。以广西为例，广西教委十分重视特殊教育，早在1994年广西教委主任李林一再强调，要把特殊教育当作推进人权的重要工作来抓[1]。在工程开展期间，自治区教委很重视这项工作，能够根据工程开展的需要一步步地发布红头文件，落实工程的实施任务。广西金钥匙工程实施的头一年[2]面临资金困难的时候，广西教委副主任余瑾说："这本来就是我们的事，有钱要办，没钱也要办"[3]，显示了广西教委对特殊儿童教育权利的正确认识。1996年12月30日，广西壮族自治区教育委员会在南宁举办广西视残儿童教育"金钥匙工程"新闻发布会，教委主任李林做了重要讲话，阐明了实施工程的意义，极大地鼓舞了教育部门的干部和教师[4]。广西壮族自治区政府的领导也很支持金钥匙工程，徐白仑回忆说，广西教委的同志曾经"先后两次领我们见自治区主席"。上级领导的重视，自然也带动了地方政府部门对金钥匙工程的重视。徐白仑回忆到："我们到一个地方四大班子接见，每个县县长、书记、政协、人大四个班子接待，力度很大，下面一看到，工作自然开展，一开展，创造性地进行工作[5]。"各地还积极利用电台、日报、电视台宣传金钥匙工程，报道金钥匙工程进展的情况，为工程营造良好的社会氛围。各级领导也把金钥匙工程挂在心上，经常走访慰问盲童和辅导教师，对视障儿童"高看一眼，厚爱一层"，这些例子在《广西视残儿童教育"金钥匙工程"经验选编》上很多，就不再枚举。

上级领导的重视和支持提高了基层学校和教师开展金钥匙工程的积极性，他们能多次深入视障儿童家庭动员视障儿童入学，并为视障儿童举行隆重的入学仪式，改变了家长和附近居民对视障儿童的看法，也使得视障儿童对自己的发展充满信心。许多村民纷纷为视障儿童的入学贡献自己的力量，踊跃为视障儿童教育出力。这种从上到下领导的重视和媒体的宣传，使得一些视障儿童的处境有所改善，在某种程度上潜移默化改变了对视障儿童的歧视、冷落的态度，有助于形成有利于视障儿童随班就读的良好社会氛围。

---

[1] 徐白仑,王书荃,纳新,黄欲泉.三类残疾儿童在普校就读的调查报告——黔桂专家小组[J].特殊儿童与师资研究,1994(3).
[2] 1996年。
[3] 2010年12月6号对徐白仑的访谈记录。
[4] 广西壮族自治区教育委员会.广西视残儿童教育"金钥匙工程"经验选编[Z].南宁:广西壮族自治区教育委员会,1998:1.
[5] 2011年2月8号对徐白仑的访谈记录。

图 5-5　广西金钥匙工程中山村小学欢迎视障儿童入学

第二,基层特教干部和教师通过筛查、家访、走访等方式考察视障生家庭,接受了精神的洗礼,增强了搞好视障教育的责任心。实地考察视障生家庭生活是金钥匙工程提升教育工作者对维护视障儿童教育权利认识的一个非常有效的手段。徐白仑和教育行政官员、普通教师经常深入视障儿童家庭了解其真实的生存情况,视障儿童家庭的困难情况以及视障儿童的生存状态常常带给走访者巨大的心理冲击,成为他们后续以强大的责任感投入视障儿童教育工作的动力。如 2008 年陪同徐白仑等同志走访视障儿童家庭的内蒙古巴彦淖尔市教育局副局长宋铁,就在归途中感慨地说:"我分管基础教育不到两年,对特殊教育了解不多,这次陪同你们考察,对我的心灵是一次净化[①]。"

第三,金钥匙工程开展期间也非常重视通过培训提高工程管理干部和教师对全纳教育和视障儿童平等受教育权利的认识。在各级培训中以《中华人民共和国义务教育法》《残疾人保障法》等法律和联合国全纳教育的相关文件和书籍为依据,反复强调视障儿童平等的受教育权,视障儿童的教育要纳入九年义务教育的轨道。当然为了保护辅导教师的积极性,尊重辅导教师的劳动,金钥匙工程还通过发放特教津贴和评优倾斜等政策来巩固教师认识的提高。

第四,金钥匙工程实施期间,徐白仑夫妇和一些专家、志愿者、资助者等"外来者"对当地视障儿童教育事业的无私奉献精神发挥了人格榜样的作用。在各地金钥匙工程开展期间,徐白仑夫妇不顾年高忘情投入视障教育的精神让基层的干部和老师非常感动,金钥匙中心还经常组织国内外金钥匙工程的资助者、志愿者和相关专家进行实地考察,他们对视障儿童平等受教育权利和发展权利的维护也潜移默化地影响着当地的教育工作者。

---

① 徐白仑.瞎说之十九:追求心灵净化的官员[EB/OL].(2010-06-22).http://www.chinadp.net.cn/culture_/xubailun/sbypl/350_2.html.

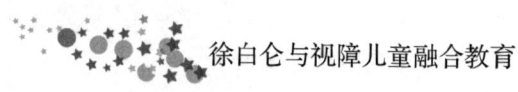

第五,金钥匙工程的良好效果促进了社会认识的转变。金钥匙工程实施一段时间后,实施的效果说明视障儿童不仅能受教育,而且学得不比正常儿童差,这就使得教师、家长、村民和社会各界真正转变对视障儿童的看法,积极支持视障儿童的教育。有一位盲童家长,把孩子改名为"黄蓝天",表示孩子入学了,重"见"蓝天,重"见"光明;还有的地方群众自发为盲生修桥补路,赠送物品,奉献爱心。视障生的成长,也带来了辅导教师持续的工作热情①。国内外对金钥匙工程的赞誉也进一步激发了当地社会各界的自豪心和对包括视障儿童在内的所有特殊儿童教育的责任感。

总之,金钥匙工程用事实改变了视障儿童不能读书的传统观念,工程实施期间视障儿童的受教育权利得到了社会各界的重视和维护。这对当地民众是一种精神的洗礼,使他们深刻认识到视障儿童拥有和正常儿童一样的权利和地位。

金钥匙工程成功实施后,金钥匙中心进入了金钥匙行动阶段,着重从提升社会思想认识的高度对全纳教育理念和金钥匙模式进行宣传。具体内容见上一章金钥匙行动部分。

以上是金钥匙视障儿童随班就读大面积实验阶段为提升社会各界对视障儿童平等受教育权的认识而做的一些努力。

第四节　金钥匙工程的特色

金钥匙工程实施期间,我国许多地方也在探索着包括视障儿童随班就读在内的各类儿童融合教育的可持续发展之路。与这些探索相比,金钥匙工程的特色体现在以下几点:

一、摸索出我国融合教育纵向探索的三阶段实验之路

不同于我国随班就读在历史上出现的从试点实验到大规模推广的路线,金钥匙中心在视障儿童随班就读方面摸索出了从试点实验到大面积实验再到建立示范区推广经验的实验阶段,避免了试点经验盲目大面积推广可能造成的混乱现象。金钥匙中心通过视障儿童随班就读的大面积实验总结、提炼并检验了本土化视障儿童融合教育理论——金钥匙模式,并在此基础上把视障儿童随班就读工作流程化,开发了配套工具,以确保大规模推广视障儿童随班就读的质量,完成了视障儿童随班就读从实验室实验到实验工厂的批量试产的阶段。对于金钥匙模式的推广,徐白仑认为各地的风土人情不一样,金钥匙模式作为人总结出来的操作性理论,也要根据当地的条件先建立示范区试行和调整并形成乡土化经验,然后再在区域内推广。金钥匙融合教育实践摸索出的融合教育实验的试点、大面积实验、示范区推广的三阶段之路对完善我国特殊教育的现

---

① 广西壮族自治区教育委员会.广西视残儿童教育"金钥匙工程"经验选编[Z].南宁:广西壮族自治区教育委员会,1998.

场实验有启发意义。

二、形成了本土化融合教育理论——金钥匙模式

金钥匙模式是基于贫困地区条件形成的大面积优质高速普及视力障碍儿童教育的应用性理论,由理念、组织、制度、流程、工具等五个组成部分,并形成了省、市、县、校等各级相关组织和人员实施金钥匙模式的案例。金钥匙中心于2008年出版了《金钥匙视障教育运作手册》,对金钥匙模式各环节的操作、工具、案例进行了系统的梳理和提炼,方便一线工作者的运用。同时期我国许多地方也进行了视障儿童随班就读的探索,但纵观全国,在视障儿童随班就读方面均没有形成如此完备的操作模式。金钥匙模式的特点如下:

(一)实践性

金钥匙模式是实践导向的。徐白仑指出金钥匙融合教育理论的"一切出发点都是为基层服务,一切理论也来自基层的实践"[1],实践性是金钥匙模式很突出的特点。金钥匙模式的建构源于视障孩子的需要,目的是解决实践中视障儿童随班就读大面积推广后存在的问题,使贫困地区的视障儿童能接受公平的有质量的教育。金钥匙模式建构的过程也是实践的,徐白仑基于中西部地区具体的实践条件提出了整体的方案设想,并在广西金钥匙工程(1996—1998年)、内蒙古金钥匙工程(1999—2003年)及其后续项目、陕西金钥匙工程咸阳示范区项目、黑龙江金钥匙工程齐齐哈尔示范县等项目实施的过程中不断检验、调整、完善而最终提炼出了区域视障教育工作者能够直接实施的操作流程和操作工具。在金钥匙模式的摸索过程中,徐白仑充分考虑到当地的经济、文化背景和各方面的承受能力,努力使采取的每一个步骤都切实可行,在实践中不断创造条件逐步完善[2]。

在实践和理论的关系问题上,徐白仑有过传神的论述,他指出自己"从内心坚信实践是检验真理的唯一标准,坚持用实践来检验我们的一切,实践是第一位的,理论是人总结的";金钥匙模式的形成过程是"广泛学习国内外先进的特教理念与方法,结合我国贫困地区的人文、地理、社会、经济背景,定出计划,在实践中总结,在总结中完善,再回到实践中进行检验"[3]。徐白仑还指出,"理论终究为实践服务,理论不能付诸广泛的实践,一定是苍白无力的。自然科学家研制飞船,飞船飞不了,就是错的。社会科学也一样。对任何东西都不崇拜,不崇拜专家,也不崇拜书"[4]。正是基于这种思想认识,徐白仑根植于实践,带领基层干部和教师探索视障儿童融合教育的规范化操作体系。与实践性密切相连的金钥匙模式的另一个特点是本土化。

---

[1] 2010年10月19号对徐白仑的访谈记录。
[2] 徐白仑.试论当前视障儿童随班就读中的几个问题(国际视障教育协会中国分会第二次学术研讨会学术论文)[Z].金钥匙视障教育研究中心内部资料,1995.
[3] 2010年10月19号对徐白仑的访谈记录。
[4] 2010年10月19号对徐白仑的访谈记录。

（二）本土化

金钥匙模式是融合教育的本土化模式，是国际全纳教育先进理念与本土基层创造性探索的有机结合。"一个是国际交流，一个是深入基层"，这是诞生金钥匙模式的两个源头[1]。徐白仑先后赴欧、亚、澳、北美、拉美等地考察、参加学术会议，学习国际先进特教理念和实践经验[2]，国外的专家和学者也到开展金钥匙工程的基层实地考察和讲学。金钥匙工程在把握全纳教育核心理念的基础上以开放的心态把国外视障儿童融合教育中"公认成熟的经验吸收过来并加以通俗化"[3]。

金钥匙工程吸收国外先进理念的目的是为了高质量普及贫困地区视障儿童教育。徐白仑说："我们目的很纯正，我们不会从理论到理论搞什么论文、书籍，我们认为这是浪费时间[4]。"国外的理论和经验不是直接拿来用就可以了，要把先进理念消化吸收。首先要结合金钥匙工程实际的需要把国外的理论细化、通俗化，适合基层人员的理解，让视障儿童真正受益。为了了解基层的需要，徐白仑夫妇经常在基层领导和老师的带领下"深入最偏僻最贫穷的农村"[5]了解金钥匙工程开展的情况。其次不要迷信国外的理论，实践是检验真理的唯一标准，任何外来理论本土化、细化后要到实践中检验，这样视障儿童随班就读的实践才能不断改进。徐白仑认为金钥匙模式的创新就是结合实际的需要把先进理念变成实际推动盲童教育发展的具体做法，在这个创造性的过程中真正耕耘的是农村教师、基层干部。这样的一个过程也就是融合教育本土化的过程。

金钥匙模式中本土化最典型的例子之一就是视障儿童个别教育计划的制订。1975年美国国会通过94—142公法，即《所有残障儿童教育法案》，明确要求学校要为每一个特殊儿童制定个别教育计划（Individual Education Program）。个别教育计划是指在综合评估的基础上，根据儿童个体的身心发展水平和教育需要所制定的教育计划，包括学生基本情况、年度长期目标和分解的短期目标及其评价、所需要的特殊教育和相关服务等内容。为随班就读儿童制订个别教育计划是我国许多地方采取的满足随读生特殊教育需要的办法。徐白仑指出，个别教育计划书上介绍得很复杂，乡村老师不知道怎么办。而金钥匙取其中最实际的东西，经过反复摸索，最后设计了便于基层教师操作的简便而又能满足视障生特殊教育需求的个别教育计划的样式和操作要求，舍弃了国外个别教育计划中长期目标和月份短期目标的烦琐划分，把一个学期分成两段，有重点地制订视障生的发展目标和措施，符合了中国学校的工作节奏，方便个别教育计划的执行。金钥匙个别教育计划在内容上重点突出，讲求实效。金钥匙工程从基层教师的工作任务多，投入视障儿童教育的时间和精力有限的情况出发，要求教师从视障儿童的学习能力、生活能力、社会适应能力、心理康复等四个方面选择一两个方面确定经努力可以达到的学期目标，不要面面俱到，这确保了在教师投入精力有限的情况下个别教育计划执

---

[1] 2010年10月23号对徐白仑的访谈记录。
[2] 金钥匙视障教育研究中心.金钥匙视障教育研究中心简介[Z].金钥匙视障教育研究中心内部资料,2007.
[3] 2010年10月19号对徐白仑的访谈记录。
[4] 2010年10月19号对徐白仑的访谈记录。
[5] 徐白仑.燃情复追梦 盲人徐白仑八十自述之二[M].北京:求真出版社,2010:330.

行的实效性。为了方便基层教师制订个别教育计划时简便评估学生学习之外的发展现状,金钥匙中心还开发了《视障生生活能力发展记录表》《视障生心理康复发展记录表》《视障生社会适应能力发展记录表》供教师使用,为基层科学简便的制订个别教育计划打下了基础。

此外个别教育计划是和金钥匙视障儿童随班就读的整体工作有机地统一在一起的,这种特点方便并确保了个别教育计划在教师日常工作中的落实。金钥匙工程筛查鉴定工作中形成的《视障儿童基本档案卡》《视障儿童眼科档案卡》等相关的档案资料为教师制订视障儿童随班就读的个别教育计划提供了科学依据。在各类教师培训中,个别教育计划的制订是重要的培训和交流内容。在实施教学中,个别教育计划和一体化集体教学协调互补,满足了学生发展的需要。在金钥匙教育教学评估中,评估的二级指标中的一条就是教学计划①,确定了对个别教育计划的评估标准,并在一期、二期、三期评估中对个别教育计划提出了由低到高的执行要求。

（三）简易化

简易化是金钥匙模式的一个显著特点,徐白仑说,"金钥匙工程开展工作的时候脑子有评审团,他们就是乡村的老师、家长,要考虑他们懂不懂,能不能做。鉴于此,金钥匙模式运用'傻瓜相机'的设计思想,在全纳教育思想的指导下,以专业知识为保障,把视障儿童随班就读工作从启动到可持续发展的每一个环节,分解成若干易于理解、易于操作的板块"②,并设计好每一个环节的操作流程和所需工具,通过《金钥匙视障教育运作手册》这本书予以完整地呈现,方便基层工作者的使用。按照傻瓜相机原理设计出来的金钥匙模式,简单好用,但不代表科技含量低,金钥匙模式设计充分吸收了当代教育、康复、社会、医学等各专业知识。

以操作工具为例,目前金钥匙模式为了方便贫困地区运用金钥匙模式普及视障儿童教育,已开发出了一套简单工具,包括视力残疾儿童筛查的《简易筛查卡》《宣传画》,教师和学生管理的《辅导教师登记表》《巡回教师登记表》《特教管理干部登记表》《师生对应表》《视障生基本档案卡》《视障生眼科档案卡》,师资培训方面的《师资培训课程表》《师资培训问卷调查》,日常教育教学方面的《一体化教案样式表》《个别教育计划样式表》《视障生生活能力发展记录表》《视障生心理康复发展记录表》《视障生社会适应能力发展记录表》,教育教学评估方面的《视障生随班就读一期评估评量工具》《视障生随班就读二期评估评量工具》《视障生随班就读三期评估评量工具》《视障生一、二、三期评估标准比较表》《教育教学评估记录表》《教育教学评估结果登记表》《教育教学评估建议表》《评估结果汇总统计表》等众多方便操作的工具。

简易化还体现在金钥匙模式涉及的理论和实践内容。金钥匙工程的重点是优质快速普及视障儿童教育,基本上是依托于成熟的视障教育理论和实践,他们通过培训使得基层教师了解、掌握视障儿童的教育教学规律,并应用于实际,通过提供助视器具、制订

---

① 教学计划这个指标考核个别教育计划和一体化教案两个方面的内容。
② 徐白仑.金钥匙视障教育运作手册[M].北京:华夏出版社,2008:13.

个别教育计划和一体化教案来满足视障儿童的特殊教育需要，并通过教育教学的评估来引导视障儿童融合教育的健康发展。因此徐白仑指出"金钥匙搞视障教育，我们没有课堂教育经验，我们不认为对课堂教育、对某一学科如语文教育、数学教育有深入的研究，我们也不会弄有争议的东西"①。

金钥匙模式的本土化和简易化密不可分，本土化说明的是金钥匙模式对国际先进教育理念的消化吸收，而简单化可以看作金钥匙模式的设计思想，金钥匙对融合教育本土化的一个追求标准就是简单实用，适合基层老师的需要。

（四）行政化

从区域视障儿童随班就读的实施来看，金钥匙模式具有自上而下的行政推行的特点。金钥匙模式的实施是依附于地方教育系统，依靠地方教育行政的力量自上而下推行，最后落实于义务教育阶段公立学校，有鲜明的行政化的特点。在金钥匙工程实施期间，首先成立了各级教育部门主要领导负责的工程领导小组，有效地整合了各种行政领导力量。金钥匙工程中视障儿童随班就读各环节的展开首先以地方教育政府部门的红头文件开道，通过教育行政系统的层层下发来贯彻落实。和有些部门下发的空头文件不同，红头文件下发后，金钥匙工程有工作开展的基本要求，并组织有关人员到基层调研检查，工作落实不到位的话会再发一遍红头文件要求基层重做。比如内蒙古的筛查就发了好几次政府文件，反复筛查了多次。金钥匙模式自上而下的行政推行方式提升了贫困地区视障儿童教育普及的速度和质量，但是也存在着一些缺点，有部分基层人员在执行上级要求的时候会打折扣。如一位金钥匙工程出来的低视力学生接受访谈时说："我觉得金钥匙工程做得很到位了。但有时上级下级不同步。上面传达的东西，下面可能有变化。下面的执行和上面的不完全一样。比如上面说必须要用台灯，下面小学校，老师问你'觉得能看到吗'，学生说能看到就不用了。我觉得用起来会更好吧。这个也可以理解了，老师基本上都是全力以赴了。②"

（五）投资少

用金钥匙模式普及区域视障儿童的教育，不需要很多的经费，适宜于贫困地区应用。徐白仑曾说一个地方用金钥匙模式普及视障儿童的义务教育的话，拿出特教经费的十分之一进行师资培训就够了③。金钥匙模式依托现有的教育系统来实施视障儿童的义务教育，极大地节省了人力和物力。在人力上除了需要建立业务管理组织，配置专职的巡回教师外，基本上不需要另外添置人员，只需要对相关的教师、特教管理干部就近进行培训。视障儿童随班就读所需要的物质条件也不高，除了给资源中心配备小型的盲文印刷设备和复印设备外，其他各级业务管理部门均是常规的办公配置，所需要经费并不多，视障生在县市的分布不多，免费提供助视器具也花不了多少钱。广西金钥匙工程和内蒙古金钥匙工程这两个全省范围的工程，在普及视障儿童教育上的花费并不

---

① 2010年10月19号对徐白仑的访谈记录。
② 2010年12月10号对一名第二期金钥匙按摩职教实验班学员C的访谈记录。
③ 李樱,徐白仑.推行全纳教育,缺的是观念[J].三月风,2010(12):24.

算多。其中内蒙古工程(1999—2003年)总共所需外部投入资金大约为人民币400万元①。

用金钥匙模式依托当地的普通中小学,使视障儿童就近入学,节省社会和家庭所投入的费用,不增加学校经济上的负担,适宜于贫困地区应用。

三、实践效果突出

在贫困地区,由于视障教育资源少,视障儿童行动不便,视障儿童的教育普及程度一般在三类特殊儿童之中是最低的。如广西和内蒙古两省在未开展金钥匙工程之前三类残疾儿童入学率中视力残疾儿童的入学率最低。而金钥匙工程实施地区以视障儿童融合教育为突破口,在大面积普及视障儿童教育的同时促进了工程开展地区特殊教育水平的整体提高。

首先,金钥匙工程在省级范围的实施能大规模高速优质的普及视障儿童的教育,维护了视障儿童受教育的基本人权。广西、内蒙古作为金钥匙工程全省实施的省份,在三年左右的时间均较高质量地实现了视障儿童教育的普及。其中广西视障儿童少年在校生数由1995年的526人增加到1998年的2 154人,视障儿童的入学率从14.68%提高到81.8%,基本普及了视障教育②。内蒙古视障儿童少年在校生数由1995年③的440人增加到2003年的1 024人,视障儿童的入学率从33.89%提高到95%以上,基本普及了视障教育④。

其次,金钥匙工程的开展带动了地区特殊教育水平的整体提高。

金钥匙工程为地方培养了一批特教管理干部和教师,建立了特殊教育的业务管理网络,建立了随班就读工作的基本制度。三类特殊儿童随班就读的工作在基层是结合在一起的,这些人员、组织和制度在一定程度上也为其他各类儿童服务,促进了当地其他类型特殊儿童随班就读的发展。金钥匙工程良好的实施效果以及所形成的助残爱残的社会风气也为其他类型特殊儿童的教育普及奠定了基础。以2000年开始实施金钥匙工程的内蒙古赤峰市为例,2001年,赤峰市教育委员会副主任安志文在《在全市"金钥匙工程"经验交流暨表彰会议上的讲话》中就指出,本着"三类残疾儿童少年教育并重"的原则,在狠抓视障儿童少年接受教育的同时,带动听力语言和智力残疾儿童的教育;在适当的时候,将借鉴"金钥匙工程"的管理方式,对听力语言、智力残疾儿童少年进行筛查鉴定、师资培训、教学指导、管理评估,使三类残疾儿童少年的教育得到均衡发展⑤。2003年成立的赤峰市特殊教育研究指导中心面向三类特殊儿童开展工作,开发

---

① 杜宇.请一个也不要遗忘——内蒙古金钥匙工程侧记[J].中国残疾人,2001(11):39.
② 梁全进主编.广西视障儿童随班就读的实践与探讨[M].北京:华夏出版社,1999:149.
③ 内蒙古工程实施前夕1997年的视障儿童入学率的统计资料没有找到,只有个别盟市的数据。内蒙古金钥匙工程的实施期为1999年到2003年。
④ 内蒙古自治区教育厅基础教育处.实施"金钥匙工程",推进我区特殊教育发展(2003年度全国基础教育工作会议材料)[Z].金钥匙视障教育研究中心内部资料,2003.
⑤ 安志文.在全市"金钥匙和工程"经验交流暨表彰会议上的讲话[Z].金钥匙视障教育研究中心内部资料,2001.

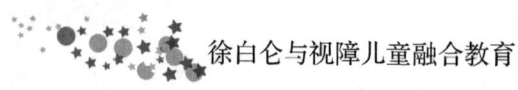

了学校级和旗县级随班就读档案管理要求,随班就读各级教师和管理干部的职责和要求等规章制度。2008年赤峰市开展了适龄残疾儿童少年随班就读先进学校的评选。2009年,赤峰市印发了《赤峰市关于残疾儿童少年随班就读工作的指导意见》,形成了三类特殊儿童随班就读可持续发展的管理体系①。到2010年6月,赤峰市三类适龄残疾儿童少年2 534名,组织入学2 317名,入学率达91.43%,比2000年初净提高了38.2个百分点,其中适龄视障生305名,入学296名,入学率97.05%,比2000年初净提高50.5个百分点②。视障教育变成了赤峰市特殊儿童教育的领头羊。

四、金钥匙工程形成视力障碍儿童随班就读的资料库

金钥匙工程善于在视障儿童融合教育工作开展期间积累各种资料,形成了资料丰富、数据翔实的视力障碍儿童的资料库。金钥匙工程中积累的资料包括档案资料、工具资料、书籍资料等三大类。

金钥匙工程档案资料丰富。目前在金钥匙中心保存的金钥匙工程档案包括各类合作协议、各级政府部门发布实施"金钥匙工程"的文件,金钥匙工程视障学生基本档案卡和眼科档案卡,辅导教师、巡回教师和特教管理干部档案卡,各类视障学生情况统计表,各地三期教育教学评估资料,各类师资培训资料,各类教师工作实例,视障教育经验交流资料,分年度国际国内来往书信,各类助学金发放资料,职业教育档案资料,金钥匙行动资料等。通过查阅金钥匙工程档案资料,基本上可以了解金钥匙工程从1996年实施以来的全貌,里面既有各方面的具体统计数据,还有记载各地各阶段如何开展金钥匙工程的文件、工作日记、总结和评估报告。

金钥匙工程工具资料完备。金钥匙中心在开展金钥匙工程中根据实践的需要开发了大量的工具资料,并注意积累,为日后金钥匙模式的执行提供了系统完备的可操作工具。

金钥匙工程还形成了系列书籍资料。为了保障金钥匙工程师资培训和教学辅导,长久保存金钥匙工程的一些宝贵经验,金钥匙工程出版了系列书籍资料。这包括师资培训方面的《随班就读盲教育师资培训教程》《随班就读低视教育师资培训教程》③,评估方面的《视障学生随班就读教育教学基础评估手册1分册》《视障学生随班就读教育教学基础评估手册2分册》《视障学生随班就读教育教学基础评估手册3分册》,家庭教育方面的《家长应怎样对待视障孩子》《家长应怎样对视障儿童进行早期干预》《学龄视障儿童家长如何参与教育》,教学辅导方面的《送你一把金钥匙盲文扫盲系列读物》④

---

① 赤峰市教育委员会.赤峰市关于残疾儿童少年随班就读工作的指导意见[Z].金钥匙视障教育研究中心内部资料,2001.
② 李洪.内蒙古赤峰市教育局局长李洪先生致辞[Z]//金钥匙视障教育研究中心.庆祝第27届国际盲人节暨金钥匙视障教育研究中心交接仪式材料,2010.
③ 这两本教材是在华夏出版社1992年出版的《视障儿童随班就读教学指导》和1996年出版的《低视生随班就读初探》的基础上形成的。
④ 《送你一把金钥匙盲文扫盲系列读物》于1987年前后出版,包括送你一把金钥匙、愿你越学越有趣、摸图识字卡片、盲文教学指南、自学辅导仓带等五部分组成,在金钥匙盲童教育计划和金钥匙工程中,《送你一把金钥匙盲文扫盲系列读物》是盲生学习盲文的教材。

《金钥匙助视字库》,金钥匙工程和金钥匙模式总结方面的《广西视障儿童随班就读的实践和探讨》《金钥匙视障教育理论与实践》《金钥匙视障教育运作手册》。

五、形成了政府与非政府组织合作推进地区特殊教育发展的模式

金钥匙工程中,政府与非政府组织在推进区域视障儿童教育中形成了平等合作关系,采用项目管理和行政命令相结合的方式,整合社会力量加速了项目实施区域的特殊教育发展。

首先,省教育厅(自治区教育委员会)以平等身份和金钥匙中心达成了项目合作协议,签署项目合作协议书,对项目的目标、期限、职责分工、资金投入、项目鉴定等做出了明确的规定。具体参见附录7《黑龙江金钥匙工程齐齐哈尔示范县项目合作协议书》。在合作中金钥匙中心负责整体策划、业务指导、筹集资金和物资,省教育厅(自治区教育委员会)作为项目的执行方负责组织各级教育行政部门和基层学校实施金钥匙工程,提供教师的特教津贴、省内的差旅费等配套资金。签订合作协议书后,意味着项目的正式生效,该项目就纳入项目管理之中了。

其次,金钥匙工程采用项目管理和行政命令相结合的推行方式。项目管理是指把各种系统、方法和人员结合在一起,在规定的时间、预算和质量目标范围内完成项目的各项工作。项目管理划分为七个主要阶段,即需求确定、项目选择、项目计划、项目执行、项目控制、项目评价和项目收尾[1]。项目管理是国际上非政府组织开展工作的一种常见方式。金钥匙中心的资金多来自国外基金会,其在工作中采用项目管理的方式进行。金钥匙工程所涉及的项目,大多是徐白仑先形成基本的项目设想,然后寻找合适的地方教育行政部门合作,达成合作意向后,徐白仑负责向国外的基金会提出项目申请,项目审批下来之后,金钥匙中心和省级教育部门正式签署项目合作协议书,开始项目的运转。

基于项目运作特点和行政部门的工作方式,金钥匙工程采用项目管理和行政命令相结合的推行方式。金钥匙中心负责整体策划,提出项目计划并制订各子项计划的具体实施方案,教育行政部门据此下发政府文件,这样层层下发,最后下发到县级教育行政部门和基层学校来贯彻落实,金钥匙中心和相关的地方行政人员负责检查各项工作的落实情况。通过这种行政命令的方式,金钥匙中心下去指导和检查项目的落实情况就是政府行为了,有了一定的权威性,基层学校和干部能够更加信服。当然金钥匙工程也认识到行政命令的局限性,徐白仑指出"行政命令,上面牵跟线,下面一根针。到了基层,不可能所有的红头文件都去执行的,基层在执行行政命令的时候也要看上级重视哪个红头文件"[2]。在所开展地区,金钥匙工程受到省教育厅领导的重视,发布的相关行政命令文件具有连续性,项目管理的各环节抓得实,项目各级领导经常深入基层考察项目执行情况并针对性地及时调整政策,所以金钥匙工程的项目推进还是取得很好的效

---

[1] 朱仁显编著. 公共事业管理概论[M]. 北京:中国人民大学出版社,2009:115,116.
[2] 2010年10月23号对徐白仑的访谈记录。

果。徐白仑指出"政府有权威,我们有专业;没有权威做不了工作,没有专业工作做不细"①,项目管理和行政命令的巧妙结合保障了金钥匙工程的顺利实施。

第三,项目执行的过程中充分整合了国际国内的各种支持力量。金钥匙中心作为非政府机构通过项目申请的方式向国内外的基金会筹集项目资金和各种捐助,各级教育行政部门和政府相关部门也非常重视视障儿童随班就读的工作,尽量向金钥匙工程倾斜资金。同时,金钥匙工程的开展唤醒了人们对视障儿童的爱心,社会各界也往往通过各种"爱残助残"活动为金钥匙工程提供人力和物力的支持。这些国际国内的支持拓宽了特殊教育的筹资渠道,改变了单一靠政府财政拨款的局面,有助于解决贫困地区发展特殊教育的资金困境和专业人员的匮乏。

六、搭建了视障教育国际交流的平台,提升了金钥匙工程的国际影响力

金钥匙工程搭建了视障教育国际交流的平台,在金钥匙工程开展期间,从国外政府部门官员、联合国教科文组织的官员、基金会代表、视障教育专家到外资企业家、普通民众等都对金钥匙工程进行了考察。

仅以内蒙古金钥匙工程及其后续项目涉及的国际交流为例,我们就能够深刻地感受到这种交流的广度和深度。

1999年,克里斯多夫防盲基金会委派该基金会特教顾问委员会主席、前国际视障教育协会主席威廉·布鲁海尔于6月21—25日,到乌兰察布盟进行访问;联合国教科文组织驻华代表处教育顾问艾约翰、项目官员彭琼和国际视障教育协会副主席劳伦斯·堪培尔于9月8—10日赴乌兰察布盟考察。

2000年,德国海德希姆防盲基金会主席格哈特·舒特于8月8—12日对内蒙锡林郭勒盟多伦县、正镶白旗"金钥匙工程"实施情况作了考察,德国大使馆官员汉斯·杜尔及夫人参加了考察。

2001年,英华盲人教育基金会主席郝曦,英国皇家伦敦扶盲协会代表苏·沃克于8月16—18日对赤峰地区金钥匙工程进行了考察。8月20—22日德国克里斯多夫防盲基金会代表凯妮卡·萨拉苏旺等到锡林郭勒盟正镶白旗,考察了当地实施金钥匙工程的情况。

2002年,为总结"联合国亚太地区残疾人十年"在特教方面的成就,联合国儿童基金会专家史坦福·史密斯于11月4—7日专程来华考察内蒙古金钥匙工程,考察了金钥匙中心、通辽市奈曼旗视障儿童随班就读的教学点、东部地区视障教育资源中心。

2003年,应金钥匙中心主任徐白仑之邀,联合国教科文组织总部融合教育负责人凯尼斯·艾克莱因偕夫人于9月10—13日前往内蒙古通辽市和咸阳市三原县深入乡村小学考察金钥匙工程;资助内蒙古金钥匙工程的德国克里斯多夫防盲基金会、德国海德希姆防盲基金会、德国基督教援助发展中心、荷兰明暗扶盲基金会②联合评估组于

---

① 2010年9月28号对徐白仑的访谈记录。
② 全名为Dark and Light Foundation,简称D&L,2011年后加入Light for the World,具体参见 https://www.light-for-the-world.org/。

2003年11月3—17日对内蒙古金钥匙工程进行了评估。

2005年,克里斯多夫防盲基金会专家柯克·霍顿、伊兰莎于4月25—30日考察了内蒙古金钥匙视障教育项目,考察组先后考察了乌兰察布市察右前旗的中部地区资源中心和4名低视儿童;包头市的指导中心和3名低视儿童。考察结束后赴呼和浩特市参加内蒙古教育厅召开的四方座谈会。

2006年,克里斯多夫防盲基金会委派柯克·霍顿、凯瑞·范·第克、得·该士瑞·潘塔三位专家,于4月11—17日赴内蒙古考察金钥匙视障教育项目,先后考察了赤峰市的宁城县、敖汉旗和通辽市的库伦旗,深入各视障生教育点、资源/指导中心和医院,并和两市教育部门分别进行座谈。考察期间还专程去通辽市奈曼旗考察盲生进入初中随班就读的情况。

2008年,在金钥匙中心代表陪同下,10位国际友人和香港朋友组团于3月29日至4月1日赴兴安盟考察当地的视障儿童随班就读工作,先后考察了视障教育指导中心和呼和浩特市、科右中旗、突泉县的视障教育,并走访了贫困视障儿童的家庭。

这些各种层次、频繁的国际友人和机构的考察,一方面为当地金钥匙工程的健康发展提供了专业的指导,另一方面也扩大了金钥匙工程的影响,使得国际社会了解到中国非政府组织和基层教育行政系统为维护视障儿童公平的受教育权利所作的卓有成效地创造性探索。

七、彰显了公民社会组织的力量,推动了社会的进步

金钥匙中心作为草根非政府组织,志愿投身于视障儿童教育的公益事业,打破了残疾儿童教育长期单纯依靠基层教育行政系统的局限,增加了残疾儿童教育的供给者,维护了视障儿童的教育权利,彰显了公民社会组织的力量。金钥匙中心的组织信念、目标和金钥匙视障儿童融合教育的实践保持高度一致,其在推行金钥匙视障儿童融合教育的过程中彰显的社会责任感、无私奉献的精神也教育了社会各界。金钥匙中心在实践中还通过多种方式倡导维护视障儿童的平等权利,尊重视障儿童的生命价值的理念,激发了社会各界对视障儿童生活和教育的关注,调动了社会各界对视障融合教育的广泛支持。金钥匙视障儿童融合教育的成功也用事实改变了社会中存在的对视障人士的偏见。因此金钥匙视障儿童融合教育的实践不仅是一项教育工程,还是一项社会工程,倡导了社会健残平等互助的精神,促进了和谐社会的建设。

当然金钥匙工程在发展中也存在一些问题。比如金钥匙工程开展期间各地发展不平衡的问题。虽然从省级教育行政部门看,其推动的方式和力度是一样的,可是基层在贯彻的时候有很大的不同。如何促进视障儿童随班就读区域的均衡发展是需要进一步解决的问题。此外还有金钥匙工程的可持续发展问题。金钥匙工程是有期限的,为了推动视障儿童随班就读的可持续发展,内蒙古金钥匙工程实施期间和后续项目阶段建立了视障儿童随班就读的业务管理机构。但是在实际的发展中,工程结束后,随着相关领导干部、管理干部和各类教师的人事变动,很多地方不重视金钥匙工程的后续发展问题,视障儿童随班就读的可持续发展遇到了挑战。当然作为金钥匙工程业务指导网络

的核心——市特殊教育指导中心,在很多地方还在运作,它们为三类特殊儿童随班就读作出了自己贡献[①]。此外金钥匙工程通过项目实施的三年左右的时间仅仅把贫困地区视障儿童随班就读的工作引上正轨,相关人员基本掌握视障教育,未来进一步维护视障儿童平等的受教育权利、提高视障儿童随班就读的质量、完善视障儿童教育的体系等方面还需要进一步的探索。

---

① 徐白仑.瞎说之二十:珍惜萤光[EB/OL].(2010-07-08)[2011-12-10]. http://www.chinadp.net.cn/culture_/xubailun/sbypl/2010-07/08-5969.html.

第六章
金钥匙视障儿童融合教育项目的内部运作

第一节 金钥匙视障儿童融合教育项目的管理

徐白仑开展视障儿童融合教育的实践,探索尽快优质普及视障教育的道路是依托金钥匙中心来进行的。在上文"金钥匙视障教育研究中心的设立"一节中已经介绍了金钥匙中心的性质、组织文化、组织结构和开展的主要工作。这里主要是以内蒙古金钥匙工程为例,分析金钥匙中心如何运作金钥匙视障儿童融合教育项目。从相关资料上看,金钥匙中心在运作内蒙古金钥匙工程的时候主要涉及四个方面的工作,一是业务管理,二财务管理,三是档案的管理,四是宣传与联络活动。

一、业务管理

金钥匙中心通过多年视障儿童融合教育的实践一直在摸索提炼大面积优质高速普及视障儿童教育的全纳教育本土模式——金钥匙模式,在此基础上,金钥匙中心和地方教育行政系统合作,形成了金钥匙工程实施管理的基本流程(见图6-1)。

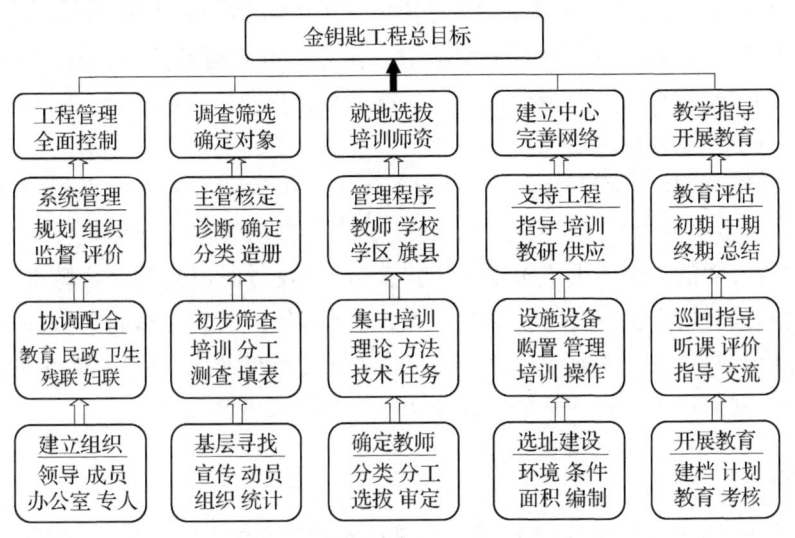

图6-1 金钥匙工程实施管理图[1]

---

[1] 金钥匙工程实施管理图根据《金钥匙视障教育运作手册》中视障教育总体管理图和金钥匙档案资料中内蒙古金钥匙实施管理图整理。具体参见徐白仑.金钥匙视障教育运作手册[M].北京:华夏出版社,2008:4;内蒙古金钥匙实施管理图[Z].金钥匙视障教育研究中心内部资料,1999-2003.

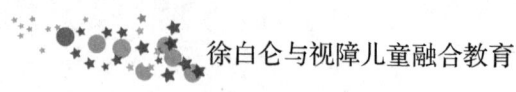

金钥匙工程由金钥匙中心和地方教育行政系统合作管理,采用项目管理和行政命令的方式推行。以内蒙古金钥匙工程为例,金钥匙中心除了负责筹集金钥匙工程项目所需资金外,在日常的业务管理中要完成以下工作:

首先金钥匙中心要负责制订内蒙古金钥匙工程总计划和年度工作计划,对内蒙古金钥匙工程做出整体规划。内蒙古金钥匙工程总计划以"金钥匙工程实施管理"(见图6-1)的核心环节为依据,制订细化到年月的工作安排,确定了内蒙古金钥匙工程的整体工作轮廓。每年初,金钥匙中心还要制订针对性更强的内蒙古金钥匙工程年度工作计划,详细按月份列出本年度的工作任务,其中总计划中的部分内容有可能会根据现实情况在年度工作计划中做出调整。在陕西金钥匙工程咸阳示范区项目中,有些年度工作计划还以咸阳市教育局政府文件的形式下发给县级教育部门执行。

其次,金钥匙中心拟订年度工作中一些大型子项目的具体工作计划,并负责提供金钥匙工程中各子项目执行所需要的专业资料和工具。比如各类师资培训工作,金钥匙中心会在与基层沟通后拟定具体的工作计划,一些金钥匙中心直接参加的工作,金钥匙中心还会拟定工作日程安排。金钥匙中心依托金钥匙模式形成了一套师资培训教材、各类操作工具,这些资料和工具是内蒙古金钥匙工程各项工作计划顺利实施的保证,在内蒙古金钥匙工程项目实施期间,这些资料和工具由金钥匙中心无偿供给。

第三,直接参与或指导金钥匙工程关键性环节的业务工作。内蒙古金钥匙工程的一些核心环节,金钥匙中心会直接参与工作。金钥匙中心一般会在盟市初步筛查完视障儿童的时候进行前期实地考察,检查视障儿童筛查的准确性,并指导教学分类,师资选拔;在师资培训中,金钥匙中心会直接选派专业教师、拟定教学纲要、确定课程表,全程领导和参与培训工作;在每个盟市三期教育教学评估中,金钥匙中心会组织省级的抽查评估。金钥匙中心还会指导内蒙古金钥匙工程中三级业务指导机构的建设工作。其中省级业务指导机构的建设方面,金钥匙中心在对盟市前期考察中会着重考察当地的视障教育资源,确定省级业务指导机构——视障教育资源中心的选址,并为中心配置设备,组织对中心专业人员的培训。

第四,总结金钥匙工程开展情况,形成单项工作报告和年度工作报告,并向提供资金的基金会和金钥匙中心董事会汇报。金钥匙中心在内蒙古工程中直接开展的考察、培训、评估等方面的工作要形成单项的工作报告,并及时向地方教育行政部门通报,以便改进工作,同时向提供资金的基金会汇报,以便基金会了解金钥匙中心的工作情况。工程执行期内,每年度金钥匙中心还要形成内蒙古工程的年度工作报告,全面介绍一年的工作成果,并向提供资金的基金会和金钥匙中心的董事会汇报。

二、财务管理

财务管理是内蒙古金钥匙工程项目管理中至关重要的一环。内蒙古金钥匙工程的资金主要来自慈善捐助,其中德国基督教援助发展中心(EED)、克里斯多夫防盲基金会(CBM)、海德希姆防盲基金会(HBM)、荷兰明暗扶盲基金会(D&L)联合为内蒙古金钥匙工程提供了项目所需大部分资金,中国爱德基金会代表以上四个欧洲基金会对内蒙古金钥匙工程资金进行管理。基金会通过一些财务管理的要求对项目资金使用和项目质量进行控制。

金钥匙中心财务管理这个环节主要是金钥匙中心制订预算向基金会申请资金,并按照基金会的要求进行项目资金的管理,力求达到"工程无水分,资金全透明",在向捐助者负责的同时提升金钥匙中心的公信力。

金钥匙中心财务管理的流程分为项目总预算、项目年度预算、单项结算、年度决算、年度审计等五个基本的步骤(见图6-2)。

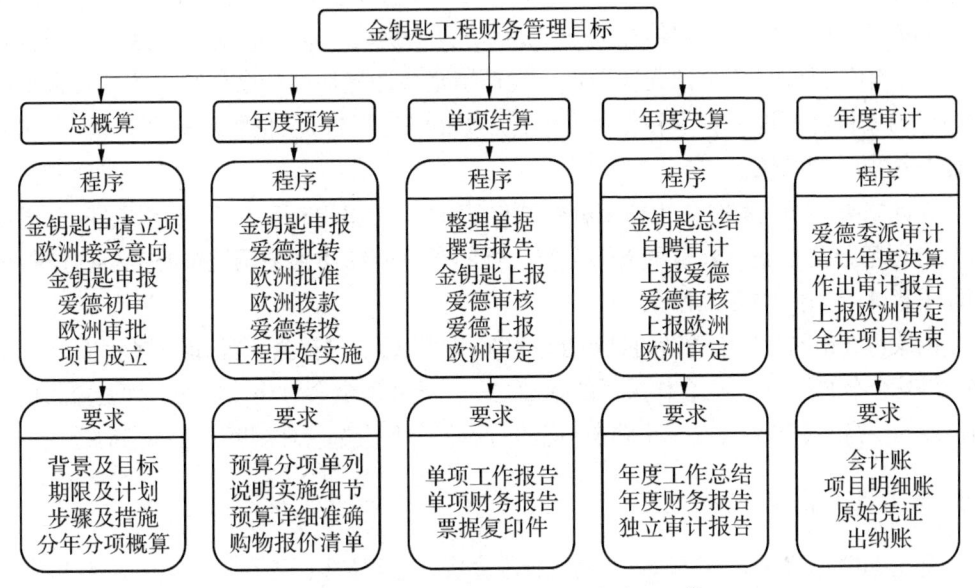

```
                    金钥匙工程财务管理目标
    ┌──────────┬──────────┬──────────┬──────────┬──────────┐
   总概算      年度预算    单项结算    年度决算    年度审计
    │          │          │          │          │
   程序       程序       程序       程序       程序
  金钥匙申请立项  金钥匙申报   整理单据    金钥匙总结   爱德委派审计
  欧洲接受意向   爱德批转    撰写报告    自聘审计    审计年度决算
  金钥匙申报    欧洲批准    金钥匙上报   上报爱德    作出审计报告
  爱德初审     欧洲拨款    爱德审核    爱德审核    上报欧洲审定
  欧洲审批     爱德转拨    爱德上报    上报欧洲    全年项目结束
  项目成立     工程开始实施  欧洲审定    欧洲审定
    │          │          │          │          │
   要求       要求       要求       要求       要求
  背景及目标    预算分项单列  单项工作报告  年度工作总结  会计账
  期限及计划    说明实施细节  单项财务报告  年度财务报告  项目明细账
  步骤及措施    预算详细准确  票据复印件   独立审计报告  原始凭证
  分年分项概算   购物报价清单                         出纳账
```

图6-2　内蒙古金钥匙工程财务管理图[①]

以内蒙古金钥匙工程为例,1997年徐白仑产生了在内蒙古实施"金钥匙工程"的设想并和内蒙古教委和基金会达成初步的合作意向后,金钥匙中心就向相关基金会提交了《内蒙古金钥匙工程项目申请书》,分年分项详细做出了1999—2002年内蒙古金钥匙工程的总概算[②]。内蒙古金钥匙工程实施期间,每年的年度预算要在上年度制定出来,年度预算内要制订详细的分项预算。在年度预算的基础上制定的《××年项目资金拨款申请书》,在年初提交给基金会。基金会根据年度申请书划拨内蒙古金钥匙工程一年度的项目款项。

内蒙古金钥匙工程年度项目的实施过程中实施单项结算,对每一单项,金钥匙中心要整理单项票据,撰写单项工作报告和财务报告。为了使基层配合进行单项结算,金钥匙中心在对管理干部培训的时候会进行项目的财务管理方面的培训;此外金钥匙中心编制了一系列简明扼要的管理流程和表格,在与当地教委的合作中,使所用的每一分钱,资助的每一人、每一事,都有据可查,比如在师资培训方面有培训班学员登记表,培

---

① 金钥匙视障教育研究中心.内蒙古金钥匙工程财务管理图[Z].金钥匙视障教育研究中心内部资料,1999-2003。

② 内蒙古金钥匙工程在项目执行的时候实施期调整为1999年到2003年。

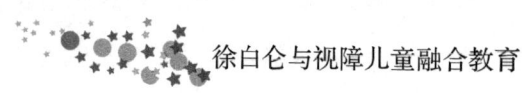

训班学员伙食补助现金支出表,培训班工作人员伙食补助现金支出表,培训班工作人员津贴现金支出表,教师培训班教材、学具、教具拨付清单和教材、资料、学具、教具签收清单等;[①]对于比较复杂的单项,如低视生教师培训班、盲生教师培训班等,金钥匙中心还制定了资金使用细则发给基层,对资金的分配和票据的要求做出具体的规定。

每年度内蒙古金钥匙工程的项目资金使用情况要进行年度决算,对本年度内的业务活动和财务收支情况进行综合总结,金钥匙中心撰写内蒙古金钥匙工程的年度财务报告和年度工作报告,聘请具有注册会计师资格的会计进行内蒙古金钥匙工程项目的外部审计并出具外部审计报告,内蒙古金钥匙工程的年度财务报告、年度工作报告、年度外部审计报告均需要上报给相关基金会审核,金钥匙中心及时地递交这三类报告是获得下一年项目预算资金的先决条件。爱德基金会还异地委托会计师事务所到金钥匙中心对内蒙古金钥匙工程项目作年度审计,做出审计报告,上报欧洲基金会审定,从而宣告一年项目的结束。

除此之外,在内蒙古金钥匙工程快要结束的时候,2003年1月17—18日,克里斯多夫防盲基金会东亚办公室负责人萨空·强图和蔡迎红还到金钥匙中心考核内蒙古金钥匙工程4年来的财务工作[②]。

内蒙古金钥匙工程中清晰的财务管理程序和严格的项目资金管理制度是金钥匙中心能够取得基金会的信任,建立合作关系的基础之一。国外基金会对连接捐助人和受益人的项目伙伴的严格的财务管理是金钥匙中心建立完善的项目资金管理制度的外部推动力。

三、档案管理

金钥匙中心重视金钥匙视障儿童融合教育实践过程的档案管理,它保存有从1987年开始的金钥匙盲童教育计划到1996年开始的金钥匙工程的系统档案资料(见图6-3)。

图6-3 金钥匙中心视障儿童融合教育的部分档案材料

[①] 金钥匙视障教育研究中心.内蒙古金钥匙工程1999年工作报告[Z].金钥匙视障教育研究中心内部资料,1999.

[②] 金钥匙视障教育研究中心.内蒙古金钥匙工程2003年1—8月工作报告[Z].金钥匙视障教育研究中心内部资料,2003.

金钥匙中心的档案资料分类编排，金钥匙盲童教育计划、广西金钥匙工程、内蒙古金钥匙工程等不同项目占据不同的位置，每一个项目的资料又分若干档案盒分类存放，每个档案盒都有标签，标明档案内容。以内蒙古金钥匙工程为例，其档案盒涉及视障生档案卡（包括基本档案卡和眼科档案卡）、各类教师上岗培训的时候形成的各类教师档案卡、各类培训班资料、内蒙古自治区和各盟市工程政府文件、内蒙古工程各级领导小组名单、各盟市教育教学评估资料、各类教师经验、各类教师工作范例、视障教育资源中心材料、内蒙古职业教育项目资料、内蒙古金钥匙工程各类统计数据、往来信件等众多资料。

图6-4 内蒙古金钥匙工程一个档案盒侧面的标签

金钥匙中心的档案管理的意义和地方教育行政部门、学校进行的视障儿童融合教育档案管理不完全相同。金钥匙中心作为非政府组织，所有资金都来自捐赠，它要对提供资金的基金会以及各类捐助人负责，档案资料就是金钥匙中心工作情况的一个佐证，提升了金钥匙中心的公信力。金钥匙中心某种程度上已经成为国内外视障教育交流的窗口，金钥匙中心丰富的档案资料可以向来参观或捐助的社会各界感性地展现金钥匙中心在各地开展的工作。当然，档案资料本身也具有管理的价值，为金钥匙中心开展工作提供了资料和信息的辅助。

四、宣传与联络活动

宣传和联络活动是金钥匙视障儿童融合教育实践中很重要的工作方面。金钥匙中心开展视障儿童融合教育获得了社会各界的广泛支持，其宣传和联络的方式是灵活多样的，金钥匙中心工作中和视障儿童融合教育实践直接相关的一些宣传与联络活动主要有三类：

一是邀请社会各界到基层的考察活动。金钥匙中心邀请联合国教科文组织官员、国际视障教育专家、基金会工作人员、新闻记者、捐赠者等各界人士到开展金钥匙工程的基层学校考察，其中不少报纸和电台的记者还对基层实践做了专题报道。

二是邀请社会各界参加一些项目的活动仪式。金钥匙中心经常针对金钥匙视障儿童融合教育的具体工作举办一些大、中、小型活动仪式,邀请社会各界参加。比如 2005 年 8 月在咸阳市旬邑县举办的陕西工程咸阳示范区"中期培训与经验交流会"开幕式、2006 年 8 月在北京举办的盲中学生培训班结业式等属于中型活动仪式,此外还有赠书仪式等各类小型活动仪式。这些活动仪式可以让社会各界了解金钥匙中心开展的工作,并扩大社会的宣传效果。

三是创办网站,并定期出版金钥匙简报。金钥匙中心网站上有金钥匙视障儿童融合教育方面的宣传资料,能方便社会各界了解中心开展的工作。此外,中心还定期出版金钥匙简报并上传到中心网站上,及时介绍金钥匙工程的新进展。中心还把金钥匙简报通过发送电子邮件、信函的方式送达各界支持人士。

这些宣传和联络活动使得社会各类支持者更好地了解到金钥匙中心开展的视障儿童融合教育工作及其意义,为金钥匙视障儿童融合教育获得社会各界的持续支持打下了基础。

第二节 金钥匙中心组织建设中遇到的困难

徐白仑依托金钥匙中心开展融合教育,金钥匙中心的可持续发展是金钥匙视障儿童融合教育不断发展壮大的一个前提。金钥匙中心在发展上面临一些问题,这对金钥匙视障儿童融合教育实践产生了一定影响。

一、工作人员的频繁流动

徐白仑在谈金钥匙视障教育中心的人员构成的时候指出:

> (金钥匙中心是)铁打的营盘流水的兵。我和纪老师是铁打的营盘,是主心骨。兵流水原因是多方面的:工作很艰苦,工资偏低,能力都很强,(但工资)顶不上盲校教一年级的老师,反差很大。在职称方面没有什么希望。我们没有进入这个系列,我评人家也不承认,为自己前途着想,工作人员在做了一段时间以后,成了全方位的人才就离开了,我们出去的人能力增强了。总是不断地老兵带新兵,增加一个人,我们教,旁边人带,非政府组织普遍存在这个问题。①

到 2010 年 10 月,国际事务主管胡梅来金钥匙中心工作 5 年了,她是为数不多的坚持在金钥匙中心工作较长时间的员工,热爱公益事业的她因为"在这个圈子里接触的大都是好心人、善良的人,建立了比较深的友谊,因而不太舍得离开……"②,但是她也面临薪水低,待遇不好,而北京生活成本又高的双重压力。多数员工在金钥匙中心工作不长时间就会离开,一位目前在外资企业工作的前金钥匙中心的员工说,她在金钥匙中心也就只工作了一年的时间。

---

① 2010 年 10 月 19 日对徐白仑的访谈记录。
② 2010 年 12 月 10 号对金钥匙中心国际事务主管胡梅的访谈记录。

不仅仅金钥匙中心一家非政府组织面临着工作人员频繁流动的问题,许多研究也显示了类似现象①。工作人员的频繁流动原因是复杂的,除了工资这个主要问题外,个人未来发展空间、组织内部人员互动关系、组织的管理文化、组织的工作时间、劳动强度等都有可能对组织成员的流动产生一定的影响。

二、寻找组织接班人

在中国残疾人联合会决定接收金钥匙中心前,为了延续金钥匙视障儿童教育事业,徐白仑一直在苦苦寻找合适的接班人。早在2002年,徐白仑在工作报告中指出:"在大好形势下存在的主要困难是中心的领导人选问题,徐白仑作为一个博得社会信任和支持的品牌,尚可发挥一段时期的作用,但中心的工作急需新人接替,接替的人选历经5年努力,仍无成效,目前已成为中心能否持续发展的关键问题。"②

在多年的摸索之后,徐白仑总结了接班人难寻的原因:

> 非政府组织是和创建人在一起的,创建人没有了,组织也就很难存在下去。……(组织的负责人)要能弄到钱,可是基金会凭什么把钱给你?……又能够花钱,一个省每年的经费很大,你带着几十万块钱,现在哪里在乎你。花了钱能有效果,要有组织能力、业务能力、专业能力。能要到钱,人家要信任你,能花钱,地方能接受你,能有效果,要有业务能力和组织能力,一方面具备的有,三方面同时具备没有这样的人。③

金钥匙中心作为一个内部组织部门不是很健全的非政府组织,许多工作都仰仗着徐白仑和纪玉琴夫妇直接处理,亲力亲为,因此在选择接班人的问题上,徐白仑也要求接班人不仅是视障教育的专家,还要是非政府组织运作方面的全才,能同时对捐助方(基金会、爱心企业和个人)和受益方(地方教育行政系统和基层学校)展开有效的工作。这种对接班人的要求是金钥匙中心的工作模式决定的,并不是人为设定了很高的要求。另外,热爱公益事业,为实现视障儿童的生命价值而无私奉献的精神更是可遇不可求。

徐白仑从内蒙古金钥匙工程期间就开始寻找组织的接班人,但是一直没有找到合适的又愿意到金钥匙中心工作的人选。2010年,徐白仑因年事已高决定将金钥匙中心交予中国残联接管,希望金钥匙中心在中国残联的领导下有更好的发展。

总之,金钥匙中心发展遇到的困难是金钥匙视障教育实践的发展与金钥匙中心自身组织建设不平衡的一个表现。金钥匙中心自身组织建设落后于视障教育实践发展的需要。由于经费的限制,金钥匙中心的日常办公费用和人力成本支出维持在最低的投入水平,组织内部专职工作人员少,流动性强,大量工作由徐白仑和纪玉琴夫妇亲自处理,无论是广西金钥匙工程、内蒙古金钥匙工程,还是咸阳示范区、齐齐哈尔示范县,都是他俩千里迢迢去实施和落实,金钥匙中心缺乏能够独当一面的骨干员工。

---

① 吴丹.非政府组织项目运作的困境研究[D].武汉:华中师范大学,2013:14.
② 金钥匙视障教育研究中心.内蒙古金钥匙工程2002年工作报告[Z].金钥匙视障教育研究中心内部资料,2002.
③ 2010年10月19日对徐白仑的访谈记录。

第三节　金钥匙中心的组织特色

金钥匙中心能够二十年如一日地克服重重困难,跟金钥匙中心鲜明的特色密不可分。当然,作为一个小型的草根非政府组织,徐白仑是组织的灵魂,金钥匙中心的特色也彰显了徐白仑及其合作者的精神世界。

一、组织理念的先进性

（一）平等的思想

1948年联合国大会通过的《世界人权宣言》指出"人人生而自由,在尊严和权利上一律平等"[1]。金钥匙中心在开展视障儿童融合教育所秉持的"珍惜生命,珍惜每一名失明儿童""维护视障儿童生命价值""以视障儿童为本""以视障儿童的需要为自己的需要"等淳朴的指导思想饱含维护视障儿童平等人权的先进理念,以此思想为指导,金钥匙中心始终走在为视障孩子争平等的前列。

徐白仑指出"自由、平等、博爱"的核心是"平等"。一体化教育思想强调的是"健残平等",全纳教育思想强调的是所有儿童平等地受教育的权利。从《世界人权宣言》《儿童权利公约》到《世界全民教育宣言》《萨拉曼卡宣言》《达喀尔行动纲领》都是对人平等权利的倡导和维护。徐白仑和金钥匙中心所倡导和践行的维护视障儿童平等教育权利,实现其生命价值的理念符合世界教育发展的潮流。徐白仑指出:"我们思想本身就存在,觉得应该这么做,和国际一对照也是合拍的[2]。"从1985年接触到视障儿童起,饱受中年失明痛苦的徐白仑就从儒家的"推己及人"思想出发,以对盲童的热爱为基础,努力为盲孩子争取平等的权利。随着对中国盲童教育现状的深入了解,1987年徐白仑提出让盲童就近进入普通小学,与健全儿童同班学习的设想,与国际上的一体化教育不谋而合,并进而在视障教育实践中积极吸收世界一体化教育的经验[3]。20世纪90年代,国际上全纳教育思想提出后,徐白仑又敏锐地发现了全纳教育思想和自身组织理念的契合性,积极吸收全纳教育思想,使其淳朴的维护视障儿童平等权利的思想紧扣时代思想的节拍。

（二）志愿精神

志愿精神是指一种自愿的、不为报酬和收入而参与推动人类发展、促进社会进步的精神,是公民社会[4]的精神基础[5]。前联合国秘书长安南曾指出:"志愿精神的核心是服

---

[1] 张国忠.世纪宣言[G].北京:华夏出版社,1998:262.
[2] 2010年10月19号对徐白仑的访谈记录。
[3] 徐白仑.燃情复追梦　盲人徐白仑八十自述之二[M].北京:求真出版社,2010:171.
[4] 公民社会是国家或政府之外的所有民间组织或民间关系的总和,其组成要素是各种非国家或非政府所属的公民组织。公民社会中公民社会组织在社会管理和公益物品的供给起到了很大的作用。参见俞可平.治理与善治[M].北京:社会科学文献出版社,2000:327.
[5] 北京奥运会志愿者工作协调小组办公室.志愿北京:2005"志愿服务与人文奥运"国际论坛成果集[C].北京:人民出版社,2005:268.

第六章　金钥匙视障儿童融合教育项目的内部运作

务和团结以及使世界变得更加美好的信念。"作为非政府组织,金钥匙中心并没有行政的或者法律的责任去维护视障儿童的受教育权利,其工作中秉持的是志愿精神。

金钥匙中心志愿精神的形成和创办人徐白仑有密切的关系。从1985年后,徐白仑把"使每一名失明儿童都能生活得有价值"①作为自己的人生目标和社会责任,不再谋求任何个人私利。

徐白仑这一人生信念的形成过程是深刻的。中年失明的徐白仑接触盲童后,盲童对教育的需要,对平等的渴望,都使他感到切肤之痛。徐白仑看到了自己的社会责任和社会价值之所在,这为徐白仑克服困难主动从事视障教育提供了强大的精神动力,使得他能够带领金钥匙中心不辞劳苦深入贫困地区推进视障教育工作。人在实践中不仅创造了社会财富,而且创造了人自己和自己的人生②。多年实践后,徐白仑指出:"广大双目失明的儿童的需要不停地激励我、鞭策我,使我不敢稍有懈怠,使我伴随着视障教育事业一起成长③。"

金钥匙中心的志愿精神还体现在志愿者身上。金钥匙中心维护视障儿童平等权利的理念和高效率的工作方式获得了社会的广泛认可,一批具有同样社会服务精神的中外籍人士成为金钥匙中心的志愿者。徐白仑在访谈的时候也指出,志愿者的无偿服务在金钥匙中心的工作中所占比重很大。志愿者在金钥匙中心开展了翻译、文秘、设计、活动组织、网站和数据库建构等多方面的工作。其中北京市建筑设计研究院"青年志愿者金钥匙工程服务队"队员韩江设计了"低视生专用课桌"④。

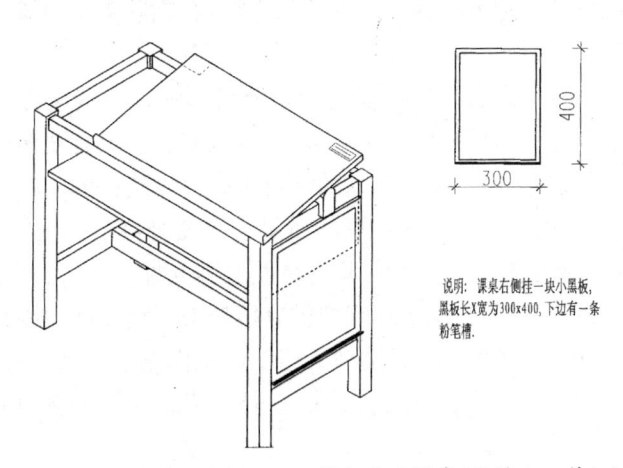

图6-5　内蒙古金钥匙工程低视力生课桌(设计人　韩江)

金钥匙中心的志愿者类型很多,既有来自北京大学、中华女子学院、北京体育学院的大学生志愿者,也有来自通用电气(中国)公司、北京市建筑设计研究院等中外企事业

---

① 徐白仑.霜叶舞秋风　盲人徐白仑八十自述[M].北京:中国盲文出版社,2009:150-151.
② 黄书光.文化差异与价值整合——百年中国基础教育改革进程中的思想激荡[M].北京.教育科学出版社,2011:391.
③ 徐白仑. 燃情复追梦　盲人徐白仑八十自述之二[M].北京:求真出版社,2010:125.
④ 金钥匙视障教育研究中心.简讯[Z].金钥匙简报第9904号,1999-04-06.

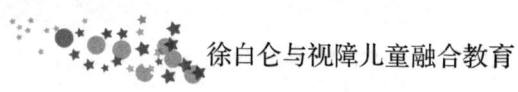

单位的志愿者,还有来自北京好牧人教会以及个人联系的志愿者。

魏梵斯是一位美籍青年,他从 2006 年起每周六都到金钥匙中心做志愿者工作,他对志愿工作和志愿精神有深刻的理解。他指出自己上高中的时候第一次做志愿者[①]就发现了一个事实,"你去做志愿者不是只帮助别人,也是帮助自己。它会使你有完整的、完全的感觉,而且你会感到,帮助别人是我们在世界最大的责任。"魏梵斯指出:"作志愿者是给组织服务,也是给自己服务。志愿者工作在提醒自己,什么事情重要,什么事情不重要,提醒你人生的意义在哪里。……我生活里面有很多机会,我有这些机会是很幸运的,世界上有很多人没有这些机会,特别是残疾人,把我的机会传给没有机会的人,这是我的责任。[②]"从魏梵斯的话中我们能感受到志愿精神内蕴着服务社会的责任感和个人幸福感的有机统一。

金钥匙中心为视障儿童服务的志愿精神吸引了许多具有同样精神追求的志愿者,而这些志愿者的加入使得金钥匙中心这个组织所具有的志愿精神之光更加璀璨。

二、组织结构的独立性、灵活性

金钥匙中心作为草根非政府组织具有组织的独立性。

首先,金钥匙中心不从属于政府行政系统,开展工作具有独立性。金钥匙中心的人员是自主聘用,其资金来自社会捐助,金钥匙中心对自身的工作任务有完全的决定权。金钥匙中心带着资金、专业知识与地方教育行政部门合作推行视障儿童融合教育工作的时候,其独立性也得到了地方教育行政部门的尊重,金钥匙中心能够按照金钥匙模式指导地方开展工作。

其次,金钥匙中心也不隶属于任何基金会。金钥匙中心和基金会是平等的双向选择的关系,金钥匙中心的项目可以向多家基金会申请,基金会也有众多的非政府组织的项目可以捐助。金钥匙中心向基金会申请的项目都是自主选择的,在项目开展期间,基金会对金钥匙中心项目资金的使用和项目的质量进行监督,但基金会不会直接介入金钥匙中心项目的运作,金钥匙中心在项目运作中具有独立性。

金钥匙中心的独立性以及较小的组织规模直接带来了金钥匙中心开展工作的灵活性。这种灵活的工作作风,确保了草根非政府组织的工作效率,有助于弥补政府部门在提供社会公益产品方面的不足。徐白仑非常自豪金钥匙中心的独立性和高效率,他指出:

> 我们感到独立性很可贵,我们对外联系,什么时候高兴就去封信,什么时候高兴就打电话,什么时候高兴办个私人护照就出去了,遇到事情也不用步步请示,步步汇报,我们看准了事情,一两天就办了,有时半天就办了,出手特别快,该出手时就出手。这头不行,转那头,当年开展金钥匙工程的时候新疆一

---

① 据魏梵斯介绍那是在十五六岁的时候,他每个星期去给一个从贫穷的地方来的七岁孩子做一些辅导,辅导了一年,孩子有很大的进步。魏梵斯认为自己也有进步,他内心第一次感到能影响别人的生活。参见 2010 年 10 月 23 号对外国志愿者魏梵斯的访谈记录。

② 以上魏梵斯先生的话来自 2010 年 10 月 23 号对外国志愿者魏梵斯的访谈记录。

看不行，转内蒙古，正好内蒙古有机会，一联系，行，不需要开这个会那个会研究，回来我给纪老师说内蒙古谈成了，就干内蒙古吧，就这么简单。①

三、组织行动的实践深入性与专业探索性

（一）组织行动的实践深入性

金钥匙中心开展视障儿童融合教育工作的唯一目的就是普及视障儿童的教育，其使命是实践指向的。为了实现这个目的，徐白仑夫妇二十多年来一直扎扎实实在基层摸爬滚打，精通基层开展视障教育的各项工作，了解基层开展视障教育的工作条件和环境。徐白仑的妻子纪玉琴回忆在开展金钥匙工程期间，他们一出去就是几个月，回到金钥匙中心忙上几天又出去，一直都很忙。这种长期的基层实践探索为金钥匙中心提炼融合教育本土化的操作模式奠定了基础。徐白仑认为实践是检验真理的唯一标准，他总是把视障儿童融合教育的设想以及一些国外特教理论和方法拿到实践中去检验，并在实践中进行调整和完善，形成真正具有实践效果的视障儿童融合教育的一系列做法。金钥匙中心提出的金钥匙模式所涉及的内容均是有实践基础的，是实践证明的有效的在贫困地区大面积优质高速普及视障教育的本土化应用性理论。

和其他组织相比，金钥匙中心这种实践的深入性构成了其自身行动的一个特色。事业编制的各种教育研究机构的专业人员每年要出论文、出书，有很大的科研压力，同时教育研究机构还有日常的工作和出勤制度，高等学校特殊教育方面的专业老师除了以上的压力外，还要代课，这些压力使得他们都没有时间长期深入基层开展从理论到实践的应用工作。目前一些非政府组织在开展特殊教育项目的时候也会聘任一些专业研究人员参与，一般情况下这些专业人员需要在调节好本职工作的情况下，短期投入到项目的工作中来。金钥匙中心也曾经邀请视障教育的专业人员参与到师资培训、教育教学评估、编撰书籍等工作，但是他们在金钥匙中心开展工作中仅仅起到了辅助作用。金钥匙中心没有科研任务等外在的压力，可以长期深入基层，徐白仑夫妇自始至终深入在视障儿童融合教育的第一线，并在实践中以视障孩子的根本利益为旨归掌控着金钥匙视障儿童融合教育的发展方向。

（二）组织行动的专业探索性

金钥匙中心的专业探索性体现在两个方面。

首先，金钥匙中心在项目运作和管理方面的专业能力。由于金钥匙中心是以项目申请的方式获取基金会的支持的，在长期的实践中，金钥匙中心从项目的策划、执行到项目的财务管理都有一套完善科学的工作方法。金钥匙中心和地方合作开展金钥匙工程的时候，金钥匙中心这套先进的项目管理的方法也应用到了基层教育行政和学校系统，改善了基层教育系统的工作方法。金钥匙工程结束后，有些基层单位也学习金钥匙中心项目运作的方式，通过项目申请的方式寻求基金会对一些特殊教育项目的支持。

---

① 2010年10月19号对徐白仑的访谈记录。

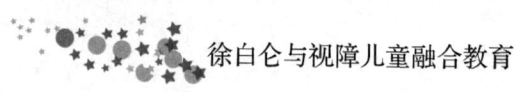

其次，金钥匙中心在视障儿童融合教育方面的专业能力。金钥匙中心在与地方合作推行视障儿童融合教育项目的过程中不是直接给钱就完了，也不是依靠各类兼职的特殊教育专家去基层指点，金钥匙中心在视障儿童融合教育项目中起到了专业引领和业务指导的作用，徐白仑夫妇精通视障教育专业知识并具有实践的智慧，了解基层开展视障儿童融合教育的关键性环节和步骤。在长期的视障儿童融合教育实践的探索中，为了帮助更多的视障儿童，金钥匙中心一直致力于视障儿童融合教育本土化模式的研究和总结，并在此模式的基础上提出项目方案，使得视障儿童融合教育项目的实施符合视障教育的专业要求和融合教育自身发展的规律。

四、组织资源的社会丰富性

作为非政府组织，金钥匙中心一直积极寻找各类社会资源来促进视障儿童融合教育的发展。

金钥匙中心组织资源的社会丰富性体现在以下几个方面：

从资金上看，不仅一些国际上大型的基金会、企业为项目提供了所需要的大部分款项，还有一些个人的小额捐助为困难的视障学生提供了助学金，为贫困的教师提供了慰问金。从人力上看，有大量的志愿者和国内外的视障教育专业工作者、新闻媒体等社会各界人士直接参与到视障儿童融合教育的工作中。此外，金钥匙中心还受到社会各界道义上的支持，并建立了丰富的社会联络关系，这些都为金钥匙中心开展工作奠定了良好的基础。

第七章
金钥匙融合教育项目的社会支持网络

社会网络是由社会行动者之间的多种社会关系构成的相对稳定的系统,构成要素为社会行动者和社会关系。社会行动者是指具有认识和实践能力的个体或群体,社会关系则是指上述个体或群体之间的相互关联。

金钥匙中心是一个链接社会不同群体和个体的力量,徐白仑围绕视障儿童融合教育项目的需要,不断提升与支持者合作的深度和广度,发现并挖掘出项目执行所需要的资源。从社会网络的结构看,金钥匙融合教育社会网络的行动者包括金钥匙中心内部的工作人员和政府、学校、基金会、新闻出版单位、爱心企(事)业单位、志愿者等金钥匙中心的外部合作方。金钥匙中心内部的组织结构简单,且在上文已经做了交代,本章主要介绍金钥匙融合教育项目运作涉及的合作方,并把金钥匙中心与合作方之间的社会关系系统称为金钥匙融合教育项目的社会支持网络。

第一节 联合国教科文组织及相关机构

联合国教科文组织是各国政府间讨论关于教育、科学和文化问题的国际组织,在国际上具有权威地位,对各国的教育、科学和文化发展产生了重要影响,联合国教科文组织及相关机构是金钥匙融合教育的重要支持力量。

一、联合国教科文组织与金钥匙中心关系概况

联合国教科文组织及其驻华机构与金钥匙中心有密切的联系,对金钥匙视障儿童融合教育的实践产生了重大的影响。联合国教科文组织在中国设有联合国教科文组织北京办事处[①]、联合国教科文组织驻华代表处。

联合国教科文组织及其驻华机构与金钥匙中心的联系始于20世纪80年代末期。徐白仑在北京参加国际会议的时候通过偶然的机会结识了联合国教科文组织驻华代表处官员,后来一直保持联系。1989年,徐白仑在国家教委副主任杨海波的推荐下参加了联合国教科文组织日本委员会主办的"亚太地区特殊教育研讨会",并作了名为《从民

[①] 联合国教科文组织驻北京办事处(英文名为UNESCO Office Beijing,简称教科文驻京办)是联合国教科文组织在中国设立的地区办事机构,负责中国、朝鲜、日本、蒙古及韩国等五个东亚国家的工作,项目开展领域涉及教育、社会科学、自然科学、文化、传播和信息等五个方面。具体参见 UNESCO. About UNESCO Office in Beijing [EB/OL].[2022-12-09].https://zh.unesco.org/node/311571.

间推动视障儿童一体化教育的开展与普及》的报告。1994年9月,联合国教科文组织驻华代表处项目官员艾约翰出席了徐白仑倡导成立的国际视障教育协会中国分会成立大会暨首届学术研讨会①。1996年10月,徐白仑在联合国教科文组织驻华代表处的推荐下获联合国教科文组织在教育方面的最高奖项——夸美纽斯奖(见图7-1)②。从此,联合国教科文组织和金钥匙中心建立了更加紧密的关系。

图7-1 1996年徐白仑获联合国教科文组织的夸美纽斯奖

徐白仑以联合国教科文组织倡导的全民教育、全纳教育思想为核心,设计了金钥匙工程和金钥匙行动,并联系中国基层实际条件进行创造性实践,为实现联合国2015年全民教育目标而艰苦奋斗。1999年1月21日金钥匙中心获批准,成为北京联合国教科文组织协会团体会员③。2000年6月徐白仑应邀参加联合国教科文组织在北京召开的"第二届亚太地区特教研讨会",宣读了以《中国西部视障儿童随班就读教育支持体系》为题的论文。

图7-2 2001年徐白仑获授联合国教科文组织纪念章

金钥匙中心和联合国教科文总部有友好往来。2001年,联合国教科文组织执行局主席德·巴达鲁访问金钥匙中心,并为金钥匙中心主任徐白仑授赠联合国教科文组织纪念章。2002年8月徐白仑访问联合国教科文组织总部,拜访联合国教科文组织总部融合教育负责人肯尼斯·艾克莱茵(Kenneth Eklindh),介绍了1996年获夸美纽斯奖以来,为在中国贫困地区普及视障教育所做的努力。

2003年应徐白仑的邀请,艾克莱茵专程来中国考察内蒙古金钥匙工程和陕西金钥匙工程实验点并给予很高评价。从此徐白仑跟艾克莱茵建立了深厚的工作友谊。艾克莱茵

---

① 赵鹏.国际视障教育协会中国分会首届学术研讨会在湖北召开[J].现代特殊教育,1994(5):18.

② 据徐白仑传记介绍,这次评选完全是联合国教科文组织驻华代表处根据了解的情况和评选标准独立推荐,没有经过国家教委推荐人选。具体参见徐白仑.燃情复追梦 盲人徐白仑八十自述之二[M].北京:求真出版社,2010:323.

③ 北京市联合国教科文组织协会(BJUNESCO,以下简称协会),是经中国联合国教科文组织全国委员会批准,于1986年正式成立,是由基层联合国教科文组织俱乐部组成的社会群众团体。协会的宗旨是支持、宣传和实现联合国教科文组织对和平的伟大理想,推进北京市教育面向未来、面向世界、面向现代化,推动教育与社会的联系及国际间的交流。协会围绕联合国教科文组织确定的"主题年"、"主题日",组织丰富多彩的活动。具体参见北京市联合国教科文组织协会.关于我们[EB/OL].[2022-12-12].http://www.bjunesco.org.cn/gywm/js/xhjj/.

第七章　金钥匙融合教育项目的社会支持网络

后来还为《金钥匙视障教育理论与实践》《金钥匙视障教育运作手册》撰写了序言并为2010年10月举行的金钥匙中心交接仪式写来了贺信。

金钥匙中心与联合国教科文组织驻华代表处也建立了持久的良好关系。"联合国教科文组织的中心策略是提高并扶持国家级和地方级的活动,以赋予弱势人群,包括残疾儿童优先权的前提下,保证所有人拥有平等的学习机会"[①],在此思想指导下,除了双方的一些礼节的拜访外,联合国教科文组织驻华代表处还积极支持金钥匙中心开展工作。

金钥匙中心举办的一些重要活动,如金钥匙按摩职教班开学典礼和毕业典礼、盲童文学百期纪念会、陕西金钥匙工程中期培训与经验交流会、盲中学生随班就读培训班结业仪式、"全纳教育论坛"等,联合国教科文组织驻华代表处均有人出席。联合国教科文组织驻华代表处还积极为金钥匙中心的《中国盲童文学》、金钥匙按摩职教班、金钥匙视障教育专著出版等众多项目提供了部分资助。此外,联合国教科文组织驻华代表处和联合国儿童基金会还多次实地考察了金钥匙工程,联合国儿童基金会资助金钥匙中心出版了《视障儿童家长培训手册》《金钥匙助视字库》。

金钥匙中心开展的金钥匙工程获得了联合国教科文组织和联合国儿童基金会的高度认可。联合国教科文组织1997年出版的刊物《全纳学校和社区支持项目——1996—1997年第一期报告》、1999年出版的《悦纳学校——普通学校的特殊儿童》,联合国儿童基金会2003年出版的《残障儿童全纳教育倡议——东亚及太平洋地区的经验》,均把金钥匙工程作为全纳教育的范例向全世界介绍。

二、联合国教科文组织与金钥匙中心关系探析

联合国教科文组织对金钥匙中心开展的视障教育工作给予了很高的评价。2000年联合国教科文组织驻华代表野口撰文写道:"金钥匙中心将我们的工作理想与中国的实际情况相结合,为中国视障儿童的教育机会做出了开拓性的贡献,并已经取得了可喜的成就[②]。"

2006年,联合国教科文组织基础教育部幼教和融合教育司负责人肯尼斯·艾克莱因指出:"许多人对盲或视障儿童接受融合教育表示怀疑,并认为这是不可能的。我们经常被要求提供好的实例以证明其可能。感谢金钥匙,特别是其主任徐白仑,使我们有了那些好的实例来展示。金钥匙通过其奉献、工作,证明即使没有昂贵的投资,建立融合学校也是非常可能的。金钥匙通过它在内蒙古和随后在中国其他省份的工作,指引了一条为大多数贫困儿童提供有质量教育的途径,以及在融合学校如何为所有学习者提供参与、共享和平等的机会[③]。"

---

① 林川真纪.纪念盲童文学创刊100期发言[Z].金钥匙视障教育研究中心内部资料,2002.

② 野口为联合国教科文组织驻华代表,于2001年退休。此评价源自他为《中国盲童文学》2000年第一期撰稿的内容。具体参见《中国盲童文学》2000年第一期和2000年1月18日第0001号金钥匙简报。

③ 参见肯尼斯·艾克莱因为《金钥匙视障教育理论与实践》和《金钥匙视障教育运作手册》写的序言。出自徐白仑.金钥匙视障教育运作手册[M].北京:华夏出版社,2008.

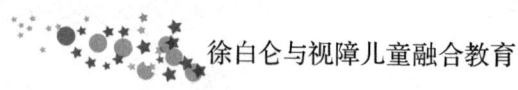

徐白仑也非常看重与联合国教科文组织的合作，他在访谈中提道：

> （我们）开始（投身视障儿童教育）是因为孩子的需要就是无声的命令，我们着眼于全国（进行盲童教育改革试点的工作）。后来联合国教科文组织给我发奖后①，我又着眼于全球，联合国教科文组织的2015年目标，世界卫生组织2020年目标，我们全放在心上，而且认为全民教育的难点在发展中国家，发展中国家的难点就在特殊教育，所以觉得心里很有干头，有种精神支持着。我们经常把我们的信息传给联合国……金钥匙中心是联合国教科文组织协会的成员。联合国教科文组织做出决定，指出方向，提出要求，是相当于政府的教育部、科技部、文化部，在国际上是最高权威。联合国教科文组织做出决定以后，怎样具体去执行呢？联合国教科文组织在各国有办事处，（联合国除了和各国政府合作外）还有合作伙伴——联合国教科文组织协会②，每个国家都有，协会每年开会，介绍每年联合国的教育主题是什么，围绕这个主题开展活动，贯彻联合国教科文组织的精神，更容易带动实践的发展③。

由以上内容我们可以看出，联合国教科文组织和金钥匙中心是建立在核心价值追求一致基础上的平等合作关系。联合国教科文组织在教育领域的核心价值追求是维护教育这一基本人权，联合国教科文组织倡导的全纳教育理念和全民教育2015年目标④，指明了当时全球教育发展的方向。金钥匙中心的核心价值追求是维护视障儿童的受教育权利，探索普及贫困地区视障儿童教育的道路⑤。金钥匙中心在联合国的教育理念中找到了既符合自己组织价值追求又具有国际先进性的思想引导，增强了其自身实践的合法性和先进性，并进一步提升了组织行动的精神动力。以金钥匙中心为代表的非政府组织通过身体力行的实践，努力把联合国先进、权威的教育理念转变为教育现实中脚踏实地的努力。联合国教科文组织以自身的国际威信为基础，通过授奖、参与活动、提供资助、出版宣传等方式积极为像金钥匙中心一样的非政府组织在全民教育方面的公益实践搭建平台、提供支持。

当然，联合国教科文组织作为各国政府间讨论关于教育、科学和文化问题的国际组织，其教育方面的理念和决策对各成员国政府具有重要的影响力，各国政府的教育系统

---

① 1996年徐白仑获联合国教科文组织颁发的第三届夸美纽斯奖。
② 此处应该是指联合国教科文组织协会世界联合会（World Federation of UNESCO Clubs, Centres and Associations），它是一个与教科文组织有正式伙伴关系（联系地位）的非政府组织。世界联合会于1981年7月正式成立，秘书处位于法国巴黎，其四千多家成员单位分布在全球近80个国家和地区，并始终为践行联合国教科文组织的理想而积极努力。
③ 2010年10月23号对徐白仑的访谈记录。
④ 全民教育2015年目标是指2000年世界教育论坛通过的《达喀尔行动纲领》中确定的2000—2015年全民教育6大目标，即扩大和改善幼儿的保育和教育，尤其是最脆弱和条件最差的幼儿的全面保育与教育；普及初等教育，尤其在女童、被边缘化儿童以及少数族群儿童群体中普及初等教育；确保年轻人和成年人学习到日常生活必需的技能；至2015年，将成人文盲率降低50%；消除两性间在受教育方面的不平等现象；改善教育质量，确保所有人学有所得。2000年，联合国提出千年发展目标，其中有两个目标与《达喀尔行动纲领》中的"普及初级教育、消除两性间在受教育方面的不平等现象"的目标一致。具体参见世界教育论坛.达喀尔行动纲领[R].联合国教科文组织，2000：2；王兆璟，王悦.全民教育思潮的主题变迁及展望[J].社会科学战线，2016(02)：223-233.
⑤ 金钥匙视障教育研究中心.金钥匙视障教育研究中心章程[Z].金钥匙视障教育研究中心内部资料，1999.

也为实现全民教育2015年目标、教育2030年目标[1]做出了积极的努力。我国政府为了加强和联合国教科文组织的合作,由教育部牵头领导,于1979年成立了跨部门政府机构——中华人民共和国联合国教科文组织全国委员会,归口负责中国与联合国教科文组织之间的合作事务[2]。中国联合国教科文组织全国委员会的常设工作机构为秘书处,设在教育部,秘书处由秘书长和副秘书长负责,秘书处下设教育处、科学文化处和综合处,目前秘书处工作人员,均由教育部任命[3]。

第二节 非政府组织

非政府组织指不以营利为目的,主要开展公益性或互益性活动,独立于党政体系之外的正式社会组织[4]。与金钥匙开展合作的非政府组织主要有基金会、学术团体以及和视障相关的慈善机构、视障人士的自助机构等。非政府组织在与金钥匙中心的合作中主要提供了资金和专业的支持。

一、基金会

在非政府组织中,金钥匙中心与基金会的合作占有最重要地位。金钥匙中心作为非营利机构,无任何营业收入,运作视障儿童融合教育的全部资金都来自捐助,其中大多数是基金会拨付的。自1987年起,金钥匙中心先后与德国克里斯多夫防盲基金会(CBM)、德国海德希姆防盲基金会(HBM)、荷兰明暗扶盲基金会(D&L)、德国基督教援助发展中心(EED)、爱德基金会、中国友好和平发展基金会、中国宋庆龄基金会、长城教育基金会、香港方树福堂基金会等国内外基金会建立合作关系。基金会为金钥匙视障儿童随班就读的运作提供了长期的资金资助,有的基金会还提供了视障教育方面的专业支持。

(一)金钥匙中心与基金会的合作关系剖析

徐白仑对与基金会的合作关系进行了剖析:

> 我做项目的时候需要有基金会的支持,要不然没钱,基金会也需要找好的合作项目,我们之间的关系是合作伙伴的关系,不是仰望祈求的关系。因为基金会有它的宗旨,譬如扶盲的、环保的。基金会的钱来自捐助者,捐助者是冲

---

[1] 2015年11月4日,联合国教科文组织在巴黎总部通过并发布了"教育2030行动框架"。提出了到2030年教育总目标为"确保全纳、公平的优质教育,使人人可以获得终身学习的机会",并提出10大具体目标。"教育2030"的目标清晰地勾勒出全球教育的未来蓝图,鼓励各国努力加快发展。各国政府根据教育优先、国家发展战略及计划、制度能力和资源可利用性,将全球教育目标转化为可实现的国家目标。具体参见"教育2030行动框架"主要内容[J].上海教育,2019(26):30.
[2] 刘英杰.中国教育大事典 1949—1990(上)[M].杭州:浙江教育出版社,1993:309.
[3] 中华人民共和国教育部.中华人民共和国联合国教科文组织全国委员会秘书处介绍[EB/OL].[2022-11-20].http://www.moe.gov.cn/s78/A23/moe_557/202006/t20200601_461426.html.
[4] 王名,刘培峰.民间组织通论[M].北京:时事出版社,2004:4.

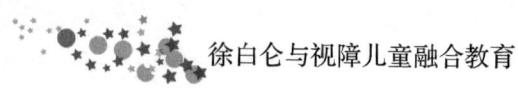

着宗旨来的,(基金会)要围绕着宗旨寻找好的合作项目,好的项目有好的回报,就是实施效果,这样证明基金会是值得信任的、有眼光的,管理是有水平的,最后要有效果,用各种形式反馈给捐赠者,越是做得好,捐助者越信任他,就可以不断滚动发展。我们有几个牢固的基金会的支持,我们在他们心目中有很好的信誉……CBM认为我们是合作伙伴。和HBM、中国友好和平发展基金会也是这种关系。金钥匙在HBM的援助项目中占很重要的位置,他们以金钥匙为荣,对我们的项目很看重,认为我们项目效果非常好。①

从访谈内容可以看出,金钥匙中心和基金会是一种平等的合作伙伴关系。

基金会需要在其宗旨下寻找好的合作项目,以有限的资源追求受益人的最大化,为基金会可持续发展奠定基础。HBM主席鲁道夫指出,"我们支持的项目必须是令人非常心悦诚服的,甚至是摄人心魄的,以便留住我们的支持者"②。作为基金会支持的非政府机构开展的项目,项目成果是基金会和非政府机构共享的,通过这些项目成果基金会同样会获得社会信誉,并据此获得基金会生存和发展所需要的资金、人力、物力资源。

金钥匙中心开展项目也需要好的基金会的支持。好的基金会就像伯乐,不仅有资金还有业务能力。CBM在平等的基础上给予金钥匙中心的不仅是项目资金的支持,还有业务支持。"CBM同金钥匙中心长达20多年的合作中……CBM累计支持资金70多万欧元,同时派出专家在项目的规划、实施和评估中提供技术支持③。"徐白仑指出,金钥匙中心能在视障儿童融合教育方面做出成绩,跟CBM打下的基础有很大关系。早在金钥匙盲童教育计划期间,CBM就认为徐白仑是中国推行视障一体化教育的关键人物,于1990年出资邀请徐白仑一行5人到泰国考察当地的视障教育和社区康复④。金钥匙工程在各地开展期间,CBM多次派特教专家进行考察和指导,提升工程的质量。

需要说明的是,在很长一段时间内,国外基金会支持金钥匙视障教育相关项目的资金是经过爱德基金会拨付给金钥匙中心的。爱德基金会成立于1985年,是由全国政协原副主席丁光训等发起,社会各界人士共同组成的民间组织⑤。据徐白仑介绍,过去规定中国教会不接受外来资金,成立爱德基金会后,由爱德基金会出面跟国外基金会联络,外国的资金都通过爱德基金会进入国内。后来开放了,国内机构可以直接向国外基金会申请项目资金了⑥。1987年,徐白仑开始经过爱德基金会获得CBM的项目资助⑦。2007年前后,金钥匙中心开始直接向CBM中国办公室申请,CBM也直接拨款到金钥匙中心。

---

① 2010年10月23号对徐白仑的访谈记录。
② 鲁道夫·仍斯道夫.德国海德希姆防盲基金会主席鲁道夫先生的致辞[Z]//金钥匙视障教育研究中心.庆祝第27届国际盲人节暨金钥匙视障教育研究中心交接仪式材料,2010.
③ 蔡迎红.德国CBM中国办公室国家代表蔡迎红女士致辞[Z]//金钥匙视障教育研究中心.庆祝第27届国际盲人节暨金钥匙视障教育研究中心交接仪式材料,2010.
④ 徐白仑.燃情复追梦 盲人徐白仑八十自述之二[M].北京:求真出版社,2010:232.
⑤ 爱德基金会.关于爱德[EB/OL].[2022-12-23]. http://www.amity.org.cn/about/base/MOD20200229141648101423.
⑥ 2010年10月23号对徐白仑的访谈记录。
⑦ 具体情况参见徐白仑.燃情复追梦 盲人徐白仑八十自述之二[M].北京:求真出版社,2010:231.

（二）金钥匙中心与基金会合作的一个插曲[①]

在开展广西金钥匙工程前，金钥匙中心已经与CBM建立了良好的合作关系，广西金钥匙工程项目的申请书提交给CBM后，徐白仑对项目的批准很有信心，并与广西教委合作开展了前期准备工作。CBM派国际视障教育专家威廉·布鲁海尔[②]作为专家组组长考察了项目后，给总部的报告说这个项目不可能，太大了，钱放进去不一定有效果，最后CBM没有批准援助1996年的广西金钥匙工程项目[③]。但是当时广西实施金钥匙工程的文件已经下发了。后来，广西教育厅自筹了十余万，国务院妇女儿童工作协调委员会拨给了十万块钱，爱德基金会拨了八万块钱，广西金钥匙工程的头一年资金才临时对付下来了。1996年年底，金钥匙中心邀请CBM东亚办公室的主任和联合国教科文组织驻华代表处教育官员汤竹丽等考察广西金钥匙工程，中央电视台国际部的记者跟踪拍摄。考察后大家都很满意，汤竹丽在电视专题片中讲道："我们联合国儿童基金会经费不多，给予的帮助不大，我们认为是好项目"，用联合国教科文组织的名誉呼吁社会捐助[④]。1997年5月，威廉·布鲁海尔也到广西考察金钥匙工程，他说徐白仑做了魔术师的工作。广西金钥匙工程项目的第二年，CBM和HBM的拨款就来了，经费问题就解决了。

这个小插曲说明，金钥匙与基金会的平等合作关系是靠金钥匙工程的良好社会效果建立和维持的，可以预期的项目高质量的实施效果是金钥匙中心与基金会建立合作关系的基础。当然所谓项目良好的效果指的是项目的公益效果，基金会从资金投入和公益产出的角度进行衡量的。

二、国际视障教育协会

在非政府组织中有一类是学术团体，国际视障教育协会是国际著名的视障教育学术团体，金钥匙中心和国际视障教育协会有良好的关系。

国际视障教育协会（International Council for Education of People with Visual Impairment，ICEVI）[⑤]，是视障教育领域权威性国际学术团体，是联合国教科文组织、联合国儿童基金会、世界卫生组织的首选咨询单位。国际视障教育协会每五年换届一次并召开一次国际性的学术研讨会。从1992年起，徐白仑参加了历届"国际视障教育大会"，与国际视障教育协会逐步建立起密切的学术联系，并与威廉·布鲁海尔、劳伦斯·坎培尔等多任主席建立了深厚的学术友情。1992年徐白仑参加国际视障教育协会在泰国曼谷举办的第八届国际视障教育大会，建议主席团以"中华人民共和国"替代了台

[①] 金钥匙视障教育研究中心与基金会合作的一个插曲根据2011年2月8号对徐白仑的访谈记录整理。
[②] 1992年在第八届国际视障教育大会上，徐白仑结识了时任国际视障教育协会主席的威廉·布鲁海尔。具体情况参见徐白仑.燃情复追梦 盲人徐白仑八十自述之二[M].北京：求真出版社，2010：131.
[③] 2011年2月8号对徐白仑的访谈记录。
[④] 2011年2月8号对徐白仑的访谈记录。
[⑤] 我国也有学者把ICEVI翻译为国际视障教育学会，但是徐白仑在开展视障儿童融合教育实践中一直把ICEVI翻译为国际视障教育协会，本书也取"国际视障教育协会"这种译法。关于国际视障教育协会的更多资料可以参见刘卓君，郭伟.保障视障人群权利 大力发展视障教育——访国际视障教育学会首席执行官马尼·高德尔[J].世界教育信息，2017，30(14)：6-8.

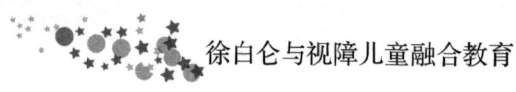

湾的"中华民国",并宣读了《中国视障儿童一体化教育的现状与展望》的论文[①]。2002年7月徐白仑参加了国际视障教育协会在荷兰举行的第11届国际视障教育大会,徐白仑与田永安合作撰写的论文《内蒙古高速普及视障教育面临的挑战和对策》在会上宣读[②]。

1994年,在当时的国际视障教育协会主席布鲁海尔的支持下,徐白仑倡导成立了国际视障教育协会中国分会,徐白仑当选为中国分会主席,并于1994年、1995年、1996年、1998年举办4次国际学术交流会[③]。国际视障教育协会的专家还因各种机缘多次考察了金钥匙工程。其中威廉·布鲁海尔于1997年5月考察了广西金钥匙工程,1999年、2003年考察了内蒙古金钥匙工程。国际视障教育协会高度认可徐白仑开展的视障儿童融合教育的创造性实践,并于2012年授予徐白仑"国际卓越成就奖"。

国际视障教育协会及其召开的国际视障教育大会为金钥匙中心提供了一个国际视障教育学术交流的平台,金钥匙中心一方面能够不断学习和引进国际最先进的视障教育理念和方法用于金钥匙工程,另一方面也宣传了金钥匙工程及融合教育本土化理论——金钥匙模式,使得中国的视障教育在国际学术交流中也有了自己的声音。

三、其他非政府组织

除了基金会、学术团体外,金钥匙中心与世界宣明会、德国妇女联谊会、狮子会中国分会、丹麦商会、好牧人国际教会、德国使馆教会、天城教会、香港视障人士福音中心、新加坡视障人士独立协会等非政府组织有联系,这些组织纷纷为金钥匙中心捐助资金,提供各类支持[④]。

四、非政府组织间的竞争

一些以社会资本为基础从事社会公益事业的非政府组织之间也存在竞争现象。从组织生态学的观点看,组织种群生态位的重叠就产生了竞争。在生态学中,生态位主要指在自然生态系统中一个种群在时间、空间上的位置及其与相关种群之间的功能关系[⑤],是种群能够自我繁殖的一系列环境条件;组织生态学中的生态位可以理解为组织生存和发展所需要的各种资源[⑥]。一般来说,非政府组织中的基金会、民办非企业单位需要不断提升自身的社会声誉来获取组织发展所需要的嵌入在社会网络的资源。徐白

[①] 徐白仑.燃情复追梦 盲人徐白仑八十自述之二[M].北京:求真出版社,2010:130.
[②] 金钥匙视障教育研究中心.视障教育大会[Z].金钥匙简报第0208号,2002-08-31.
[③] 徐白仑.1985—2010年金钥匙视障教育研究中心工作简要回顾[Z]//金钥匙视障教育研究中心.庆祝第27届国际盲人节暨金钥匙视障教育研究中心交接仪式材料,2010.
[④] 是否把宗教组织划分为非政府组织,学术界有争论。本研究中涉及的教会主要为金钥匙中心提供捐助,因此从慈善事业着眼,本研究把教会作为非政府组织。
[⑤] 李博.生态学[M].北京:高等教育出版社,2000:103.
[⑥] 刘桦.基于建设项目的组织群体生态理论与应用研究[D].西安:建筑科技大学,2007:55.

仑曾经这样表达过:"我们是非政府组织,除了爱心一无所有,一切全靠社会捐助,我们肩负着无数捐助者的重托,要代替他们去实现扶贫济困、助残爱残的高尚心愿。[①]"这里涉及的爱心、履行的公益责任以及由此建立的捐助人的信任就是一些非政府组织看重的社会资本的重要内容,这些社会资本在一定情况下就可以转化为组织发展所需要的物质资源。为了获得和积累社会资本[②],有些非政府组织就会争夺具有良好社会效果的公益项目,这样非政府间就会出现竞争。当然社会资本具有公共物品的性质,为群体成员所共有[③],所以非政府组织也可以通过合作实现社会资本的共享。

  金钥匙中心在运作金钥匙视障儿童融合教育项目的时候也面临着竞争。徐白仑指出金钥匙初期的困难是得不到理解和支持的。后期的困难是有组织攫取金钥匙的控制权,把金钥匙的果实作为他们的果实[④]。徐白仑曾经在随笔中用很隐晦的话,揭示了非政府组织间的不良竞争:"1998年当'金钥匙'已成为国际知名品牌,海外的一名女强人不择手段攫取我们的'募款权'。失败以后老羞成怒,千方百计企图使我们的信誉毁于一旦。[⑤]"

  徐白仑对此类现象应该早就见识过。早在1997年,为了维护金钥匙中心工作的独立性,"金钥匙工程"在国家工商管理总局登记注册,指出凡用文字、照片、录像、录音等各种传播媒介涉及的内容与金钥匙有关时,必须申明是本工程的科研教育成果,否则将视为侵权行为;非经金钥匙中心和当地教委共同设立的领导小组授权,任何团体、机构及个人不得以"金钥匙工程"的名义募集资金[⑥]。在《给朋友们的公开信》中,徐白仑同时指出关心视障儿童是国际大家庭的共同事业,欢迎国内外的朋友与金钥匙中心真诚合作,共享合作成果[⑦]。

  金钥匙中心工作涉及的竞争现象可以告诉人们,非政府组织所从事的公益事业并不是纯粹由高尚的道德情操支撑起来的一片净土,非政府组织有自身生存的利益链。草根非政府组织面临竞争的时候如何保护自己的社会资本是一个值得研究的课题。国家要引导非政府组织通过合作达到资源配置的优化以及相互的监督和制约,从而实现非政府组织社会资本的再生产。

---

  ① 徐白仑.金钥匙工程的基本理念和设计思想[Z].金钥匙视障教育研究中心内部资料,2002.
  ② 布迪厄在《资本的形式》一文中指出资本三种基本的形态是:经济资本、文化资本、社会资本。社会资本是由社会义务所组成,这种资本在一定条件下也可以转换成经济资本,它可以以某种高贵头衔的形式被制度化。具体参见 Bourdieu, Pierre. The Forms of Capital[M]//J.G. Richardson(ed.). Hand book of Theory and Research for the Sociology of Education. New York: Greenwood Press, 1986: 241.
我国学者林聚任认为法国社会学家皮埃尔·布迪厄、美国社会学家詹姆斯·科尔曼、罗伯特·帕特南等几位重要社会学家关于社会资本的基本构成要素的认识是一致的,即社会资本是由三方面的基本要素构成的:网络、可信任性和各种正式与非正式的规范。具体参见林聚任.社会网络分析:理论、方法与应用[M].北京师范大学出版社,2009:191.
  ③ 林聚任.社会网络分析:理论、方法与应用[M].北京师范大学出版社,2009.04.186.
  ④ 2010年10月23号对徐白仑的访谈记录。
  ⑤ 徐白仑.瞎说之十八:建院党委 恩重如山[EB/OL].(2010-06-22).http://www.chinadp.net.cn/culture_/xubailun/sbypl/2010-06/22-5930.html.
  ⑥ 徐白仑.给朋友们的公开信[Z].金钥匙视障教育研究中心内部资料(1997—1999年国际国内往来信件),1997—1999年.
  ⑦ 徐白仑.给朋友们的公开信[Z].金钥匙视障教育研究中心内部资料(1997—1999年国际国内往来信件),1997—1999年.

第三节 政府部门

1999年8月,北京市人大常委会副主任陶西平在《金钥匙工程汇报会》上指出"'金钥匙工程'它的定位不是政府,所以它的发展恰恰需要来自政府方方面面的支持"①。这句话放在整个金钥匙视障儿童随班就读的历史实践中也是适用的。各级各类政府对金钥匙中心的支持是金钥匙视障儿童随班就读实践成功的重要保障。

金钥匙中心所彰显的为"视障儿童服务"的崇高的人道主义情怀为社会各界广为认同,金钥匙中心在出版《中国盲童文学》,开展视障儿童融合教育,举办全国盲童夏令营、全国盲中学生智力竞赛、盲童画展等各种活动中得到了国务院妇女儿童工作委员会②、教育部、民政部、全国妇联等众多政府部门和中国残疾人联合会的大力支持,康克清、刘伯承、李鹏、彭珮云、顾秀莲、邓朴方、胡启立、胡绳、李源潮等同志先后亲自为《中国盲童文学》或者金钥匙中心题词。下面具体介绍教育部、地方教育行政部门和中国残疾人联合会与金钥匙中心的关系。

一、中华人民共和国教育部

（一）关系描述

金钥匙中心和国家教育部门的联系有一个发展的过程。

在金钥匙盲童教育计划的初期,金钥匙中心和地方合作进行视障儿童融合教育的实践探索,都是直接和省级部门联系,没有经过国家教育部门。1988年后,金钥匙中心和国家教委建立了联系,国家教委对金钥匙的工作给予了支持。

在汉语盲文专家黄乃的推荐下,1988年3月,国家教委③副主任柳斌会见了徐白仑,对金钥匙盲童教育计划表示支持并建议适当的时候总结经验推广④。1988年5月国家教委、中国残联、中国盲协和中国特教研究会共同考察了山西考察襄垣、长治二县金钥匙盲童教育计划的实施情况。1988年11月18日第一次全国特殊教育工作会议上,国家教育委员会副主任何东昌在讲话中把金钥匙盲童计划的试点工作作为我国特殊教育在科研上取得的新进展之一⑤。从1990年开始,国家教委和中国残联联合召开了三次盲童随班就读工作现场会,对金钥匙盲童教育计划以及国家盲童随班就读实验所形成的经验进行推广。金钥匙工程阶段,1999年8月,金钥匙中心董事会面向国家

---

① 金钥匙视障教育研究中心.金钥匙工程汇报会[Z].金钥匙简报第9908号,1999-08-10.
② 国务院妇女儿童工作委员会在1993年前名为国务院妇女儿童工作协调委员会。
③ 中华人民共和国教育部在1985年到1998年间名为国家教育委员会。1985年6月18日,六届人大常委会第十一次会议决定设立国家教育委员会,国家教委成立后,教育部即撤销。1998年3月10日,新一届国务院机构改革方案经九届人大一次会议通过国家教育委员会更名为教育部,是国务院政府组织部门,受国务院领导。
④ 王洙.1988年3月8日国家教委柳斌主任讲话记录[Z].金钥匙视障教育研究中心内部资料,1988.
⑤ 何东昌.国家教育委员会副主任何东昌在全国特殊教育工作会议上的讲话(1988年11月18日)//国家教育委员会初等教育司.特殊教育文件、经验选编[G].北京:人民教育出版社,1989:35.

相关部门的领导和新闻界人士召开的《金钥匙工程汇报会》上,教育部基础教育司副司长王建国在发言中指出,将一如既往地支持金钥匙工程,并且还会"利用各种机会去督促省、区的相关部门一起去推动这项工作的进行"[①]。从2001年开始,教育部基础教育司分管特殊教育的副司长李天顺年年春节前夕带领特教处的同志到金钥匙中心进行慰问,并于2003年、2005年分别向陕西省教育厅、黑龙江教育厅推荐了金钥匙工程,为陕西金钥匙工程咸阳示范区项目、黑龙江金钥匙工程齐齐哈尔示范县项目顺利实施奠定了基础。2006年11月教育部基教司特教处处长谢敬仁为组长的教育部、中残联特殊教育调研组对内蒙古赤峰市、通辽市的特殊教育进行了为期4天的调研,了解金钥匙工程可持续发展的情况[②]。

(二) 关系剖析

金钥匙中心与教育部的关系是直接影响金钥匙视障儿童融合教育项目开展的重要因素。

从金钥匙中心的角度来说,徐白仑非常重视建立和维系与教育部的良好关系,希望项目获得教育部的支持,并且期望自己在视障儿童方面的政策倡导能够在更大范围内落实,徐白仑通过口头汇报、邮寄简报、会议报告、书面政策建议等各种形式努力表达自己对视障教育的意见和所做的尝试。金钥匙中心在实践中还以教育部等部门制定的相关政策为导向,开展金钥匙视障教育工作。金钥匙中心与教育部基教司的分管司长和特教处联系相对多一些,和教育部高层接触较少。

金钥匙视障儿童融合教育项目是通过非政府的努力解决边缘人群的义务教育难题,支持金钥匙视障儿童融合教育工作是中央教育部门的道义责任。金钥匙盲童教育计划的成功实施为我国教育部门出台随班就读政策提供了实践基础,金钥匙工程的实施促进了地方真正落实国家随班就读的政策。同时金钥匙中心作为非政府组织运作视障儿童融合教育项目的方式可以为教育部特教方面的工作提供有益的借鉴和启发。目前我国教育行政系统从事特殊教育管理的行政力量和专业力量有限,教育领域的非政府组织在一定程度上弥补了教育行政力量和专业力量的不足,增加了特殊教育方面的公益供给。

二、省、市、县地方教育行政部门

省、市、县地方教育行政部门及其学校系统是金钥匙视障儿童融合教育项目的实施主体。省、市、县地方教育行政部门在推行金钥匙视障儿童融合教育项目中起到了至关重要的作用。

(一) 合作条件

金钥匙中心抓住一切可能的机会与省级政府及其教育行政部门合作推行金钥匙视

---

① 金钥匙视障教育研究中心.金钥匙工程汇报会[Z].金钥匙简报第9908号,1999-08-10.
② 金钥匙视障教育研究中心.教育部、中残联特教调研组赴内蒙古考察[Z].金钥匙简报第0606号,2006-11-07.

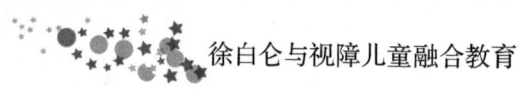

障儿童融合教育。尽管金钥匙中心是带着资金和专业特长与一些省接触,但不是所有的地方政府都愿意达成此项合作,徐白仑认为达成合作的前提是省教育厅领导要有平等观念、开阔胸怀、超前意识。

所谓平等观念是指省教育厅能把金钥匙中心当作平等的合作伙伴,平等签署合作协议,在金钥匙工程的运作过程中按照协议规定的分工进行合作。一般在项目的实施中,金钥匙中心负责整体策划和提出方案,教育部门负责管理和执行。金钥匙中心提出策划和方案后,地方教育部门能够发布政府文件去实施和执行,这样金钥匙模式得以在地方教育系统中执行。除此之外,教育平等观念还指省级教育厅领导还要具有"所有儿童都拥有平等受教育权"的深刻意识,把维护视障儿童的教育权利作为自己份内的职责,能够为维护视障儿童的受教育权而努力工作。这种对所有儿童平等教育权利的深刻认识是金钥匙中心与省级教育部门达成合作的真正思想基础。

所谓宽阔胸怀,首先是指省教育厅在开展工作中容得下民间机构。徐白仑指出,"一个省的教育厅管几百万学生,几十万所学校,金钥匙中心办公室不如省教育厅的一个会议室大,能平等和我们一起来合作,不感觉降低身份,这需要宽阔的胸怀"[①]。其次,教育系统要容得下筛查出未入学的视障儿童,能够正视自己在视障工作中的不足。金钥匙视障儿童融合教育项目要筛查出大量未入学或者混读的视障儿童,省教育厅能够正视客观情况,不要虚假的视障儿童入学率,踏踏实实做好视障儿童融合教育的工作。以内蒙古为例,开展金钥匙工程期间,全自治区多次筛查后找到了一些尚未入学的视障儿童,内蒙古教育厅分管领导的第一反应是感谢,他对徐老说:"谢谢你,你来帮我做事情了[②]。"而有些省区害怕金钥匙中心去开展视障儿童融合教育的工作,怕失学在家或混读在校的视障儿童被社会发现。一位曾经在金钥匙中心工作过的人员提道:"有个省害怕徐老去。害怕金钥匙中心太内行了,一来把它们(视障教育)的问题捅出去[③]。"自然这种害怕去的省,金钥匙中心是无法跟它达成合作关系的。

超前意识,首先是指省教育厅领导有"小政府,大社会"的理念。"小政府,大社会"即建立起机构少、人员精的政府机关,成为办好自己应办事情的"小政府";同时下放权力,将那些党政机关管不好、管不了的事情交由社会自己去管,充分发挥"大社会"的自我调节功能[④]。我国政府正积极转变政府职能,改变传统的公共服务供给高度依赖政府的模式,努力形成多层次、多方式、多元化的公共服务供给体系。2013年《中共中央关于全面深化改革若干重大问题的决定》提出"进一步简政放权","推广政府购买服务,凡属事务性管理服务,原则上都要引入竞争机制,通过合同、委托等方式向社会购买"[⑤]。在金钥匙融合教育开展的年代,具有超前意识的省教育厅领导能够把握政府职

---

① 2010年10月10日上午金钥匙交接新闻媒体座谈会现场记录。
② 2010年9月30号对徐白仑夫人纪玉琴的访谈记录。
③ 2010年12月6号对金钥匙视障教育研究中心已离职工作人员B的访谈记录。
④ 周文华,熊映梧主编.中国改革开放大词库[M].北京:中国经济出版社,1992.
⑤ 中共中央. 中共中央关于全面深化改革若干重大问题的决定(2013年11月12日中国共产党第十八届中央委员会第三次全体会议通过)[EB/OL].(2013-11-15)[2022-12-26].http://www.npc.gov.cn/zgrdw/npc/xinzhuanti/xxgcsbjszqhjs/2013-11/27/content_1814720.htm.

能转变的时代趋势,把一部分权力下放,请一些能够做好的专业机构来做。徐白仑指出金钥匙工程中金钥匙中心依托自己的专业能力对地方视障儿童随班就读从组织到制度进行系统勾画,政府部门比传统的运作方式省事多了,并且提高了视障儿童随班就读的质量①。超前意识还指教育行政部门要建立全纳教育思想,认可视障儿童随班就读是视障教育的发展方向,舍得为随班就读投入人力、物力和财力。

当然,金钥匙中心能够和地方达成合作,还依赖于自身的条件。首先金钥匙中心有从基金会申请的专门项目资金,基本上能解决视障儿童融合教育中视障生筛查和助视器具配备、师资培训、教育教学评估、资源中心和指导中心的建设以及总结会等主要环节所需要的资金,地方政府仅需要解决教师的特教津贴、省内的差旅费等配套资金。这种资金上的优势,使得地方政府愿意与金钥匙中心合作。徐白仑指出,"有些教育研究机构到基层去,有时候特教学校不搭理,地方政府不搭理,地方不在乎,而我们是带钱下去的,没有阻力,各种数据、表格、样本他们都会按要求报上来"②。其次是金钥匙的专业能力及其社会公信力。多年来金钥匙视障儿童融合教育项目取得了良好的效果,获得了国内外的广泛赞誉,徐白仑被公认为视障教育专家,国内外媒体对徐白仑做了广泛报道。这些因素也促成了地方政府与金钥匙中心的合作。

(二)合作策略

金钥匙中心在长期与地方教育行政部门的合作中,形成了一些有效的合作策略。

1. 省级层面灵活采用多种形式启动工作

金钥匙中心与地方合作开展金钥匙视障儿童融合教育工作均是从省级层面开始启动的。"宁可机会负我,我不负机会"是徐白仑继承自父亲的一句座右铭。为了普及视障儿童的教育,徐白仑在有了初步的想法后总是抓住一切可能的机会,采用多种方式争取与省级政府达成合作开展视障儿童随班就读的意向。在第一次全国特殊教育会议上,各省教育厅厅长都来了,徐白仑说自己一到晚上就不停敲门,到处游说进行视障儿童随班就读试点③。后来,徐白仑有了在我国西部实施金钥匙工程的想法后,他一方面利用各种机会向基金会申请项目资金,另一方面利用参加联合国儿童基金会"贫困地区特殊教育项目"到广西、贵州和内蒙古考察接触到省教育厅高层领导的机会推荐金钥匙工程,结果广西金钥匙工程和内蒙古金钥匙工程谈成了。陕西金钥匙工程咸阳示范区项目和黑龙江金钥匙工程齐齐哈尔示范县项目是先有了资助方在特定地域开展项目的意向,金钥匙中心虽然没有陕西和黑龙江方面的人脉资源,但是有了机会还是不愿意放弃,徐白仑就汇报给教育部基教司分管司长,请求帮忙推荐。就这样,一有想法就不停地灵活寻找机会的工作方式,使得金钥匙中心成功地在山西、江苏、北京、河北、广西、内蒙古、陕西、黑龙江等多省开展了视障儿童融合教育的工作。

---

① 2010年9月28日对徐白仑的访谈记录。
② 2010年10月13号对徐白仑的访谈记录。
③ 2010年10月21号对徐白仑的访谈记录。

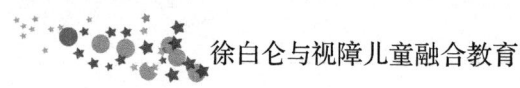

2. 充分发挥金钥匙中心和政府两类组织的管理优势,形成管理的合力

金钥匙中心作为非政府组织擅长于项目管理,包括进行项目设计、项目申请、项目的实施和评估。徐白仑说自己擅长项目策划,自己写得最多的东西就是项目申请书。政府有权威,擅长于自上而下发布行政命令要求基层贯彻执行,行政命令的主要表现形式就是政府的红头文件。金钥匙工程将项目计划的执行和行政命令相结合形成了管理的合力。金钥匙中心根据视障儿童融合教育的金钥匙模式并结合各省的具体情况,在与政府充分沟通的情况下,对项目进行整体策划,申请项目资金并具体提出各阶段子项目的实施计划和实施流程,教育行政部只需据此在每一个子项目环节下发政府红头文件,这样层层下发,最后落实到具体的教育行政部门和基层学校来执行。在项目执行的时候,金钥匙中心和相关的地方行政人员以教育行政的名义深入基层考察各阶段子项目的执行情况,对项目执行的质量进行控制。在考察中如果发现需要调整政策改善执行的状况,金钥匙中心负责提出具体的意见,教育行政部门负责下达行政命令督促执行。有些地方行政部门对视障儿童融合教育工作出色的学校、教师和管理人员还进行了表彰,并对辅导教师在民办转公干、特教津贴、晋升职称等方面提供了倾斜政策,这些行政措施也保障了一线人员实施金钥匙融合教育项目的积极性。

3. 对不同级别的政府及教育行政人员采用不同的合作策略

徐白仑指出,在与地方教育行政人员合作时,上层靠信义、道义,中下层靠行政命令和指标。金钥匙中心在开展视障儿童融合教育实践中是从省级政府开始与地方建立合作关系的。省教育行政部门分管领导的重视是开展好视障儿童融合教育的一个关键因素。徐白仑在访谈中指出:"中央对残疾人事业、对弱势群体的教育政策越来越明朗,科学发展观的学习、和谐社会的学习,对高层都是有影响力的。跟政府高层的合作,从省里面到教育厅这一级,站在高的层面上,有些高层人士会接受,你来帮助他们完成本该完成的任务,哪怕最后指标要高于他本来需要完成的指标,他也是乐意的。这是认识水平的问题。谁不想搞政绩,没有政绩还行吗?不要把政绩作为装饰,而是实实在在的政绩……和政府高层合作要用高的层面的视角抓住机会讲道理[①]。"徐白仑所讲的高的层面的视角主要是维护视障儿童受教育的权利、特殊教育发展格局中随班就读的重要地位。

对于和地方教育行政系统的中下层人员的合作,徐白仑指出主要靠行政命令和指标。"越往下越需要行政命令,到中层基本上就是上面给安排,上面不安排也有少数会做,但基本上要靠上面的行政命令。中层包括县一级。跟他们合作靠上层的行政命令、考核指标。要列入一般干部的考核指标,100分占上几分,他们绝对正规地去做,我们的项目一般列不进考核指标,有的地方做得不够,基层干部说我们给你干,完全是良心活,干好了得不到领导夸奖,完全受感动了……到了基层,不可能所有的红头文件都去执行的……列入考核指标,就跑不了,别看考核指标就5分,也许有时会形式,但是县里

---

① 2010年10月23号对徐白仑的访谈记录。

一听说年底来评估(比如市里来考核指标有分工,计财处考核几个指标,基教处考核几个指标),招待特别隆重,这几分就在他手里。特教处要掌握几个指标,哪怕一两个指标。我们一再呼吁把特殊教育列为一个指标,随班就读列为一个指标,那样的话要很好,这要争取,不是那么容易的事情,教育的工作千头万绪。①"从这段谈话可以看出,徐白仑在推行视障儿童融合教育的过程中,在县级主要是靠行政命令,为了使行政命令落到实处,他建议把特殊儿童随班就读工作列入基层干部的年度考核指标。

徐白仑对地方政府和教育行政系统高层和中低层不同的合作策略,提升了金钥匙中心的工作效率。省政府和省教育厅高层在教育决策中占据核心地位,人数少,权威高,对基层的教育实践影响力大。他们真正维护视障儿童的受教育权利,认可金钥匙工程的理念,对金钥匙工程的执行会起到至关重要的影响。而教育系统中下层行政人员,人数多,对特殊教育的认识水平差异也较大,金钥匙中心如果单一从提高思想认识入手,合作效率是无法保证的,因此采用行政命令为主的策略可以在一定程度上保障金钥匙视障儿童融合教育优质高速的推行。

4. 项目运作中采取多种方式与地方教育行政人员及时沟通并督促落实项目任务

金钥匙中心在项目运作中通过会谈、信函、电子邮件、电话等方式和地方教育行政人员及时沟通,督促教育行政部门落实金钥匙工程的各项工作,其中重要的东西都会落实到纸面上。金钥匙中心档案资料中有各年度各方往来的信件档案,信件中很大一部分是和地方教育行政部门的工作往来信件和电子邮件,其中电子邮件是最主要的形式。陕西工程中,徐白仑除了利用与陕西省教育厅分管厅长、咸阳市教育局分管局长会谈的机会交流对视障教育的看法外,还积极地利用信函、电子邮件的方式及时告知各个阶段已经开展和要开展的工作,引起领导的重视,推动金钥匙工程各项工作的落实。

(三) 合作中存在的问题:地方教育行政系统人事变动与项目的可持续发展

实践中,参与金钥匙项目的地方教育行政人员的人事变动给金钥匙视障儿童融合教育的可持续发展造成了一定的影响。

> 这个(金钥匙盲童教育计划、金钥匙工程等金钥匙视障儿童融合教育项目)不是政府工作,就是一个项目。不论省一级,地区一级,只要一换任,就变了。省级变动不是很多,市一级,县一级(的变动就多了)。特别是市一级,我们合作得很好,有一个是去世了,没有办法,一个是一刀切。有一年有一个地方为了政府干部年轻化,规定属鸡属狗的到年纪的就要走,赶上好几个局长,不是属鸡,就是属狗,都51、52岁,正当年,抓的也挺好,走了,这是一种意想不到的困难。金钥匙工程中涉及的处级干部、科级干部,做得很好,(但)一般是副职,到年头了可以到一个机构当正处长、正科长,就都走了。后来,跟陕西、黑龙江定协议的时候,有这么一条,在项目实施期间,管理干部和教师都不要

---

① 2010年10月23号对徐白仑的访谈记录。

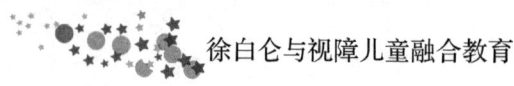

动,但是实际上还在动。①

不仅教育行政管理干部在动,教师也在动。一位金钥匙工程中县教育局特教管理干部曾经说:"人往高处走,我也左右不了。一个村里的教师调到乡里去,虽然是金钥匙的辅导教师,他要走你也拦不了,乡还有穷的、富的,你拦都拦不住。协议里有这么一条(辅导教师要保持稳定),(但)我拦不住,我没有这个能力②。"

金钥匙视障儿童融合教育实践表明,关键的分管干部的变动,往往导致地方金钥匙视障儿童融合教育工作一蹶不振。为什么很多第二任不愿意继续抓视障儿童随班就读呢?首先,还在于金钥匙视障儿童融合教育项目是金钥匙中心在基金会申请的项目,不是法定的政府工作,其自身的行政权威性不高,一旦人员变动往往继任者认真继续执行的兴趣不高。尤其是项目期结束后,失去了外部的援助条件,相关的教育行政人员变动后就很难持续发展了。其次,个人狭隘心理的制约。"第一人做了,第二人就很难做下去了。做坏了,人家会说你不行,做好,人家会说第一人做得好。所以出于私心不想做③。"

徐白仑认为在金钥匙工程中,可持续发展方面做得最好的是内蒙古赤峰市。"(特殊)孩子(筛查)出来就是随班就读,已经形成机制,转入正规,不需要项目,跟健全孩子一样,正常的教学管理。这是我们一直追求的理想,赤峰能做到这一点不简单。赤峰不是最富裕的,在全国更谈不上。后来外部援助都停了,还能继续坚持,这是不容易的④。"

三、中国残疾人联合会

鉴于中国残联是参公管理的人民团体,"承担政府委托的任务,管理和发展残疾人事业"⑤,在中国行政系统中有一定的地位,因此本研究把中国残联系统放在了政府部门。

(一)关系描述

金钥匙中心和中国残联有密切的关系,徐白仑曾经把中国残联形容为金钥匙中心的"娘家"。

徐白仑在视障儿童方面最先开始的工作是 1985 年创办《中国盲童文学》,当时在康克清、叶圣陶、费孝通以及黄乃等德高望重人士的支持下,徐白仑经过多方努力,最终成功地挂靠中国盲人聋哑人协会作为《中国盲童文学》的主办单位,中国残疾人福利基金会、宋庆龄基金会、北京建筑设计研究院、北京市作家协会四家单位共提供了 12 000 元

---

① 2010 年 10 月 21 日对徐白仑的访谈记录。
② 2011 年 11 月 5 号对一位原内蒙古金钥匙工程县教育局特教管理干部 G 的电话访谈记录。
③ 2010 年 10 月 29 日访谈徐白仑的记录。
④ 2010 年 10 月 21 号对徐白仑的访谈记录。
⑤ 中国残疾人联合会.中国残疾人联合会章程[EB/OL].(2018-10-23)[2022-12-20]. https://www.cdpf.org.cn/zzjg/jggk/zgcjrlhh/e9cfae14b32046e6bc0c31119d206008.htm.

的启动资金①。1986年,徐白仑又以《中国盲童文学》编辑部的名义倡导中国残疾人福利基金会、中国盲人聋哑人协会等七个部门联合举办了第一届全国盲童夏令营。《中国盲童文学》的成功创刊和第一届全国盲童夏令营的成功举办使得徐白仑和中国残疾人福利基金会、中国盲人聋哑人协会等单位建立了良好的关系。1987年10月中国盲人聋哑人协会四届三次委员会召开,徐白仑作为特邀代表参加了会议并汇报了"金钥匙盲童教育计划",邓朴方同志对此项工作很感兴趣②。1988年,中国残联成立,徐白仑当选为中国残联评议委员会委员③。

中国残联成立后,一直都很重视金钥匙中心的工作并尽力提供支持,包括邓朴方在内的中国残联高层领导多次会见徐白仑,中国残联副理事长王新宪、孙先德、程凯等还曾亲临金钥匙中心慰问④。1991年,徐白仑被中国残联、人事部授予"自强模范称号";1992年,经中国残联的推荐,徐白仑获得了国务院妇女儿童工作委员会授予的"有突出贡献的少儿工作者"称号和"热爱儿童奖"⑤。2002年,中国残联主席邓朴方在《中国盲童文学》创刊百期纪念会上称赞了金钥匙中心的成功实践,指出"视障儿童教育研究中心的成功实践证明,依靠非政府组织、非营利组织(NGO、NPO)举办社会公益事业是一条可行的路子。应当认真总结这个机构独立运行的经验、社会化的经验,使为残疾人服务的组织更加前沿化、多样化"⑥。应徐白仑的申请,2003年9月中国残联委派中国盲人协会前任常务副主席滕伟民带薪参加金钥匙中心的工作,2004年年底离任⑦。

2010年,徐白仑已经是80岁高龄,他决定结束金钥匙中心的工作。中国残联的领导认为金钥匙中心将国际先进理念在中国变成现实,金钥匙的专业特色和工作精神值得传承,金钥匙中心应该继续发展下去。鉴于金钥匙中心一直没有找到合适的接班人,中国残联决定接管金钥匙中心⑧。徐白仑对此决定非常感激。中国残联指派所属中国盲文出版社接管金钥匙中心工作,并于2010年10月15日举行了交接仪式,中国残联常务副理事长王乃坤在交接仪式上要求工作人员要"进一步推广金钥匙中心所推行的视障儿童随班就读品牌和经验,切实维护视障儿童接受有质量的公平教育的权利",并要"传承金钥匙中心的多年来形成的专业特色和工作精神……争取在视障儿童文化和教育领域取得更大的成绩"⑨。

---

① 徐白仑.霜叶舞秋风 盲人徐白仑八十自述[M].北京:求真出版社,2009:144.
② 徐白仑.燃情复追梦 盲人徐白仑八十自述之二[M].北京:求真出版社,2010:71.
③ 徐白仑. 燃情复追梦 盲人徐白仑八十自述之二[M].北京:求真出版社,2010:73.
④ 具体情况参见金钥匙视障教育研究中心.春风拂面露华浓[Z].金钥匙简报第0702号,2007-02-08. 金钥匙视障教育研究中心.求贤若渴 礼贤下士[Z].金钥匙简报第0902号,2009-03-18.
⑤ 徐白仑. 燃情复追梦 盲人徐白仑八十自述之二[M].北京:求真出版社,2010:85.
⑥ 邓朴方.人道主义的呼唤·第三辑.2001—2005[M].北京:华夏出版社,2006:128.
⑦ 滕伟民于2003年9月到任担任金钥匙视障教育研究中心的副主任,2004年2月改任常务副主任,主持日常工作。2004年8月中残联理事会决定,抽调滕伟民担任中国残奥会专职副主席,2005年1月正式到任。
⑧ 徐白仑. 2010年10月15日金钥匙交接仪式徐白仑发言[Z]//金钥匙视障教育研究中心.庆祝第27届国际盲人节暨金钥匙视障教育研究中心交接仪式材料,2010.
⑨ 王乃坤. 中国残疾人联合会王乃坤理事长在金钥匙交接仪式上的讲话[Z]//金钥匙视障教育研究中心.庆祝第27届国际盲人节暨金钥匙视障教育研究中心交接仪式材料,2010.

（二）关系剖析

在金钥匙简报上，徐白仑曾经这样概括过残疾人自助组织和助残组织与中国残联的关系："中国残联是全体残疾人自己的组织，维护残疾人权益，指引残疾人事业发展方向，工作涉及各类残疾人的方方面面，难以面面俱到，需要大量残疾人自助、助残组织加以补充。残疾人自助组织和助残组织对残疾人事业的某一局部深入钻研，细致服务，需要中国残联高瞻远瞩指引方向[①]。"

2009年2月18日，中国残联副理事长程凯到金钥匙中心调研慰问时指出，"为进一步贯彻落实科学发展观，中国残联将继续重视和发挥金钥匙中心等民办、社会办残疾人服务机构在残疾人事业中的作用"[②]。

从以上的表述可以看出，中国残联和金钥匙中心是基于"服务残疾人"这一核心宗旨的基础上达成的合作关系。残疾人是特别困难的社会群体，残疾人事业是社会公益的重点领域。为了有效满足残疾人群的各种基本需求，需要动员社会各种力量加快残疾人事业的发展。

在服务残疾人的工作中，中国残联与金钥匙中心这类民办残疾人服务机构达成了一种互补的关系。中国残联的宗旨是"弘扬人道主义思想，发展残疾人事业，促进残疾人平等、充分参与社会生活，实现融合发展，共享社会物质文化成果"[③]，其服务于整个残疾人群体，服务面广量大。中国残联承担政府委托的任务，管理和发展残疾人事业，具有政府的权威，能够参与残疾人政策的制定，并有从中央到地方贯通的机构系统，具有丰富的资源，是为残疾人服务的主要力量，是民办残疾人服务机构的培育、支持和保护的力量。金钥匙中心在开展视障儿童随班就读工作中得到了中国残联的大力支持。

残疾人事业作为公益事业的重要组成部分，历来受到非政府组织的重视。金钥匙中心这类民办残疾人服务机构丰富了为残疾人服务的组织类型，能与国际国内各类组织灵活合作，整合社会资源服务于残疾人事业。同时，这类组织服务宗旨明确，为特定的残疾人群提供针对性服务，社会信誉度高；组织规模小，灵活性高，行动力强，善于寻找残疾人工作的薄弱环节开展工作，是中国残联开展残疾人工作的有益补充；同时从民间社会开展的各种助残公益活动，彰显的是民间社会形成的维护社会平等和正义的力量，有利于改善社会各界对残疾人工作的认识，体现了残疾人事业可持续发展的群众基础。但同时应该看到，金钥匙中心这类民办残疾人服务机构的力量比较薄弱，在为残疾人服务中需要中国残联的引导和支持。

---

① 金钥匙视障教育研究中心.迎春序曲[Z].金钥匙简报第0901号，2009-01-09.
② 金钥匙视障教育研究中心.求贤若渴 礼贤下士[Z].金钥匙简报第0902号，2009-03-18.
③ 中国残疾人联合会.中国残疾人联合会章程［EB/OL］.(2018-10-23)［2022-12-20］. https://www.cdpf.org.cn/zzjg/jggk/zgcjrlhh/e9cfae14b32046e6bc0c31119d206008.htm.

第四节 相关学校及科研机构

一、普通学校

普通学校是直接面对视障儿童实施随班就读教育教学工作的机构,在视障儿童融合教育实践中占有重要地位。金钥匙中心与普通学校的合作主要靠上级的行政命令来达成,金钥匙工程中,在对师资进行培训的基础上通过三期教育教学评估来引导学校落实金钥匙工程的要求,并跟踪学校执行项目的情况。

基层教师是影响视障儿童随班就读教育质量的关键因素,在与基层教师合作上,徐白仑认为,"对基层教师要动之以情,晓之以理,绳之以法。动之以情是被感动,我们培训的时候,放录像,(教师)很感动。然后讲课,讲道理,开始进行得比较好。但是感动激动只是一个方面,给他们工作量要算课时,要有特教津贴,要有政策倾斜,譬如提职称、晋升、评优有倾斜,这些(基层教育行政部门)一般能做到。还要有政策方面的支持,一个人自己很想干,校长不支持也不行,要变成支持办法、实施细则,这样才有些依据,越到基层越要考虑这些东西"。徐白仑在回忆金钥匙工程开展情况的时候,更加深刻地感受到思想认识和政策的作用,他指出:"过去各地领导强调我个人的品德时,没有坚决予以制止,以致有很多人在凭'感动'从事这份十分辛苦的工作。事实证明人是现实的,感动难以持久,要使随班就读工作深入下去,还要靠政策的引导、认识的提高[1]。"

金钥匙视障儿童融合教育的工作细节中也注意维护教师的利益。徐白仑指出,"我们尽可能给基层教师提供发表论文的机会,教师评职称的时候有用。国家对教师有继续教育的学分要求,每年暑期教师进修学校办班,收费不少,学完算学分。我们的师资培训有课程设置,有教学大纲,有教材,我们在地方争取算继续教育学分,教师高兴,不花钱,算学分。换位思考,考虑对方的需要,为对方着想,尽可能为对方创造条件,合作会更宽广"[2]。

二、特殊教育学校

(一)合作概况

特殊教育学校主要是指含有视障教育的盲校、盲聋哑学校或者是有盲生部的特殊教育学校,其中盲校是视障教育的核心力量。

金钥匙中心非常重视发挥盲校等特殊教育学校在视障儿童融合教育实践中的骨干作用。1986 年,徐白仑与盲校教师合作编辑出版的《送你一把金钥匙盲文扫盲系列读

---

[1] 徐白仑. 瞎说之十五:特波洛[EB/OL]. (2010-06-13). http://www.chinadp.net.cn/culture_/xubailun/sbypl/2010-06/13-5891.html.
[2] 2010 年 10 月 23 号对徐白仑的访谈记录。

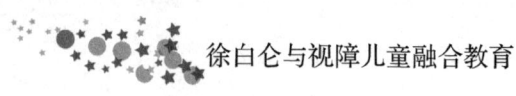

物》直接促使徐白仑走向视障儿童教育改革的道路。早在盲童教育计划时期，上海市盲童学校、北京市盲人学校、南京市盲人学校（原名南京市盲童学校）、太原市盲童学校就负责为试点县提供培训、业务指导。金钥匙工程聘请盲校、盲聋哑学校的骨干教师参与了师资培训和教育教学评估，依托各地的特殊教育学校建立了省级的视障教育资源中心、市特殊教育指导中心等视障儿童随班就读的业务管理机构，保障视障儿童随班就读的质量。在金钥匙行动中，金钥匙中心还注意给盲校的校长和教师开展全纳教育和金钥匙模式的讲座，宣讲中央发展特教体系的含义，使他们深刻认识到学校在发展本地区视障教育中的责任，主动做好思想和专业两方面的准备[①]。金钥匙中心还邀请盲校骨干教师参与编著了《送你一把金钥匙盲文扫盲系列读物》《视障儿童随班就读教学指导》《金钥匙视障教育运作手册》等视障儿童融合教育方面的专业书籍。

盲校在与金钥匙中心合作的过程中也有自己的收获。以随班就读的师资培训为例，"盲校教师有机会去讲课，接触更多的实际，提高工作水平，扩大知识面"[②]，除了这些之外，随班就读的师资培训本身也更新了盲校教师的观念，为盲校服务本地视障儿童融合教育工作奠定了思想和业务基础。

（二）金钥匙中心与盲校的互动活动

盲校是视障教育的核心专业力量。金钥匙中心和盲校建立了特别密切的关系，对视障儿童教育的关爱是双方建立良好关系的基础。从创办《中国盲童文学》起，金钥匙中心就和盲校开始合作。除了盲校参与金钥匙视障儿童融合教育项目外，金钥匙中心和盲校还有很多互动活动，这加深了彼此的友谊，也使得金钥匙中心的实践密切联系着中国视障教育的最主要的专业力量。金钥匙中心主导的与盲校的互动活动有以下方面：

第一，创办《中国盲童文学》，并免费寄送到全国各地有盲生的特殊教育学校。《中国盲童文学》创刊于1985年，是我国唯一针对盲童心理、盲童教育而编写的盲文期刊，双月出版。《中国盲童文学》的宗旨是"陶冶心灵，丰富生活，在潜移默化中给盲童温暖、欢乐、希望和自信[③]"。《中国盲童文学》创刊和发行得到了包括上海盲童学校在内的众多特殊教育学校的支持和热烈欢迎。截至2010年底，《中国盲童文学》已经出版了149期，为一代又一代的盲生的成长提供了精神的养料。《中国盲童文学》的出版和赠送，密切了金钥匙中心和盲校的联系，提升了金钥匙中心和徐白仑在盲校中的影响力。中国残联接管金钥匙中心后，金钥匙中心继续出版《中国盲童文学》，2013年，在国家新闻出版总署的大力支持下，获批正式出版物刊号，并更名为《盲童文学》。

第二，从1986年开始，《中国盲童文学》编辑部以及后来的金钥匙中心与社会各界联合举办了盲童夏令营、全国盲中学生智力竞赛、盲童画展、全国盲校学生讲故事大赛等盲童活动，这些活动既丰富了盲童的生活，也增进了金钥匙中心与盲校的联系。

---

① 金钥匙视障教育研究中心.金钥匙行动开始启动[Z].金钥匙简报第0903、0904号，2009-08-18.
② 2010年10月23号对徐白仑的访谈记录.
③ 金钥匙视障教育研究中心.《中国盲童文学》创刊百期纪念活动总结[Z].金钥匙视障教育研究中心内部资料，2002.

第三,面向盲校学生设立"心桥—金钥匙奖学金"。在德国援助中国视障学生协会主席林娜特·海德保女士的资助下,1991年,援助中国视障学生协会与金钥匙中心合作,共同建立"心桥—金钥匙奖学金",奖学金按照年度评选,奖励对象为盲校和长春大学特教学院的全优生和英语特长生,每年评选38人。"心桥—金钥匙奖学金"的设立和颁发密切了金钥匙中心和盲校的关系。

第四,国内视障教育方面的学术交流活动也密切了徐白仑和盲校的关系。其中徐白仑在国际视障教育协会主席布鲁海尔的支持下,于1994年牵头成立中国分会,并于1994年、1995年、1996年、1998年举办4次国际学术交流会,国内知名盲校均参加了学术交流会。

需要说明的一点是,金钥匙中心虽然和盲校关系密切,但在视障教育的发展方向上,徐白仑认为融合教育是视障教育未来发展的趋势。

三、视障儿童康复、教育相关的高等院校和研究机构

在金钥匙视障儿童融合教育的实践中,与视障儿童康复、教育相关的高等院校和研究机构主要起到了专业支持的作用。金钥匙中心积极和相关的高等学校和研究机构的专业人员建立联系。北京师范大学、中央教育科学研究所[①]、北京联合大学、华中师范大学、南京特殊教育职业技术学院[②]、北京同仁医院的眼科研究所等高等院校和研究机构的一些康复和特殊教育专家与金钥匙中心有联系。这些专业人士在培训、专业书籍的出版、专业问题咨询等方面提供了一定的帮助。其中特教专家朴永馨、华国栋、邓猛、钟经华和眼科专家孙葆忱等人还亲自参与过金钥匙视障儿童融合教育方面的培训、咨询和经验总结等方面的工作。

第五节 其他相关的组织

一、外国政府驻华大使馆

金钥匙中心在开展视障儿童教育活动的过程中,和德国驻华大使馆、新西兰驻华大使馆、捷克共和国驻华大使馆、美国大使馆、英国大使馆、丹麦大使馆的人员建立了非正式的友好交往关系。金钥匙中心曾受邀出席过一些国家大使馆举办的招待会和联谊活动。就德国大使馆而言,徐白仑夫妇除了应邀参加每年10月的统一日招待会、12月的圣诞义卖会外,还应邀参加过2008年德国驻华大使施明贤等为德国总统霍斯特·克勒

[①] "中央教育科学研究所"现名为"中国教育科学研究院"。根据教育部《关于中央教育科学研究所更名的通知》(教人[2011]7号),中央教育科学研究所更名为中国教育科学研究院。

[②] "南京特殊教育职业技术学院"现名为"南京特殊教育师范学院"。该学院由教育部于1982年创办,联合国儿童基金会予以资助支持,初名"南京特殊教育师范学校";2002年升格为大专院校,更名为"南京特殊教育职业技术学院";2015年升格为普通本科高校,更名为"南京特殊教育师范学院"。

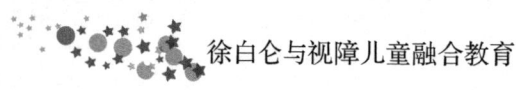

访华举行的招待会。

外国政府驻华大使馆及其官员与金钥匙中心的非正式交往体现了大使馆官员对金钥匙中心所从事的维护弱势儿童教育权利事业的高度认可。与大使馆的非正式的友好交往,一方面有助于扩大金钥匙中心的国际影响,提升金钥匙中心在跨国企业、国际非政府组织、外国政府部门的知名度和信誉度,另一方面还可以帮助金钥匙中心获得一些资金的资助。2001年6月24日德国驻华大使馆官员汉斯·杜尔在任期届满即将回国前夕,举行告别宴会答谢各界朋友,他和夫人在请柬上写了这样一行文字——答谢宴会不收礼品,如要表示心意,请送现金,我们将用以支持金钥匙工程,不仅与会者踊跃解囊,因故未能出席的朋友也为他们的深情所感动,纷纷为金钥匙中心送来捐款[①]。除了个人的捐助,德国妇女联谊会在德国大使馆举办的圣诞义卖会也会把部分义卖所得分配给金钥匙中心用以支持《中国盲童文学》的出版、学生手术费等具体事项[②]。新西兰大使馆大使基金还和联合国儿童基金会一起资助了《金钥匙工程·视障儿童家长培训丛书》的出版[③]。

二、新闻出版单位

金钥匙中心和新闻媒体、出版社、期刊社均建立了良好的关系。出版社中,金钥匙中心和中国盲文出版社、华夏出版社关系较为密切,金钥匙中心专业书籍多是在华夏出版社出版的。另外徐白仑早期的学术论文有多篇在《南京特师学报》[④]发表,20世纪90年代中后期以来,有多篇论文在《现代特殊教育》杂志上发表。

金钥匙中心和众多的新闻媒体建立了良好的关系。金钥匙中心与新闻媒体的关系有两个特点,一是媒体类型多,既有《中国教育报》《中国日报》《光明日报》《中国青年报》《华夏时报》《中国残疾人》《三月风》等传统的平面媒体,还有国际广播电台、中央电视台、北京电视台、中国残疾人网等立体媒体。二是媒体朋友的层次丰富,除记者外还有编辑、副主编、主编等。

金钥匙中心和媒体的良好关系一方面是源于媒体人对徐白仑所从事事业的认可、欣赏和尊重。在多年的视障儿童融合教育的实践中,徐白仑结识了一批新闻朋友。2010年10月10日上午,在金钥匙中心召开的金钥匙交接新闻媒体座谈会上,一位中年资深记者说自己在多年前曾经跟着徐白仑到过西部农村采访金钥匙工程,徐老之所以能够得到广泛敬重,是因为徐老的事业是扎根在中国土地上的,是因为他对弱势孩子和家庭的最真挚的爱以及几十年坚持为弱势孩子教育所做的贡献[⑤]。金钥匙中心和媒体良好关系的建立另一方面源于金钥匙中心能够有针对性地提供他们所需要的材料,

---

① 金钥匙视障教育研究中心. 两则故事 无限深情[Z]. 金钥匙简报第0105号,2001-06-24.
② 金钥匙视障教育研究中心. 参加德国妇女圣诞义卖会[Z]. 金钥匙简报第0701号,2007-01-01. 金钥匙视障教育研究中心. 圣诞义卖会[Z]. 金钥匙简报第0801号,2008-02-20.
③ 金钥匙视障教育研究中心. 广泛分赠《视障儿童家长培训丛书》[Z]. 金钥匙简报第0602号,2006-4-30.
④ 《南京特师学报》由南京特殊教育师范学校于1988年创刊,2002年后更名为《南京特教学院学报》,2014年《南京特教学院学报》改版为《现代特殊教育(高教)》。
⑤ 2010年10月10日上午金钥匙交接新闻媒体座谈会观察记录。

能够让媒体捕捉到适合自己刊物的有价值的独特信息。

在联系方式上,金钥匙中心到实地考察和评估金钥匙工程的时候会邀请媒体参加,金钥匙中心组织重大活动的时候也会提前召开媒体的座谈会,邀请媒体现场采访。

众多媒体对徐白仑和他从事的视障儿童教育事业进行了专题报道,这些报道提升了徐白仑和金钥匙中心的知名度、信誉度,为金钥匙中心开展视障儿童融合教育工作打下了良好的舆论基础。

三、视障儿童及其家庭

视障儿童及其家庭构成了金钥匙中心外部的一个非常重要的支持力量。徐白仑作为一名视障人士,金钥匙中心可以看作残疾人的自助组织,中心天然与视障儿童有联系,中心也把自己看作视障儿童民主、平等、自由权利的捍卫者,自觉承担着维护视障儿童生命价值的责任。

视障儿童及其家庭是社会中特别困难的群体,一些视障儿童家庭处在贫困之中,有些视障儿童的受教育权利得不到维护。社会中视障儿童失学或混读而使得视障儿童和家人看不到生活希望的痛苦状态是徐白仑由个人的痛苦升华为人类大爱而创办金钥匙中心推动视障教育发展的根本推动力。在金钥匙视障儿童融合教育实践中,徐白仑也注意深入残疾儿童家庭考察和了解视障儿童的实际情况。金钥匙中心简报中有许多考察视障儿童家庭的案例报告,附录8《希望是心灵的眼睛》是其中的一篇。每一次接触视障儿童和视障儿童家庭都会使徐白仑和相关工作人员更深刻地感受到自身所担负的社会责任。徐白仑和基层教育部门注意结合视障儿童及其家庭的实际需要开展视障儿童融合教育的工作,比如为贫困视障儿童提供助学金、为大龄的视障儿童开展职业教育、编写出版视障儿童家庭教育指导用书等。

社会的公益力量通过金钥匙中心的行动给视障儿童及其家人送来了温暖和希望。金钥匙中心和视障儿童的这种天然的内在的联系为金钥匙中心开展视障儿童融合教育提供了精神动力。

四、国内外爱心企(事)业单位

除了以上组织外,还有一些国内外的爱心的企(事)业单位也为金钥匙中心开展视障儿童融合教育工作提供了资金、物资、人力的支持。波音(中国)公司、通用电气公司、北欧航空公司、北京皇家大饭店、北京仙湖建材有限公司、国家发展银行、北京市建筑设计研究院、中国有色金属工业总公司、集才医药公司等都为金钥匙中心提供过资金的支持。此外北京市建筑设计研究院共青团委金钥匙服务队、通用电气(中国)公司志愿者协会、北京大学爱心社、中华女子学院社会工作系志愿小组、北京体育学院志愿队还为金钥匙中心提供了人力支持,开展了翻译、文秘、活动组织、网站和数据库建构等方面的工作。在这么多爱心企事业单位中,北京市建筑设计研究院与徐白仑的关系最为独特。

北京市建筑设计研究院是徐白仑失明前工作的单位。1955年,徐白仑从南京工学院建筑系毕业后,被分配到北京市建筑设计研究院工作。1985年,徐白仑开展盲童教育工作后,北京市建筑设计研究院各部门和相关组织在人力、物力上所给予的帮助从未间断。徐白仑说:"北京市建筑设计研究院党委,这是一个具有优良传统的领导集体,代代相传,对我恩重如山[1]。"

1985年,北京市建筑设计研究院对《中国盲童文学》的创刊给予了经费支持,1986年推荐徐白仑成为"北京市优秀党员",1987年推荐徐白仑获"全国五一劳动奖章"。1987年,徐白仑投身视障儿童教育改革的道路后,建院各个科室处处为此项工作开绿灯,为金钥匙视障儿童教育工作提供打印材料、翻译、设计、摄影录像、车辆等方面的支持。建院党委还向上反映徐白仑的事迹,促成城建工委为徐白仑举办事迹报告会。2008年国际金融危机爆发后各大基金会对金钥匙中心的资金支持减少,2009年金钥匙中心的工作几乎陷于停顿,建院党委得知这个情况以后,决定拨专款作为徐白仑到合作单位开展工作的差旅费[2]。

建院为什么那么支持徐白仑的社会公益事业呢?北京市建筑设计研究院前党委书记吴德绳对徐白仑说的话应该代表了建院几任党委书记的共同心声:"你是在代表我们尽社会责任,支持你的工作是党委的责任[3]。"2010年10月15日,在"庆祝第27届国际盲人节暨金钥匙中心交接仪式"上,党委书记、院长朱小地表态说:"我们北京市建筑设计研究院将在今后的工作中,继续将金钥匙所开创的奉献、博爱、服务社会的精神发扬光大[4]。"

第六节 社会支持网络特点和资源动员

以上七大类组织、群体构成了金钥匙视障儿童融合教育项目的社会支持网络,为金钥匙视障儿童融合教育运作提供了精神、政策、行政、资金、专业、人力、物力、舆论等方面的支持,保障了金钥匙视障儿童融合教育项目的成功运作。

一、社会支持网络特点

金钥匙视障儿童融合教育项目的社会支持网络是围绕徐白仑和金钥匙中心聚集起来的,本研究通过系统梳理金钥匙视障儿童融合教育项目中与徐白仑、金钥匙中心有直接、间接关系的社会行动者,发现金钥匙视障儿童融合教育项目的社会支持网络有三个鲜明的特点:

---

[1] 徐白仑.瞎说之十八:建院党委 恩重如山[EB/OL].(2010-06-22).http://www.chinadp.net.cn/culture_/xubailun/sbypl/2010-06/22-5930.html.
[2] 徐白仑.瞎说之十八:建院党委 恩重如山[EB/OL].(2010-06-22).http://www.chinadp.net.cn/culture_/xubailun/sbypl/2010-06/22-5930.html.
[3] 徐白仑.瞎说之十八:建院党委 恩重如山[EB/OL].(2010-06-22).http://www.chinadp.net.cn/culture_/xubailun/sbypl/2010-06/22-5930.html.
[4] 朱小地.北京市建筑设计研究院党委书记朱小地先生致辞[Z]//金钥匙视障教育研究中心.庆祝第27届国际盲人节暨金钥匙视障教育研究中心交接仪式材料,2010.

首先,精神信念是社会支持网络链接的核心。金钥匙视障儿童融合教育项目作为社会公益项目,其秉持的"维护视障儿童受教育权利,实现视障儿童生命价值"的信念链接起各类社会资源,形成了金钥匙视障儿童融合教育项目的社会支持网络。"维护视障儿童受教育权利,实现视障儿童生命价值"的信念切合了教育系统和残疾人工作系统的需要,促成了政府高层人士对项目的支持,撬动了地方的教育行政系统来推行金钥匙视障儿童融合教育项目。"维护视障儿童受教育权利,实现视障儿童生命价值"的信念也符合一些基金会的社会公益目标,符合志愿者、爱心企事业单位、特殊教育专业人士、外国友人的社会服务目标,链接了这些力量参与支持金钥匙视障儿童融合教育项目。金钥匙视障儿童融合教育项目的社会支持网络充分验证了"得道多助"的道理,特殊教育事业是一个能够充分链接社会各界支持的公共事业,其彰显的人道主义精神和对弱势群体权利的维护,会吸引社会各界投身到这项事业中来。

第二,社会支持网络具有多元性、开放性。金钥匙视障儿童融合教育项目的社会支持网络异质性强,其支持网络可以分为联合国教科文组织,教育行政及学校,残联系统,基金会及捐助者,视障儿童教育、康复方面的专业人士,爱心企事业单位及志愿者,外国友人等子群,这些子群往往来自不同的背景,经济和社会地位也相差较大,支持金钥匙视障儿童融合教育项目的目标把这些异质性的群体链接在一起,形成了具有多元性、开放性的社会支持网络,这个多元性的社会支持网络也与金钥匙视障儿童融合教育项目对多样性资源的需求相匹配。相关研究也指出志愿组织被视为桥接社会不同群体的综合性力量,桥接型链接产生了能够解决社会问题的合作性行为,起到了社会整合的作用[1]。桥接型社会链接是跨越局部环境的关系联结,使得来自社会各个横截面的人们联结起来,这可以促进跨界信息和资源的流动。金钥匙中心作为草根非政府组织,以开放的心态积极争取社会各界的支持,在宣传资料和各种社会活动中都为各类人群提供了进入其社会支持网络的路径,为不同类型的人群围绕视障儿童融合教育项目的交往或互动创造了条件。

第三,社会支持网络拥有众多关键人物的位置资源。社会资本理论认为通过社会关系获取的资源既包括他人的或多或少的永久性资源,又包括他们通过等级制结构中的位置控制的资源,社会关系的位置资源通常比自我的个人资源要有用得多,因为位置资源唤起的不仅是嵌入在组织中位置上的资源,而且包括组织自身的权力、财富和声望[2]。徐白仑在金钥匙视障儿童融合教育项目中积极争取政府、社会组织、企事业单位高层的支持,这些关键人物的位置资源为项目的顺利开展创造了条件。

二、社会支持网络的核心资源动员

从特殊儿童融合教育实践范围的角度可以把融合教育实践划分为宏观系统、中观系统和微观系统。全国范围的融合教育推进可以看作特殊儿童融合教育实践的宏观系

---

[1] 罗伯特·E.弗兰里,G.罗宾·古吉尔,林恩·史密斯-卢文,等.国家宏观因素如何影响社区和自愿组织中社会网络关系的产生[J].社会学评论,2019,7(01):18-35.

[2] 林南.社会资本:关于社会结构与行动的理论[M].上海:上海人民出版社,2005:44.

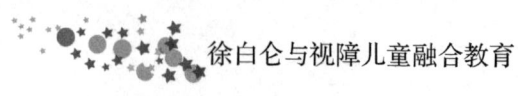

统,该系统牵扯到特殊儿童融合教育实践的全局,涉及融合教育的法规、国家政策、全国性活动、中央各相关部门的协调与合作、专项资金的投入等多方面的内容。区域特殊儿童融合教育的推进可以看作特殊儿童融合教育实践的中观系统,中观系统涉及地方融合教育政策的制定与执行、融合教育的区域管理、区域融合教育资源的协调与供给、专业人员的配备与培训、学校融合教育质量的监控等内容,中观系统包含着众多组织间的互动关系。普通学校直接为特殊儿童提供日常的教育教学服务,属于特殊儿童融合教育实践的微观系统,涉及校园物质环境和人文环境、团队活动、融合教育的课程、教学、班级建设、资源教室等多方面的内容。

不同的特殊儿童融合教育实践系统,工作的重点是不一样的,开展工作所需资源也有很大的不同。金钥匙视障儿童融合教育项目的目标是推进区域视障儿童融合教育的发展,可以看作特殊儿童融合教育实践的中观系统。通过分析金钥匙视障儿童融合教育项目资料,可以看出在中观系统成功运作金钥匙视障儿童融合教育项目需要的核心资源有精神信念、资金、教育政策制订及执行力、视障教育专业力量、社会声誉等五个大的方面,下面具体说明金钥匙视障儿童融合教育项目如何在社会支持网络中获取上述核心资源。

(一)精神信念

信念是认知、情感和意志的有机统一体,是人们在一定的认识基础上确立的对某种思想或事物坚信不疑并身体力行的心理和精神状态。金钥匙视障儿童融合教育项目的运作中是以"维护视障儿童受教育权利,实现视障儿童生命价值"的信念为根本的精神推动力的,这种精神信念也使得金钥匙视障儿童融合教育项目凝聚了众多的社会支者。

视障儿童及其家庭为金钥匙视障儿童融合教育项目提供了精神信念的支持,徐白仑就是在与视障儿童接触中了解到比自己更加不幸的盲童,从自身失明的切肤之痛中感受到盲童的需要,从而确定了把维护视障儿童的生命价值作为自己的人生追求。金钥匙视障儿童融合教育项目开展期间,会走访视障儿童及其家庭,辅导教师在盲生入学前的暑假就要为盲生送教上门,这种接触让项目参与者受到很大的精神触动,感受到金钥匙工程对视障儿童及其家庭的巨大价值,感受到了自身工作的重要性,进一步强化了项目参与者开展金钥匙视障儿童融合教育项目的内在精神动力。

联合国教科文组织倡导的全纳教育理念,全民教育愿景也为项目参与者提供了精神信念的支持。

此外众多的志愿者、捐赠者本身所呈现出来的志愿精神和奉献精神,也感染着金钥匙视障儿童融合教育项目的参与者,为参与者注入源源不断的正能量。

(二)资金

专项资金的保障是金钥匙视障儿童融合教育项目顺利开展的条件之一。在视障儿童融合教育资金提供方面,贫困地区教育行政部门因经济条件限制能投入的资金有限,在提供一些项目的配套资金的基础上还需要外界资金的支持;金钥匙中心作为草根非政府组织也没有资金,金钥匙视障儿童融合教育的资金主要靠社会各界的资助,其中基金会提供的项目资金是最主要的来源。基金会是依托自然人、法人或者其他组织捐赠的财产成立并对公益资金进行管理的机构,资金实力雄厚,为项目提供了稳定、长期的资金支持。除了基金会外,一些商会、教会、爱心企事业单位和个人也积极为金钥匙视障儿童融合教育捐款和募集资金,在一些资金需要的关键时刻,金钥匙中心也积极寻求相关政府部门的拨款,比如中国国务院妇女儿童工作协调委员会拨给了十万块钱以解广西金钥匙工程的燃眉之急。

(三)政策制定及执行

金钥匙视障儿童融合教育项目是和地方教育部门合作,依托地方公共教育系统,快速普及区域视障教育的实践,地方教育政策的制订及教育政策的行政执行力是项目成功开展需要的核心资源之一。金钥匙中心和基金会都是非政府组织,它们自身无任何行政权威,金钥匙中心通过链接政府部门而间接获得区域融合教育政策制定和执行的行政资源。金钥匙融合教育项目的政策和行政支持主要来自中央政府部门一些领导同志的认同以及教育部、中国残疾人联合会的具体支持,在基层主要来自以省级教育行政部门为核心的地方教育行政系统和基层学校的支持。其中地方教育行政系统的支持是关键,金钥匙中心成功开展金钥匙工程的地区都是获得了省教育厅支持并签订了合作合同的省份,保障了项目所需要的政策制定及执行的资源。

(四)视障教育专业力量

视障儿童教育的专业人员、视障儿童融合教育的专业程序及专业工具是金钥匙视障儿童融合教育实践需要的核心资源之一。视障儿童融合教育不是单纯依靠行政命令就能够推行,也不是直接把专业理论知识拿来就够用。金钥匙视障儿童融合项目需要把融合教育和视障教育的理论知识转化为针对实践需要的具体可操作的程序性知识和专业工具方便基层管理干部和教师使用。

金钥匙视障儿童融合教育项目的专业资源一方面来自联合国教科文组织、国际视障教育协会、克里斯多夫防盲基金会、盲校、相关的高等学校和研究机构的视障教育专家和眼科专家。这些专业资源对金钥匙视障儿童融合教育项目的师资培训、项目质量评估、专业知识引进和传播等方面提供了帮助。

金钥匙融合教育的本土化模式的提炼还离不开基层学校和教师的创造性实践。徐白仑带领项目参与者一方面通过各种途径学习理论,另外一个方面还根据实践的需要和效果不断改进和提炼本土化的经验,形成了可操作的程序性知识和专业工具,并凝结为《金钥匙视障教育运作手册》,为区域大规模高速度推广视障儿童融合教育提供了专业支持。

(五)社会声誉

金钥匙视障儿童融合教育是一项社会工程,需要社会方方面面的支持才能够顺利开展,徐白仑、金钥匙中心及项目的良好的社会声誉是金钥匙视障儿童融合教育可持续发展的保障。社会声誉来源于项目效果、舆论宣传以及各种相关的社会荣誉。联合国教科文组织、我国相关的政府部门通过颁奖、参与相关活动，新闻媒体通过新闻采访和报道均可以提升金钥匙视障儿童融合教育的社会声誉。此外金钥匙融合教育项目的活动及其效果的信息也会在社会支持网络中流动并传播，这也增进了项目的社会声誉。总体上看，项目效果是社会声誉的最根本来源，金钥匙融合教育项目让处在困境中的视障儿童得到爱心呵护，获得了高质量教育，实现生命价值的实践成效让徐白仑、金钥匙中心及项目参与者获得了社会各界广泛的赞誉。

以上五类资源是金钥匙视障儿童融合教育项目成功开展所需要的核心资源，其他资源如人力资源、场地资源等可以在上述资源的基础上获得。

第八章
对视力障碍儿童的爱

这一章从爱的升华、爱的链接、爱心培育三个方面总结徐白仑将个人的痛苦升华为对视障儿童的爱,与一批志同道合的仁爱之士开展视障儿童教育事业的精神历程。

第一节 爱的升华

2005年,徐白仑七十五岁生日那天做了一首五言绝句,作为七十五岁的抒怀:"霜叶舞秋风,临别亦从容,一生心坦荡,含笑向太空。"这与1971年他刚刚失明的时候写过的一首小诗形成了鲜明的对比,1971年的那首诗里他写道:"像一个白日的幽灵,我整天在街头游荡,没有责任,也没有希望。我向往未来,我憧憬未来,突然一切全都消失,剩下的只有过去。"

两首诗歌的精神层次完全不同,刚刚失明的时候,50岁的徐白仑内心充满个人层面的绝望和恐惧,而到了为视障儿童教育奋斗多年后,75岁的徐白仑内心体验到的是一种幸福、圆满的精神状态。徐白仑是如何超越个人苦难而获得满满的生命价值感的呢?

一、在苦难中精神升华的历程

徐白仑失明后经历了从绝望到自我证明再到无私无畏为视障儿童教育事业奉献的精神发展的过程。

徐白仑失明后首先体会到的是痛不欲生的绝望。1971年,徐白仑刚刚失明的时候,他感觉自己就像一头突然掉进陷阱的野兽,烦躁得近乎狂暴。徐白仑努力使自己镇静下来,不然他会立刻疯掉。后来,他觉得眼科病房才是失明的自己永远该待的地方,失明后的他不知道如果面对外面的世界。失明一年后,当他从医院返回家里,别人好心安慰的话——"你好好歇着吧",却让他的心一次次滴血。徐白仑产生这种绝望的根本原因不是失明本身,而是失明让他无法从事建筑师的工作了,让他感到社会再也不需要他了,再也无社会责任可负了,他看不到未来和希望,他的生命价值感受到严重的打击。

徐白仑虽然形容自己是白日的幽灵、行尸走肉,但是他有着强大的复原力,他内心不愿意虚度光阴,他希望证明自己还是一个对社会有用的人。出院不久,徐白仑就开始努力寻找新的人生梦想,最后他选择把写作作为自己的理想,想通过文章的发表、著作的出版来证明自己还是对社会有用的人。为了实现这个理想,徐白仑在第一任妻子的

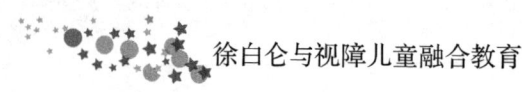

支持下,抓住一切时间练习写字、寻觅写作素材、听函授课程以提高写作能力。写作的过程困难重重,备受煎熬,第一篇小说《眼神深处》以自己住院一年所感受到的真善美为基础进行创作,几易其稿,历经6年才完成,最后因故事单薄而束之高阁。但是他不气馁,多方联系前辈和出版社同志指导,最后选择创作儿童读物为主攻方向。历经十年执着的努力后,1982年12月徐白仑的第一篇短篇小说《瑞云花开》在《儿童文学》上发表了,后来又陆续出版了两个科幻中篇小说——《午夜怪兽》和《嗜血的河流》。这个阶段徐白仑实现了发表文学作品的目标,写作的技巧也越来越完善,但是在这个过程中他内心感受到周围对他最多的依然是同情,他尚不能完全超越失明带给自己的心灵痛苦。

走向盲童的文化和教育事业后,徐白仑逐渐达到了无私无畏为盲童教育事业而奉献的精神境界。1984年,第一任妻子朱益陶去世后,徐白仑在上海接触到盲校、盲童,他认识到自己并不是世界上最苦的人。作为盲人他能够感受自幼失明的孩子们的痛苦和需要,他直觉认为自己是帮助盲童的最合适的人选,帮助盲童也是他不可推卸的责任,从此徐白仑不再追求个人的价值,决定尽毕生之力使每一名失明儿童都能生活得有价值。盲童的需要就是无声的命令,他进入了一种无私忘我的境界,从1984年到2011年,他把自己的全部精力投入到了盲童文化和教育事业,并在这个过程不断加深了"使每一名失明儿童都能生活得有价值"的认识,和视障儿童产生了难以割舍的情怀,在促进视障儿童发展的同时,自己也收获了无比的喜悦和幸福,他的内心得到了彻底的康复,并达到了内在的圆满和幸福。

人本主义心理学家马斯洛晚年在大量个案观察和访谈的基础上提出了超越性动机和超越性需要。超越性动机是人类在获得基本需要的满足后受到存在价值激发而产生的动机,这些存在价值像需要一样在起作用,被称为超越性需要,超越性需要也可以称为精神性需要或超越自我实现的需要。

关于存在价值,马斯洛在《自我实现及其超越》中写道:

> 存在价值自我实现者无一例外都是献身于一项身外的事业,某种他们自身以外的东西。他们专心致志地从事某项工作,某项他们非常珍视的事业……他们从事命运以某种方式安排他们去做的事,他们做这件事也喜爱这件事,因此,工作与欢乐的分歧在他们身上已消失了。一个人献身于法律,另一个人献身于正义,又一个人献身于美或真理。所有这些人都以某种方式献身于寻求我称之为"存在"价值的东西,那种固有的终极的价值,不能再还原到任何更终极的东西。这些存在价值大约有十四种,包括古人的真、善、美,还有圆满、单纯、全面等①。

马斯洛所说的存在价值实质上是能使人得到终极满足的内在价值,能给人带来完善、实现、宁静、完成使命等感受,超越性需要的丧失则有可能给人带来病态②。马斯洛把自我实现者分为个人层次的现实型自我实现者和超越个人层次的超越型自我实现

---

① 亚伯拉罕·马斯洛.人性能达到的境界[M].曹晓慧等,译.北京:世界图书出版公司,2014:40.
② 马斯洛.马斯洛谈自我超越马斯洛[M].石磊,编译.天津社会科学院出版社,2011:44.

者。超越型自我实现者更为自觉地、有意识地受到超越性动机的支配,更清晰地看到存在价值,更容易成为创新者;他们更为主动地寻求那种更易于获得高峰体验和存在价值的工作,他们能在实际事物中看到神圣的一面,并获得与终极事物浑然一体的高峰体验;他们对世界的看法更具有整体性,把人类、宇宙看成一个整体,他们有更强的心灵内部、人际间、文化之间、国家之间的协同倾向,能直接地感知到每一个人现实存在中所蕴含的神圣,将实际卑下的人当作兄弟一样对待;他们更容易做到超越自我,更容易超越爱与恨混合的矛盾心理,达到全心全意、无冲突的爱、接受与表达[1]。徐白仑就是超越型的自我实现者。他把视力障碍儿童的文化和教育事业作为自己人生的使命,他把个人的才能、兴趣和这项工作完全合二为一了,他的内在目的和外在工作获得了完美统一,并在这个过程当中感受到精神上的圆满。

马斯洛指出精神生命(存在价值、超越性需要等)是人本质的一部分,是可以自我反省到的,它有"冲动的声音"或"内在信息",尽管它不如基本需要强烈,但起码可以"听到"[2]。我国的传统文化中也有性善说,孟子提出人生而有恻隐之心、羞恶之心、恭敬之心、是非之心等四善端。明代的心学大师王守仁提出"心即理"的命题,强调从内心去体察天理,并强调通过立志和行动去践行天理。徐白仑在面临人生的磨难时,非常注意向内倾听自己内心的呼声,找到了"尽毕生之力使每一名失明儿童都能生活得有价值"的人生使命,并艰苦奋斗,而获得了人生真正的幸福。教育工作者,需要认识到自己内在的精神性需要,感悟工作对自身精神成长的内在价值,找到最适合自己天赋、才能的具体教育工作作为切入点,形成自愿而热切地为教育事业而献身的情感,把日常的教育教学工作和自我融合成为一体,在因材施教中也获得自己的精神生命和实践技能的跃升。

二、成长期的生活和教育奠定了精神基础

这里的成长期指徐白仑的童年以及接受高等教育阶段。

徐白仑出生于1930年,祖籍江苏宜兴,是著名报人徐铸成[3]的长子。徐白仑的母亲出身于知识分子家庭,女子师范毕业,性格温顺善良,结婚后一直操持家务,从未工作过。上学前,徐白仑最爱的"玩具"是一个绿色的帆布箱子,里面装满了父亲从中华书局买来的故事书,每本都很薄,字很大还带图画,一本一个故事,全是从《史记》《三国演义》和其他古籍中摘译成白话的。徐白仑一遍一遍地请母亲讲解这些故事,这些故事传递

---

[1] 亚伯拉罕·马斯洛.人性能达到的境界[M].曹晓慧等,译.北京:世界图书出版公司,2014:260-269.
[2] 马斯洛.马斯洛谈自我超越马斯洛[M].石磊,编译.天津社会科学院出版社,2011:46.
[3] 徐铸成(1907—1991),江苏宜兴人,中国新闻工作者、新闻学家。早年先后在清华大学、河北大学、北京师范大学等校学习。1929年进天津《大公报》,负责编辑体育、教育、经济等版面。1932年任《大公报》驻汉口特派记者。1936年到上海,主编《大公报》上海版要闻。1938年2月加盟《文汇报》担任总主笔,负责编辑部工作。《文汇报》停刊后,于1939年7月赴香港,编辑香港《大公报》,任编辑主任。1941年12月,香港九龙沦陷后,香港《大公报》停刊,参加桂林《大公报》,1942年2月任《大公报》桂林版总编辑。1944年10月桂林《大公报》停刊后,赴重庆任《大公晚报》主编。抗日战争胜利后,1945年11月到1946年2月任上海《大公报》总编辑,1946年3月任《文汇报》总主笔,1947年5月《文汇报》被国民政府查封。1948年9月香港《文汇报》创刊,任总编辑,社务委员会副主任。全国解放后,任上海《文汇报》总编辑。1958年后转入出版界,参加编辑《辞海》及《汉语大词典》,同时致力于新闻学的研究和教学工作。参见徐铸成.徐铸成通讯游记修订版[M].2011:264-266.童兵,陈绚等.新闻传播学大辞典[Z].北京:中国大百科全书出版社,2014.

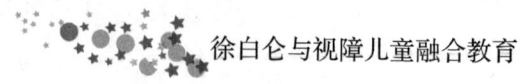

的"忠""义""仁""爱"等民族精神也潜移默化地滋润着小徐白仑精神的成长①。

抗日战争的颠沛生活,让徐白仑感受到了民族的苦难,树立了坚定的爱国情怀和最朴素的人道主义思想。1937年,正值淞沪会战,徐白仑刚刚年满7岁。上海沦陷后,徐白仑的家虽在法租界,但是日本特务和汉奸经常出没其中,绑架、暗杀爱国人士的事情时有发生,时任《文汇报》主笔的父亲常常遭受各种威胁和恐吓,他处在恐惧之中并为父亲安危而担忧。1939年5月租界当局责令《文汇报》停刊后,徐铸成赴香港任《大公报》香港版编辑主任,香港沦陷后到桂林任《大公报》桂林版总编辑。1942年徐铸成接家人从上海去桂林。当时徐白仑刚刚开始读初中,一路上,他们和《大公报》职工的几位家属辗转经过江苏无锡、宜兴、安徽屯溪、江西赣州、湖南衡阳等多地,最后在湘桂铁路乘上了通过桂林的火车。这千里之行,开阔了少年徐白仑的视野,让他看到日本封锁区和国民党统治区的世间百相。当他们一行人终于平安地通过日军的封锁线,来到宜兴张渚镇的时候,徐白仑心中的第一个感受是终于可以不当亡国奴,成了自由人②。但是当他们刚刚离开张渚进入安徽后,就传来了张渚沦陷的消息。到桂林不到一年,因日寇占领了衡阳,很快就要兵临桂林,徐白仑被迫随家人离开桂林去贵阳,后又去了重庆。在去贵阳的旅途中,他目睹乘火车逃命的普通老百姓,因火车头被抢走而滞留在一个名叫"金城江"的小站,这些难民居住的棚户区,最后成了日寇轰炸的对象③。

在重庆,徐白仑和家人住在《大公报》建的一幢宿舍里,宿舍是用竹竿架起来的空中楼阁,一头搭在公路旁,一头架在插入嘉陵江畔沙滩的竹竿上。枯水季节,嘉陵江沿江的几十里沙滩上,住着无数逃难而来的穷苦百姓,一旦山洪暴发,洪水像猛兽似的咆哮而来,席卷整个沙滩,一夜之间就会吞食沿江几千条生命。徐白仑家的窗户正对着嘉陵江,山洪暴发时,窗户外就是一片汪洋,混浊的江面上漂流着从上游冲下来的房屋的残片和一具具泡得浮肿的死尸。来年春天,江水退去,沙滩上又会有新近逃来的难民搭建窝棚,逐渐越聚越多,等到了汛期,悲剧又会重演。④ 这些民众的苦难深深震撼着少年徐白仑的心灵。

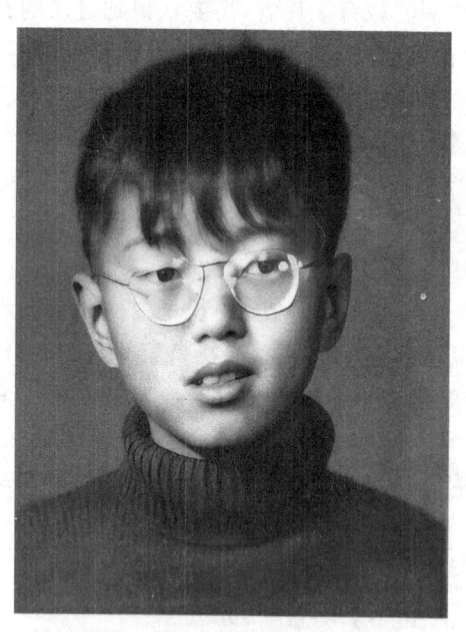

图 8-1 少年徐白仑

在民族的苦难中,父亲的身教为徐白仑

---

① 徐白仑. 霜叶舞秋风 盲人徐白仑八十自述[M]. 北京:中国盲文出版社,2009:4.
② 徐白仑. 霜叶舞秋风 盲人徐白仑八十自述[M]. 北京:中国盲文出版社,2009:7.
③ 《日军侵华战争 1931—1945》第六章中记载当时在金城江附近由湖南、桂林、柳州,沿线逃难至该地的难民约20万人,1944年11月日军在向该地进攻时炮火连天,难民伤亡不少,离散的妇女、儿童、老人在战火中可怜的呼号,绝望的神情,凄惨已极。引自王辅著. 日军侵华战争 1931—1945[M]. 沈阳:辽宁人民出版社,1990:2389.
④ 徐白仑. 霜叶舞秋风 盲人徐白仑八十自述[M]. 北京:中国盲文出版社,2009:10.

提供了人生的榜样。徐白仑的父亲徐铸成是著名的爱国报人,他工作繁忙,辗转天津、上海、香港、桂林、重庆等多地办报,作为报刊的主笔面对各种威胁和恐吓,坚持办报,天天要写稿到深夜。父亲爱国、勤奋、勇敢的精神深深影响和激励着徐白仑去走好自己的人生之路。1984年徐白仑回到上海父母家中疗愈心灵的痛苦,父亲年近八旬却坚持每天起床以后伏案工作3个多小时,此外还坚持带两名研究生,每日或伏案奋笔疾书,或对学子循循善诱,或与志同道合者谈笑风生,过着勤奋而又充实的晚年生活①。父亲在老年的这种勤奋工作的精神依然对徐白仑起到了激励的作用,令他不敢懈怠。此外徐白仑通过阅读也和许多优秀的人邂逅,这些人也是徐白仑人生的榜样。

　　青年时期的求学生活奠定了徐白仑以专业知识投身到祖国建设中去的理想。学生时代的徐白仑喜欢读书,他因阅读而仰慕梁思成、杨廷宝、刘敦桢等三位建筑大师,渴望加入到建设新中国的热潮中去,高中毕业后报考了南京大学建筑系。大学期间《把一切献给党》《钢铁是怎样炼成的》《青年近卫军》《无脚飞将军》《卓娅和舒拉的故事》《绞索套在脖子上的报告》等优秀文学作品培育了徐白仑为祖国献身的精神追求。其中吴运铎的《把一切献给党》、奥斯特洛夫斯基的《钢铁是怎样炼成的》对徐白仑影响很深,吴运铎和奥斯特洛夫斯基成为青年徐白仑崇拜的偶像。1955年大学毕业的时候,徐白仑和同学沈国尧一起向南京工学院②院长递交了要求到边疆去的申请书,要求"分配到边疆去",分配到"祖国最需要的地方去",并表示:"不怕艰苦,我们有决心以全身精力去建设边疆,克服一切困难,把青春献给祖国!"③

图8-2　青年徐白仑

　　徐白仑后来总结自己能在坎坷的人生道路上坚持至今,主要应归功于年轻时代受到的启蒙教育。吴运铎的《把一切献给党》饱含把一切献给党的激情,20世纪80年代,吴运铎的身体已经很不好了,徐白仑去拜访他时,他的言行依然饱含这种激情。吴运铎的人生经历和他的自传《把一切献给党》使徐白仑明白,为祖国、为人民奉献自己的一生,是不可以图回报的,这使得徐白仑日后在面对一切功名利禄的考验、面对屈辱和清贫时,能够处之泰然,站稳脚跟。当徐白仑陷入失明绝望的状态中,他决心以自己的偶

---

① 徐白仑.霜叶舞秋风 盲人徐白仑八十自述[M].北京:中国盲文出版社,2009:127.
② 1952年全国院系调整,以南京大学工学院为基础,先后并入复旦大学、交通大学、浙江大学、金陵大学等校的有关系科,成立南京工学院。1988年南京工学院更名为东南大学。参见东南大学.东南大学简介[EB/OL].[2022-12-27].https://www.seu.edu.cn/2017/0531/c28443a332464/page.htm.
③ 徐白仑.霜叶舞秋风 盲人徐白仑八十自述[M].北京:中国盲文出版社,2009:24.

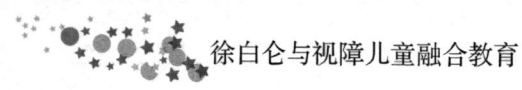

像奥斯特洛夫斯基为榜样,也把写作作为人生新的梦想。

到祖国最需要的地方去,是青年时代意气风发的徐白仑人生观的最集中的表现,标志着徐白仑成长期的结束,徐白仑将以这样的精神基础去面对未来跌宕起伏的人生。

三、面对苦难和挫折的复原力

生活给你当头一棒,你能做的就是像一颗被压在巨石下的小树一样,奋力突破上面的石块,重新为世界增添一抹绿色。这是徐白仑在小说《小树和小鸟》中表达的对苦难的态度,体现了徐白仑身上强大的复原力。复原力是对重大逆境做出积极适应的动态过程,复原力源于每个人的内在,也源于他们获得的外部支持,徐白仑面对逆境的强大的复原力一方面和家庭、单位、社会的支持分不开,另一方面也和徐白仑自身的一些特质相关,下面仅就几个关键特质进行介绍。

首先,徐白仑服务社会的强烈愿望推动他走出个人的困境。为什么徐白仑没有被人生的悲伤事件压垮,是因为他遇到悲伤事件的时候总是想做点对社会有用的事情,这让他能够最终走出悲伤和绝望。人类具有联结的能力,人类有天然的工具可以从失去和创伤中复原。徐白仑所经受的失明的痛苦让他连接到了盲孩子,并由此带来了升华,希望为同样处在人生逆境中的盲童带去温暖和光明。这样他的内在状态就从个人层面的绝望、恐惧、忧伤上升为仁爱的层次,这是精神层次的跃升,带来了个人脱胎换骨的改变。意义治疗的创始人维克多·弗兰克指出:"痛苦在找到意义的时候就不再是痛苦"[1]。徐白仑失明后,努力寻找机会做对社会有用的事就是寻找人生意义的过程,最终他找到了服务盲孩子的人生使命,找到了人生的价值所在。中国自古就崇尚"达则兼济天下,穷则独善其身"的精神,徐白仑却做到了在人生绝望、穷困的时候,仍然能够胸怀天下,这就是超越一般人的地方,也是他能够超越个人苦难的根本原因。徐白仑在自传中的一段话集中体现了自己体验到的强烈的生命价值感:

> 我曾经是个建筑师,但中国并不会因为我的失明而少盖一栋楼。后来我又成了一名儿童文学的作家,终因家破人亡而搁笔,但中国并没有因此而少出一本儿童读物。然而我如果不从事盲童教育事业,这些空白的填补也许会推迟若干年,就会使许许多多在黑暗中挣扎的苦孩子不能获得温暖和欢乐,甚至失去获得教育和生存的机会。我出自内心地感到,瞎而无悔![2]

价值感是人战胜创伤的非常核心的力量,徐白仑从事的视障儿童教育工作对视障儿童生命质量产生了重要影响,也让徐白仑获得了生命的活力和内在的成长。徐白仑曾在从事视障儿童融合教育多年后总结道:"广大双目失明的儿童的需要不停地激励我、鞭策我,使我不敢稍有懈怠,使我伴随着视障教育事业一起成长[3]。"徐白仑对自己有机会从事服务视障儿童的工作满怀感恩,从事服务视障儿童的工作是他内在的强烈需要,服务

---

[1] 弗兰克(Frankl, Viktor E.).活出意义来[M].赵可式,沈锦惠,译.北京:生活·读书·新知三联书店,1991:96.
[2] 徐白仑.燃情复追梦 盲人徐白仑八十自述[M].北京:求真出版社,2010:183.
[3] 徐白仑.燃情复追梦 盲人徐白仑八十自述之二[M].北京:求真出版社,2010:125.

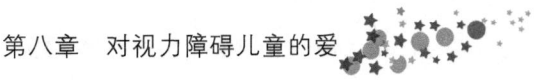

社会的工作与个人内在的需要在徐白仑这里获得了完美的统一。社会上有些人会把工作看成一种外在于自己的用来满足衣食住行需要的东西，工作和自我存在割裂，他们也很难在工作中获得全身心投入的快乐。徐白仑的经历告诉我们，服务社会的工作是每一个人内在的需要，在适合个人兴趣、能力的有社会价值的工作中个人才能找到自己的存在价值，找到人生的使命，从而过一种充实而富有意义的幸福生活。人越是绝望，越是需要寻找服务社会的机会，正是在这种寻找中获得了新的希望。

其次，在思维方式上，徐白仑善于听到自己内心正向的声音，能够把直觉和理性结合起来。内心一直指引着徐白仑的人生方向，在他因失明而迷茫绝望的时候，他的心让他去寻找梦想，最后他在理性的思考下选择了成为一名作家作为自己的理想并为之奋斗，在一定程度上走出了失明之痛。当他接触到盲童后，他内心认定自己是帮助盲孩子最适合的人选，并在这个过程中针对盲童的需要，像建筑师那样科学严谨地设计盲童教育项目，促进了盲童文化和教育事业的发展。在日常的工作和生活中，徐白仑也注意把握潜意识的火花，更好地去理解自己。在第一任妻子益陶临终前的一个多月，每天天快亮时，徐白仑从恍惚中醒来，就会有一段文句在脑海中浮现，他立刻拿出格子字板，把它记录下来，有时三五行，有时十几行，用这种方式完成了童话《小鸟和小树》的创作，并发表在《东方少年》上。其实这个故事中小鸟代表益陶，小树代表徐白仑，小树冲破压在身上的巨石顽强地为人们吐出一抹绿色，而小鸟把自己优美的歌声奉献给了人们，用尽自己的生命能量为小树叼走了一块块碎石。徐白仑的潜意识中用这个故事对他和益陶生命的意义做了最形象的诠释，这个故事的书写也在一定程度上疗愈着正经历人生巨大痛苦的徐白仑。

人类的意识只不过是人类精神的一个组成部分而已，意识是精神中显露出来的表象，如果不认真研究人类行动、思考及欲望深层次中存在的无意识领域，那么就不可能了解到人类精神的全貌[1]。荣格曾说过："发生在我们身上林林总总的事情，都有其潜意识因素存在。潜意识在日常生活中似乎发挥的作用很小，然而，事实是，潜意识正是我们理性思维的隐形根源。"2002年诺贝尔经济学奖获得者卡尼曼指出，人类思维是双轨模型，系统1是直觉思维快系统，依赖情感、记忆和经验迅速做出判断；系统2是理性思维慢系统，要调动注意力分析思考再做出决定；直觉的力量巨大，但是会犯错误，需要理性加以控制[2]。这些论述指出了潜意识的丰富内容以及它对生命个体的重要作用，指明了直觉和理性相辅相成的关系。徐白仑在思维上能够很好地将直觉和理性结合起来，具有直觉的理性的特点，他能够去倾听自己内心的声音，遵循内在正向声音的指引，并在现实社会中通过理性思维去促成视障儿童融合教育的成功开展。在被事情困扰的时候，我们也可以静下来，接纳自己，向内倾听自己内在的正向的心声，尊重自己的直觉并小心求证，分析问题的症结所在，并发现自己真正的人生使命。

最后，精诚专注的做事风格，获得身心合一的自在状态。精诚专注的做事风格是指

---

[1] 汤因比,池田大作.选择生命——汤因比与池田大作对谈录[M].北京:商务印书馆,2017:26-27.
[2] 丹尼尔·卡尼曼.思考,快与慢[M].胡晓姣,李爱民,何梦莹,译.北京:中信出版社,2012:13-14.

以自身的愿望为基础,饱含情感地专注做事,达到身心合一,自身和做事合一。愿望是一种强大的动力,会直接制约一个人行动和结果所能达到的高度。徐白仑的愿望是"使每一名失明儿童都能生活得有价值",这是一种大愿,这种愿望让他超越了个人的痛苦,让他看到了自己人生的使命和意义,这个愿望仿佛为他的生命灌注了无穷的活力,让他无私无畏、全身心地投入到视障儿童教育中去。徐白仑饱含真挚情感的专注做事风格保证了徐白仑愿望的实现,也感动了周围的人支持他开展视障儿童教育的工作。徐白仑说过:"广大双目失明的儿童的需要不停地激励我、鞭策我,使我不敢稍有懈怠[①]。"徐白仑在没有任何资源的情况下全身心地投入到盲童教育事业中,只要是徐白仑看准的对盲童教育有益处的事就会立刻就去做,效率特别高。徐白仑继承了父亲的一句座右铭——宁可机会负我,我不负机会,在有了初步的想法后,他总是抓住一切可能的机会,采用多种方式争取支持,让想法在实践中开花结果。一有想法就不停地灵活寻找机会的工作方式,使得徐白仑在1985—1987年短短的两年时间里就创办了盲童的第一个文学刊物《中国盲童文学》,开展了盲童夏令营活动,编撰了盲文扫盲教材,开始了金钥匙盲童教育计划。1987—2010年,徐白仑在山西、江苏、北京、河北、广西、内蒙古、陕西、黑龙江等多省开展了视障儿童融合教育的实践探索;24年里,他一直扎扎实实地在基层摸爬滚打,从视障教育的门外汉成了视障教育的专家,总结了在贫困地区大规模开展视障儿童融合教育的金钥匙模式。2010年,笔者在担任金钥匙中心志愿者的时候,发现徐白仑工作的时候特别专注,工作的节奏也非常快,除了中午简单的工作餐和坐在椅子上稍微闭目休息片刻外,几乎整整一天都专注地沉浸在各项工作任务中。

愿望和行动上的努力相辅相成,美好的愿望,加上专注、持之以恒的行动,定会寻找到生命突破的机会,实现自己的愿望。徐白仑的经历就诠释了愿望、努力和机会的关系。如果只有愿望,没有行动,那愿望只能是空中楼阁。有的人会说,我有愿望,我也努力了,但是我很难有成果,机会也没有抓住,而且这个努力的过程内心非常煎熬。徐白仑为普及视障儿童高质量的教育,经常跋山涉水深入教学的第一线,身体上很辛苦,但是他内心感到的却是爱和喜悦,忘记了身外的一切,用心感应视障儿童的需要并为之全力以赴。这是因为徐白仑做事情的时候大多处在一种没有恐惧、压力和紧张的身心合一的专注状态,这种专注同时还是一种内在放松的状态。做事,一定是在专注的情况下的坚持,否则的话,是难为自己,带来身心的损耗。当有社会价值的愿望和专注做事结合起来之后,自然会达到身心合一的自在状态。

徐白仑的复原力还离不开外界的支持。其中第二任妻子纪玉琴给予徐白仑的爱与陪伴是他走出个人痛苦,走向视障儿童融合教育的重要支持力量,下面一个要点专门展开介绍。

四、妻子的陪伴成就事业的辉煌

徐白仑被人夸奖为"生活的强者",但他说其实自己是一个很弱的弱者。在为盲孩子的教育奋斗的过程中,徐白仑也有很多困惑与彷徨,第二任妻子纪玉琴情深意切的支

---

① 徐白仑.燃情复追梦 盲人徐白仑八十自述之二[M].北京:求真出版社,2010:125.

持和鼓励,给徐白仑带来了温暖和坚持的力量,使他勇往直前。

首先,徐白仑是一位盲人,在生活中离不开妻子无微不至的关怀。在生活上,玉琴一直把丈夫的需要摆在第一位,饮食起居上无微不至地关怀着徐白仑。今天,90多岁的徐白仑依然干净整洁,精神矍铄,吃饭的时候玉琴还是把好吃的留给他,自己不舍得吃。玉琴年轻的时候身体不是太好,常因胆结石发作而胃部疼痛难忍,但是她依然坚持工作和照顾徐白仑。人们常说盲人难,盲人的妻子更难,玉琴不仅照料好了丈夫的生活,还全力支持他的事业,把家庭生活和金钥匙视障儿童融合教育工作紧密地结合在一起。

其次,徐白仑夫妇在精神层面高度契合,彼此互相支持。玉琴善良的天性让她能够深刻感受到徐白仑个人生活中遭遇的苦难,能够认同他帮助盲童的事业,玉琴也感受到来自心灵深处的召唤,感到她有责任去帮助那些比自己更不幸的人。从筹备《中国盲童文学》的工作开始,玉琴就热切的投身到盲童教育事业中。玉琴在生活中经历的磨难使她能够对盲孩子的痛苦感同身受并进而真心关怀和帮助盲孩子,而这也与徐白仑的精神世界高度契合,让他们无话不谈,共同分享视障儿童融合教育工作中的喜悦和哀愁。徐白仑开展金钥匙视障儿童融合教育项目时也不是一帆风顺,玉琴能够倾听和理解徐白仑的内心感受,并尽力提供帮助,这带给徐白仑精神的温暖和在宏大事业中继续前行的动力。

第三,徐白仑夫妇工作中同甘共苦,协力推进视障儿童融合教育。徐白仑是金钥匙视障儿童融合教育项目的设计师,而金钥匙融合教育项目的落实要靠玉琴来组织协调。比如在金钥匙工程开展期间,玉琴陪伴徐白仑深入西部地区,走访视障儿童家庭,组织培训师资,带队进行教育教学评估,亲力亲为地落实金钥匙工程中金钥匙中心的职责,并及时总结和提炼基层视障儿童融合教育经验。此外,为了解决金钥匙融合教育实践中的问题,徐白仑夫妇经常采用妻子读,丈夫听的方式学习视障教育专著,并探讨创造性开展视障儿童融合教育的办法。为了适应基金会的合作要求,玉琴还积极的接受项目管理的培训。在长期的学习和实践的基础上,玉琴与视障孩子的感情越来越深,并成为视障教育专家,她可以独立开展视障儿童筛查和融合教育的讲座,并善于从视障儿童需求入手深入浅出地开展视障教育培训。玉琴非常感恩有服务视障儿童的机会,并在这个过程中感受到了自己的进步和价值。徐白仑把妻子称为"贴心助手",他说:"志同道合的妻子的陪伴对我很重要,我的眼睛看不见,我思考的一些理念和想法要靠妻子组织落实"①。纪玉琴在工作中表现出来的淳朴、善良、坚韧、乐观的品质以及对盲童教育事业的热情,也深深感染着徐白仑,加深着两人的感情。

第二节 爱的链接

徐白仑创办中国盲童文学、开展盲童夏令营活动和视力障碍儿童融合教育的过程得到了社会各界人士的广泛支持,这里面既有德高望重老一辈无产阶级革命者、著名的

---

① 2023年8月26日对徐白仑的访谈记录。

学者文人、各级政府官员,还有默默无闻的普通劳动者,甚至还有小学生。大爱在人与人之间流动,在人与人彼此映照下更加璀璨动人。本节仅仅选取有代表性的支持者加以介绍,并在此基础上分析为什么社会各界人士会形成爱的链接共同支持视障儿童的文化和教育事业。

一、康克清对盲童的爱[①]

老一辈的无产阶级革命家康克清从新中国成立前就投身到妇女儿童工作,并担任了第四届、第五届中国妇联的主席。1981年3月26日在全国职工教育工作会议上,康克清就指出儿童工作要面向全体儿童。从1985年了解到徐白仑想为盲童做事,康克清就一直关注着徐白仑开展的盲童文化和教育工作的每一个进程,并通过种种渠道为此项事业排除困难。

1985年,徐白仑为了创办《中国盲童文学》,拜访了父亲的老友叶圣陶,叶圣陶建议徐白仑写一封信给当时的中国妇联主席康克清,并且由他转交,后来康克清把此信批转给当时的民政部部长崔乃夫和中国残疾人基金会主席邓朴方,这是徐白仑第一次和康克清联系。同年,康克清会见了徐白仑。会见的时候,康克清一再强调"越是处境困难的孩子越是需要帮助",她认为出版《中国盲童文学》是一件大好事并欣然同意为创刊号题词。后来,康克清在为《中国盲童文学》创刊号发来的贺信中写道:"为盲童创办文学刊物,为他们提供精美的精神食粮,这是一项雪中送炭的好事,理应受到人们的称赞。希望你们这件首创事业获得成功,并在精神文明建设中做出贡献。"

1986年,为了给盲童带来温暖、欢乐、希望和自信,徐白仑希望以《中国盲童文学》编辑部的名义举办了"第一届全国盲童夏令营"。在夏令营的筹备过程中得到了各方的支持,中国人民解放军北京卫戍区准备将全国盲童夏令营列入北京卫戍区当年"军民共建"的活动计划中去,但是其上级部门没有批准,徐白仑独自去原北京军区社工部交流无果。康克清知道情况后,将徐白仑撰写的活动申请书当天做了批示后转交给了原北京军区并让秘书打电话吁请原北京军区早作批示。在康克清的协调下,第一届全国盲童夏令营如期举行,康克清在开营式贺信中对盲孩子写道:"尽管你们的眼睛看不见,但你们同样能真切地感受到党和国家对你们的关怀,老一辈和社会各界对你们的关怀。你们多么幸福,你们和健康的孩子一样,都是我们祖国的花朵。希望你们努力学习,奋发向上,长大成为有用的人才。"

1987年金钥匙盲童教育计划开始实施后,康克清写信给江苏省省长顾秀莲,帮助徐白仑在江苏建立试点。在全国妇联的一次大会期间,康克清特意把徐白仑叫到贵宾休息室交谈,当听到徐白仑介绍说金钥匙盲童教育计划一旦得以普及,每一名盲童的境遇都会是一曲社会主义祖国的赞歌,它将感动全中国,感动全世界,康克清高兴地笑着说:"对,对,好好地干下去,这一天一定会到来。"

---

① 此部分用的材料源自徐白仑的传记《霜叶舞秋风 盲人徐白仑八十自述》。徐白仑. 霜叶舞秋风 盲人徐白仑八十自述[M]. 北京:中国盲文出版社,2009.

1989年6月，徐白仑筹办第二届全国盲童夏令营的时候，遇到了报名人数不足的问题。康克清了解到情况后，确定国务院儿童少年工作协调委员会和全国妇联为第二届全国盲童夏令营的牵头单位，为第二届全国盲童夏令营的后续筹办工作提供了"金字招牌"，保证了夏令营的顺利举行。开营前，她老人家在病榻上用颤抖的手给第二届全国盲童夏令营亲笔书写了贺信。

1989年六一前夕，康克清和全国妇联书记范崇嫌来到了北京盲校考察。那时她的身体已经非常虚弱了，但是还在秘书叶梅娟的搀扶下，参观了教室、宿舍，观看了展览、演出，考察中她对盲孩子说："在黑暗中的孩子更加期盼光明，你们也是祖国的花朵，应该得到更多的关怀……好好努力吧！孩子们，祖国不会忘记你们，每个人都会有光明的。"

徐白仑在萌生了以"民族团结"为主题开展第三届全国盲童夏令营的时候，康克清已经病重，但是康克清的秘书在了解到相关情况后就为徐白仑引见了国家民族事务委员会的相关领导，为徐白仑后续工作的开展打下了基础。当然，第一届、第二届、第三届全国盲童夏令营的成功开展得到了众多个人和政府部门的支持，这些相关的人员都和康克清一样，通过自己的方式为全国盲童夏令营做出贡献。

1986年8月到1987年初，徐白仑组织编委会为盲孩子编写了一套在明眼人辅导下自学盲文的教材，康克清亲自为这套丛书题词——送你一把金钥匙。为了表达对康克清知遇之恩的感谢，徐白仑日后从事的一切工作，都以"金钥匙"命名，二十多年来始终不渝。徐白仑说康克清是真正的"雪中送炭人"！康克清的精神也激励着徐白仑做一个勤奋的"送炭人"，用自己的生命去为盲童传递爱，奉献爱。

二、巴金对盲童的爱[①]

1985年7月，徐白仑抱着试试看的心情给中国作家协会主席巴金写了一封信，介绍了自己与命运的搏斗以及创办《中国盲童文学》的初心，邀请巴金任刊物的名誉顾问。不久，徐白仑就惊喜地收到了巴金的回信。巴金在回信中没有涉及名誉顾问的问题，但他用真挚的笔触写到自己从徐白仑那里得到力量，徐白仑的事迹鼓舞了他，徐白仑的信像一根鞭子似的鞭策他前进，他以更大的毅力和决心克服困难来完成自己的5年写作计划；他还说徐白仑正在做的和计划中的工作都是很有意义的，"爱那些需要爱的孩子，让失明的人得到智慧的光，给受歧视的盲童送去温暖，让更多的人关心盲童、帮助盲童的智力发展，是多么美好的事业！进行这个事业需要崇高的献身精神！"

后来，由于盲童文学的缘故，徐白仑和巴金一直保持着书信联系。1986年6月，巴金针对夏令营给徐白仑写了热情洋溢的回信，信中他说："我想到那些受尽苦难的盲童能够从各地区来到北京做客，交朋友，过集体生活，那多好！太好了！让他们也认识自己的首都，让他们也知道他们生活在什么样的国家，有多少人关心他们，让他们相信自己并不是孤独的。"他为此在信中感谢徐白仑，最后他还说夏令营"也让健康的孩子们懂

---

① 此部分用的材料源自徐白仑的传记《霜叶舞秋风 盲人徐白仑八十自述》。徐白仑. 霜叶舞秋风 盲人徐白仑八十自述[M]. 北京：中国盲文出版社，2009.

得关心自己的小伙伴,体会到帮助别人的乐趣,体会到互相关心的幸福。人活着绝不是仅仅为了自己,为自己也绝不是仅仅为了吃饭睡觉,能够做出一些事情让别人得到好处的人才是幸福的人,我们需要这样的人"。

从巴金的信中,能够看出他对盲童的爱,他希望盲童获得温暖,获得智慧之光,他衷心地赞美和感谢帮助盲童的人,同时他指出人的幸福来自能够做出一些事情让别人得到好处。

1987年夏,巴金在"已遵医嘱很少见客"的情况下热情地接待了徐白仑。巴金和徐白仑畅谈人生,并谈了对时事的看法,他指出"要想盲童教育前进,不正视落后的现状,又如何能前进呢?"他认为"人都有向善的心,在群众中蕴藏着爱的源泉,只要有人理直气壮地出来带头做好事,做榜样,这种爱心就会被激发出来,成为势不可挡的洪流",他鼓励徐白仑能成为"带头做好事,做榜样"的人,并用自己没有学过文学,写作只是"探索人生,使人们生活得更好"的经历,努力消除徐白仑跨行做视障教育的顾虑。与巴金的会面,让徐白仑经历了一场涤荡灵魂的洗礼,去掉了懦弱和彷徨,内心充满为盲孩子的幸福而奋斗的力量。

图 8-3 1987年巴金在家中接待徐白仑

三、冯素陶给予盲童的爱[①]

冯素陶,1906年出生于云南省广通县,1944年与吴晗、闻一多、费孝通等十余位著

---

① 此部分用的材料源自徐白仑的传记《燃情复追梦 盲人徐白仑八十自述之二》。徐白仑. 燃情复追梦 盲人徐白仑八十自述之二[M]. 北京:求真出版社,2010.

名学者共同组织了"西南学术研究会",不久又成为中国民主同盟的积极创建者,1959年起,担任民盟山西主委,后被选为山西省人民代表大会常务委员会副主任,关注着全省教科文卫事业的发展。冯素陶非常关心盲童,对于徐白仑在山西所开展的盲童教育事业鼎力相助。

1986年全国政协召开之际,徐白仑经人辗转介绍,去拜访了当时的山西省人大常委会分管教科文卫的副主任冯素陶,交谈中他表示大力支持盲童教育。

1987年初,徐白仑组织编委会编撰完成了《送你一把金钥匙盲文扫盲系列读物》,但如何把读物送到需要它的盲孩子手中,依靠谁为盲孩子扫除盲文障碍还是一个悬而未解的问题。1987年春节过后,徐白仑就乘坐火车风尘扑扑地来到了山西太原拜访冯素陶,联系盲童的盲文扫盲和上学。这次冯老依然十分热情地接待了徐白仑,积极联系山西省政府的相关人员,陪徐白仑先后见了省委宣传部、省教育厅的领导,最后山西省教育厅答应安排一个县做盲童教育的试点,1987年2月金钥匙盲童教育计划得以在山西率先启动。

1987年2月,徐白仑回京前登门拜谢冯素陶的知遇之恩和无私协助,冯老却在徐白仑的笔记本上提词:"白仑同志为盲童教育献身的精神我很感动,表示敬意!"徐白仑非常感动,心里深刻感受到这位德高望重的长者对盲童和盲童教育事业的无私关爱。

山西盲童教育试点县的工作由于缺乏统一的领导与协调,教育、民政、团委重视程度不同,工作各行其是,严重影响试验工作深入开展。为协调山西省金钥匙盲童教育计划试点县各部门的工作,徐白仑于1987年7月又来到太原。冯老在听取汇报后,对试点县失学盲童的悲惨境地十分动情,针对试点县需要建立从上到下的统一协调机构的问题亲自写信给省长汇报。1987年7月底,经省政府批准,山西省、市两级的协调小组开始筹建。

图8-4 1987年7月徐白仑向冯素陶汇报盲童教育的情况

冯素陶正直清廉，严于律己，一心为公，从不以权谋私，也不会以权为别人谋私利，但是对于徐白仑在山西所开展的盲童教育事业却鼎力相助。每次徐白仑去山西处理盲童教育的相关事宜时，冯老除了在人事联络方面相助外，还安排徐白仑住宿，并把自己的专车调拨给徐白仑使用。

四、基层干部和辅导教师们的爱

徐白仑指出朴实无华、默默无闻的基层干部和乡村教师永远是造就金钥匙的英雄[①]。他在传记中动情地写到金钥匙视障儿童融合教育实践靠的是"无数默默无闻、朴实无华的基层干部和乡村教师，靠的是他们的奉献和耕耘"，他们"朴实得像田间的一块土坷垃，像路边的一株无名草，他们不会用豪言来打扮自己的信念，不会用壮语来包装自己的追求"，"然而，一旦平等、博爱的火种在他们心底激发，就会像被撞击的核子一样，释放出无穷无尽的力量，创造出一番影响深远的业绩，他们才是真正的英雄，永远是金钥匙力量的源泉"[②]。金钥匙视障儿童融合教育实践中基层干部和辅导教师对视障儿童的爱主要体现在以下五个方面：

1. 克服各种阻力，动员视障儿童上学

金钥匙工程开展期间，一些盲童的家长因为认识和经济的原因，并不愿意送盲童入学。基层干部和辅导教师们遇到这种情况往往克服各组阻力动员盲童上学。比如1996年广西开展金钥匙工程的时候，盲童杨丽的爸爸用"家庭生活非常困难，瞎妹崽学盲文没有，瞎妹崽上学会给老师丢丑添麻烦"等理由多次拒绝送杨丽入学；以灵山县新圩镇教育组组长陈之胜为首的基层教育工作者三次上门动员，他们一方面向家长宣传了《义务教育法》，盲童杨丽也应有受教育的权利，另一方面真心关心盲童，通过找草药为盲童治病、免收杂费等办法帮助盲童家庭解决入学的实际困难，最终让家长放心送盲女上学[③]。赤峰市巴林右旗开展内蒙古工程初期也有家长不理解、不相信盲孩子也能读书，面对这种情况，旗巡回教师深入校点，配合学校做家长工作，说服了以种种借口阻止盲童读书的家长[④]。

2. 利用假期和课下的时间，为视障儿童辅导功课

为了让盲童尽早进入学校读书，辅导教师需要克服各种困难从暑假就给孩子进行盲文辅导。视障儿童入学后，为了使视障儿童尽快跟上班级教学的进度，实现同步学习的目标，辅导老师还经常利用课余时间给他们补课；还有的老师为了发展盲童的兴趣特长，也会利用课下的时间对视障儿童进行辅导。如广西盲童韦春茂入学后的一年多的时间里，他的辅导教师韦秋梅几乎牺牲全部的节假日对他进行个别辅导[⑤]。

[①] 金钥匙视障教育研究中心.霜叶抒怀　即将问世[Z].金钥匙简报第0902号，2009-03-12.
[②] 徐白仑.燃情复追梦　盲人徐白仑八十自述之二[M].北京：求真出版社，2010：76.
[③] 梁全进.广西视障儿童随班就读的实践与探讨[M].华夏出版社，1999：10.
[④] 徐白仑.金钥匙视障教育运作手册[M].华夏出版社，2008：261.
[⑤] 梁全进.广西视障儿童随班就读的实践与探讨[M].华夏出版社，1999：31.

图 8-5　辅导教师在暑假对盲童进行手指触觉的训练　　图 8-6　教师上门对盲童进行心理疏导

3. 给视障儿童精神上的关爱，帮助他们心理康复

有些盲童因为长期的闭塞的生活、他人的歧视和自身的残疾等复杂因素造成了精神上的苦闷，辅导教师除了在学习和生活上给予盲童温暖外，还积极鼓励盲童好好学习，树立生活的勇气和信心。广西盲童林天梅、林坤梅是一对双胞胎，姐妹俩从出生到入学前从不敢离开家门半步，也很少与外人接触。教育组的领导和老师第一次到她们家时，姐妹俩吓得哇哇哭，后来教育组的领导和老师买了她俩平时最爱吃的水果以亲戚身份多次看望她们，跟她们聊天，跟她们讲身残志坚的张海迪姐姐的事迹。听多了古今残疾人，身残志不残，顽强拼搏、自强自立的故事，姐妹俩愉快地答应了上学的要求。上学后，辅导老师也经常从生活中的小事引导盲姐妹自强自立。一次下雨天，盲姐妹放了学也不敢回家，生怕跌倒被别人嘲笑。辅导老师用单车送她们回家的路上鼓励她们："眼睛看不见路并不可怕，可怕的是胆小、懦弱，要大胆地面对现实，勇敢地挑战生活，一个人生理缺陷不要紧，要紧的是心灵不要缺陷，有什么要求尽管找我，老师和同学一定会帮助你们，你们要勇敢地坚持下去！"在老师和同学的帮助下，姐妹俩慢慢克服了"惧生"的心理障碍，在学校里安心读书，并成长为勤奋好学的小学生。[1] 陕西金钥匙工程咸阳示范区中，低视生代晴最初在班集体中不愿意与同学接触，拒绝同学的帮助，有时还恶语伤人，辅导教师潘文娟真情关爱，悉心呵护她，慢慢地她变得开朗自信了，也能抛掉"怕做错事闹笑话，怕别人看不起她"的想法而和同学们友好交往了[2]。

4. 给视障儿童生活上的帮助，尽力为他们创造良好的学习条件

辅导教师是和盲童接触最多的人，他们在了解到盲童的生活困难后，往往尽力提供帮助，有的用自己微薄的工资给盲童买学习和生活用品，有的在没有盲文教材的情况下亲手为视障儿童扎写盲文课本，有的亲自接送视障儿童上学，接送视障儿童参加校外活动，有的辅导老师还会把盲童接到自己的家里亲自照顾盲童的生活起居，还有的调动学校和社区为盲童的学习创造良好的物质条件，下面是三个生动的例子。1996 年 8 月，

---

[1] 梁全进.广西视障儿童随班就读的实践与探讨[M].北京:华夏出版社,1999:70.
[2] 徐白仑.金钥匙视障教育运作手册[M].北京:华夏出版社,2008:254.

广西盲童许志坤入学前,辅导教师何媛琼把他接到家里,把盲童当子女,在照顾他的饮食起居的同时辅导他盲文,入学的时候看到他没有书包,又从微薄的工资里拿出 25 元钱买书包给他,还借其他老师的录音机给盲生用,在得知盲童家庭经济困难后,发动广大师生为盲童献爱心为盲童捐款捐物,全校教师捐款 160 多元买回一台收录机让盲童使用,学生捐献各种挂历、杂志封面给盲童当扎写纸①。内蒙古锡林郭勒盟盲生王建锋,在金钥匙工程开始前曾经上过学,因为实在受不了同学们的欺侮而辍学了,2000 年金钥匙工程启动的时候,村小校长安排教师贺有担任王建锋的辅导教师。贺老师开始的时候感觉很为难,但是后来爱上了这个工作。贺老师发现王建锋很爱音乐,就希望多给他一些帮助,2001 年贺老师和县巡回教师塔娜评上了优秀教师,两人把奖金拿出来为王建锋买了一架电子琴,买回后,贺老师自学简谱和弹琴,一边学一边教王建锋②。

5. 创造性的工作,满足视障儿童受教育的需要

徐白仑一直强调基层教师的创造性探索是本土化金钥匙模式形成的基础。在视障儿童融合教育实践中,基层的干部和教师饱含爱心创造性地解决视障儿童学校教育中遇到的问题,促进视障儿童的健康成长。金钥匙盲童教育计划中基层干部和教师的创造性实践已经在第二章第五节做了总结。金钥匙工程的成功开展同样离不开基层的干部和教师的创造性实践。广西盲童蓝汝娥的辅导教师吴卫国潜心研究大胆创出了一套盲文字母点位直摸图形,帮蓝汝娥攻破了摸读关;蓝汝娥对"比多、比少、倍数的复合应用题"感到难学的时候,吴老师自制了一个长方体的文具盒式算理器,让她天天摆摸算理器以明白算理,提升解题正确率;吴老师所在的龙林小学是一个三级复式教学点,教材内容多,各年级直接教学时间少,吴老师努力做到明盲兼顾,比如他在教室外指导明眼学生写观景作文的时候,盲生则写感到、触到、想到的作文,明盲生的作文互相补充,共同提高③。内蒙古金钥匙工程中赤峰市阿鲁科尔沁旗教育局和学校的基层干部创造性地开展了盲生从小学升入初中的转衔工作。盲生李雪松小学毕业半年前,要升入的中学就开始精心选拔任课教师并组织这些教师深入李雪松所在班级听课,与盲生和辅导教师座谈;旗教育局对初中新选报的教师进行了培训,并制定了奖惩措施;盲童入学后安排原小学的辅导教师继续担任盲生所在班级一个科目的教学工作,负责盲生的盲文辅导和生活指导工作,在各科教学需要的时候课上陪读,并通过爱心小餐桌、游戏小伙伴、助学小伙伴解决初中住校的食宿、生活自理、学习辅导等各方面的难题,用事实证明,只要措施到位,盲童在初中随班就读是完全可行的④。

基层干部和辅导教师原本也有对学生的爱心和对教育的责任感,但是金钥匙融合教育实践中这些干部和教师迸发了更加强烈的爱心,甚至是不惜冒着生命的危险,不顾自己孩子的照料也要帮助视障儿童,这种情况不是个案,是基层干部和辅导教师的普遍的写照。有些辅导教师还经历了从勉强接受任务到渐渐地爱上这个工作而忘我工作的

---

① 梁全进. 广西视障儿童随班就读的实践与探讨[M]. 北京:华夏出版社,1999:29.
② 贺飞. 我是一名普通的乡村教师[Z]. 金钥匙简报 0203 号,2020-03-31.
③ 梁全进. 广西视障儿童随班就读的实践与探讨[M]. 北京:华夏出版社,1999:37.
④ 徐白仑. 金钥匙视障教育运作手册[M]. 北京:华夏出版社,2008:249.

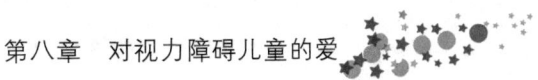

心路历程。金钥匙融合教育实践为什么激发了教育工作者更加强烈的爱心和责任感呢？这是一个需要深入探讨的问题,在分析材料的基础上本研究归纳为五个方面的原因。一是教师认识的提高。金钥匙融合教育项目在各类师资培训中积极宣传《义务教育法》和相关教育理念,让基层干部和教师深刻认识到视障儿童少年同样依法享有义务教育的权利。第二,基层干部和辅导教师深入接触视障儿童后,产生了强烈的被视障儿童需要的感觉。这种感觉唤起了基层教育工作者强烈的爱与责任感,并进而迸发出原先不曾有过的爱的能量。三是好的工作氛围。金钥匙工程实施前,群众觉得盲童读书不可思议,往往采用观望、怀疑、诋毁、挖苦的态度;有些乡镇及县一级领导只是把盲童随班就读当作任务来做,不看好前景,更不相信能做出什么名堂,有时责怪老师本末倒置,把心思放在盲生身上是浪费时间和精力,做无用之功;金钥匙工程实施后,情况大为改观,各级领导重视视障儿童的教育工作,视障儿童随班就读有任务、有方案、有检查,辅导教师也感觉有奔头,干劲足[①]。四是促进视障儿童发展带来的成就感,让基层干部和辅导教师能够坚持克服重重困难,持续助力视障儿童的发展。金钥匙工程通过三期评估和各种活动及时、充分展示了每个视障儿童的进步,增强视障儿童的自信心,同时也使得辅导教师感受到辛勤付出的价值和意义。

第五,从生理上看,金钥匙视障儿童融合教育的实践也促进了基层工作者身体中能引发愉悦感受的神经递质的分泌。人在人际关系中,感受到自己对他人的影响力时,就会激发大脑中血清素的产生,让人产生幸福满足感[②]。被视障儿童需要以及视障儿童的进步,让辅导老师感受到自己对视障儿童发展的强大影响力,体验到自己的生命价值感,促进了辅导教师身体中血清素的分泌。任何能够增强人们爱、归属感和信任感的人际互动行为都会促进大脑分泌催产素,让人感到快乐幸福[③]。基层工作者在实践中与视障儿童之间充满爱与信任的互动,也会促进基层工作者身体中催产素的分泌。金钥匙融合教育项目是处处体现对视障儿童爱心的项目,项目中为每一名视障儿童配备了辅导教师。在视障儿童正式入学前,辅导教师就利用暑假就对视障儿童进行心理疏导和盲文辅导,与视障儿童建立了良好的师生关系。视障儿童入学后,辅导教师作为班主任积极营造良好的班级氛围,促进视障儿童尽快适应学校生活,辅导教师成为视障儿童在学校中最信任、最依恋的人,这种信任和依恋的关系会促进辅导教师身体中催产素的分泌,让辅导教师感到幸福愉悦的同时,也会让辅导教师对视障儿童的特殊教育需求有更加灵敏的反应,能更主动地通过创造性的工作满足视障儿童的特殊教育需求。总之,在金钥匙视障儿童融合教育实践中,基层工作人员并不是一种单向的付出,血清素、催产素作为能够引发愉悦感受的神经递质,让基层干部和辅导教师在工作中获得了持续的幸福感,促进了基层工作人员精神世界的跃升。

---

① 2023年3月1日对广西金钥匙工程一位辅导教师的访谈记录。
② 彭凯平,闫伟. 活出心花怒放的人生[M]. 北京:中信出版社,2020:28.
③ 彭凯平,闫伟. 活出心花怒放的人生[M]. 北京:中信出版社,2020:27.

五、爱缘何链接

徐白仑开展视障儿童文化和教育事业得到了社会各界人士的支持,是什么力量,让不同年龄、不同职业的人关注和支持徐白仑开展的视障儿童文化和教育事业?分析这些支持者能发现他们内在就非常关爱视障儿童,同时他们又非常认可徐白仑的忘我奉献精神。

(一)对视障儿童的关爱

关爱视障儿童是人们链接到金钥匙视障儿童教育活动的基础。这些人中,如黄乃、滕伟民、张德辉等本身就是盲人,他们有失明的切肤之痛,对视障儿童的需要感同身受,一旦有机缘接触到为视障儿童谋幸福的活动就会全力以赴。金钥匙还得到了很多政府官员的支持,虽然他们不直接分管视障儿童的教育工作,但是他们把关爱视障儿童作为自己的责任,尽可能为徐白仑开展金钥匙视障儿童教育活动提供支持。巴金、冰心、叶圣陶等著名文人,本身就是仁爱的使者,他们在用作品传播真善美的同时,也对视障儿童饱含柔情,渴望为视障儿童带去温暖。普通的志愿者,就是一束束爱的火种,他们把平等无私的爱给予了需要帮助的视障儿童。各级教育行政部门和一线教师的工作和视障儿童密切相关,接纳和爱包括视障儿童在内的所有的儿童是他们的职责所在。

这些对视障儿童的关爱是一种怎样的爱呢?

首先是理解尊重视障儿童,培养他们成长为对社会有贡献的人。在第一次夏令营闭幕仪式上,当一位女老师领着一名瘦小的盲童从人群中挤到邓朴方身边滔滔不绝地讲孩子过往被遗弃的悲惨经历的时候,邓朴方把孩子拉到身边,对周围的人说:"这不是他的错,不要总是想让别人怜悯他,他最需要的是平等相待,是理解和尊重……"[①]是的,爱视障儿童,不是怜悯,不是同情,更不是当众撕开视障儿童的伤口博取眼球,爱视障儿童,首先是把他当成一个平等的人来看待他,保护他们的自尊,倾听他们的心声,尊重他们的隐私,维护他们的受教育权力,让他们成长为对社会有用的人,成为生活的强者。在《中国盲童文学》创刊号上,时任团中央书记的李源潮代表全国少工委的题词写道:"希望越来越多热心于传递光明的人帮助失明的孩子们了解社会,适应社会,自立于社会,有益于社会";中国残疾人福利基金会原秘书长王鲁光列举了许多为人类作出杰出贡献的双目失明的人,用事实告诉盲孩子"即使双目失明,只要肯学习、有毅力,心中充满对生活的热爱,有为人类社会进步做贡献的高尚理想,就一定能成为一个对祖国、对人民有益的人[②]"。康克清在"第一届全国盲童夏令营"开营式贺信中对盲童写道:"你们和健康的孩子一样,都是我们祖国的花朵。希望你们努力学习,奋发向上,长大成为有用的人才[③]"。"第二届全国盲童夏令营"邓朴方在贺信中写道:"希望你们从小做到

---

① 徐白仑. 霜叶舞秋风 盲人徐白仑八十自述[M]. 北京:中国盲文出版社,2009:195.
② 徐白仑. 霜叶舞秋风 盲人徐白仑八十自述[M]. 北京:中国盲文出版社,2009:161.
③ 徐白仑. 霜叶舞秋风 盲人徐白仑八十自述[M]. 北京:中国盲文出版社,2009:182.

心中有祖国,心中有人民,心中有集体,心中有他人;希望你们努力学好为人民服务的本领,长大成为对祖国,对社会有贡献的人①。"

图 8-7 1986 年第一届全国盲童夏令营闭幕仪式上邓朴方(左一)、
黄乃(右二)、徐白仑(右一)与盲童在一起

从康克清、邓朴方、李源潮、王鲁光对盲童说的知心话中,我们看到他们都共同希望盲童从小树立正确的人生观,成长为对社会有贡献的人,只有这样盲童才能最终感受到自身生命的价值,成为不依附于他人的平等的社会成员。徐白仑也正是基于这样的想法开展盲童教育计划、金钥匙工程,使失学的视障儿童获得高质量的教育,获得发展的机会。

其次是给予视障儿童温暖和欢乐,让他们体验当下的幸福。视障儿童由于生理存在一定的缺陷,容易产生自卑心理,有些视障儿童家长在养育过程中不能科学对待他们,也容易导致他们从小就无法建立安全感,如果孩子在 7~14 岁时依然不能获得安全感,孩子就会变得畏缩、内向、不快乐,影响发展自信和信任的品质。在集社会各界力量举办的三届全国盲童夏令营中,包括普通儿童在内的社会各界的爱给盲童带来了心灵的温暖,给盲童带来了快乐,满足了盲童安全、交往、尊重的基本心理需要,也从舆论上动员了社会各界要关爱视障儿童。在盲童教育计划和金钥匙工程开展期间,盲童走入了学校,在学校生活中感受集体生活的温暖和成长的快乐。

再次是塑造视障儿童积极向上的精神世界,增强克服困难的勇气和信心。徐白仑指出盲孩子"未来的道路要比一般孩子坎坷得多,只有面对现实,热爱生活,勇于和命运

---

① 徐白仑. 霜叶舞秋风 盲人徐白仑八十自述[M]. 北京:中国盲文出版社,2009:222.

拼搏，才能真正成为生活的强者"，《中国盲童文学》的创办就是为了增添孩子们的勇气、自信和希望①。1988年的全国盲中学生智力竞赛展示了盲生的聪明才智，树立了盲孩子的自信。国家教委副主任柳斌在贺信中指出，通过竞赛"对鼓励盲学生更奋发地学习、拓宽知识面、进一步树立信心、自强不息有很好的推动作用"。竞赛的主持人李其震说："盲孩子们不仅在各种感知觉方面具有巨大的潜能，而且在记忆力、逻辑思维能力方面也优于同龄的健全孩子，消除歧视，努力挖掘和培养他们的潜能，应该是全社会的责任。"参赛选手马琴芳自从参加了智力竞赛，她的心态完全改变了，她由衷地感到，只要自己肯努力，敢拼搏，完全可以有所作为，完全可以做自己命运的主人②。视障儿童有着无限的发展潜能，盲童教育计划、金钥匙工程在开展的过程中许多视障儿童在老师的精心培育下成长为优秀的中小学生，有了与命运搏斗的勇气和底气。

（二）对徐白仑忘我奉献、勤奋工作精神的认可

徐白仑作为一个盲人，超越个人的不幸，为了盲童的教育，不辞艰辛，在没有任何资源的情况下锲而不舍、无私无惧地四处奔走，感动了许多关心视力障碍儿童的人，他们心甘情愿地为徐白仑提供支持。康克清指出徐白仑"是盲人，但为了办《中国盲童文学》和盲童夏令营，他不辞艰辛，多方奔走，忘我工作，这种精神是值得我们学习的"③。"真者，精诚之至也，不精不诚，不能动人"，徐白仑至诚的忘我的工作精神吸引了各行各业同频的人支持视障儿童的教育工作。

随着《中国盲童文学》和第一届盲童夏令营的成功开展，徐白仑做事情的能力和苦干的精神得到了社会的广泛认可，最初的支持者又通过组织关系、私人关系帮助徐白仑链接到大量的视障儿童教育的支持者。随着盲童教育计划的深入开展，徐白仑开创的视障儿童一体化教育得到了国际社会的认可，一些慈善基金会开始资助金钥匙中心开展视障儿童融合教育活动。

很多的支持者因为徐白仑为视障儿童做了他们想做而做不了的工作，内心对徐白仑充满感谢。

第三节 对视障儿童的爱心培育

徐白仑带领志同道合的人们谱写的视障儿童教育篇章是1985—2010年特殊教育发展历程中的一个典型，是众多特教工作者爱心培育视障儿童事迹的一个体现。这种爱的经验，启示我们今天的特殊教育工作者站在更高的起点上开展高质量的教育工作。

---

① 徐白仑. 霜叶舞秋风 盲人徐白仑八十自述[M]. 北京:中国盲文出版社，2009:162.
② 徐白仑. 霜叶舞秋风 盲人徐白仑八十自述[M]. 北京:中国盲文出版社，2009:213-214.
③ 徐白仑. 霜叶舞秋风 盲人徐白仑八十自述[M]. 北京:中国盲文出版社，2009:182.

一、要关注视障儿童精神的发展

教育的核心功能是培育人,而人除了生理、社会性的发展之外还有精神的发展,教育需要引导学生去探索自己的心灵并了解人类存在的终极价值,让学生理解人生的意义,引导他们寻找正确的生活方式。

在现代性的冲击下,人的发展面临着危机。20世纪具有世界影响的俄罗斯思想家别尔嘉耶夫认为是"客体化"导致了人类陷入悲惨的、不自由的境地,客体与主体关系的异化,作为"真正存在"的主体被客体所压迫与奴役[1]。虽然他没有给出科学的解决办法,但是他的论述启示我们个体精神发展的重要性,以及现代人内在的精神性追求被蒙蔽的现象。人本主义心理学家马斯洛晚年基于众多个案的观察得出了人有追求内在价值的需要。我们的教育需要激活学生精神成长的需要。但是教育在现代化的转型中也发生了变异,它从指向人自身的存在,变异为征服、占有世界的工具[2]。英国历史学家汤因比指出现代的教育陷入了功利主义的泥潭,这带来了两个弊端,其一是学问知识被当成了政治或经济的工具,失去了其原本具有的主体性,进而也就丧失了尊严;其二是只有能带来实际利益的知识和技能受到承认和追捧,因此做事业学问的人们沦为知识和技术的奴隶,由此所导致的后果便是人类尊严的丧失[3]。在中国特色社会主义新时代,我们要回归真正的教育,教育不是追逐名利的工具,教育在传授知识和技能的同时还要让学生探究人类基本生存理念和人类存在的根本,找寻到人生的意义和方向,让知识和技能服务于个体精神的发展和人类的福祉,达到知识、技能与个体精神发展的融合。

视障儿童由于生理上的特点,天然地会对人生意义和价值有更多思考,但是如果没有引导也容易走弯路,有可能会陷入自卑退缩而找不到生活意义的状态。孔子说"四十不惑",但是有些残障人士在很年轻的时候就明白了自己生命的方向和价值。患有成骨不全症的全国自强模范刘大铭在与俞敏洪对话中谈到支撑自己去克服困难的内核主要来自两个方面,第一个是14岁前自己拼命地想做好自己,非常想证明自己,用生活中的奋斗来调和身体上的缺陷。另一个是22岁读大学一年级的时候,自己转变为非常想去成全他人,认识到人生的高度不在竞争中获取意义,应该去做一些超越竞争的事情。而这两个方面正好对应俞敏洪五十多岁悟出的一个人两大生命目标——修炼自己,造福他人[4]。徐白仑50岁失明后也是走过了一条从证明自己到造福他人的精神之路。一个人精神的格局小了,光想着自己的时候,就容易心生恐惧、贪欲、嗔恨之心;当一个人的精神格局变大了,心不再局限于自己的时候,天地就变宽了;当心和万物融为一体的时候,方能体会到宁静与圆满。教育肩负对视障儿童进行精神培育的重任,教育应该打

---

[1] 周来顺.现代性危机及其历史救赎——别尔嘉耶夫历史哲学理论研究[J].求是学刊,2017,44(04):8-16.
[2] 鲁洁.边缘化 外在化 知识化——道德教育的现代综合症[J].教育研究,2005(12):11-14+42.
[3] 汤因比,池田大作.选择生命——汤因比与池田大作对谈录[M].北京:商务印书馆,2017:80.
[4] 俞敏洪,刘大铭.老俞闲话|精神的力量——与刘大铭对谈(下)[EB/OL].(2021-12-16).https://new.qq.com/rain/a/20211217a0199n00.

开视障儿童的智慧之眼,让他们走出个人狭小的世界,去体验更加宽广的人生境界,去成为超越型的自我实现者。教育工作者要积极总结精神发展的规律,用科学方法引导视障儿童在精神的成长上少走弯路,避免失误,让他们真正接纳自己,珍惜自己,看到自身的价值,勇于用自己的聪明才智去开拓美好的人生。

二、教师要具备成为"仁师"和"人师"的素质

教育首先是爱的事业,教师要成为会爱学生的"仁师"。仁者,爱人,教师要具备爱的能力。教师的心应该能够源源不断地流淌出爱的能量并通过自己的言行举止传递给视障儿童,让他们感受到温暖、尊重和被理解。教育部前部长陈宝生在2018年全国教书育人楷模座谈会上曾说:"教育是仁术……教师要以爱为核心做学生成长的领路人,将师爱贯穿于学生人生观、价值观和社会观的形成过程中[①]。"仅仅能够传授知识和技能的老师不符合仁师的标准,真正的仁爱应该是以对生命本质,对人性的清晰洞察为基础的,教师的仁爱会依托老师的音容笑貌发挥巨大的育人功能,这样教师本身就会成为最好的教育工具。

受科学实证主义哲学观念的影响,长期以来,一些教师简单地认为教育客观规律一定会在实践中起作用,实践中遇到了问题总是期望多学习各种教育理论来解决,陷入了一种从客观规律到实践,实践遇到了问题再去学习更多的客观规律的泥潭,没有关注自身的育人作用。其实并不是客观规律没有用,这些客体化的知识需要经由教师情感再孕育,才能转化为影响人的力量。教育是以爱为基础的职业,当教育工作者把学生当作活生生的人去关爱,各种教育规律才能够发挥对学生的影响作用。所以作为视障教育工作者,第一步就是要学会爱孩子,与儿童形成精神上的连接。徐白仑通过自身的失明和磨难达成了对视障儿童的深度理解,形成了与视障儿童内在情感和精神上的连接,视障儿童的需要推动他无私无畏地开展了视障儿童融合教育。他这种实践不仅感化了视障儿童,而且还感化了一批从事特殊教育工作的教师和干部,大家和徐白仑一起一点点摸索视障儿童融合教育的规律。徐白仑开展融合教育的经历深刻说明了先要有情感才会有真正的教育。爱是教育的出发点,离开了情感,一切教育都无从谈起,每个教师内心都有仁爱的基础,教师要向内唤醒自己的爱,并透过自己的音容笑貌向学生传递爱。

教师还应该成为"人师",成为视障儿童人生的引路人,为他们指点迷津,引导他们精神的成长,让他们看到希望之光。我国自古就有"经师易遇,人师难遭"的成语,人师要能承担起育人的重任,自己先要成为一个完善的人,要有境界、有德行、有阅历。丰富的人生阅历可以为精神境界和品德的提升提供感性的养料,视障教育工作者一方面要注重吸收生活中的营养,另一方面还可以通过阅读哲学书籍和人物传记来弥补自身生活的局限性。

---

① 微言教育.教育部长陈宝生:教师应当成为最受尊敬、最受羡慕的职业[EB/OL].(2018-09-03).https://baijiahao.baidu.com/s?id=1610586817389738261&wfr=spider&for=pc2018-09-03.

"仁师"和"人师"的标准对教师的个人素质提出了很高的要求,当今许多老师还无法达到这样的一个标准,但是应该看到,成为"仁师"和"人师",也是指向教师幸福的道路。美国著名心理学家麦克利兰于1973年提出关于胜任力的冰山模型,该模型把胜任力形象地描述为漂浮在水面上的冰山,知识和技能是在水面以上的部分,是容易改变的胜任特征;而自我概念、特质和动机部分是属于潜藏于水下的深层部分,是不易改变的胜任特征,但它们是个人驱动力的主要部分,也是人格的中心能力,可以预测个人工作上的长期表现[1]。当今我国的师范教育在教师的专业知识和技能的培养上已经取得了很多经验,但是教师胜任力冰山之下的部分却还没能充分而有效的加以培养,教师的仁爱之心、精神成长还缺乏行之有效的培养路径和考核标准,未来师范教育的改革还任重而道远。

三、围绕视障儿童的需要进行教育实践的创新

教育中爱视障儿童不是一句空话,爱的精神应体现为围绕视障儿童的需要进行教育实践创新的勇气。

英国历史学家汤比因指出社会的任何组织以及制度都是以某种哲学或者宗教为基础的,这些精神基础决定了组织的善恶,精神基础也奠定了组织变革的基础[2]。马斯洛晚年在人格理论的基础上提出了社会组织管理中的Z理论,他认为基于人的超越型需要的管理就要考虑到超个人的价值、存在价值或宇宙价值的激励作用,人具有为比自我更大的目标而献身的需要和自我牺牲的精神[3]。义务教育是基本的公共服务,具有公益性,义务教育组织更应该建立在这种超越性需要的基础上,为人类和社会公众的福祉而服务,除此之外不应该有任何私利。义务教育组织及其成员应该有希波克拉底式的誓言,宣誓奉献于人类的教育事业,坚持为人民服务的最大化,而不是自身利益的最大化。党的二十大报告提出的"办好人民满意的教育","坚持以人民为中心发展教育"[4]的思想就饱含着教育的最根本的价值追求。学校教育组织牢固地树立"办好人民满意的教育,以人民为中心发展教育"的思想并根据服务对象细化为组织理念,才能为满足包括视障儿童在内的所有儿童发展的创造性工作打下基础。徐白仑建立的金钥匙视障儿童教育研究中心以"维护视障儿童的生命价值,满足视障儿童教育需要"作为组织核心理念,为组织带来了动力和凝聚力,为创造性地开展了视障儿童融合教育提供了思想基础。

基层学校及其制度在保障视障儿童的教育需要方面发挥着重要的作用。制度继承着过去的经验,随着实践的发展,当制度和满足视力障碍儿童复杂多样的受教育需要之间存在一种张力的时候,学校和教师一定要本着儿童教育需要第一的原则,不断调试制度去满足视障儿童的需要。每一个教师都应该具备判断学校育人目标和现状一致性的

---

[1] 张绍泽.人力资源管理六大模块实操全案[M].北京:中国铁道出版社,2020:64.
[2] 汤因比,池田大作.选择生命——汤因比与池田大作对谈录[M].北京:商务印书馆,2017:187.
[3] 郭永玉.马斯洛晚年的超越性人格理论的形成与影响[J].华东师范大学学报(教育科学版),2002(02):53-58.
[4] 习近平.高举中国特色社会主义伟大旗帜 为全面建设社会主义现代化国家而团结奋斗——在中国共产党第二十次全国代表大会上的报告[EB/OL].(2022-10-25).https://www.gov.cn/xinwen/2022-10/25/content_5721685.htm.

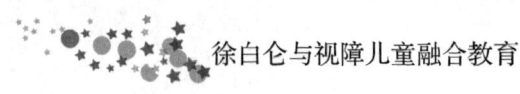

智慧，以及不一致时改革学校组织制度的勇气和执行力。20世纪80年代，徐白仑发现还有大量盲童因为种种原因没能上学后，提出了盲童教育计划让盲童扫盲后就近入学读书，就是一种有勇气的大胆尝试，他的创新方法为我国1988年正式提出随班就读政策奠定了实践基础。

　　金钥匙融合教育项目是有期限的，徐白仑在实践中发现项目结束之后，有些学校和地方又回到了往常的运行机制，他常常为视障儿童融合教育的可持续发展而苦恼。当教育管理者仅仅维持学校教育系统的运转而忽视最弱势学生的教育需要的时候，他们就会变成学校教育制度的机械执行者，就会陷入优先考虑维持制度这一思维之中，忽视了学校最根本的价值追求，这对于学校教育制度的优化是非常有害的。尽管当前我国已经建立了随班就读的支持保障体系，视障儿童融合教育的可持续发展得到了一定程度的保证。但随着视障儿童义务教育的普及，视障教育中也面临新的挑战，传统盲校面临生源不足、机构转型、师资结构不合理等问题。目前我国特殊教育学校视障教育师资整体上比较充足，但缺少胜任高考科目教学的师资和职业教育的师资。而视障者因自身视觉的缺失，存在择业选择面窄、就业渠道单一、就业质量不高等情况[①]，中等和高等视障教育亟需整合社会资源，拓宽视障学生的职业门类，并为视障生的多渠道就业打通行业可能存在的限制性壁垒。视障教育的高质量发展任重而道远，让视障学生获得公平且高质量的教育应该成为每一个承担视障教育的社会组织及其成员的价值追求，而这种价值追求是推进组织制度变革以真正满足视障学生复杂多样的受教育需要的精神推动力。让我们以金钥匙融合教育中徐白仑和广大特教工作者所彰显的无私忘我、不畏困难勇于探索、甘为人梯服务社会的精神为榜样砥砺前行。

图8-8　1996年徐白仑和基层教育工作者深入广西山区走访盲童家庭

---

① 谢悦.深度报道《多元就业有多远？视障者职业观察》[D].南宁：广西大学，2022.

附 录

附录1 徐白仑的主要经历[①]

1930年出生于天津

1955年毕业于南京工学院建筑系

1955—1971年在北京市建筑设计研究院任建筑师

1971年因医疗事故失明

1971—1983年从事儿童文学创作

1984年第一任妻子朱益陶去世

1985年《中国盲童文学》创刊并任主编

1986年以"祖国处处有亲人"为主题,在北京举办"第一届全国盲童夏令营"

1986年组织编写《送你一把金钥匙盲文扫盲系列读物》

1987—1990年开始与地方合作开展"金钥匙盲童教育计划",1990年后协助政府开展视障儿童随班那就读实验

1988成立金钥匙盲童教育研究中心并任主任

1988年在北京举办"全国盲中学生智力竞赛"

1989年金钥匙盲童教育研究中心更名为"金钥匙视障教育研究中心",并任主任

1989年以"平等回归"为主题,在青岛举办"第二届全国盲童夏令营"

1991年以"民族团结"为主题,在内蒙古举办"第三届全国盲童夏令营"

1992年在北京举办"盲童画展"

1994—1995年与地方政府合作开展"低视力儿童随班就读项目"

1994年倡导成立了国际视障教育协会中国分会并当选为中国分会主席,并于1994年、1995年、1996年、1998年举办4次国际学术交流会

1996年与第二任妻子纪玉琴结婚

1996—1998年与地方政府合作开展广西金钥匙工程

1999—2003年与地方政府合作开展内蒙古金钥匙工程

1999年成立金钥匙视障教育研究中心董事会

[①] 徐白仑的生平经历根据《霜叶舞秋风 盲人徐白仑八十自述》、金钥匙视障教育研究中心网站创办人简介的相关资料整理。具体参见徐白仑.霜叶舞秋风 盲人徐白仑八十自述[M].北京:中国盲文出版社,2009. 金钥匙视障教育研究中心. 创办人简介,徐白仑简历[EB/OL].http://www.goldenkey.org.cn/cn/Intro/founder_cn.html.

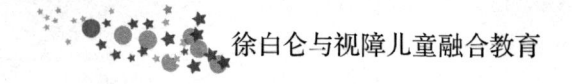

2002年在北京举办《中国盲童文学》创刊百期纪念活动,并举办以"盲童文学伴我成长"为主题的作文比赛

2004—2008年进行陕西金钥匙工程咸阳示范区项目

2005—2009年进行黑龙江金钥匙工程齐齐哈尔示范县项目

2009—2010年进行金钥匙行动

2009年与中国盲协等单位合作,举办全国盲校学生讲故事大赛系列活动

2010年10月金钥匙视障教育研究中心转交给中国残联人联合会,并举办了隆重的交接仪式

附录2　徐白仑所获荣誉[①]

1986年被评为北京市优秀党员

1987年获全国五一劳动奖章、北京市劳动奖章

1988年获北京市劳动奖章

1991年被中残联、人事部授予"自强模范称号",第二次被评为北京市优秀党员

1992年被国务院授予"有杰出贡献的少儿工作者"称号,授予"热爱儿童奖"

1994年获中国福利会授予的"宋庆龄樟树奖"

1996年被联合国教科文组织授予"柯美纽斯奖",以表彰其在教育研究和创新方面的杰出成就

2000年获中日联合颁发的"内藤国际育儿奖"

2012年获国际视障教育协会的"国际卓越成就奖"

[①] 金钥匙视障教育研究中心.徐白仑所获荣誉[EB/OL].[2012-02-16].http://www.goldenkey.org.cn/cn/Intro/founder_cn.html.

附录3　崔永元《不过如此》节选

活　着①

乌龟说：人说话的语言不同，但是咳嗽声音都一样。

——外国谚语

1

到北京参加第一届全国盲童夏令营。

报到时，主办单位点名，广播电台的来了没有？

在我回答的同时，一个男孩顺着声音摸了过来，看上去八九岁，一口的天津话。盲童杨雪元说，我想去你们电台吹笛子。我说为什么？他没回答，又回问了我一个问题：是不是在电台听收音机声音最大？

我们笑了，盲孩子们单纯得可爱。

我们是指，我、郭林雄、张浩，中央人民广播电台的3个记者。

夏令营的活动很丰富，没开什么会议，每天安排孩子们用脚和手去参观。他们去摸了长城，他们去摸了大会堂和纪念碑。

在纪念碑前，孩子们的身形就像一座雕塑，《中国日报》记者郭建设不失时机地拍下了这一经典的画面。

进大会堂时，工作人员还沉着脸向带队人宣布纪律，不准上主席台。就在这时，孩子们簇拥着摸了进来，那位工作人员、一名中年女性，一扭脸就被打动了。她退到一边，让孩子们摸上了主席台。孩子们摸到了主席、总理的位置，一下子坐了上去。另外两个孩子高兴了，在台上翻起跟头。连红旗下都站着孩子，撩起红旗往自己脸上贴，看到这一幕的人都在擦泪。

在这之前，张浩采访过北京残疾人运动会。他说，和他们打交道，总有些感觉让你意外。组委会一位无臂的朋友边走边接受采访，他忽然停下来对张浩说，劳驾您帮我提上鞋。

刚刚建成的密云国际游乐场全天为孩子们免费开放。坐过山车的时候，我挤了上去，一圈下来，我觉得天旋地转，回头一看，孩子们没有下来的意思。一口气，每人又转了3圈。孩子们用尖叫声表示他们内心的幸福和满足。我想，对他们来说，世界永远不会旋转，也许，世界真该是盲孩子们感受的这样。

孩子们吃盒饭，菜和饭分得不像我们那样清楚。所以有时连吃几口饭，有时又连吃

---

① 崔永元.不过如此[M].北京：华艺出版社，2001：175-177.

几口菜。吃饱了,同样心满意足。也许,饭就该是这样吃法。

　　熟悉了,一个孩子悄悄告诉我,他不是生下来就看不见,他看过世界。他对我说,他见过树,树是绿的。郭林雄回到宿舍连夜写了稿子,他说最喜欢盲童夏令营的徽章,上面用盲文写着两个字,从左到右是,我爱,从右到左是,爱我。

附录4　襄垣县人民政府关于开展盲童教育的决定[①]

襄垣县人民政府文件

襄政发〔1987〕36号

襄垣县人民政府关于开展盲童教育的决定

为了进一步贯彻《中共中央关于精神文明教育建设指导方针的决定》和《中华人民共和国义务教育法》,使残疾人进一步受到文化知识和理想品德教育、社会主义人道主义教育。使所有的残疾人鼓起生活的勇气,激发生活的热情,特对我县开展盲童教育作如下决定:

一、深入调查、摸清底细

民政部门要在六月十五日以前摸清全县盲童及有关方面情况。

1.摸清7—15岁的盲童及视力、家庭经济状况,在家庭中的地位以及住址与学校的距离。

2.初步摸清盲童的性格、爱好、兴趣、特长。

3.摸清盲童所在村组的经济收入以及社会对残童的看法。

4.了解盲童所在村学校教师的文化结构,业务能力和少先队活动状况。

二、大力开展各项有益于盲童身心健康的活动

1.县教育局、团县委、县妇联要从六月份起在全县少年儿童中组织进行以理解、尊重、关心、帮助盲童为主要内容的社会主义人道主义思想教育,使明眼儿童充分认识到关心、帮助盲童是社会主义道德的组成部分。利用报纸、广播、板报等宣传工具,大力宣传"建立和发展平等、团结、友爱、互助的社会主义新型关系"的内容,以唤起社会对盲童教育的重视。

2.有关学校的少先队要开展明眼儿童与盲童交朋友活动,做到交友诚心,活动经常,并能帮助解决一到两个实际困难。

3.在全社会大力开展"为盲童送温暖"活动。使盲童感到社会的温暖,激发盲童生活的热情,教育盲童树立起生活的勇气,与明眼儿童共同成长。

4.广泛宣传残疾人中自强不息、奋发向上的优秀代表,注意培养、发现当地残疾人中的新人新事,组织盲童学习身边典型,争做生活的强者。

5.举办能激发少儿互助友爱精神、鼓舞盲童增强生活勇气的竞赛活动,表彰在这一活动中做出成绩的先进集体和优秀个人。

三、培训师资,抓好教学

为了使盲童真正掌握一定的盲文知识,成为社会的有用人才,由教育局牵头,于七月中旬组织热心盲童教育、事业心强、学龄盲童所在村的教师进行盲文知识的培训。并

---

① 襄垣县人民政府.襄垣县人民政府关于开展盲童教育的决定[Z].金钥匙视障研究中心内部资料,1987.

在培训的基础上,根据实际、实效的原则,从今年九月份开始对盲童进行传授盲文知识,使所有学龄盲童初步掌握盲文基本知识和文化知识。

四、总结验收,摸索规律。

明年三月份进行总结验收。由县盲童教育领导组统一组织进行检查验收。验收的主要条件是:看盲童的处境是否得到了改善,是否得到社会的关心和爱护;看盲童教育是否得到社会的重视;看盲童是否掌握了一定的盲文知识;看盲童是否树立了做生活的强者的信心。为此,凡有盲童的乡(镇)、乡(镇)教办应将搞好教育工作为自己的工作职责,在具体工作中加以认真落实,抓出成效。通过开展盲童教育,发挥我国社会主义制度的优越性,开创普及盲童教育的新途径。

附:襄垣县盲童教育领导组名单

襄垣县人民政府
一九八七年六月一日

主送:各乡镇人民政府、县有关委办局、各有关单位。
抄报:市政府
市教育局、市民政局、团市委、市妇联
县委、县人大、县政协、县委宣传部

襄垣县人民政府办公室
一九八七年六月十日
印发共印 100 份

山西省襄垣县盲童教育领导组

组　　长:曹焕兰(副县长)
副组长:申维隆(宣传部副部长)
　　　　王保弟(县妇联主任)
　　　　刘兴民(团县委副书记)
王怀珍(教育局副局长)
　　　　王应珍(县盲聋哑协会副主席)
下设办公室:
主　　任:崔映芳(教育局学校股负责人)
副主任:赵树斌(教育局团委负责人)

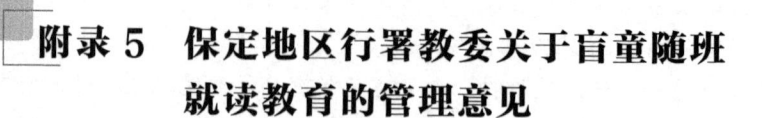

附录5　保定地区行署教委关于盲童随班就读教育的管理意见

保定地区行政公署教育委员会文件

(1993)保政教字第18号

保定地区行署教委关于盲童随班就读教育的管理意见

近几年来,我区经试点试验,逐步推广了"盲童经入学准备后,与正常儿童共同学习的随班就读教育"。实践证明:盲童随班就读是适合发展盲童教育的一种重要的办学形式。我区现有学龄盲童86人,已入学59人。为加强盲童随班就读教育的管理,不断提高教育质量,现提出如下管理意见:

一、盲童随班就读实行地区、县、乡、学校分工管理

1. 地区、市县教育行政部门及学校的主要任务

地区设特教专职干部负责盲童随班就读教育的统一规划、教师培训及沟通盲教信息;市县教委设盲童随班就读教育总辅导员,负责组织适龄盲童调查摸底,审查任教教师,组织教师参加培训,进行巡回辅导、检查,统一订购教学用具、图书资料等;乡校在与市县教委共同做好盲童摸底登记工作的基础上,主要负责组织盲童的入学准备和入学后的教育教学工作。

2. 地区、市县和乡校分级建立盲童档案

市县教委负责建立0—18周岁视力残疾儿童文化户口档案。每年九月份由村(街道)委员会负责监督,家长申报,市县、乡教委及学校统一测试,登记造册,一式三份,分别由地区教委普教科,市县教委普教股和负责登记的小学备案。盲童所在小学要单独建立学生档案,详细记录盲童在校的学习和生活情况。

3. 盲童随班就读教师,由市县选配,地区培训

地区统一掌握盲童的底数卡片,就学人数,盲童随班就读教师由学校推荐,市县教委审查选派,地区组织统一进行专业培训,坚持"先培训,后上岗"的原则。市县选派任教教师应坚持以下几个条件:(1)能够胜任小学大循环教学,热心盲童教育。(2)具备中师或高中学历,有一定教学经验。(3)年龄在35岁以下的年轻骨干教师。

二、盲童随班就读的培养目标

盲童小学教育的任务是贯彻普通小学教育教学任务要求的同时,针对盲童生理缺陷,通过教育教学活动,采取各种补偿措施,使其全面发展。具体培养目标是:(1)思想教育:使盲童具有良好的行为习惯和初步分辨是非的能力,培养乐观开朗、热爱生活,奋发向上的精神。(2)智力教育:使盲童具有阅读、表达、计算的基本能力,学到一些自然和社会常识,养成良好的学习习惯,培养洞察、思考和动手能力。(3)补偿教育:使盲童具有健康的身体,动作协调,姿势正确,培养定向行走能力,使其在自然的环境中能够独

立行走。

三、盲童的就学

1. 入学年龄、条件：盲童入学年龄应逐步过渡到 7 周岁，鉴于盲童目前年龄偏大的实际情况，各地应将 7—15 周岁的盲童均作为可入学的招生年龄；随班就读的盲童一般应具备学习能力，智力正常。

2. 就读：(1) 盲童入学前，要由就读学校领导，任教教师到盲童家中做好盲童及其家长的动员工作，并由任教教师对盲童进行盲文及入学知识辅导。在盲童掌握了入学基础知识，能够和正常儿童共同学习时，再入小学学习；(2) 盲童入学时，学校要举行欢迎仪式；(3) 盲童入学后，要安排在便于听课的位置，与学习较好的同学同桌，或在其附近，以便于帮助盲童学习。学校、少先队要组织开展丰富多彩的"助残"活动。并建立家长联系制，共同做好盲童的培养教育工作。

对小学随班就读毕业后的盲童可积极试点开展初中阶段盲童随班就读教育工作。

3. 学制、班额。盲童随班就读的学制，应与盲童所在小学学制相同，凡是承担盲童随班就读教育的双轨制以上的小学，盲童所在班的班额应比正常教育班额适当减少一定比例，以便教师加强盲童个别辅导。

4. 课程设置。小学阶段的盲童除上好应学的语文、数学、自然常识、思想品德、音体美课程外，应增加生活指导和社会课，切实抓好盲童定向行走训练。

四、教学管理

1. 在教学过程中，应加强直观教学和个别辅导，制作必要的学具，通过触摸、语言直观，充分发挥盲童的听觉、触觉、运动觉、嗅觉、味觉等感官的代偿视觉作用。

课程设置在坚持与普通小学统一教学内容，统一教学进度，统一考评的原则的同时，在一些教学内容和考试试卷上也可与普通小学有所区别，如美术课，正常儿童学习绘画，盲童可开设插塑或泥工课。

在教学方法上，做到"因人制宜，因材施教"，教师在教学中可做到"三同""四增多""两依靠"；"三同"是：与明眼人同听课、同活动、同测验。"四增多"是：增多直观性教学，增多使用教具模型，增多提问次数，增多作业量。"两依靠"是：依靠"小先生"作用，依靠家长辅导。

2. 对盲生的考核评估方法上，应采取统一测试和单独考核相结合的原则。对盲童平时学习成绩进行综合考核。并填写明盲学生学习成绩对照表，装入盲生档案。

3. 由于盲童分布较分散，各市县教委要加强巡回辅导。加强学习特教理论并实践于盲童教育。不断提高盲童随班就读教育的教学和管理水平。

五、广泛开展课外活动

有盲童随班就读的学校，要根据盲童特点开展丰富多彩的课外活动，培养盲童多种能力。要鼓励盲童参加校内外的各项集体活动，逐步改变盲童胆小、多疑、自卑、孤僻的性格，增强其生活的自信心。

六、检查、评比

市县每年对盲童随班就读教育的管理和教学情况要进行一次检查评比。在检查中要查看学校的档案管理,学校对盲童日常管理情况和资料积累;教师的备课、学生的学习成绩;听取社会、家长对盲童教育情况的反映等。地区将组织联查或抽查。地区和市县都要对检查评比情况进行通报;对先进单位和个人进行表彰;对存在的问题及时纠正。

保定地区教委

(河北省保定地区行政公署教育委员会公章)

一九九三年三月十五日

附录6　北京市教育局印发《"低视力儿童随班就读"项目实施计划》的通知

北京市教育局

京教小字〔1994〕1号

印发《"低视力儿童随班就读"项目实施计划》的通知

东城、西城、崇文、宣武区教育局：

现将《"低视力儿童随班就读"项目实施计划》印发给你们。请按照该项目实施计划的要求，加强对低视力儿童随班就读的宏观指导，组织好实施工作。业务指导和咨询服务由北京市盲人学校负责；实验经费由市、区教育行政部门解决。"金钥匙视障教育研究中心"将从专业知识和教学设施两方面给予支持。

北京市教育局（章）
1994年6月22日

主题词：印发　低视力儿童　随班就读　通知

抄送：国家教委，市委教育工委，市政府文教办，市人大教科委，
　　　市政协教科文卫体委，北京特教师资培训中心，北京市盲人学校，中残联康复办公室、市残联。

北京市教育局办公室　　　　　1994年6月23日印

共印 **35** 份

"低视力儿童随班就读"项目实施计划

一、试验目的

本项目是在国家教委指导下的科研课题，由金钥匙视障教育研究中心与北京市教育局、河北省教委共同合作。

本试验目的在于取得低视力儿童随班就读在城市和农村两方面的经验和教训，并为改变低视力儿童随班就读的教育现状提供建设性意见。

二、项目实施的管理组织构成

本项目由金钥匙视障教育研究中心总策划，北京市教育局、河北省教委、保定地区教委、唐山市教委各一人与中心的代表组成领导小组；天津低视力学校与北京盲人学校参与业务指导；北京市眼科研究所担任顾问。

三、项目实施的试点地区

1. 北京市（东城区、西城区、崇文区、宣武区）

2. 河北省（唐山市迁西县、保定地区定州市）

四、项目实施的教育对象

1. 城市 25 名低视力儿童（北京市）

2. 农村 19 名低视力儿童（河北省）

五、项目实施的责任分工

1. 区县教育局安排一定的教学力量进行巡回辅导，并负责组织、检查、监督、总结等日常行政管理和业务指导。

2. 学校负责试验项目在本校的管理工作。

3. 由经过培训的教师负责试验中的教学辅导工作。

4. 项目医师负责定期为低视力儿童测查视力，并对视力保健提供建议。

5. 天津低视力学校负责唐山市迁西县、北京盲人学校负责对北京市各地区、保定地区定州提供业务指导和咨询服务。

六、项目的实施步骤

1. 准备阶段：

4 月：由省市有关领导就本项目达成合作协议；

5 月：确定试点区县，对低视力儿童基本情况进行普查；

6 月：在天津组织行政管理干部培训（省、市、地、县特教专干和天津、北京盲校代表），在北京组织项目医师眼科知识培训班（迁西县、定州市、北京盲校各一人）；

7 月：组织辅导教师培训班（低视力儿童的辅导教师和各区县的特教干部）；

2. 实施阶段：

1994 年 9 月—1995 年 7 月为试验周期。开学前，辅导教师要对低视力儿童进行视功能及其它感觉器官的初步补偿训练。区县组织各参与试验学校进行普遍的助残教育，为低视力儿童入学创造良好的入学环境。

1994 年 11 月及 1995 年 6 月，由金钥匙视障教育研究中心组织有关省、市、地及盲校分别对城市、农村各进行两次检查，并以简报的形式交流经验。

3. 总结阶段：

1995年7—8月，由领导小组及盲校对项目进行评估、总结。

七、评估标准

1. 对教学的评估：

A. 辅导教师工作认真负责，有一定教学能力，经过培训后能对该生提供特殊教育，制定有针对性的个别教育计划；

B. 低视力儿童的学业进步达到同班级的平均水平，社会适应能力有提高，身心缺陷得到一定程度的补偿和康复；

C. 视力得到合理使用和保护；

D. 低视力儿童随班就读的班级教学质量没有降低或有所提高。

2. 对行政管理的评估：

A. 学校要积极接收低视力儿童入学，并把此项试验纳入学校的工作计划。作好领导、教师、家长及普通学生的思想工作，能对家长提出教育要求，使周围人对低视力儿童随班就读有正确认识，并给予积极的帮助和支持。

B. 各区、县教委要把低视力儿童随班就读纳入议事日程，由教委主管领导主抓此项工作的实施，并作好低视力儿童入学、巩固，随班就读的组织、检查、督导、总结等工作。

3. 对教学设施等的评估：

A. 是否提供了必要的助视设备；

B. 是否提供了适宜的课本、作业本、笔和书写支架；

C. 是否提供了适宜的照明、采光条件及最佳的学习位置；

D. 能否创造性地提供适合当地条件的教具、学具及其他教学措施和手段。

八、科研课题

各校辅导教师要求就下列课题选择1—2项，在11月领导小组巡回检查时，综合平衡，确定课题。各区县特教专干、项目医师及其他参与本项目的人员，也欢迎参与科研工作。研究论文于1995年7月31日前交领导小组，经专家评审，统一编印成书，供各地参考，优秀者将给予奖励。

1. 如何结合本地条件，开展多种形式的视觉功能和其他感觉器官功能的训练。

2. 如何结合本地条件和低视力儿童的需要，创造最佳的采光、照明条件。

3. 如何健残兼顾，优势互补，安排好课堂教学。

4. 如何在"合理使用，精心保护"的前提下，对低视力儿童采取各种教学措施，保证教学质量。

5. 如何进行思想品德教育，充分发挥少先队的助手作用，克服低视力儿童的心理障碍，全班共同进步。

6. 如何培养低视力儿童自强自立精神，提高社会交往能力，为平等回归主流社会创造条件。

7. 如何结合本地条件自制教具、学具，提高教学质量。

8. 如何提高低视力儿童的行走定向和生活自理能力。

9. 如何动员家长和社会力量，支持低视力儿童随班就读工作。

10. 其他有利于低视力儿童随班就读的教学、教育经验。

九、经费

　　教学经费分别由参加试验的省、市、地、县教委支付。金钥匙视障教育研究中心负责从专业知识及教学设施两方面予以支持。

金钥匙视障教育研究中心
一九九四年六月六日

附录7　关于在广西壮族自治区实施视障儿童教育"金钥匙工程"的通知

**关于在广西壮族自治区实施
视障儿童教育"金钥匙工程"的通知**[①]

桂教基教〔1996〕128

各地、市、县教育局(教委)、残联,柳铁教育处:

近年来,广西对视力残疾(亦称"视力障碍",以下简称"视障")儿童少年的特殊教育事业有了一定的发展。据统计,全广西七至十五周岁的视障儿童少年共3 664人(其中全盲1 092人,低视力2 572人),在校生数由一九九〇年的12人增加到一九九五年的526人(其中全盲127人,低视力398人),初等教育入学率从0.8%提高到14.68%,但与本自治区已达98.15%的健全儿童初等教育入学率相比,相差甚远,是三类残疾儿童少年入学率中最低的一类(广西听力语言残疾儿童少年入学率为17.06%,智力残疾儿童少年入学率为49.37%),是当前广西普及义务教育薄弱环节中的难点。

为了争取在较短时间内广西的视障儿童少年初等教育事业有突破性进展,探索在少数民族贫困地区普及视障儿童少年教育的新路子和新经验,现决定从一九九六年起,在广西实施旨在大面积提高视障儿童少年入学率的视障儿童教育"金钥匙工程"(以下简称"工程")。该"工程"由北京金钥匙视障教育研究中心(以下简称"北京视障中心")具体帮助和指导,由广西壮族自治区教育委员会(以下简称"广西教委")组织实施,广西壮族自治区残疾人联合会(以下简称"广西残联")配合实施,争取国内外单位、组织和社会各界人士的支持和资助,用三年时间,使广西90%左右的视障儿童少年(即约900名全盲、2 300名低视力儿童少年)通过到普通小学随班就读和其他安置方式,在最少受限制的环境中,接受与健全儿童少年同等的义务教育,身心得到健康发展,达到从多方面为他们未来自食其力和平等参与社会奠定基础的目的。现将有关事项通知如下:

一、建立健全行政管理网络,加强"工程"的行政管理

1. 自治区成立广西视障儿童教育"金钥匙工程"领导小组。领导小组由广西教委、残联和北京视障中心的领导组成,广西区人民政府一名领导任顾问。下设"工程"工作办公室,分别负责"工程"日常行政管理工作。

2. 各地、市要主动争取本地区行署、本市人民政府对当地"工程"工作的指导,地、市教育局(教委)分管基础教育的局长(主任)为本地、市"工程"行政管理工作的领导人,日常管理工作由特教管理专干负责。各地、市要配备优秀干部为特教管理专干,并力争

[①] 广西教委.关于在广西壮族自治区实施视障儿童教育"金钥匙工程"的通知[Z].金钥匙视障研究中心内部资料,1996.

他们在实施"工程"期间工作岗位的相对稳定。

3. 各县(城市郊区)教育局(教委)要主动争取本县(区)人民政府指导当地"工程"工作。分管基础教育的局长(主任)为本县(区)"工程"的行政管理领导人,日常管理及协调各部门的工作由特教管理专干负责。为保证工作的连续性,各地要力争在实施"工程"期间特教专干工作岗位的相对稳定。

4. 各乡、镇教委办(教育组、教辅站)负责人和普教专干是各乡、镇实施"工程"的行政管理人员。

5. 凡有视障儿童班或有视障儿童随班就读的学校校长,是学校实施"工程"的管理人。

二、建立健全业务指导网络,加强"工程"教育教学业务指导

1. 自治区成立"工程"业务指导中心。业务指导中心由"工程"专家组和广西盲童随班就读指导中心有关人员组成。中心负责培训地、市、县管理干部和巡回指导教师,指导他们做好管理和巡回指导工作,编写"工程"工作手册;研制教学指导纲要、教学计划和编写补充教材;组织全区性研讨会、现场会和经验交流活动;组织教育教学质量评估,及时总结推广经验。

2. 地、市配备巡回指导教师。巡回指导教师由地、市教育局(教委)选择符合自治区条件的人员,经过自治区系统培训后担任。地、市巡回指导教师负责组织所属各县(区)巡回教师的业务学习,辅导他们做好当地视障儿童随班就读辅导教师的培训和巡回工作,组织本地、市的研讨、观摩和经验交流活动。

3. 县(区)配备巡回教师。巡回教师由县(区)教育局(教委)选择符合自治区规定条件的教师,经过自治区系统培训后担任。县(区)巡回教师负责培训本县(区)的视障儿童随班就读辅导教师,具体指导有关学校和辅导教师建立视障儿童少年随班就读档案、制定个别教学计划、开展教育教学工作,指导辅导教师总结教育教学经验,适时组织本县(区)的现场观摩交流,进行社区的宣传发动工作;培训家长。

地、市、县(区)巡回教师和全盲儿童随班就读辅导教师任职期间享受与特教学校(班)教师同等的特教津贴,津贴费由各级人民政府统筹解决,低视力儿童随班就读班的辅导教师,学校视情况每学期给予适当补助。

三、有计划地安置视障儿童少年入学

按三年内使广西90%左右的视障儿童能够入学的"工程"目标,具体安排如下:

1996年:1. 全区各地现年年满14、15周岁的全盲、低视力儿童少年全部入学(个别多重残疾者例外,下同);2. 百色、玉林、柳州地区,钦州、北海市所属各县(市、郊区)现年年满8周岁及8周岁以上的全盲、低视力儿童少年全部入学。

1997年:全区各地当年年满8周岁以上的全盲、低视力儿童少年全部入学。

1998年:全区各地当年年满7周岁的全盲、低视力儿童全部入学。安置全盲、低视力儿童入学的基本原则是就近入学,随班就读。即安排到离这些儿童家庭最近的中心小学校、村完小或教学点与健全儿童一道学习、活动和劳动,除个别情况特殊外,一般实行走读制。

1998年以后,应使已入学的全盲、低视力儿童少年与同班同级健全儿童一道,继续接受同步的义务教育,并根据他们的身心特点,进行劳动技能训练,教给他们自食其力的一技之长。同时继续安置适龄的全盲、低视力儿童入学。

四、建立健全"工程"档案制度,加强档案管理

各地要认真按有关规定调查核实当地现年5～15周岁全盲、低视力儿童少年人数,造册登记,建立专门的档案,做到姓名、残疾类别、家庭住址"三清楚",不错不漏,使之成为实施"工程"的基础资料。

从现在起,各地要注意积累包括视障儿童少年入学前的生活状况、精神面貌及入学后各阶段的变化情况,教师组织教育教学活动情况,政府、社区和各界人士对"工程"关注、支持情况等的照片、录音、录像和文字资料,归档登记管理,作为总结实施"工程"的原始资料。

档案资料的分级管理办法由各地、市根据当地实际制定、执行。

五、开展科研活动

各级教育部门的领导、特教管理干部、巡回教师、视障儿童少年随班就读辅导教师和其他教育工作者、科研人员等参与"工程"科研活动,奖励科研成果。初定科研参考课题如下:

1. 少数民族贫困地区普及视障教育的途径和方法;
2. 少数民族地区视障儿童随班就读的特点、问题及解决办法,各科教学法研究;
3. 视障儿童随班就读的班级组织、管理及教育教学特点研究;
4. 个别化教育与随班就读;
5. 农村视障儿童的康复、社会适应能力、劳动技能教育与训练;
6. 少数民族贫困地区视障儿童的身心特点与教育;
7. 农村视障教育与社区组织的关系;
8. "工程"评估体系研究;"工程"系统管理研究。

六、建立项目评估体系,总结推广成功经验

评估分"工程"初期和周期评估。

(一)初期评估

每年10月—11月份,对当年秋季吸收视障儿童少年入学的校点进行评估。

评估内容:

1. 有档案资料;
2. 辅导教师了解视障儿童随班就读的基本要求,能制定对视障儿童的个别教育计划;
3. 全盲儿童的心理康复有初步成效,能作定向行走;
4. 盲文摸读与扎写的速度达到基本要求(每分钟摸读15～20个音节,扎写方法正确);
5. 盲生开始具备一定的社会适应能力,逐步习惯学校群体生活,有初步的学习习惯;
6. 班级初步形成关心、爱护残疾儿童的风气。

(二)周期评估

每年一小评,三年一总评。每次评估时间为每学年末。

评估内容：

1. 学生档案管理制度健全；
2. 教师有敬业精神，盲文水平、教育教学水平不断提高；
3. 学生的入学率、巩固率达到要求，文化学习成绩、缺陷补偿、社会适应能力有提高，心理康复效果明显；
4. 随班就读班级全体学生的学习成绩稳定，有提高，形成良好班风；
5. 社区及家长对"工程"有了解，并积极支持。

这项"工程"，是一项意义深远的"工程"，它将带动和促进广西残疾人教育事业的全面发展，是解决广西对残疾人智力扶贫的重要措施，并将对我国西南、西北边境及少数民族聚居的贫困省区产生一定的影响，"工程"目标的最终实现，还将具有一定的国际意义。各级地方政府必须认真将"金钥匙工程"，纳入当地普及义务教育的工作轨道，加强领导，增加经费投入。各级教育行政部门要将实施这项"工程"的要求，列入干部工作岗位责任制范围，落实"工程"管理人员和巡回指导教师，做好对社会、家长、学校和视障儿童少年本人的宣传、发动工作，保证"工程"年度计划的完成，各级残联要积极主动配合做好各项工作。

附件：
1. 广西壮族自治区视障儿童教育"金钥匙工程"领导小组人员名单
2. 广西壮族自治区视障儿童教育"金钥匙工程"管理工作办公室人员名单

广西壮族自治区教育委员会　广西壮族自治区残疾人联合会　金钥匙视障教育研究中心

一九九六年四月十五日

附件一：

广西壮族自治区视障儿童教育"金钥匙工程"领导小组人员名单

顾　　问：潘鸿权（广西区人民政府副秘书长）

领导小组组长：余　瑾（广西教委副主任）

副　组　长：陆少峰（广西残联副理事长）

副　组　长：徐白仑（北京金钥匙中心主任）

副　组　长：梁全进（广西教委主任助理）

附件二：

广西壮族自治区视障儿童教育"金钥匙工程"管理工作办公室人员名单

办公室主任：胡治高（广西教委基础处副处长）

副　主　任：朱伯群（广西教委基础处副处级干部）

工作人员：饶洁芳（广西教委基础处干部）

　　　　　纪玉琴（北京金钥匙中心主任助理）

　　　　　程树棠（广西残联宣教处干部）

附录8 黑龙江金钥匙工程齐齐哈尔示范县项目合作协议书[1]

黑龙江金钥匙工程齐齐哈尔示范县项目合作协议书

为2005年6月—2007年12月在黑龙江省齐齐哈尔市依安、富裕二县实施"黑龙江金钥匙工程齐齐哈尔示范县"项目(以下简称"项目"),黑龙江省教育厅(以下简称"教育厅")与金钥匙视障教育研究中心(以下简称"金钥匙中心")签订以下合作协议:

一、项目目标

1. 对0~15岁视障儿童进行筛查,其中7~15岁的准确率达95%以上;

2. 将已查明的7~15岁的视障儿童就近安置在普通学校,与健全儿童同班学习,入学率达95%以上。项目实施期间,达到学龄的视障儿童也将保证其入学,基本普及视障儿童教育;

3. 为每名视障生培训一名辅导教师,并给予跟踪指导,在项目结束时,使其能基本掌握视障教育;

4. 以全纳教育思想为指导,通过个别教育计划的制定与实施,使每名视障生在不同程度上,均能受到满足其特殊需要的教育;

5. 建立县级业务指导和行政管理网络,使之成为当地发展视障教育的支撑保障体系,以保障教育质量,并为视障教育的持续发展打好基础;

6. 哈尔滨盲聋哑学校作为本项目的省级业务指导机构,发挥中心盲校的骨干作用,并为成立全省特教资源中心作好准备。

二、领导小组

1. 黑龙江金钥匙工程领导小组是项目的决策机构,由教育厅负责建立。分管特殊教育的厅长任组长,金钥匙中心的代表任副组长。邀请省残联、民政、卫生、妇联等行政部门的代表参加领导小组。下设办公室,由基教处分管特殊教育的处长任主任。

2. 市级领导小组由教育局分管特殊教育的局长任组长。县级领导小组由分管教育的县长任顾问,教育局分管特殊教育的局长任组长。组织形式参照省级领导小组进行。

三、职责分工

1. 教育厅负责项目的领导和实施。将项目目标列入各级教育行政部门的工作计划,列入各级相关干部的年度工作目标;在项目实施的各个阶段发布行政命令,明确任务,落实责任,进行考核;根据项目要求选派各级专、兼职管理干部和教师,在项目实施期间不轻易更换。项目结束后,将取得的成果提供教育厅作今后发展特教的参考;哈尔

---

[1] 金钥匙视障教育研究中心.黑龙江金钥匙工程齐齐哈尔示范县项目合作协议书[Z].金钥匙视障教育研究中心内部资料,2005.

滨盲聋哑学校参与筛查、培训和业务指导的全过程,并负责制作盲文教材。

2. 金钥匙中心负责项目的业务指导。设计项目的整体规划、年度计划和每个发展阶段的实施方案;为各个培训班设计教学计划,提供教材,选派教师授课;选派专业人员参与筛查、培训、教学、评估等项工作的业务指导;指导县级业务指导和行政管理网络的建立和运作。

四、资金投入

1. 金钥匙中心负责筹集下列资金(资金由德意志银行通过中国和平友好发展基金会提供):筛查及培训相关人员的费用;视障儿童进行眼科诊断的费用;培训各类教师、各级管理干部的费用;视障儿童学具、教具的费用;巡回教师巡回指导的费用;省级评估和总结培训的费用;哈尔滨盲聋哑学校教师业务指导的费用;为哈尔滨盲聋哑学校添置盲文课本装订设备的费用;编写和印发各种教学参考资料、各种教学管理表格的费用;接待捐赠单位和基金会代表赴基层考察的费用;金钥匙中心与项目有关的行政开支。以上资金由金钥匙中心统一管理,每年由政府审定的会计师事务所审计,上报省级领导小组。

2. 教育厅负责安排相关教育局负责支付下列配套资金:辅导教师的特教津贴;各级参加培训的管理干部和教师的差旅费;实施项目活动的省内交通费用;教育部门人员参加各级评估的费用;通过各种会议和新闻媒体进行宣传动员的费用;为实施项目而增加的行政开支。

3. 各级政府、各民间团体为帮助残疾儿童、失学儿童、女童而投入黑龙江的各项教育、医疗、康复基金,由教育厅整合,向列入项目的视障生倾斜。

五、项目鉴定

项目结束前(2006年11月—12月),由省级领导小组邀请各方权威人士和捐赠者代表,根据项目目标进行鉴定,作出书面鉴定报告。

本项目本着"实事求是,艰苦奋斗,开拓创新,精益求精"的精神,由教育厅和金钥匙中心共同向上级政府负责、向视障儿童负责、向捐赠者及基金会负责,力求做到"项目无水分,财务全透明"。

黑龙江省教育厅(盖章)   **金钥匙视障教育研究中心(盖章)**
2005年7月20日   2005年7月22日

附录9　希望是心灵的眼睛[①]

当一个孩子从来没有见过别人的笑容，请你不要认为她的冷漠是不友善的表情；当一个孩子从来不曾感受过父爱母爱，请你懂得她的孤僻其实是一种更强烈的对爱的呼唤！

故事发生在陕西的一个偏远小村庄里。1993年的寒冬，一声女婴的啼哭划破夜空，似乎在埋怨命运对她的不公，仅仅三天，父女俩就阴阳两茫茫了。父亲的去世让原本一贫如洗的家失去了支柱，母亲也突然间陷入了万劫不复的深渊。然而，悲剧接踵而来，因为盲奶奶的遗传，新生的女婴也和哥哥一样双目失明。令人绝望的现实使她带着叹息和泪水默默地离开了这个家。

就在这个家破人亡的时候，一个只有十几岁的男孩用他清瘦的躯体做了这个残疾家庭的支柱，他就是老奶奶的小儿子王晓晨，从此，他开始了日复一日地无人可以想象，无人可以倾诉的苦难历程。

那个女婴渐渐长大，叔父给她取名叫王佩。小女孩活泼伶俐，却经常躲在角落里哭着想念爸爸和妈妈。她不敢轻易出门，常常因绊倒而摔得鼻青脸肿；她曾壮着胆子摸到教室的窗户底下，偷听里面的琅琅书声。可是家里没钱供她上学，学校更不会接纳一个盲童。

2004年的冬天，就在小王佩13岁的时候，为救助盲童而设立的"金钥匙工程"把温暖和希望送到了这个小村。通过"金钥匙"培训的教师和提供的教材、学具，小王佩终于不再孤僻，可以坐在教室里和其他小朋友一起朗读课文，她开始喜欢和别人主动说话，她虽然失去父母的疼爱，但是老师的关爱同样给了她温暖。那一年的冬天，一家人还因为有了"金钥匙"寄来的救济金和新棉衣、新棉被度过了一个温暖而快乐的春节。小王佩终于有了改变命运的机会，她的叔父也有望卸下肩上的重担，一家人开始向往新的生活。

故事讲完了，但是生活依然在继续，在此，我们更想说的是，当一个盲童渴望用知识改变命运的时候，请奉献一份力量，帮助他实现重获新生的梦想，让他的心灵因为被爱而看见希望，因为有了希望而看到生活的色彩！

[①] 徐白仑.希望是心灵的眼睛[Z].金钥匙简报第0703号,2007-04-05.

参考文献

[1] 金钥匙视障教育研究中心内部资料[Z].北京:金钥匙视障教育研究中心,1987—2010.

[2] 金钥匙视障教育研究中心.金钥匙简报[Z].北京:金钥匙视障教育研究中心,1999—2010.

[3] 金钥匙视障教育研究中心."新疆全纳教育支持保障体系建设项目"介绍[Z].北京:金钥匙视障教育研究中心,2014.

[4] 金钥匙视障教育研究中心."在"河南省金钥匙工程巩义示范区项目"总结推广会上的致辞[Z].北京:金钥匙视障教育研究中心,2014.

[5]《中国教育年鉴》编辑部.中国教育年鉴1949—1981[M].北京:中国大百科全书出版社,1983.

[6]《中国教育年鉴》编辑部.中国教育年鉴1982—1984[M].长沙:湖南教育出版社,1983.

[7]《中国教育年鉴》编辑部.中国教育年鉴1985—1986[M].长沙:湖南教育出版社,1988.

[8]《中国教育年鉴》编辑部.中国教育年鉴1988[M].北京:人民教育出版社,1988.

[9]《中国教育年鉴》编辑部.中国教育年鉴1990[M].北京:人民教育出版社,1990.

[10]《中国教育年鉴》编辑部.中国教育年鉴1991[M].北京:人民教育出版社,1991.

[11]《中国教育年鉴》编辑部.中国教育年鉴1995[M].北京:人民教育出版社,1995.

[12]《中国教育年鉴》编辑部.中国教育年鉴1996[M].北京:人民教育出版社,1996.

[13]《中国教育年鉴》编辑部.中国教育年鉴2006[M].北京:人民教育出版社,2006.

[14] 中国残疾人联合会编.中国残疾人事业年鉴1949—1993[M].北京:华夏出版社,1996.

[15] 教育部财务司,国家统计局社会和科技统计司.中国教育经费统计年鉴1997[M].北京:中国统计出版社,1997:204.

[16] 内蒙古自治区统计局.内蒙古统计年鉴1999[M].北京:中国统计出版社,1999:62.

[17] 广西年鉴社.广西年鉴1992[M].南宁:广西年鉴社,1992.

[18] 广西年鉴社.广西年鉴 1994[M].南宁:广西年鉴社,1994.

[19] 广西年鉴社.广西年鉴 1995[M].南宁:广西年鉴社,1995.

[20] 广西年鉴社.广西年鉴 1996[M].南宁:广西年鉴社,1996.

[21] 广西壮族自治区统计局.广西统计年鉴 1999[M].北京:中国统计出版社,1999.

[22] 广西壮族自治区统计局.广西统计年鉴 2007[M].北京:中国统计出版社,2007.

[23] 无锡市地方志编纂委员会办公室.无锡年鉴 1994[M].上海社会科学院社出版社,1994:320.

[24] 河北年鉴编纂委员会.河北年鉴 1994[M].河北年鉴社,1994:397.

[25] 河北省地方志编纂委员会.河北省志第 76 卷教育志[M].北京:中华书局,1995.

[26] 中国残疾人联合会教育就业部,国家教育委员会基础教育司.特殊教育文件选编(1990 年—1995 年)[G].内部资料,1995.

[27] 中国残疾人联合会教育就业部,国家教育委员会基础教育司.特殊教育文件选编(1996 年—2001 年)[G].华夏出版社,2002.

[28] 中国少年先锋队全国工作委员会.中华少年风采录身残志坚篇[M].沈阳:辽宁少年儿童出版社,1990.

[29] 刘英杰.中国教育大事典 1949—1990(上)[M].杭州:浙江教育出版社,1993.

[30] 王辅.日军侵华战争 1931—1945[M].沈阳:辽宁人民出版社,1990.

[31] 弗兰克.活出意义来[M].赵可式,沈锦惠,译.北京:生活·读书·新知三联书店,1991.

[32] 周文华,熊映梧.中国改革开放大词库[M].北京:中国经济出版社,1992.

[33] 徐白仑.视障儿童随班就读教学指导[M].北京:华夏出版社,1992.

[34] 苏林.盲童随班就读教育指南[M].哈尔滨:黑龙江教育出版社,1992.

[35] 苏林.视力残疾儿童随班就读工作手册[M].北京:华夏出版社,1993.

[36] 曹国辉.金钥匙视障教育文摘[G].北京,华夏出版社,1993.

[37] 江苏省特殊教育研究会.残疾儿童少年随班就读经验论文选编[G].内部资料,1994.

[38] 赵中建.教育的使命——面向 21 世纪的教育宣言和行动纲领[M].北京:教育科学出版社,1996.

[39] 徐白仑,贾全庆,李慧聆.低视生随班就读初探[M].华夏出版社,1996.

[40] 徐白仑.国际视障教育协会中国分会第三届学术研讨会论文集[C].内部资料,1996.

[41] 刘辉汉,裴树本.来自贫困地区的探索与实践:张家口、吕梁地区教育综合改革实验研究成果[M].北京:人民教育出版社,1997.

[42] 徐铸成.徐铸成回忆录[M].北京:生活读书新知三联出版社,1998.

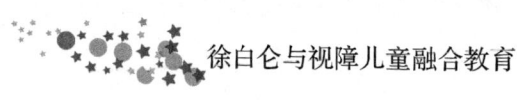

[43] 张国忠.世纪宣言[G].北京:华夏出版社,1998.

[44] 陈云英,华国栋.特殊儿童的随班就读实验 农村的成功经验[M].北京:教育科学出版社,1998.

[45] 广西教委.广西视残儿童教育"金钥匙工程"经验选编[G].内部资料,1998.

[46] 梁全进.广西视障儿童随班就读的实践与探讨[M].北京:华夏出版社,1999.

[47] 李博.生态学[M].北京:高等教育出版社,2000.

[48] 崔永元.不过如此[M].北京:华艺出版社,2001.

[49] 文军,王世军.非营利组织与中国社会发展[M].贵阳:贵州人民出版社,2004.

[50] 林南.社会资本:关于社会结构与行动的理论[M].上海:上海人民出版社,2005.

[51] 联合国教科文组织.全纳教育指导方针[M].联合国教科文组织,2005.

[52] 邓朴方.人道主义的呼唤第三辑2001—2005[M].北京:华夏出版社,2006.

[53] 朴永馨.特殊教育辞典[M].北京:华夏出版社,2006.

[54] 全国残疾人抽样调查办公室.中国1987年残疾人抽样调查资料[G].全国残疾人抽样调查办公室,1989.

[55] 第二次全国残疾人抽样调查办公室.第二次全国残疾人抽样调查主要数据手册[G].北京:华夏出版社,2007.

[56] 陈云英.智力落后心理、教育、康复[M].北京:高等教育出版社,2007.

[57] 钟经华.视力残疾儿童的心理与教育[M].天津:天津教育出版社,2007.

[58] 萨拉蒙.全球公民社会非营利部门国际指数[M].陈一梅,译.北京:北京大学出版社,2007.

[59] 邓猛.金钥匙视障教育理论与实践[M].北京:教育科学出版社,2008.

[60] 徐白仑.金钥匙视障教育运作手册[M].北京:华夏出版社,2008.

[61] 范玉顺.信息化管理战略与方法[M].北京:清华大学出版社,2008.

[62] 朱仁显编著.公共事业管理概论[M].北京:中国人民大学出版社,2009.

[63] 徐白仑.霜叶舞秋风 盲人徐白仑八十自述[M].北京:中国盲文出版社,2009.

[64] 徐白仑.燃情复追梦 盲人徐白仑八十自述之二[M].北京:求真出版社,2010.

[65] 林聚任.社会网络分析:理论、方法与应用[M].北京:北京师范大学出版社,2009.

[66] 上海市教育科研基地特殊教育研究所.上海特教精粹[G].上海:上海教育出版社,2009.

[67] 何齐宗.全球视野的教育理念联合国教科文组织教育文献研究[M].广州:广东高等教育出版社,2010.

[68] 黄书光等.文化差异与价值整合——百年中国基础教育改革进程中的思想激荡[M].北京:教育科学出版社,2011.

[69] 马斯洛.马斯洛谈自我超越[M].石磊,译.天津:天津社会科学院出版社,2011.

[70] 盛永进.特殊教育学基础[M].北京:教育科学出版社,2011.

[71] 丹尼尔·卡尼曼.思考,快与慢[M].胡晓姣,李爱民,何梦莹,译.北京:中信出版社,2012.

[72] 亚伯拉罕·马斯洛.人性能达到的境界[M].曹晓慧等,译.北京:世界图书出版公司,2014.

[73] 汤因比,池田大作.选择生命——汤因比与池田大作对谈录[M].冯峰,隽雪艳,孙彬,译.北京:商务印书馆,2017.

[74] 彭凯平,闫伟.活出心花怒放的人生[M].北京:中信出版社,2020.

[75] 徐白仑,曹国辉,海玉森,何景琳,纪玉琴.中国盲童一体化教育的进程与展望[J].南京特师学报,1990(2).

[76] 张双.江苏省盲童随班就读结硕果[J].南京特师学报,1990(2).

[77] 桦南县盲童教育引进职教因素实施方案[J].人民教育,1992,(9).

[78] 徐白仑."金钥匙盲童教育计划"的回顾与展望[J].南京特师学报,1993(4).

[79] 徐白仑,王书荃,纳新,黄欲泉.三类残疾儿童在普校就读的调查报告——黔桂专家小组[J].特殊儿童与师资研究,1994(3).

[80] 江苏省宜兴市教育委员会.随班就读是普及盲童教育的有效途径[J].南京特师学报,1994(3).

[81] 徐铸成:报人风骨[J].今传媒,2010,(6).

[82] 江苏省教育委员会周德藩.采取残疾儿童随班就读的形式,加快我省特殊教育事业的发展[J].南京特师学报,1990(1).

[83] 薛立金.南京特师举办全国盲教一体化培训班[J].南京特师学报,1991(2).

[84] 许世凡.弱智儿童随班就读初探[J].南京特师学报,1990(2).

[85] 江都县教育局暨双沟乡教委与南京特殊教育师范弱智专业组联合实验领导小组.农村弱智儿童随班就读的实验研究[J].南京特师学报,1992(1).

[86] 许世凡.我们是如何开展农村弱智儿童随班就读的.现代特殊教育[J].1993(2).

[87] 桦南县盲童教育引进职教因素实施方案[J].人民教育,1992,(9).

[88] 曹胜利.国家教委基教司副司长曹胜利同志在全国暨江苏省残疾儿童少年随班就读工作会议上的总结讲话[J].南京特师学报,1994(4).

[89] 邬平川.大力开展盲童随班就读工作[J].安徽教育,1994(12).

[90] 赵鹏.国际视障教育协会中国分会首届学术研讨会在湖北召开[J].现代特殊教育,1994,(5).

[91] 金汉杰.抓住机遇 奋起直追 加快安徽残疾儿童少年义务教育进程[J].现代特殊教育,1995(03).

[92] 高瑜生.适应社会需要发展残疾人职业教育[J].现代特殊教育,1995(3).

[93] 江苏省特殊教育研究会.江苏省特殊教育研究会一九九五年工作打算[J].南京特师学报 1995(1).

[94] 程益基.在第六届年会闭幕式上的讲话[J].南京特师学报,1996(1,2).

[95] 徐白仑.内蒙古视障儿童随班就读的支持体系[J].现代特殊教育,2000(9).

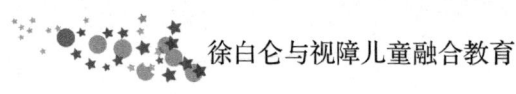

[96] 刘春玲,杜晓新,姚健.普通小学教师对特殊儿童接纳态度的研究[J].中国特殊教育,2000,(3).

[97] 韦小满,袁文得,刘全礼.北京香港两地普小教师对有特殊教育需要学生随班就读态度的比较研究[J].北京师范大学学报(社会科学版),2001,(1).

[98] 韦小满,袁文得.关于普小教师与特教教师对有特殊教育需要学生随班就读态度的调查[J].中国特殊教育,2000,(3).

[99] 杜宇.请一个也不要遗忘——内蒙古金钥匙工程侧记[J].中国残疾人,2001,(11).

[100] 郭永玉.马斯洛晚年的超越性人格理论的形成与影响[J].华东师范大学学报(教育科学版),2002(02).

[101] 刘志.学习徐老,奉献一片爱心[J].内蒙古教育发展研究,2003(特刊).

[102] 昭日格图.谈谈充分发挥巡回指导工作的纽带作用[J].内蒙古教育发展研究,2003(特刊).

[103] 吴支奎.普小学生对随班就读弱智生接纳态度的研究[J].中国特殊教育,2003,(2).

[104] 邓猛.特殊教育管理者眼中的全纳教育:中国随班就读政策的执行研究[J].教育研究与实验,2004,(4).

[105] 刘泽文,牛玉柏.家长对残疾儿童随班就读的态度调查[J].中国心理卫生杂志,2005,(2).

[106] 鲁洁.边缘化外在化知识化——道德教育的现代综合症[J].教育研究,2005(12).

[107] 周满生.全纳教育:概念及主要议题[J].教育研究,2008(07).

[108] 徐白仑纪玉琴.建立三项管理体系确保随班就读质量[J].现代特殊教育,2010(3).

[109] 李樱.徐白仑 推行全纳教育,缺的是观念[J].三月风,2010,(12).

[110] 苏婷.徐白仑:白黑人生的多彩印迹[N].中国教育报,2010-10-14(008).

[111] 李拉."全纳教育"与"融合教育"关系辨析[J].上海教育科研,2011(05).

[112] 邓猛,景时.从随班就读到同班就读:关于全纳教育本土化理论的思考[J].中国特殊教育,2013(08).

[113] 王兆璟,王悦.全民教育思潮的主题变迁及展望[J].社会科学战线,2016(02).

[114] 周来顺.现代性危机及其历史救赎——别尔嘉耶夫历史哲学理论研究[J].求是学刊,2017,44(04).

[115] 罗伯特·E.弗兰里,G.罗宾·古吉尔,林恩·史密斯-卢文,等.国家宏观因素如何影响社区和自愿组织中社会网络关系的产生[J].社会学评论,2019,7(01).

后 记

本书是在我在 2012 年博士论文《金钥匙视障儿童随班就读实践的历史考察(1987—2010)》的基础上修改而成,原本 2012 年就打算出版了,但自己又感觉出版一本书不容易,希望能修改完善后再出版。很长时间以来,我常常和学术朋友探讨如何修改这篇论文,但苦于找不到论文修改的突破口。在这 10 年间,我个人也经历着精神和学术的成长,2022 年我再去审视这篇论文,发现了徐白仑从事视障儿童融合教育实践的过程同时是其精神成长的过程,是从有我到无我的精神升华过程;金钥匙视障儿童融合教育实践的过程,也彰显了优秀的特殊教育实践者的一些独特的精神特质,比如对视障儿童无私的仁爱之心,能感受视障儿童痛苦和需要的共情之心、关怀之心,服务社会、服务特殊儿童、奉献自我的社会服务之心,遇到困难、问题迎难而上的坚韧之心,为了共谋视障儿童的幸福甘为人梯的合作精神等。而我的博士论文忽略了徐白仑和相关的实践者精神世界的宝藏,仅仅从事的层面呈现金钥匙视障儿童融合教育的历史经验,这显然是不完整的。找到问题的症结后,我修改的时候突破了原有研究偏重于客观教育规律提炼的局限,注重在史实的基础上展现徐白仑在视障儿童融合教育实践中精神成长的过程和相关特殊教育实践者独特的精神特质,希望能为特殊教育教师职业精神的成长提供启发,提升特殊教育教师的思政水平,促进社会主义精神文明建设。

写作是一个自我对话、自我成长的过程。当我面对史料去全然地感受徐白仑和金钥匙视障儿童融合教育的时候,我内心的每一次顿悟都是一种自我的超越,发现了自己原有思维和认识的不足,看到以前未曾看到的风景,体验到灵魂的净化和精神的成长,非常感恩能有这样的研究和写作的过程。成长的过程也折射出研究者受限于自身水平所带来的局限,这个研究远远不能画上句号,它还有很多不足,希望各界朋友批评指正。

非常感谢我的导师华东师范大学黄书光教授对我博士论文选题、写作和修改的支持。黄老师作为中国教育史的教授,对我的博士论文选题《金钥匙视障儿童随班就读实践的历史考察(1987—2010)》的认可与支持,让我坚定了探索这个课题的信念,也让我感受到他作为一位教育学者对特殊教育和特殊儿童的关爱。

非常感谢徐白仑先生、纪玉琴女士对我无私的帮助。早在 2010 年,我冒昧地来到金钥匙中心申请当志愿者,他们夫妇二人立刻就接纳了我,让我融入了金钥匙中心的日常工作中,让我自由地在金钥匙中心查找各种资料,他们还利用工作的空隙时间回答我的各种疑问,积极帮我联系历史当事人进行访谈。2012 年后,徐白仑先生对论文的修改也一直非常关心,总是帮我查找需要的资料,2023 年夏天还抽出了 3 天时间专门接待我,接受我的咨询和访谈。和徐白仑先生、纪玉琴女士以及许许多多高尚的人接触的时候,我往往有深深的感动,他们对每一个人总是那么谦和,那么温暖,你能感受到的是他们对你无条件的尊重、信任和接纳。

  还有很多人要感谢，南京特殊教育师范学院的李拉教授、王培峰教授，中国盲文出版社的冀鸿先生、胡梅女士，南京大学出版社的吴汀先生、丁群女士，以及我的家人。本书出版得到了江苏省"十四五"重点学科"教育学"项目资助和南京特殊教育师范学院学术专著出版基金资助，一并表示谢意。

吕雯慧

2023 年 10 月于南京